Michael Neubert

Internationale Markterschließung

Michael Neubert

Internationale Markterschließung

Vier Schritte zum Aufbau neuer Auslandsmärkte

Bibliografische Information der Deutschen Bibliothek
Die Deutsche Bibliothek verzeichnet diese Publikation in der Deutschen Nationalbibliografie.
Detaillierte bibliografische Daten sind im Internet über http://dnb.ddb.de abrufbar.

ISBN 3-636-03050-7

Ein Unternehmen von Süddeutscher Verlag | Mediengruppe.
www.mi-fachverlag.de

Redaktion: Beate Weih, Frankfurt am Main
Lektorat: Michael Schickerling, Landsberg am Lech
Umschlaggestaltung: Jarzina Kommunikations-Design, Köln
Umschlagabbildung: Myopia, Corbis
Satz: Jürgen Echter, Landsberg am Lech
Druck: Himmer Augsburg
Printed in Germany

Inhalt

Vorwort

Deutschland ist wieder Exportweltmeister. Es werden hohe Überschüsse erzielt, und der Export bleibt der Wachstumsmotor der deutschen Wirtschaft. Noch profitieren davon vor allem Großkonzerne mit ihren internationalen Tochtergesellschaften. Doch auch für den Mittelstand bietet die Globalisierung und vor allem die zunehmende Europäisierung ganzer Branchen vielfältige und attraktive Wachstumschancen. Mit Zulieferern aus Osteuropa und Asien sowie Kunden aus Nordamerika und Westeuropa entstehen neue Märkte, aber auch ein globaler Wettbewerb. Neben vielfältigen attraktiven Chancen beinhaltet die Erschließung neuer internationaler Märkte zusätzliche Risiken, die sich aus den Besonderheiten des globalen Wettbewerbs und den Unterschieden zwischen den jeweiligen Märkten ergeben.

Dieser Entwicklung kann sich heute kein Manager mehr entziehen. Der Druck auf die Erstellung und die Umsetzung einer fundierten und erfolgreichen Auslandsstrategie wächst. Schritt für Schritt tasten sich Manager an diese neue Herausforderung heran und gewinnen die ersten Erfahrungen. Wie teuer diese oftmals erworben werden, kann man abends nach einem guten Glas Wein in den Bars internationaler Hotels erfahren. Dabei wird vor unerwarteten Kostenexplosionen und Verzögerungen, mangelnder Planungssicherheit sowie Konflikten mit Aufsichtsorganen und Kulturen gewarnt, die schon zum Abbruch von Projekten und der Schließung ganzer Auslandsgesellschaften geführt haben. Falsche Erwartungen in Verbindung mit hoher Komplexität und mangelnder Professionalität sind dafür meistens die Ursache. Folglich ist der Bedarf nach Unterstützung immens.

Diese Entwicklungen erfordern eine neue und zunehmend bessere Qualität des internationalen Managements. Der besonderen Herausforderung von Auslandsengagements sollte mit einer systematischen und professionellen Vorgehensweise begegnet werden, die der Komplexität der Aufgabe gerecht wird. Von wesentlicher Bedeutung sind dabei einerseits die Nutzung der Erfahrungen und das internationale Managementwissen sowie andererseits der Aufbau einer leistungsfähigen Organisation sowie die Entwicklung eines professionellen Managementprozesses.

Erfolg in internationalen Märkten wird immer wichtiger, wenn er nicht sogar entscheidend für die Zukunft der meisten Unternehmen ist. Anhand des in diesem Buch vorgestellten Managementprozesses *Company2new:market* finden selbst erfahrene Manager klare und nachvollziehbare Vorgehensweisen, deren Aktivitäten und Instrumente schnell und einfach in der Praxis einsetzbar sind. Wer internationale Märkte erfolgreich erobern will, sollte auf solche standardisierten Methoden zurückgreifen. Das bedeutet in der Praxis, dass in jedem Schritt (Step) einer Internationalisierungsstrategie klare Aufgaben (Task) vorgegeben sind, die mithilfe praxiserprobter Instrumente (Tool) systematisch abgearbeitet, laufend kontrolliert und gegebenenfalls an eine veränderte Situation vor Ort angepasst werden.

Dafür ist es erforderlich, die grundsätzlichen Handlungsabläufe, die wichtigsten Informationsflüsse und Verfahrensrichtlinien zu vereinheitlichen und schriftlich zu fixieren. Dies kann zum Beispiel mit Planungs- und Kontrollhandbüchern geschehen. Darin werden von vornherein Entscheidungs- und Verfahrensregeln sowie Berichtspflichten für eventuell auftretende Probleme bereitgestellt. Die wichtigsten Vorteile, die ein standardisiertes Vorgehen mit sich bringt, liegen zum einen in der eindeutigen Zuweisung von Aufgaben, Kompetenzen und Verantwortungen für alle Tasks, zum anderen geben sie allen Beteiligten höhere Sicherheit durch eine stärkere Transparenz der Aktivitäten und deren besserer Kontrolle. Hinzu kommen eine klarere Erwartungshaltung hinsichtlich Zeit, Kosten und Qualität eines gewünschten Ergebnisses und die schnellere und bessere Entscheidungsfindung auf der Grundlage einer einheitlichen Datenbasis und einem besseren Verständnis der Vorgehensweise. Last but not least führt der Aufbau von Wissen und Erfahrungen zu einer Realisierung von Lernkurveneffekten für zukünftige Markteintritte.

Um ein einheitliches Vorgehen sicherzustellen, bedarf es in den meisten Unternehmen großer Anstrengungen und Überzeugungskraft. Doch es lohnt sich, schon allein aus drei Gründen:

1. Sie sind schneller in neuen Märkten.
2. Sie senken Ihr Markteintrittsrisiko.
3. Sie sind schneller profitabel.

Der Aufbau des Buches ist übersichtlich: Fünf Kapitel führen den Leser durch den Stoff. Die notwendigen Entscheidungen und Voraussetzungen, die ein Unternehmen als Grundlage für eine Expansion ins Ausland schaffen sollte, sind Inhalt des ersten Kapitels. Darin wird auch der Managementprozess *Company2new:market* vorgestellt. In den Kapiteln 2, 3, 4 und 5 werden die einzelnen Steps von der Marktauswahl bis zum erfolgreichen Aufbau einer Tochtergesellschaft ausführlich und praxisnah beschrieben. Jeder Step besteht aus einer Reihe von zu erledigenden

Tasks, die in ihrer logischen Reihenfolge dargestellt werden. Jedem Task sind zudem verschiedene leistungsfähige und in der Praxis erprobte Tools zugeordnet. Die Schlussbetrachtung dient der Zusammenfassung der wichtigsten Erkenntnisse. In Form eines Resümees werden die strategischen Erfolgsfaktoren bei der Erschließung neuer internationaler Märkte noch einmal aufgezeigt sowie die Chancen und Risiken eines Auslandsengagements verdeutlicht.

Diese Struktur erlaubt eine vielseitige Verwendung des Buches. Zuerst gibt es jedem Leser einen schnellen und umfassenden Überblick darüber, wie ein Markteintritt organisiert werden sollte. Dem Praktiker dient es danach als umfassendes Nachschlagewerk und Handbuch für den erfolgreichen Weg ins Ausland. Dem schon erfahrenen Auslandsmanager bietet es eine professionelle Ergänzung seines Handwerkskastens um einfache Instrumente, Handlungsanweisungen und Checklisten. Der noch unerfahrene Manager kann sich schnell orientieren und produziert zügig praktisch brauchbare Resultate.

1

Einführung in den internationalen Marktaufbau

Management-Summary

Willkommen in der Königsklasse des Managements! Die Entscheidung zum Aufbau neuer Märkte im Ausland ist schnell getroffen. Ihre Umsetzung verändert ein Unternehmen jedoch grundlegend. Von der Anpassung der Unternehmensleitlinien über die Optimierung des Geschäftsmodells, der Organisationsstrukturen und des Prozessmodells bis zur Nutzung moderner Führungs- und Steuerungsinstrumente (zum Beispiel Balanced Scorecard) und Wachstumsstrategien (zum Beispiel Mergers & Acquisitions) erfährt ein Manager auf den folgenden Seiten, wie er sich die Kompetenz zur Internationalisierung erwerben kann.
Diese Professionalisierung ist zwingend notwendig. Der Wettbewerb in Europa ist heute schon geprägt von internationalen Wertschöpfungsketten (Stichworte: Outsourcing und Offshoring), die unabhängig von irgendeinem Standort gleichmäßig hohe Qualität liefern müssen. Die aktuellen Probleme zum Beispiel in der Automobilindustrie zeigen die Herausforderung deutlich. Hinzu kommen komplexe Organisationsstrukturen, die unterschiedliche Führungsstile und qualifizierte Auslandsmanager erfordern. So hat der Aufbau einer Vertriebsniederlassung in Mexiko, die Führung eines Joint Ventures in Indien oder die Integration einer Akquisition in England jeweils ein deutlich unterschiedliches Anforderungsprofil. Hinzu kommt, dass ein Wettbewerber im Heimatmarkt unter Umständen in einem anderen Markt ein wichtiger Kooperationspartner oder Zulieferer sein kann.
Im ersten Kapitel werden die Grundlagen erörtert und die Frage beantwortet: Wie muss ein Unternehmen aufgestellt sein, um überhaupt an eine internationale Expansion denken zu können? Im Zentrum steht dabei die Entwicklung eines Managementprozesses, der eine effiziente Internationalisierung erlaubt. Dadurch wird die Komplexität und damit das Risiko eines Markteintrittsprojekts beherrschbarer und die Basis für die Entwicklung eines Wettbewerbsvorteils »Internationalisierung« gelegt.

1.1 Strategische Entscheidungsfelder internationaler Marktbearbeitung

1.1.1 Entscheidungsfeld: Internationale Unternehmensgrundsätze und -leitlinien

Die Festlegung internationaler Unternehmensgrundsätze und Unternehmensleitlinien beinhaltet Entscheidungen zur Unternehmensphilosophie, die der internationalen Marktbearbeitung zugrunde gelegt werden. Die Unternehmensleitlinien sind verbindliche Richtlinien für das Handeln des Unternehmens und aller Mitarbeiter, insbesondere der Führungskräfte. Damit hat diese Entscheidung eine Steuerungsfunktion im Hinblick auf die übrigen Entscheidungsfelder zur internationalen Markterschließung. Sie ist diesen nicht nur zeitlich vorgelagert, sondern insgesamt hierarchisch übergeordnet. Wegen der positiven Auswirkungen auf das Management-Commitment zur Internationalisierung sollte die Formulierung internationaler Unternehmensgrundsätze und Unternehmensleitlinien fester Bestandteil der Planung des internationalen Auslandsengagements sein. Die internationalen Unternehmensleitlinien umfassen im Wesentlichen die in Abbildung 1 dargestellten Aspekte.

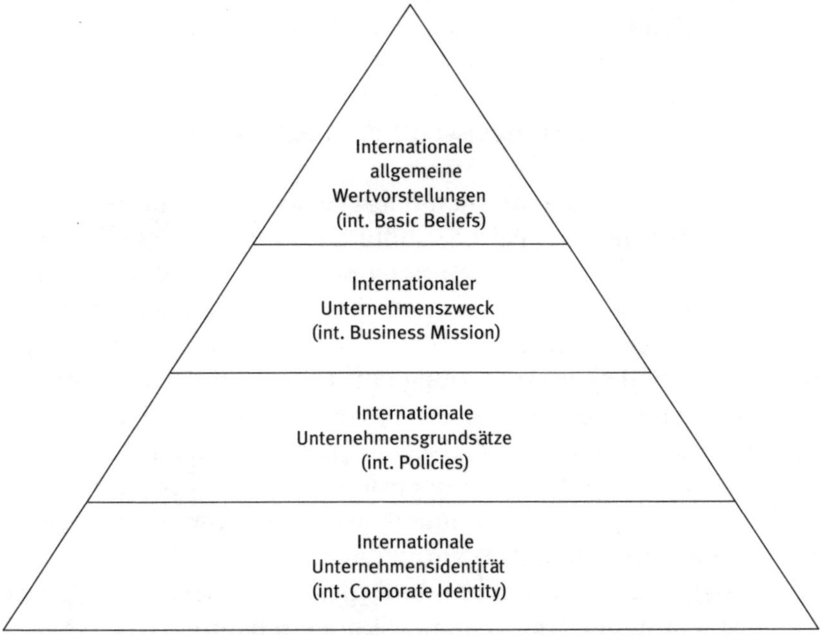

Abbildung 1: Internationale Unternehmensleitlinien

Die Unternehmensleitlinien sollten insbesondere in größeren Unternehmen in einem eigenen Handbuch detailliert beschrieben werden, um allen Mitarbeitern eine verbindliche Richtschnur der (internationalen) Unternehmenskultur vorzugeben. Um auch anderen Bezugsgruppen des Unternehmens, zum Beispiel Banken, Anteilseigner, potenziellen Kunden und der Öffentlichkeit, die Unternehmensleitlinien zur Kenntnis zu bringen, werden diese meist auch kurz zusammengefasst. Dabei bleiben die Formulierungen nicht unverändert, sondern werden der Entwicklung des Unternehmens angepasst. Die einzelnen Elemente der Unternehmensleitlinien lassen sich wie folgt kurz beschreiben:

- Die allgemeinen internationalen Wertvorstellungen (Basic Beliefs) beinhalten die gesamtwirtschaftliche Aufgabe, die dem Unternehmen zukommt. Sie haben meta- und makroökonomischen Charakter und sprechen die Einstellung zu Gesellschafts- und Wirtschaftssystem, Wettbewerbsordnung und Umwelt an, aber auch die Grundprinzipien gegenüber den verschiedenen Bezugsgruppen des Unternehmens (Stakeholder). Zudem sind die Führungsprinzipien in den allgemeinen Wertvorstellungen zu formulieren.
- Der internationale Unternehmenszweck (Business Mission) legt fest, welche Arten von Leistungen die Unternehmung erbringen soll. Die wichtigste Frage ist hierbei: »What is our business and what should it be?«. Das Unternehmen erhält dadurch eine klare Ausrichtung. Die Festlegung der Art der Marktleistungen, der speziellen Unternehmenskompetenz sowie der strategischen Geschäftseinheiten stellt dabei eine wichtige strategische Vorentscheidung für das Marketing dar.
- Die internationalen Unternehmensgrundsätze (Policies) leiten sich aus den allgemeinen Wertvorstellungen und dem Unternehmenszweck ab und schränken den persönlichen Entscheidungsspielraum der Mitarbeiter insoweit ein, als das Unternehmen zu wichtigen Fragestellungen einen konsistenten Standpunkt einnimmt. Sie beinhalten eine Fülle von Anweisungen für das Handeln der Mitarbeiter. Darüber hinaus nehmen sie erheblichen Einfluss auf die Unternehmensidentität und auf die Zielsetzung der Unternehmung.
- Die internationale Unternehmensidentität (Corporate Identity) ist das Selbstbild des Unternehmens als Unternehmenspersönlichkeit. Sie manifestiert sich in dem Verhalten des Unternehmens (Corporate Behavior), dem Erscheinungsbild des Unternehmens (Corporate Design) und in der Unternehmenskommunikation (Corporate Communication). Sie strahlt nach innen auf die Mitarbeiter und nach

außen auf das Umfeld und produziert sowohl im Bewusstsein des individuellen Kunden als auch in der Öffentlichkeit ein spezifisches Image als Fremdbild, das möglichst dem Selbstbild des Unternehmens, der Corporate Identity, entsprechen sollte.

In Bezug auf die Gründung internationaler Unternehmenseinheiten sollte eine gemeinsame Unternehmensphilosophie und Corporate Identity von Mutter- und Tochtergesellschaften bestehen. Durch die Existenz eines »Wir-Bewusstseins« erhält auch die internationale Unternehmung eine eindeutige Profilierung gegenüber den Wettbewerbern. Darüber hinaus werden dadurch die Grundlagen für die Identifikation der in- und ausländischen Mitarbeiter mit der Unternehmenskultur – auch im Gegensatz zu den unterschiedlichen Landeskulturen – geschaffen.

In diesem Zusammenhang lässt sich auch auf die Notwendigkeit zur Etablierung einer Führungskultur beziehungsweise einer Führungskonzeption hinweisen, die sich in dem Verhältnis des Managements zu den ausländischen Mitarbeitern der Tochtergesellschaft ausdrückt. Dabei ist zu berücksichtigen, dass die Führungskonzeption mit der Entwicklung des Unternehmens einhergeht und an die unterschiedlichen Landeskulturen angepasst werden muss (siehe Abschnitt 1.3.3 in diesem Kapitel). Vor dem Hintergrund der außerordentlichen Bedeutung kultureller Einflüsse auf den Erfolg im Auslandsmarkt sollten neben den veröffentlichten Unternehmensleitlinien zusätzlich die Führungskultur und die Führungsprinzipien in so genannten Führungshandbüchern konkretisiert werden. Diese Handbücher sind dann für alle Führungskräfte verbindlich und bilden die Grundlage für das Verhalten gegenüber den Mitarbeitern. Ziel einer Unternehmens- und Führungskultur ist die Integration von Mitarbeitern aus verschiedenen Ländern und Kulturen unter einer einheitlichen Konzeption. Damit erhält das Management einer New Market Company ein wichtiges Tool zur Integration von lokalen Mitarbeitern (Locals), den Entsandten aus dem Stammhaus (Expatriates) sowie Unternehmensakquisitionen.

1.1.2 Entscheidungsfeld: Internationale Unternehmens- und Marketingziele

Nachdem die wichtigsten internationalen Unternehmensleitlinien festgelegt worden sind, sollte die Planung der internationalen Unternehmens- und Marketingziele beginnen. Durch deren Formulierung wird die grundsätzliche Richtung der Unternehmensentwicklung vorgegeben. An diesen Vorgaben haben sich sämtliche zu treffenden Entscheidungen auszurichten, die mit dem Management der Erschließung neuer Ländermärkte verbunden sind. Damit fällen die Verantwortlichen Vorentscheidungen über die Märkte, Marktsegmente und Marktnischen, in denen das Unternehmen in Zukunft tätig sein will, sowie über die Führung der Gesamtheit der in den einzelnen Märkten operierenden strategischen Geschäftseinheiten (SGE). Grundsätzlich gibt es drei verschiedene Ansätze, nach denen sich die Zielplanung vollzieht:

1. Beim Central-down-Ansatz, auch Top-down-Ansatz genannt, wird die Planung im Stammhaus entworfen und dann den einzelnen Tochtergesellschaften im Ausland als verbindliche Planung für die zu erreichenden Ziele mitgeteilt. Dieser Ansatz dürfte aus Gründen der Motivation nicht optimal sein, zumal die Auslandsgesellschaften in der Regel genügend »Tricks« kennen, um die Planwerte zu unterlaufen. Trotzdem wird diese Vorgehensweise in circa einem Viertel der Unternehmen eingesetzt.
2. Beim Local-up-Ansatz, auch Bottom-up-Ansatz genannt, entwickeln die Länderniederlassungen ihre verbindliche Planung selbstständig, während die Aufgabe der Zentrale darin besteht, alle Planungsaktivitäten zu koordinieren und zusammenzufassen. Bei dieser Art der Planung werden die strategischen Stoßrichtungen vernachlässigt, und es gibt sicherlich Abhängigkeiten oder Überschneidungen zwischen den Teilplänen der Tochtergesellschaften, die zu Effizienzverlusten des Gesamtunternehmens führen.
3. Beim Gegenstromverfahren, auch Central-up- oder Top-up-Ansatz genannt, gibt die Zentrale grundsätzliche Richtlinien vor, die von den Länderniederlassungen bei der Planung zu berücksichtigen sind. Nach einer sich anschließenden Abstimmungsprozedur werden die verbindlichen Ziele dann endgültig meist von der Zentrale festgelegt. Dadurch werden Länderspezifika beachtet, und ein koordiniertes Vorgehen ist möglich. Dieses Planungsverfahren wird in circa zwei Drittel der Unternehmen eingesetzt.

Es kann davon ausgegangen werden, dass bei den meisten Markteintrittsprojekten nach dem Gegenstromverfahren gearbeitet wird. Dies hat zur Folge, dass zunächst die Unternehmensleitung die Eckwerte für die Planung vorgeben muss, damit die jeweilige Länderniederlassung sinnvoll planen kann. Empfehlenswert bei dieser Vorgehensweise ist ein intensiver monatlicher Dialog über den Stand des Business-Plans. Neben den drei dargestellten Ansätzen ist noch erwähnenswert, dass die Zielplanung standardisiert oder zumindest stark strukturiert erfolgen sollte. Das heißt, dass beispielsweise eindeutige Definitionen für die Planungsgrößen und ein verbindlicher Aufbau der Planung, zum Beispiel in Form eines Planungshandbuchs, existieren sollten. Wichtig wäre weiterhin noch, genau zu bestimmen, wer eine Planung zu erstellen hat. Dabei ist pro strategischer Geschäftseinheit beziehungsweise pro Land ein Verantwortlicher zu benennen.

In einem nächsten Schritt werden die Pläne überarbeitet und von der Unternehmensleitung in Verbindung mit dem Gesamtmarktverantwortlichen und der Planungsgruppe ein Erstentwurf der internationalen Unternehmensziele erstellt. Bei der Erstellung dieses Erstentwurfs sollten folgende Gesichtspunkte beherzigt werden:

- Die Beachtung der mitgeteilten Eckwerte muss kontrollierbar sein, und falls nicht wichtige Gründe dagegen sprechen, sollte man auf der Einhaltung der Eckwerte bestehen.
- Der Erstentwurf darf zwar optimistisch sein, sollte aber nicht traumtänzerisch wirken.
- Versteckte Leistungsreserven sollten aufgedeckt und in dem Erstentwurf berücksichtigt werden.
- Die Ziele sind quantitativ und mit zeitlichem Bezug zu formulieren. Falls eine quantitative Zielvorgabe nicht möglich ist, müssen qualitative Ziele angegeben werden. Diese sollten jedoch in einer Weise formuliert werden, dass die Erfüllung der Ziele auch nachprüfbar ist. Dies kann dadurch gewährleistet werden, dass qualitative Ziele möglichst quantitativ ausgedrückt werden (zum Beispiel: »Wir bieten nur solche Dienstleistungen an, die den höchsten Wettbewerbsvorteil aufweisen beziehungsweise die in einem Markttest besser als die Leistungsangebote der stärksten Konkurrenten abschneiden.«).

Besonderheiten bei der Entscheidung über strategische Unternehmens- beziehungsweise Marketingziele ergeben sich vor allem aus spezifischen situativen Aspekten, wie zum Beispiel die Markteintrittsentscheidung in ein bislang nicht bearbeitetes Land, die Entscheidung für eine bestimmte Wettbewerbsstrategie, etwa das Anstreben einer Kostenführerschaftsstrategie, oder bei der Markterschließung die Bedeutung von Unternehmens- oder Produktimages.

Die langfristige Sicherung des international tätigen Unternehmens hängt also von einem zielgerichteten strategischen Verhalten der verantwortlichen Entscheidungsträger ab. Die übergeordneten Unternehmensziele werden im Rahmen der Unternehmenspolitik formuliert und sind im Anschluss an eine unternehmensspezifische Situationsanalyse zu konkretisieren (vergleiche Abschnitt 1.3.2 in diesem Kapitel). Es handelt sich um die Festlegung von Vorgaben für die geplante internationale Entwicklung des Unternehmens. Die Ableitung realistischer Ziele für das Gesamtunternehmen hat sich hierbei an den verfügbaren Ressourcen und den Unternehmenspotenzialen auszurichten. Diese bilden dann den Ausgangspunkt und den Rahmen für den Managementprozess *Company2new:market*. Es gilt, grundsätzliche Absichten mit perspektivischem Charakter festzulegen. Diese Ziele des Gesamtunternehmens lassen sich zum Beispiel in ökonomische Absichten (zum Beispiel marktbezogene, ergebnisorientierte und finanzwirtschaftliche Absichten) und marktbezogene Absichten (zum Beispiel Marktanteile, Marktumsätze) unterteilen. Als grundsätzliche strategische internationale Unternehmens- und Marketingziele lassen sich die in Tabelle 1 dargestellten Zielebenen unterscheiden, die in einem weiteren Schritt für jeden Ländermarkt spezifiziert werden müssen.

Marktziele	Ertragsziele	Leistungsziele
• Umsatz • Wachstum • Marktanteil • Markenbekanntheit • Kundenbegeisterung	• Gewinn • Rentabilität • Return on Investment (ROI) • Deckungsbeitrag	• Angebots- und Prozessqualität • soziale Verantwortung

Tabelle 1: Grundsätzliche strategische internationale Unternehmens- und Marketingziele

Die Operationalisierung strategischer Marketingzielsetzungen erfolgt nach Inhalt (was?), Ausmaß (wie viel?), Zeitbezug (wann?) und Segmentbezug (in welchen Ländermärkten?). Deshalb sind die Zieldimensionen gegebenenfalls länder- oder regionenspezifisch anzupassen und entsprechende Präferenzen in einem ländermarktbezogenen Zielsystem festzulegen. Hierbei werden die Zielelemente systematisch geordnet und nach ihren Dimensionen (Länder, Ländersegmente, Produkte usw.) differenziert. Welche einzelnen Zielgrößen und -richtungen für ein konkretes international tätiges Unternehmen hierbei von besonderer Bedeutung sind, kann allerdings nicht allgemeingültig festgelegt werden. Zu beachten ist jedoch, dass finanzielle Ziele und Restriktionen bei der Erschließung neuer internationaler Märkte ausreichend Berücksichtigung finden. Die Konkretisierung dieser Ziele ergibt sich dann aus nachgeordneten Strategieentscheidungen, zum Beispiel im Rahmen der Marktauswahl und der Markteintrittsstrategie. Als Zielgrößen für international tätige Unternehmen können die in Tabelle 2 spezifizierten Aspekte beispielhaft angeführt werden.

Strategische Globalziele:
– leistungswirtschaftliche Ziele (Leistungen, Kosten, Betriebserfolg) – Effizienz-Ziele (Eigenkapitalrentabilität, Return on Investment) – Ziele betreffend die wesentlichen Bilanzpositionen (Eigen- und Fremdkapital, Anlage- und Umlaufvermögen) – ...
Leistungsprogrammziele:
– Umsätze insgesamt und in den einzelnen Leistungsbereichen – Marktanteile (Aufbau, Ausbau, Halten) – Kapazitätsauslastungsgrad – ...
Wachstumsziele:
– Ausbau der Leistungsbereiche durch Erweiterung um Nachwuchsprodukte – Ausbau der internationalen Geschäftstätigkeiten – sachliche, regionale und branchenspezifische Wachstumsziele – ...
Entwicklungsziele der personellen Leistungspotenziale:
– Personalentwicklungsziele (Schulung, Nachwuchsförderung) – Qualifikationsziele / Standards des Personals – Generelle Fluktuationsziele (Soll-Verweildauer von Beratern im Unternehmen) – Personalbeschaffungsziele – ...
Marktpreisziele:
– Honorarsätze – Honorarabrechnungsmodus – Provisionserlöse – Provisionsstruktur – ...
Marktkommunikationsziele:
– Imageziele – Präferenz-ziele – ...
Interne Strukturziele
– numerisches Verhältnis von Consultants und sonstigen Mitarbeitern – führungsorganisatorische Ziele – verwaltungsorganisatorische Ziele – Ziele der Personalentwicklung und -beschaffung – ...

Tabelle 2: Mögliche Zielgrößen für internationale Unternehmen

Zur Erreichung der gesetzten strategischen internationalen Unternehmens- und Marketingziele müssen grundlegende Stoßrichtungen für das künftige Auftreten im internationalen Markt generiert werden. Ihnen kommt auch die konkrete Aufgabe zu, nachgeordnete Entscheidungen zum Mitteleinsatz eines Unternehmens im Bereich des Marketing-Instrumentariums an den Bedarfs- und Wettbewerbsbedingungen sowie am vorhandenen Leistungspotenzial zu orientieren und auf die Erreichung

Produkte \ Märkte	Gegenwärtig	Neu
Gegenwärtig	Marktpenetration →	Marktentwicklung
Neu	Produktentwicklung	Diversifikation

Abbildung 2: Alternative Strategien zur Erschließung von Wachstumsquellen

der Ziele hin zu kanalisieren. Die Strategiewahl ist dabei grundsätzlich von den jeweiligen Unternehmens-, Wettbewerbs- und sonstigen Umweltkonstellationen aus internationaler Sicht abhängig. Die Formulierung der Unternehmens- und Marketingziele sowie der grundlegenden internationalen Stoßrichtungen mündet in die unternehmerischen Entscheidungsprozesse zur internationalen Markterschließung. Im folgenden Abschnitt sollen daher alternative Wachstumsstrategien als Entscheidungsoptionen beschrieben werden.

1.1.3 Entscheidungsfeld: Wachstumsstrategien

Durch die Festlegung von Wachstumsstrategien wird die grobe Entwicklungsrichtung der strategischen Geschäftseinheiten (SGE) bestimmt. Auf der Grundlage der Unternehmens- und Marketingziele ist dabei zunächst zu überprüfen, ob mit der bislang verfolgten Unternehmensstrategie die gesteckten Ziele auch erreicht werden können. Ist dies nicht der Fall, ist nach grundlegenden Handlungsalternativen zu suchen. Eine grundsätzlich geeignete und in der Praxis weit verbreitete Vorgehensweise zur Erarbeitung von Wachstumsstrategien für Unternehmen stellt die Produkt-Markt-Matrix nach Ansoff (vergleiche Abbildung 2) dar. Mit ihr lassen sich in systematischer Weise alternative Produkt-Markt-Kombinationen erarbeiten. Die Ansoff-Matrix unterscheidet Ausprägungen von Wachstumsstrategien für bestehende und neue Produkte beziehungsweise Leistungen sowie für bestehende und neue Märkte. Für jeden Leistungsbereich einer strategischen Geschäftseinheit von international agierenden Unternehmen ist die Wahl einer oder mehrerer Produkt-Markt-Kombinationen erforderlich. Die Festlegung der strategischen Stoßrichtung des Unternehmens in den verschiedenen Geschäftsfeldern stellt die Grundlage für alle weiteren strategischen Entscheidungen dar.

Die Strategie der Marktpenetration beziehungsweise Marktdurchdringung beinhaltet die Ausschöpfung des Marktpotenzials vorhandener Produkte in bestehenden Märkten. Die Optimierung der Marketing-Instrumente beziehungsweise die Realisierung integrierter Marketing-Mix-Programme soll hierbei zu einer Umsatz- und Gewinnsteigerung und damit zu einer effizienteren Marktbearbeitung führen. Die Marktpenetrationsstrategie besteht also im Wesentlichen in einer Verstärkung der Marketinganstrengungen und stellt quasi die Plattform dar, von der aus alle anderen strategischen Planungen ihren Ausgangspunkt nehmen. Hierbei sind drei Ansatzpunkte möglich:

1. Erhöhung der Produktverwendung bei bestehenden Kunden, zum Beispiel durch die Schaffung neuer Anwendungsbereiche oder die Beschleunigung des Ersatzbedarfs;
2. Gewinnung von Kunden, die bisher bei der Konkurrenz gekauft haben, für das eigene Produktangebot, zum Beispiel durch Preisreduktionen, Produktzugaben und Verkaufsförderungsaktionen;
3. Gewinnung bisheriger Nichtverwender des Produktes, zum Beispiel durch die Einschaltung neuer Vertriebskanäle wie das Internet oder Call-Center.

Bei der Strategie der Marktentwicklung wird angestrebt, für die gegenwärtigen Produkte einen neuen oder mehrere neue Märkte zu finden. Damit sollen Wachstums- und Profitpotenziale in verschiedenen Märkten verschiedener Größe und Risiken erschlossen werden. Der Versuch, weitere Marktchancen für ein bestehendes Produkt aufzudecken, umfasst folgende Möglichkeiten:

- Erschließung zusätzlicher Absatzmärkte durch regionale, nationale oder internationale Ausdehnung;
- Gewinnung neuer Marktsegmente, zum Beispiel durch speziell auf bestimmte Zielgruppen abgestimmte Produktvarianten beziehungsweise »psychologische« Produktdifferenzierung durch Werbemaßnahmen.

Die Strategie der Produktentwicklung basiert auf der Überlegung, für bestehende Märkte neue, zusätzliche Produkte zu entwickeln. Die beiden grundlegenden Alternativen sind hierbei:

- Schaffung von Innovationen im Sinne echter Marktneuheiten;
- Programmerweiterung durch Entwicklung zusätzlicher Produktvarianten (zum Beispiel durch Cross-, Re- und Up-Selling-Maßnahmen).

Die Diversifikationsstrategie ist durch die Ausrichtung der Unternehmensaktivitäten auf neue Produkte für neue Märkte charakterisiert. Je nach dem Grad der mit dieser Strategie verfolgten Risikostreuung beziehungsweise dem Risikoausmaß lassen sich die drei folgenden Typen unterscheiden:

1. Die horizontale Diversifikation kennzeichnet die Erweiterung des bestehenden Produktprogramms um weitere Produkte, die mit den bereits vorhandenen noch in sachlichem Zusammenhang stehen.
2. Die vertikale Diversifikation entspricht der Vergrößerung der Tiefe eines Produktprogramms sowohl in Richtung Absatz als auch in Richtung Beschaffung.
3. Die laterale Diversifikation bedeutet den Vorstoß in völlig neue Produkt- und Marktgebiete, wobei die Unternehmung aus dem Rahmen ihrer traditionellen Branche ausbricht und in weitab liegenden Aktivitätsfeldern tätig wird. Da ein sachlicher Zusammenhang zum bisherigen Geschäft nicht mehr besteht, ist dies die chancen- und zugleich risikoreichste der drei Diversifikationsarten. Häufig erfolgt das Eindringen in neue Marktfelder durch die Akquisition von Produkten oder Unternehmen, da der Aufbau von Know-how für neue Marktfelder sehr langwierig ist und es daher einfacher ist, sich dieses Know-how zu kaufen. Dieser Maßnahmenblock setzt sehr viel strategisches Feingefühl voraus. Er verlangt viele Analysen sowie Diskussionen und bringt meist langwierige Akquisitionsprozesse mit sich.

Den Ausgangspunkt für die Wahl der konkreten wachstumsstrategischen Alternative stellt die Identifikation der vorhandenen strategischen Möglichkeiten beziehungsweise der strategischen Zwänge eines Unternehmen und des betrachteten Leistungsbereiches der strategischen Geschäftseinheit dar. Die Beurteilung der Zweckmäßigkeit der einzelnen Strategien hat unter Berücksichtigung der spezifischen Unternehmenssituation zu erfolgen. Dabei ist insbesondere das Potenzial des bereits vorhandenen oder neuen Produktes beziehungsweise der Leistung in einem gegenwärtigen oder neuen Markt abzuschätzen. Marktforschungsinformationen unterstützen diese Überlegungen und führen unter Umständen zu neuen Marktabgrenzungen oder zu Plänen zur Modifikation von Leistungen. Die Entscheidungen über die Stoßrichtungen der einzelnen strategischen Geschäftseinheiten haben hierbei auch unmittelbare Konsequenzen für die finanzwirtschaftlichen Bereiche, die Produktentwicklung und das Personalmanagement.

Zur Veranschaulichung der Problematik soll im Folgenden die Produkt-Markt-Matrix beispielhaft für die Anwendung im Finanzsektor modifiziert werden. Die Notwendigkeit zur Anpassung resultiert aus der Tatsache, dass die Unterscheidung der Finanzprodukte beziehungsweise des Leistungsangebotes eines Finanzdienstleistungsunternehmens in bestehende und neue Leistungen nicht die Tatsache berücksichtigt, dass Dienstleistungen generell und Consulting- oder Finanzdienstleistungen speziell wesentlich leichter als Produkte zu verändern sind.

Aufgrund der besonderen Charakteristika der Finanzdienstleistungen ergeben sich bei einer Erweiterung des bearbeiteten Marktes in geografischer Hinsicht drei Wachstumsstufen: das Wachstum in bestehenden Niederlassungen (Büros), das Wachstum durch Eröffnung von neuen Niederlassungen im selben nationalen Markt oder in ähnlichen internationalen Märkten (zum Beispiel Österreich) sowie die Aufnahme der Tätigkeit in weiteren internationalen europäischen (zum Beispiel Spanien) und nicht-europäischen Märkten. Diese dreidimensionale Perspektive bewirkt eine Unterscheidung von Leistungen in vorhandene, veränderte und neue Leistungen, von Kunden in bereits bediente und neue Kundengruppen, und von geografischen Märkten in bereits bearbeitete nationale Märkte (Heimatmärkte), in noch nicht bearbeitete, dem Heimatmarkt ähnliche internationale Märkte (zum Beispiel EU-Länder) und weitere, noch nicht bearbeitete, dem Heimatmarkt unähnliche internationale Märkte (zum Beispiel USA). Auf diese Weise ergeben sich für das Finanzdienstleistungsunternehmen insgesamt 16 Strategiealternativen (vergleiche Abbildung 3).

Als Grundformen aus den in Abbildung 3 dargestellten 16 alternativen Produkt-Markt-Strategien ergeben sich:

1. *Marktdurchdringung* (Felder 1 und 2): Im Rahmen der Strategie der Marktdurchdringung beziehungsweise Marktpenetration suchen die Verantwortlichen des Finanzdienstleistungsunternehmens, die Wachstumsziele innerhalb des Leistungsbereichs durch das Anstreben eines höheren Marktanteils in bestehenden Märkten mit bestehenden

Leistungen und Kundensegmente / Geografische Märkte		Bereits bearbeitete Regionen im Heimatmarkt	Noch nicht bearbeitete Regionen im Heimatmarkt	Noch nicht bearbeitete, dem Heimatmarkt Ähnliche Ländermärkte	Noch nicht bearbeitete, dem Heimatmarkt unähnliche Ländermärkte
Vorhandene Produkte/ Leistungen	Vorhandene Produkte für bereits bearbeitete Kundengruppen	Marktdurchdringung durch vorhandene Büros (1)	Marktdurchdringung durch neue Büros (2)	Geografische Marktentwicklung (3)	Geografische Marktentwicklung (4)
Veränderte Produkte/ Leistungen	Vorhandene Produkte für bisher noch nicht bearbeitete Kundengruppen verändert	Marktentwicklung durch Produkt-modifikation in vorhandenen Büros (5)	Marktentwicklung durch Produkt-modifikation in neuen nationalen Büros (6)	Marktentwicklung durch Produktmodifikation (7)	Marktentwicklung durch Produktmodifikation (8)
Neue Produkte/Leistungen	Für bereits bearbeitete Kundengruppen	Produktentwicklung in vorhandenen Büros (9)	Produktentwicklung in neuen Büros (10)	Produktentwicklung (11)	Produktentwicklung (12)
Neue Produkte/Leistungen	Für noch nicht bearbeitete Kundengruppen	Diversifikation in vorhandenen Büros (13)	Diversifikation in neuen Büros (14)	Diversifikation (15)	Diversifikation (16)

Abbildung 3: Produkt-Markt-Matrix für international tätige Dienstleistungsunternehmen

Produkten zu erreichen. Für eine Marktdurchdringung stehen grundsätzlich folgende Alternativen zur Auswahl:

- *Erhöhung der Produkt- beziehungsweise Leistungsverwendung bei vorhandenen Kunden:* Diese Strategievariante, die bei Produktionsunternehmen zum Beispiel auf Konsumsteigerungen durch Verbesserung des Produktes oder Beschleunigung des Ersatzbedarfs abzielt, lässt sich bei Finanzdienstleistungsunternehmen auf zwei Wegen realisieren: Während durch ein Re-Selling das gleiche Leistungsangebot nach Vertragsablauf noch einmal verkauft wird, erfolgt durch Up-Selling eine Erhöhung der bestehenden Investition oder Prämie als Folge positiver Erfahrungen des Kunden mit der Beratungsleistung oder den Finanzprodukten.
- *Gewinnung neuer Kunden für die bestehende Leistung durch Abwerbung bei Stammkunden der Konkurrenz:* Diese Strategievariante beinhaltet zum Beispiel die Verbesserung der Produktcharakteristika, die Bereitstellung von zusätzlichen Informationen an die Kunden oder eine konkurrenzorientierte Preisstel-

lung. Dabei handelt es sich auch um eine klare Markteintrittsstrategie, bei der nur Produkte beziehungsweise Dienstleistungen angeboten werden, die einen eindeutigen Wettbewerbsvorteil im Zielmarkt aufweisen. Weil ein Markteintritt immer die Gewinnung von Neukunden impliziert, ist diese Strategie von entscheidender Bedeutung.

- *Gewinnung bisheriger Nichtverwender (Non-User):* Allein diese dritte Strategiealternative eignet sich für Finanzdienstleistungsunternehmen in besonderem Maße. Dazu sind beispielsweise die Einschaltung neuer oder bisher vernachlässigter Absatzkanäle (zum Beispiel Call-Center, Internet), die Bearbeitung neuer Zielgruppen, die Berücksichtigung von Preisschwellen (zum Beispiel in Form von Preisdifferenzierungen) oder das Angebot einer neuen, ergänzenden Dienstleistung für den Massenmarkt denkbar (zum Beispiel »Private Banking Services for the Mass Affluent Client«).

Die Realisierung der Strategie der Marktpenetration erfolgt entweder in der Form der Durchdringung, ausgehend von den bereits vorhandenen Büros im Heimatmarkt, oder durch die Eröffnung von zusätzlichen Niederlassungen in diesem Markt.

2. *Geografische Marktentwicklung* (Felder 3 und 4): Die Strategie der Marktentwicklung beinhaltet den Versuch, existierende Leistungen an solche Kundensegmente (zum Beispiel Ärzte, Rechtsanwälte) in internationalen Märkten abzusetzen, die im Inland bereits bedient werden. Dabei lassen sich zwei Fälle unterscheiden: die Aufnahme der Marktbearbeitung in dem Heimatmarkt ähnlichen Ländermärkten (Feld 3) oder in weiteren, dem Heimatmarkt unähnlichen Ländermärkten (Feld 4).
3. *Marktentwicklung durch Produkt- oder Leistungsmodifikation* (Felder 5, 6, 7, 8): Eine Marktentwicklung durch Produkt- oder Leistungsmodifikation ist dann gegeben, wenn die bisherige Stammleistung in veränderter Form an bisher nicht bearbeitete Kundengruppen abgesetzt wird. Dazu wäre es zum Beispiel denkbar, die Leistungen zusätzlich zu den bisher bedienten Kundensegmenten (zum Beispiel kleine und mittlere Unternehmen, Ärzte, Rechtsanwälte) noch anderen Kundensegmenten (zum Beispiel Freiberufler, Studenten) anzubieten. Hierbei ist es notwendig, Veränderungen an der Leistung vorzunehmen. Die Strategie besteht damit in der Erschließung neuer Teilmärkte. Dies kann im vorhandenen nationalen Markt durch die vorhandenen Büros erfolgen (Feld 5), durch die Gründung neuer (Regional-)Büros im selben nationalen Markt (Feld 6), in ähnlichen internationalen Märkten (Feld 7) sowie unähnlichen internationalen

Märkten (Feld 8). Dabei ist zu beachten: Je nach den spezifischen Bedürfnissen der neu angesprochenen Kundensegmente können die Leistungsmodifikationen in den einzelnen Ländern unterschiedlich ausfallen.

4. *Leistungsentwicklung des Share of Wallet* (Felder 9, 10, 11, 12): Grundsätzlich ist eine Leistungsentwicklung dann gegeben, wenn das Finanzdienstleistungsunternehmen für bereits bearbeitete Kundengruppen völlig neue Finanzprodukte beziehungsweise -dienstleistungen entwickelt und anbietet. Unter Leistungsentwicklung oder Innovation sind aus der Sicht des Unternehmens sowohl Markt- als auch Unternehmensneuheiten zu verstehen. Marktneuheiten sind dabei originäre neue Leistungen, die es zuvor noch nicht gab (zum Beispiel neue Finanzanlagemöglichkeiten oder Zusatzversicherungen). Unternehmensneuheiten wurden dagegen vorher vom Unternehmen selbst noch nicht angeboten, aber schon von der Konkurrenz und sind damit nachempfundene Leistungen (Me-too-Angebote). Die Leistungsentwicklung kann in vorhandenen Büros im nationalen Markt (Feld 9) erfolgen oder auch in neu zu gründenden Niederlassungen im gleichen nationalen Markt (Feld 10), in dem Heimatmarkt ähnlichen Ländermärkten (Feld 11) und in weiteren, dem Heimatmarkt unähnlichen Ländern (Feld 12). Die Strategie der Innovation kann auch die notwendige Elimination vorhandener Produktangebote beinhalten. Insgesamt gesehen birgt diese Wachstumsstrategie ein relativ hohes Risiko, da eine neue Know-how-Basis bezüglich Produktangebot und Kunden zu erarbeiten ist. Zudem benötigt diese Strategie bis zum Wirksamwerden einen längeren Zeitraum. Echte Marktneuheiten erzielen zumeist höhere Gewinne als nachempfundene Produkte oder Leistungen. Allerdings ist für Finanzdienstleistungsunternehmen nur dann eine dauerhafte Erzielung von Wettbewerbsvorteilen durch Innovationen möglich, wenn das Unternehmen beständig die Differenzierungsvorteile gegenüber der Konkurrenz halten kann, welche die neuen Produkte oder Leistungsangebote wahrscheinlich schnell imitieren wird. Schließlich lassen sich die Angebote von Finanzdienstleistungsunternehmen sehr schnell kopieren. Schwieriger, das heißt langfristiger und teurer, ist das Kopieren von innovativen Prozessen und Kompetenzen (wie zum Beispiel die Beratungskompetenz von Mitarbeitern, die sich auch in speziellen IT-Systemen niederschlagen können).

5. *Diversifikation* (Felder 13, 14, 15, 16): Als weitere Wachstumsstrategien im Rahmen der erweiterten Produkt-Markt-Matrix ist die Diversifikation zu nennen. Dabei erfolgt die Neuentwicklung von Produkten beziehungsweise Leistungsangeboten für völlig neue Kundengrup-

pen. Zu unterscheiden ist im Falle von Finanzdienstleistungsunternehmen, ob die Diversifikation in den vorhandenen Büros (Feld 13) oder neuen Büros im vorhandenen nationalen Markt (Feld 14) vorgenommen wird. Von einer Diversifikation in internationale Märkte spricht man dann, wenn neuen Kundengruppen völlig neue Leistungsangebote in dem Heimatmarkt ähnlichen Ländermärkten (Feld 15) oder weiteren, dem Heimatmarkt unähnlichen internationalen Märkten (Feld 16) angeboten werden sollen. Das Unternehmen tritt also im Rahmen der Diversifikationsstrategie in benachbarte oder auch weiter entfernt liegende Aktivitätenfelder ein. Im Rahmen der horizontalen Diversifikation erweitert das Unternehmen sein bisheriges Produktprogramm um artverwandte Leistungen. Während die vertikale Diversifikation die Aufnahme von Leistungsangeboten beinhaltet, die den bisherigen Produkten vor- beziehungsweise nachgeschaltet sind, umfasst die laterale Diversifikation die Aufnahme von völlig neuen Leistungsbereichen, die mit den bisherigen Leistungen in keinerlei sachlichem Zusammenhang stehen. Bei der Entscheidung für eine bestimmte Diversifikationsform ist auch das Eintreten von Synergieeffekten zu berücksichtigen. Diese ergeben sich, wenn neu zu erstellende Produktangebote sich durch bereits vorhandene Absatzkanäle absetzen lassen oder das Produktimage durch das bereits bestehende Unternehmensimage leichter aufgebaut werden kann. Zudem können die neu zu erstellenden Leistungsangebote die vorhandenen Unternehmenspotenziale besser ausnutzen. Die Diversifikationsstrategie erfolgt häufig aufgrund von Überlegungen zur Gewinn- und Existenzsicherung. Sie stellt die risikoreichste Strategie dar, da sie auf die Erschließung von Ersatzmärkten abzielt, die den zukünftigen Bestand des Unternehmens sichern sollen.

1.1.4 Entscheidungsfeld: Aufbau Neuer Märkte

Dieses Entscheidungsfeld umfasst all diejenigen strategischen Aspekte, die im Zusammenhang mit der Erschließung neuer internationaler Märkte stehen. Die Strategiealternativen im Rahmen der internationalen Wachstumsstrategie sollen an dieser Stelle deshalb näher betrachtet werden. Grundsätzlich lässt sich dabei die im vorigen Abschnitt erläuterte Produkt-Markt-Matrix von Ansoff auch auf den internationalen Kontext beziehen. Der Unterschied besteht lediglich darin, dass nunmehr die internationalen Märkte den Bezugspunkt aller Strategie- beziehungsweise

Wachstumsüberlegungen darstellen. Im internationalen Umfeld stehen deshalb folgende Strategiealternativen zur Auswahl:

- internationale Marktdurchdringung und -ausschöpfung (gleicher Markt, gleiches Produkt),
- internationale produktpolitische Expansion (gleicher Markt, neues Produkt),
- internationale Marktschaffung (neuer Markt, gleiches Produkt),
- internationale Diversifikation (neuer Markt, neues Produkt).

Die Entscheidung, welche Strategie bei der Erschließung neuer internationaler Märkte verfolgt werden soll, gibt den Rahmen für die zu wählenden organisatorischen Strukturen und den Managementprozess zur internationalen Markterschließung vor. Diese Entscheidungen haben direkte Auswirkungen auf die Wettbewerbsbedingungen in den jeweiligen Ländermärkten sowie auf die Aufteilung finanzieller und personeller Kapazitäten. Wichtige Einflussfaktoren hinsichtlich der Wahl der Wachstumsstrategie sind die zur Verfügung stehenden Ressourcen (Welche finanziellen und personellen Ressourcen können eingesetzt werden?), der Markt (Ist ein Ländermarkt bereits ausgeschöpft oder können mittels vermehrter Anstrengungen, zum Beispiel durch eine höhere Distributionsdichte, noch zusätzliche Wachstumspotenziale erschlossen werden?), das Produktangebot (Lassen sich die jeweiligen Produkte überhaupt auf anderen Ländermärkten vermarkten?) und die Transferierbarkeit des Geschäftsmodells (Lässt sich das Geschäftsmodell, das heißt die innovativen Prozesse und Kompetenzen, in einen anderen Markt übertragen?).

Unter Berücksichtigung der vorhandenen Budget-Restriktionen ist zunächst die Anzahl der zu erschließenden Ländermärkte zu bestimmen. Hierbei lässt sich eine Unterscheidung in die Penetrations- und Konzentrationsstrategie vornehmen (vergleiche Abbildung 4):

- Im Rahmen der New-Market-Penetration-Strategie werden verschiedene neue Ländermärkte in Abhängigkeit der verfügbaren Ressourcen innerhalb einer relativ kurzen Zeitspanne simultan oder in schneller Abfolge erschlossen. Diese Strategie ist insbesondere in kleinen, stagnierenden und instabilen Märkten mit ähnlichen Strukturen, geringen Markteintrittsbarrieren und vergleichsweise geringen Investitionen geeignet. Die Vorteile dieser Strategie liegen in der schnelleren Amortisation von Investitionen, dem schnellen Markteintritt (Time-to-Market) in ähnliche Ländermärkte (zum Beispiel EU-Länder) und der Streuung des Markteintrittsrisikos auf mehrere

Länder (Portfolio-Effekt). Darüber hinaus ermöglicht der simultane Markteintritt die Realisierung von Skalen- und Synergieeffekten sowie Vorteile aufgrund von Standardisierung wie zum Beispiel Kostensenkung für Administration, Produktmanagement und Facility-Management. Problematisch ist hingegen der hohe Informations- und Finanzbudgetanspruch. Die Penetrationsstrategie bedingt zudem den Verzicht auf Lern- und Erfahrungskurveneffekte und birgt höhere Risiken wegen der Bindung von Managementkapazitäten und finanziellen und sachlichen Ressourcen in vielen verschiedenen Märkten.

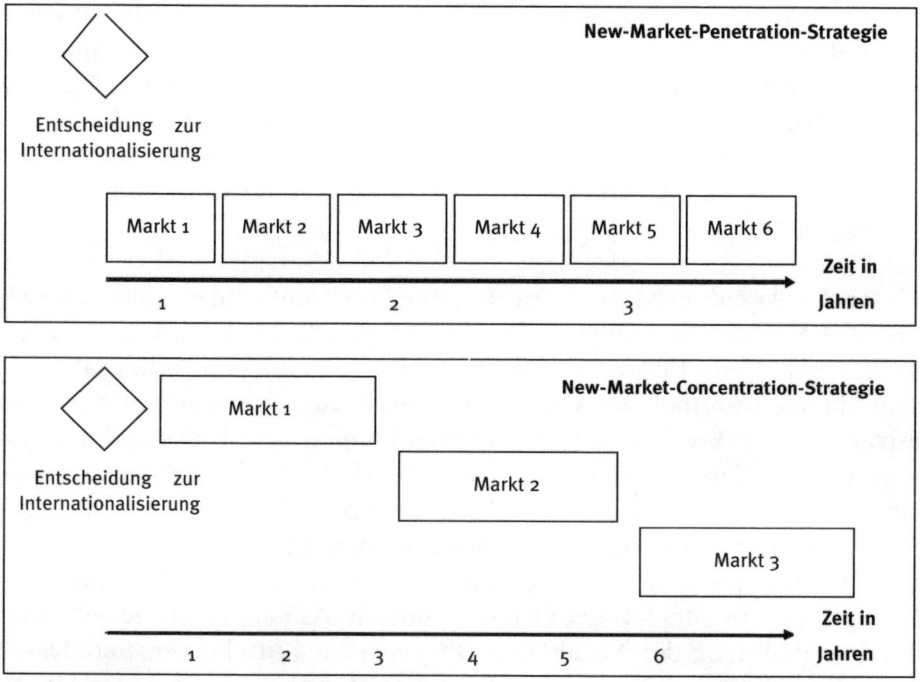

Abbildung 4: Timing des Markteintritts

- Die New-Market-Concentration-Strategie fokussiert den Markteintritt auf nur wenige, streng selektierte Auslandsmärkte. Der Eintritt in neue Märkte erfolgt nur dann, wenn ein kritischer Schwellenwert überschritten wird, der aufgrund des Geschäftsvolumens und der Rentabilität des Marktes eine eigenständige Lebensfähigkeit ohne weitere Subventionen der internationalen Unternehmung ermöglicht beziehungsweise wenn eine starke Marktposition mit hohem Marktanteil erreicht worden ist. Diese Vorgehensweise bietet sich insbesondere deshalb an, um bei Eintritt in neue, als geeignet selektierte

Märkte eine maximale Konzentration der zur Verfügung stehenden Ressourcen zu gewährleisten. Somit wird ein zweiter Markt erst dann analysiert, wenn sich der erste Markt in Step 4 Marktentwicklung befindet (vergleiche Kapitel 5). Die Unternehmung besitzt dadurch die Chance, organisatorisch und in Bezug auf die Ressourcen mit der Vergrößerung des Auslandsgeschäftes zu wachsen. In großen, stabilen, schnell wachsenden Märkten mit hohem Marktpotenzial, in denen keine hohe Wettbewerbsintensität herrscht und wo hohe Investitionen notwendig werden, erscheint diese Konzentrationsstrategie besonders erfolgversprechend. Für eine langsame, sukzessive Ausdehnung der Geschäftstätigkeit auf neue internationale Märkte sprechen vor allem Kostenvorteile bei der Nutzung von bereits vorhandenen Wissensbasen. Weitere Vorteile liegen in einer Stärkung der Wettbewerbsposition, die zu höheren Marktanteilen und damit insgesamt zu einer Erhöhung der Marktrentabilität führt. Dies wird in erster Linie durch tiefere Marktkenntnisse und das erhöhte Marktengagement erreicht.

Unter der Annahme, dass die professionelle Erschließung neuer internationaler Märkte die Fähigkeit zur Selektion attraktiver Märkte voraussetzt, scheint eine Konzentrationsstrategie die überlegene Alternative zu sein, da alle unternehmerischen Ressourcen auf eine bestimmte Anzahl attraktiver Märkte konzentriert werden können. Die Entscheidung hinsichtlich der Auswahl der »richtigen« Märkte hat deshalb auch große strategische Bedeutung für das Unternehmen. Allerdings besteht in der Praxis die Schwierigkeit darin, situative und strategische Faktoren in einer klaren Strategie zu implementieren. Deswegen werden Entscheidungen häufig noch aus subjektiven Gründen oder in Abhängigkeit bestehender Marktverhältnisse, der Anzahl von Optionen des Entscheiders und dessen wahrgenommenen (subjektiven) Risikos in Kombination mit der Unternehmensstrategie getroffen. Aus einer derartigen Vorgehensweise entstehen teilweise nicht unerhebliche Risiken hinsichtlich des zukünftigen Markterfolges. Deshalb besteht eine dringende Notwendigkeit, einen analytischen Bezugsrahmen, hier ein internationales Marktportfolio, zu entwickeln, auf dessen Grundlage sich die verschiedenen Strategieoptionen in den neuen Märkten objektiv abbilden lassen. Dies wird anhand des Marktattraktivitäts-Portfolios und des Konzepts der kritischen Masse noch ausführlich in Kapitel 2 veranschaulicht.

Eng verbunden mit der Auswahl der zu erschließenden Ländermärkte ist zudem die Entscheidung über die Segmentstrategie des internationalen Wachstums beziehungsweise die Art der Marktbearbeitung in den jeweiligen Ländern. In diesem Zusammenhang sind insbesondere Entscheidungen über die Anzahl der abzudeckenden Marktsegmente (zum Beispiel Zielgruppen oder regionale Segmente) und den Grad der Differenzierung der angebotenen Produkte zu treffen. Grundsätzlich lässt sich im Rahmen der Segmentbearbeitungsstrategie eine Aufteilung in konzentrierte (Nischenstrategie), undifferenzierte (Massenmarketing) und differenzierte (speziell auf die Bedürfnisse verschiedener Zielgruppen angepasstes Produkt- oder Leistungsangebot) Strategien vornehmen. Diese Unterscheidung beinhaltet zwei Dimensionen der Marktbearbeitung: In der Dimension »Grad der Differenzierung« kommt zum Ausdruck, ob unternehmensweit ein einziges oder mehrere Marketingprogramme erarbeitet werden. Demgegenüber ermöglicht die Dimension »Abdeckung des Marktes« eine Unterscheidung nach vollständiger oder teilweiser Marktabdeckung, das heißt, wie viele beziehungsweise welche der zuvor identifizierten Marktsegmente eines Ländermarktes bearbeitet werden sollen. Abbildung 5 zeigt die daraus resultierenden vier Strategien zur Segmentbearbeitung in einem internationalen Markt. Die Möglichkeiten zur Differenzierung des Produkt- und Leistungsangebotes für Unternehmen aus dem Finanzsektor werden im Rahmen der Marktvorbereitungsphase (Kapitel 3) näher betrachtet.

Grad der Differenzierung / Abdeckung des Marktes	Undifferenziert	Differenziert
Vollständig	Undifferenziertes Marketing	Differenziertes Marketing
Teilweise	Konzentriertes Marketing	Differenziertes Marketing (einzelne Segmente – selektiv)

Abbildung 5: Segmentspezifische Marktbearbeitungsstrategien

1.1.5 Entscheidungsfeld: Marktauswahl und Marktsegmentierung

Ziel der Marktauswahl ist es, anhand geeigneter Kriterien diejenigen Länder zu bestimmen, in denen eine Tätigkeit erfolgversprechend erscheint beziehungsweise in denen sich die strategischen Unternehmensziele am besten realisieren lassen. Die Auswahl von neu zu erschließenden Ländern ist grundsätzlich eine komplexe Entscheidung. Sie hängt ab von der Finanzkraft des Unternehmens, den zu bearbeitenden Marktfeldern, den zu vertreibenden Produkten, der Anzahl der Länder, in denen man bereits tätig ist, der Zahl der Länder, in denen man zukünftig tätig sein möchte, der Art des Markteintritts und vieles mehr. Sowohl die Entscheidung, grenzüberschreitend tätig zu werden, als auch die Auswahl eines bestimmten Marktes müssen wohlüberlegt sein, denn schließlich sind die Kosten eines Markteintrittes meist beträchtlich. Das expandierende Unternehmen sollte sich hierbei weder vom Hörensagen oder von individuellen Vorlieben noch von allgemeinen Tendenzen, die eine Eigendynamik entwickelt haben (zum Beispiel in Richtung so genannter Emerging Markets), in Richtung bestimmter Märkte beeinflussen lassen. Vielmehr sollte darauf geachtet werden, dass eine Vielzahl umweltbedingter, aber auch unternehmensspezifischer Faktoren existieren, die über die Wahl attraktiver Ländermärkte und den Erfolg beim Markteintritt entscheiden (siehe dazu Tabelle 3).

Faktoren		**Beispiele**
Unternehmensfaktoren	Strategiefaktoren	• Internationalisierungsstrategie • Wettbewerbsstrategie • Marktsegmentierung • Psychische Barrieren • Informationsverhalten
	Kostenfaktoren	• Technologie • Standorte • Produktivität • Kapazitätsauslastung
Produktfaktoren		• Produktart • Lebenszyklusphase • Innovationsgrad • Unique Selling-Proposition (USP)
Marktfaktoren	Rechtliche Faktoren	• allgemeine Rechtssicherheit • Handelshemmnisse • Steuern • Local-Content-Vorschriften • Haftpflichtansprüche
	Ökonomische Faktoren	• Marktvolumen und Marktwachstum • Marktstruktur • Kostenstruktur • Human Ressources • Wechselkurse

	Wettbewerbsfaktoren	• Konkurrenzsituation • Wettbewerbsprodukte
	Distributionsfaktoren	• Vertrieb • Konditionen
	Konsumentenfaktoren	• Einkommen • Ausgabenstrukturen • Nachfrageverhalten • Markttransparenz

Tabelle 3: Arten von Bestimmungsfaktoren für die Marktauswahl

In einem ersten Schritt sollte die einfache Frage beantwortet werden, ob es überhaupt geeignete Produkte oder Dienstleistungen im Unternehmen gibt, die Chancen auf bestimmten ausländischen Märkten zu haben scheinen. Auch wenn zu Beginn der Marktauswahl viele Faktoren noch unbekannt sind oder sich Produkte oft nur schwer einschätzen lassen, zeichnet sich ein geeignetes Produkt dadurch aus, dass es

- einen Bedarf im Auslandsmarkt zu befriedigen imstande ist und/oder
- einen hohen Neuheitswert mit möglichst dauerhaften Alleinstellungsmerkmalen und Wettbewerbsvorteilen auf Auslandsmärkten hat und/oder
- hohen mengenmäßigen Absatz verspricht und/oder
- hohe Preise erzielen kann und/oder
- auf wenig Konkurrenz stößt beziehungsweise aufgrund besonderer Spezifika konkurrenzfähig ist und/oder
- im Ausland ohne viel zusätzlichen Aufwand vermarktet werden kann.

Einschränkend können auch bestimmte Gründe vorliegen, weshalb sich ein Unternehmen auf die Bearbeitung bestimmter Länder beschränken muss. Dazu zählt vor allem die Vermeidung von Schwächen beziehungsweise die Ausnutzung von Stärken oder von Gegebenheiten des Marktes. Hierzu einige Aspekte aus Sicht eines internationalen Finanzdienstleistungsunternehmens:

- Ist zum Beispiel die Nachfrage nach bestimmten Finanzdienstleistungen in verschiedenen Ländern sehr hoch, muss sich das Unternehmen bestimmte Teilmärkte auswählen, da es in der Regel aufgrund von beschränkten Ressourcen (Personal, Zeit, Finanzmittel) nicht alle Länder zeitgleich erschließen kann.
- Hat das Finanzdienstleistungsunternehmen in der Vergangenheit umfangreiche Erfahrungen in einem bestimmten internationalen Markt

gesammelt, liegt es nahe, die Geschäftsaktivitäten dort zu intensivieren, falls die Marktgegebenheiten Erfolg versprechen.

- Verfügt das Unternehmen nicht über die notwendigen Managementpotenziale, die den Aufbau der Geschäftstätigkeit in mehreren Ländern gleichzeitig leiten könnten, sollte sich das Unternehmen bei der Expansion auf bestimmte Länder beschränken.
- Sind bereits Konkurrenten des Finanzdienstleistungsunternehmens in bestimmten ausländischen Märkten vertreten und haben sie vielleicht sogar als Pioniere den Markt erfolgreich bearbeitet, ist es für ein anderes Unternehmen bei entsprechender Nachfrage auf diesem Markt unter Umständen möglich, im »Fahrwasser« dieser Konkurrenten ebenfalls erfolgreich zu sein.

Spätestens wenn eine grundsätzliche Entscheidung für ein Produkt, das im Ausland vertrieben werden soll, gefallen ist, muss vor jeder Entscheidung für einen bestimmten Markt oder eine Strategie eine interne Potenzialplanung für die vorgesehene Internationalisierung durchgeführt werden (siehe hierzu Abschnitt 3 dieses Kapitels). Hat sowohl die interne Potenzialanalyse als auch die internationale Konkurrenzanalyse ein positives Resultat gebracht, so kann zur Wahl des Zielmarktes und der optimalen Markteintrittsstrategie übergegangen werden. Dabei ist zu beachten, dass die Wahl des richtigen Marktes und die der passenden Markteintrittsstrategie eng miteinander verzahnt sind, sodass viele parallele Entscheidungen zu treffen sind.

Eine profunde Entscheidung über die Wahl eines ausländischen Zielmarktes soll hauptsächlich die Möglichkeit zweier Fehler minimieren:

- Sie soll keine interessanten Märkte mit Absatzpotenzial unbeachtet lassen.
- Sie soll keine »falschen« Märkte mit geringen Erfolgsaussichten bearbeiten.

Eine grundsätzliche Vermeidung dieser Fehler ist zwar wünschenswert, würde aber bedeuten, dass wirklich alle weltweit existierenden Märkte analysiert werden müssten, was mit hohen Kosten verbunden wäre. Genau aus diesem Grund ist ein Vorgehen in mehreren Teilschritten zur Beurteilung der Eignung potenzieller Zielmärkte zu empfehlen.

Grundlage des Prozesses zur Marktauswahl bildet die Beschaffung und Verarbeitung relevanter Informationen zum Auslandsmarkt. Die Analyse potenzieller Zielmärkte bedarf zudem der Benennung geeigneter unternehmensspezifischer Auswahlkriterien, die eine Beurteilung des Landes oder einzelner Teilmärkte erlauben. Die Beurteilung potenzieller Zielmärkte kann zum Beispiel mittels ökonomischer, soziokultureller und politisch-rechtlicher Selektionskriterien erfolgen. Art und Bedeutung der eingesetzten Kriterien sind hierbei abhängig von der Auswahlstufe, in der sich der Selektionsprozess befindet. Eine Verdichtung der benannten Kriterien erfolgt dann mittels geeigneter Bewertungsverfahren. Beurteilungstableaus zeigen dem Betrachter dabei eine klarere Struktur auf und vermeiden die Vermischung rein subjektiver Gewichtungen mit primär objektivem Datenmaterial des Ziellandes. Die Komponenten der Marktauswahl sind in Abbildung 6 dargestellt.

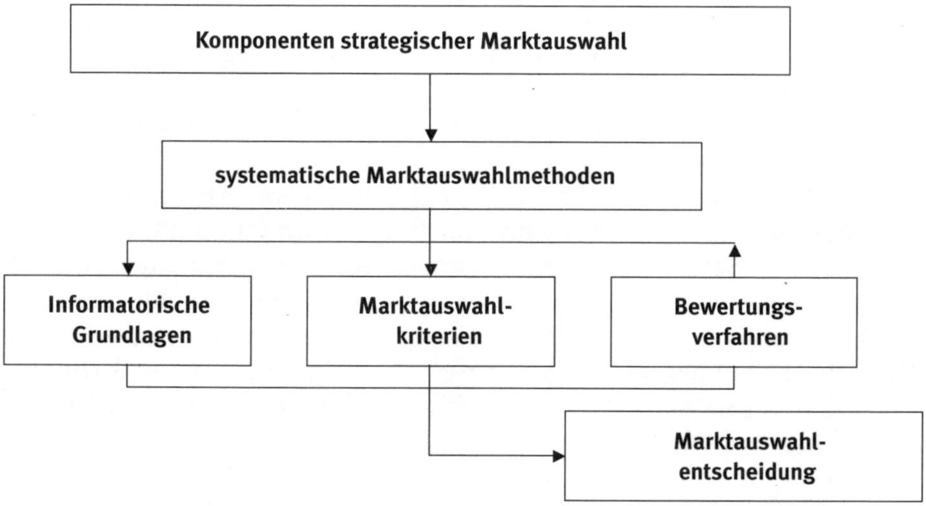

Abbildung 6: Komponenten strategischer Marktauswahl

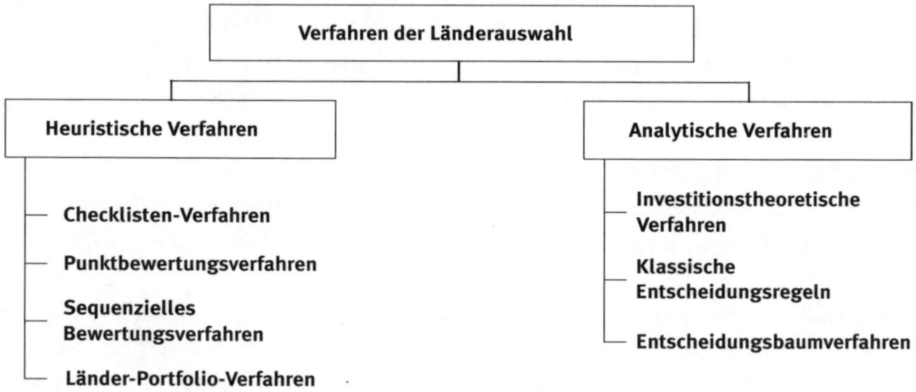

Abbildung 7: Verfahren der Länderauswahl

Die internationale Segmentierung kann entweder mittels heuristischer oder analytischer Verfahren erfolgen (siehe Abbildung 7), deren Anwendung in Kapitel 2 näher erläutert werden sollen. Zu den heuristischen Verfahren zählen das Checklistenverfahren, das Punktbewertungsverfahren, das sequenzielle Bewertungsverfahren und die Länder-Portfolio-Analyse. Diese Verfahren stellen qualitative Methoden dar, die hinsichtlich der benötigten Informationen geringere Anforderungen aufweisen als die analytischen Verfahren und vorwiegend im Rahmen der Grobauswahl zum Einsatz gelangen. Analytische Verfahren sind durch einen hohen Informationsbedarf gekennzeichnet und eignen sich insbesondere für die Feinauswahl von Ländern. Zu diesen analytischen Verfahren zählen investitionstheoretische Methoden wie das Pay-off-Verfahren und die Kapitalwertmethode, die klassischen Entscheidungsregeln und das Entscheidungsbaumverfahren.

Grundsätzlich empfiehlt sich bei der Länderauswahl beziehungsweise der Marktsegmentierung ein mehrstufiges Vorgehen, wie in Abbildung 8 dargestellt. In Stufe 1, einer Phase der Grobselektion, werden diejenigen Länder aussortiert, deren Markterschließung für die internationale Unternehmung aus sehr einsichtigen Gründen nicht lohnend oder möglich erscheint. Es handelt sich hierbei um eine Basissegmentierung, bei der es um die prinzipielle Entscheidung »Go or no go« geht. Es empfiehlt sich dabei die Formulierung so genannter Must-Kriterien, deren Erfüllung gewährleistet sein muss, damit ein Land weiterhin als potenzielles Absatzgebiet untersucht wird. Derartige Must-Kriterien könnten zum Beispiel Länderrisiken, politisches System, Entfernung vom Stammland, Kaufkraft, Marktwachstumsraten, Marktgröße, Ressourcenverfügbarkeit und spezifische Konkurrenzsituation sein.

An die Auswahl von Ländermärkten schließt sich nun in Stufe 2 eine erste Feinselektion an, mittels derer die in der Auswahl verbliebenen Länder hinsichtlich ihrer Marktattraktivität und Wettbewerbssituation gruppiert werden. Dafür bieten sich drei alternative Verfahren an, die später in Kapitel 2 beispielhaft erläutert werden:

- Länderportfolien,
- Scoring-Modelle auf der Basis strategischer Erfolgsfaktoren und
- Länder-Clusteranalyse.

Am Ende dieser Analyse- und Entscheidungsstufe bleiben allein die Länder übrig, die alle Anforderungen erfüllen und die sich grundsätzlich für eine Marktbearbeitung anbieten. Gegenüber Großunternehmen mit entsprechenden Ressourcen haben kleinere Unternehmen in dieser Phase selbstver-

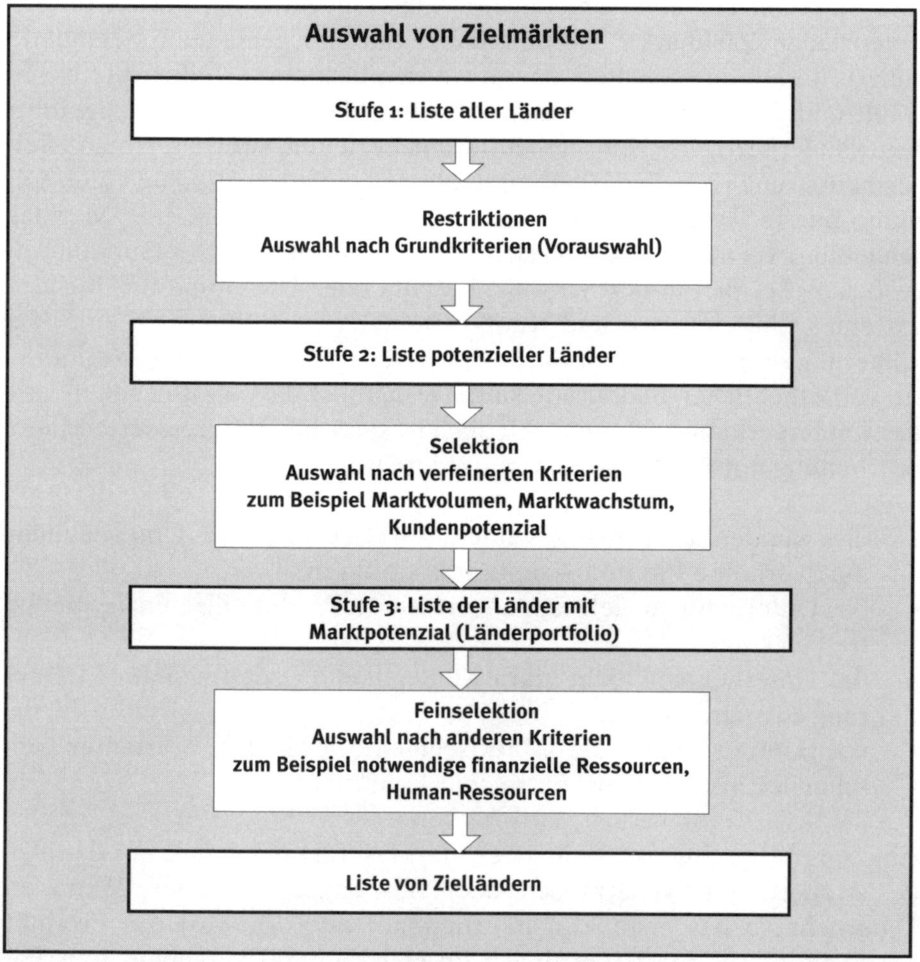

Abbildung 8: Vorgehensweise bei der Auswahl von Zielmärkten

ständlich mit erheblichen personellen und finanziellen Problemen zu ringen. Nicht nur, dass das zur extensiven Recherche notwendige Personal und finanzielle Mittel nur begrenzt zur Verfügung stehen, es fehlt oftmals auch das zur Beschaffung von Auslandsinformationen notwendige Know-how.

Später beginnt mit Stufe 3 die strukturierte Feinauswahl, die verstärkt den Markt und die Akzeptanz der Produkte in den einzelnen Ländern einer genaueren Analyse unterzieht. Das Ergebnis der auch als intranationale Marktsegmentierung bezeichneten Feinauswahl ist eine Rangordnung von Ländern, in die man die Geschäftstätigkeit ausweiten kann. Das Konzept der intranationalen Marktsegmentierung trägt der Tatsache Rechnung, dass verschiedene Kundengruppen je nach Bedürfnisstruktur und Situation ein unterschiedliches Nachfrageverhalten aufweisen. Die potenziellen Zielmärkte werden dabei mithilfe geeigneter Segmentierungskriterien aufgespalten, davon werden bestimmte Teilmärkte ausgewählt und diese einer segmentspezifischen Marktbearbeitung zugeführt. Eine länderbezogene Feinsegmentierung beziehungsweise regionale Subsegmentierung ist auch deshalb sinnvoll, weil die internationale Unternehmung nur in Ausnahmefällen eine sofortige flächendeckende Markterschließung vornehmen kann. Die Existenz intranationaler Subkulturen (wie zum Beispiel in der Schweiz, Kanada oder USA) und die Tatsache extremer Einkommens- und Kaufkraftunterschiede innerhalb einer Bevölkerung sind Phänomene, die beispielsweise in der Konsumgüterindustrie von erheblicher Bedeutung sind. Deshalb ist davon auszugehen, dass das Käuferverhalten so unterschiedlich ist, dass eine differenzierte Marktbearbeitung notwendig wird, insbesondere weil

- die Kunden eine maßgeschneiderte Leistung des Unternehmens durch erhöhte Produktakzeptanz honorieren,
- das Unternehmen zielgruppenorientierte Produktdifferenzierung betreiben kann,
- das Unternehmen nicht lukrative Segmente gezielt von der Bearbeitung aussparen kann,
- das Unternehmen die Marktsegmente gezielter bearbeiten und schneller, also effizienter erreichen kann.

Eine sorgfältige Segmentierung des Marktes trägt dann dazu bei, das Netz des Marketing gewissermaßen nochmals enger zu ziehen. Wenn ein Unternehmen das erste Mal international tätig ist, wird das Produkt-Markt-Profil auf den Erfahrungen im Heimatmarkt aufgebaut sein. Folgende Fragen können bei der intranationalen Marktsegmentierung als Entscheidungshilfe dienen:

- Wer kauft unser Produkt?
- Wer kauft unser Produkt nicht?
- Welchen Nutzen oder welche Funktion hat unser Produkt?
- Welche Probleme löst unser Produkt?
- Welches Produkt kaufen die Konsumenten im Moment, um jene Bedürfnisse zu befriedigen, die unser Produkt anspricht?
- Welchen Preis bezahlen sie dafür?
- Wann wird unser Produkt gekauft?
- Wo wird unser Produkt gekauft?
- Warum wird unser Produkt gekauft?

In einem zweiten Analyseschritt kann es sinnvoll sein, für alle analysierten Ländermärkte – also auch die weniger attraktiven Märkte – alternative Markteintrittsstrategien zu entwerfen. Hierzu empfiehlt sich eine Unterteilung in vier verschiedene Kategorien, in Kern-, Hoffnungs-, Gelegenheits- und Abstinenzmärkte (siehe Abbildung 9). Alle übrig gebliebenen, das heißt nicht weiter analysierten Kern-, Hoffnungs- und Gelegenheitsmärkte sollten jedoch im Rahmen eines Markt-Monitors in regelmäßigen Abständen weiter beobachtet werden, um Chancen frühzeitig erkennen zu können.

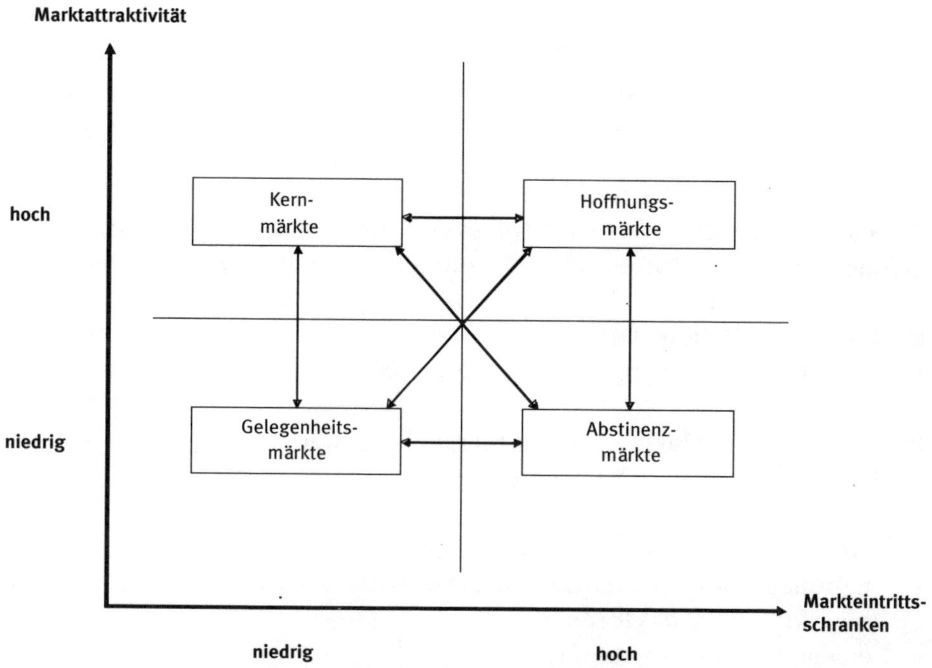

Abbildung 9: Ländermarktportfolio (Marktattraktivität/Markteintrittsschranken)

Die vorab gestellten neun Fragen muss sich jedes Unternehmen stellen, wenn es in Auslandsmärkten erfolgreich sein will. Jede Antwort dient hierbei als Hinweis für operative Marketing-Mix-Entscheidungen, denn generell gilt international wie am Heimatmarkt: Um in einem Markt erfolgreich zu sein, muss man den Konsumenten entweder einen größeren Nutzen, einen geringeren Preis als die Konkurrenten oder eine Kombination aus beidem bieten.

1.1.6 Entscheidungsfeld: Markteintritt und Markteintrittsstrategie

Die Frage, wie beziehungsweise mit welchen Vorgehensweisen die einzelnen Ländermärkte bearbeitet werden sollen, wird mit der internationalen Markteintrittsstrategie beantwortet. Diese einmal gewählte Strategie muss nach Möglichkeit auf Dauer durchgehalten und sollte nur aufgrund zwingender Gründe verändert werden. Wichtig ist, dass auch in der Wahl der Markteintrittsstrategie Vernunft, Good Feeling und Fingerspitzengefühl einander die Waage halten. Grundsätzlich lässt sich zwischen einer Vielzahl alternativer Markteintrittsstrategien unterscheiden. Betrachtet man jedoch die spezifischen Branchengegebenheiten, das bestehende Geschäftsmodell, die verfügbaren Ressourcen, das (internationale) Management-Know-how und die Kernkompetenzen eines Unternehmens, so reduziert sich die Vielfalt an möglichen Markteintrittsstrategien auf nur noch wenige Alternativen. Mögliche Alternativen werden zum Beispiel nach dem Ausmaß der Managementleistungen, der Ressourcenbindung, der Eigentumsrechte, des Kontrollgrades durch das einheimische Unternehmen und des erforderlichen Kapitaleinsatzes im Heimatland und im Ausland klassifiziert (siehe hierzu Abbildung 10). Der Export weist zum Beispiel den größten Anteil an Kapital- und Managementleistungen im Stammland, die Tochtergesellschaft den größten Anteil im Ausland auf.

Bei der Wahl der Markteintrittsstrategie sind zudem folgende Faktoren in die Überlegungen einzubeziehen:

- Größe und Potenzial des Auslandsmarktes,
- nationale und internationale Abkommen, Gesetze, politische und soziokulturelle Faktoren,
- eigene Personalkapazität,
- Verfügbarkeit qualifizierter Arbeitskräfte im Zielland,
- Art des Produktes beziehungsweise der Leistung,
- Entfernung und Erreichbarkeit,
- Distributionssituation im Ausland.

Da es sich zum Beispiel im Handel, in der Systemgastronomie oder im Vertrieb von Versicherungsprodukten um kontaktintensive Angebote handelt, bei denen der Markterfolg wesentlich vom Personalverhalten vor Ort abhängig ist und die Anforderungen bezüglich einer flexiblen Anpassung an individuelle Kundenwünsche vergleichbar hoch sind, besteht auch die Notwendigkeit, permanent im Ausland präsent zu sein. Dabei sollten vorzugsweise solche Mitarbeiter zum Einsatz kommen, die weitreichende

	Export	Lizenz	Franchising	Joint Venture	Niederlassung
Steuerungspotenzial	niedrig			hoch	
Kapitalintensität	niedrig			hoch	
Informationsbedarf	niedrig			hoch	
Kosten des Markteintritts	niedrig			hoch	
Veränderungen/Organisation	niedrig			hoch	
Veränderungen/Management	niedrig			hoch	
lokale Marktkommunikation	niedrig			hoch	
langfristige Bindung/Commitment	niedrig			hoch	

Abbildung 10: Ausgewählte Faktoren und Markteintrittsalternativen

Erfahrungen mit den Gepflogenheiten unterschiedlicher Kulturen und ausländischer Märkte aufweisen können. Die ständige Präsenz im Ausland, zum Beispiel mit einer eigenen Tochtergesellschaft, erscheint umso ratsamer,

- je intensiver und dauerhafter die Kundenbeziehungen sind,
- je mehr Kunden zu betreuen sind,
- je intensiver der Kontakt zu lokalen Märkten erforderlich ist,
- je stärker die Präsenz der Wettbewerber im Auslandsmarkt ist,
- je stärker die Notwendigkeit zu unmittelbaren Kundenkontakten ist.

Angesichts dieser Aspekte sind dem expandierenden Unternehmen Direktinvestitionen in Form von Neugründungen rechtlich selbstständiger Tochtergesellschaften (Build-Strategie) und Akquisitionen bestehender Unternehmen (Buy-Strategie), aber auch Joint Ventures anzuraten. Diese sind in der Praxis allesamt auch weitverbreitet. Direktinvestitionsstrategien ermöglichen eine stärkere Integration in das politisch-gesellschaftliche Umfeld des Auslands, maximale Präsenz und ein hohes Maß an Kontrolle.

Bei der Bearbeitung mehrerer Ländermärkte ist auch eine Kombination dieser Strategievarianten denkbar. Das heißt, dass in Kernmärkten – den für das Unternehmen wichtigsten Ländermärkten – rechtlich selbstständige Tochtergesellschaften gegründet werden, während man sich in Randmärkten – den weniger attraktiven Ländermärkten – einer Akquisitionsstrategie oder eines Joint Ventures bedient. Im Folgenden sollen die Vor- und Nachteile dieser Markteintrittsvarianten erläutert werden, wobei der Schwerpunkt auf der im Rahmen dieses Buches bevorzugten Build-Strategie liegt.

Build-Strategie

Beim Eintritt in junge, weniger entwickelte Wachstumsmärkte stellt die Build-Strategie die überlegene Strategievariante dar. Dabei werden ausländische Direktinvestitionen in den Aufbau von Distributions-Tochtergesellschaften getätigt, die die entsprechenden nationalen Vorgaben des Stammhauses auf einer organisatorischen Verwaltungs- beziehungsweise Expansionsplattform befolgen und über einen so genannten Legal Passport (zum Beispiel: Dienstleistungsfreiheit) verfügen, der den Eintritt in jeden Markt einer Region (zum Beispiel EU) ermöglicht, ohne dass die Lizenz wiederholt beantragt werden muss, und der somit zur Reduktion von Investitionen, zur Senkung des Break-even-Punkts und zum schnelleren Time-to-Market beiträgt.

Die Vorteile einer Neugründung von Tochtergesellschaften im Zielland liegen vor allem in den klaren Eigentumsverhältnissen und den sich daraus ergebenden Konsequenzen, wie den straffen Führungsmöglichkeiten, der einfach möglichen Übertragung von Mitarbeitern zwischen Mutter- und Tochtergesellschaft und der leichteren Durchsetzbarkeit von international einheitlichen Qualitätsstandards beziehungsweise eines One-Firm-Konzeptes. Die Gründung einer Auslandsgesellschaft in weniger entwickelten Wachstumsmärkten weist auch den Vorteil auf, dass durch das interne Wachstum direkte Erfahrungskurven- und Lerneffekte im Auslandsmarkt erreicht werden können, die die Realisierung von Wettbewerbsvorteilen ermöglichen. Da die Marktkenntnisse und das Know-how zur Erschließung neuer internationaler Märkte intern aufgebaut werden, lassen sich diese Erkenntnisse auch für zukünftige Märkte nutzen. Hinzu kommt die Chance, eigene im Heimatmarkt bestehende und nachgewiesene Wettbewerbsvorteile direkt auf den Auslandsmarkt zu übertragen. Die unbestrittene Verfügungsmacht der Unternehmensleitung über die Ressourcen im ausländischen Markt und die uneingeschränkten Entscheidungsbefugnisse lassen diese Form der Internationalisierung zudem als inhaltlich flexibler erscheinen.

Die Nachteile, die aus der Gründung einer Auslandsgesellschaft entstehen, liegen insbesondere in der Höhe des Ressourceneinsatzes. Ausländische Direktinvestitionen in Form von Neugründungen erfordern erhebliche Anlaufkosten und beanspruchen einen längeren Zeitraum zum Aufbau einer stabilen Marktposition und zur Erwirtschaftung echter Gewinne. Zudem können sich Informationsprobleme sowie Akzeptanzprobleme ergeben, da kaum tiefgreifende Marktkenntnisse existieren, sondern erst erarbeitet werden müssen, sowie die entscheidenden Kontakte noch fehlen. Hinzu kommt das Risiko, das bei einem selbstständigen Markteintritt alleine getragen werden muss. Beim Scheitern eines Markteintritts ist neben dem Verlust der Investitionsmittel und der Beeinträchtigung des Unternehmensimages mit einer deutlichen Verlangsamung oder gar einem Abbruch des Internationalisierungsprozesses und der Abwanderung der entscheidenden Wissensträger zu rechnen.

Da mit der Gründung von Tochtergesellschaften in Auslandsmärkten zumeist langfristige und kostspielige Verpflichtungen eingegangen werden, sollten sämtliche Entscheidungen sorgsam vorbereitet und gut überlegt sein. Schon bei der Gründung kleiner Vertriebsniederlassungen muss man damit rechnen, dass über einen Mindestzeitraum von zwei bis drei Jahren nur geringfügige Rückflüsse und daher hohe Abgänge zu verzeichnen sind. Darüber hinaus erfordern Niederlassungsgründungen in fremden Zielmärkten in jedem Fall eine hohe individuelle und organisatorische Lernbereitschaft sowie ein entsprechendes Commitment des Managements.

Die Beurteilung der finanziellen Machbarkeit einer Build-Strategie kann anhand der in Tabelle 4 aufgeführten Kriterien auf eine solide Basis gestellt werden. Die Berechnung zukünftiger Erträge ist natürlich aufgrund der großen Zahl an Einflussfaktoren etwas unsicher, sollte aber deswegen nicht gleich unversucht bleiben. Letztendlich kann damit eine Gegenüberstellung mit anderen Markteintrittsalternativen, wie zum Beispiel der Buy-Strategie, erfolgen.

Marktfaktoren	• Marktvolumen • Marktwachstum • Konkurrenzsituation • Marketingkosten • Gewinnmargen
Produktionsfaktoren	• Bedarf an/Verfügbarkeit von Kapital für die Niederlassungsgründung • Bedarf an/Verfügbarkeit von Ressourcen
Lohnkostenfaktoren	• Verfügbarkeit und Kosten lokaler Arbeitskräfte • Verfügbarkeit und Kosten von Expatriates • Schulungskosten
Kapitalmarktfaktoren	• Verfügbarkeit von/Kosten für langfristiges Fremdkapital • Verfügbarkeit von/Kosten für kurzfristiges Fremdkapital • Subventionen, lokale Investment-Incentives
Steuerfaktoren	• Art und Höhe einzelner Steuern • Abschreibung • Steuer-Incentives • Steuerverwaltung • Doppelbesteuerungsabkommen

Tabelle 4: Faktoren zur Beurteilung der finanziellen Machbarkeit einer Build-Strategie

Eine entscheidende und beliebte Markteintrittsbarriere ist die Marktregulierung, das heißt die aufsichtsrechtlichen Anforderungen an eine Geschäftstätigkeit in einem Land. Ziel ist, den Markteintritt zu verteuern, zu verlangsamen und mögliche Wettbewerbsvorteile zu reduzieren. Die Regulierung setzt in der Regel an vier Punkten an:

1. *Gesellschaft:* In der Regel sind zur Gründung einer Aktiengesellschaft ein Mindestkapital sowie eine Lizenz der Aufsichtsbehörde notwendig. Dies erfordert die Finanzierung zusätzlicher Gremien oder die Aufstockung interner Abteilungen wie zum Beispiel für die Revision, das Controlling oder Reporting.
2. *Produkte:* Produkte sind zu lizenzieren und den Anforderungen und Gesetzen des Marktes anzupassen. In der Regel erfüllen die eigenen Produkte nicht vollständig diese Anforderungen. Dies führt zu hohen Kosten, unter anderem für Rechtsanwälte, einer deutlichen Zeitverschiebung und im Extremfall zum Verlust des Wettbewerbsvorteils eines Produkts.
3. *Mitarbeiter/Berater:* In vielen Branchen müssen Mitarbeiter eine bestimmte Qualifikation oder eine Lizenz vorweisen. Diese ist meis-

tens von Land zu Land verschieden. Dies schränkt vor allem den Einsatz von Expatriates ein, weil Schul- und Berufsausbildungen sowie Lizenzen – wenn überhaupt – nur sehr zögerlich anerkannt werden.

4. *Prozesse:* Für die internen Verwaltungsprozesse bestehen Vorschriften hinsichtlich der zu verwendenden IT-Systeme, dem Formularwesen, der Archivierung und dem Reporting. Innovationen, Outsourcing und die Nutzung von Skaleneffekten sind dadurch nur eingeschränkt möglich. Dies verteuert das gesamte Geschäftsmodell und verlangsamt den Markteintritt, weil diese Vorschriften erst verstanden und dann umgesetzt werden müssen.

Zusammengefasst bedeuten diese aufgeführten Markteintrittsbarrieren einen höheren Ressourcenbedarf, ein steigendes Risiko (zum Beispiel: höhere Anfangsinvestitionen, höhere Fixkosten, mehr Zeit, den verstärkten Einsatz lokaler Kräfte – inklusive hohe Schulungs- und Integrationskosten – oder hohe Kosten für den Einsatz von Expatriates) und eine erhöhte Abhängigkeit von lokalen Mitarbeitern. (Bemerkung: Manchmal weiß die Holding gar nicht, was im Zielmarkt vor sich geht.) Die detaillierte Kenntnis der Vorschriften des Zielmarktes ist von Anfang an notwendig, denn sie bilden die Rahmenbedingungen, innerhalb derer das Geschäftsmodell gebaut werden kann. Hierzu empfiehlt sich, möglichst schnell den Kontakt zu den Aufsichtsbehörden zu suchen. Wie bei allen anderen Markteintrittsstrategien bietet die Alternative einer Niederlassung im positiven Falle deutliche Vorteile gegenüber anderen Varianten. Diese Vorteile sind gleichzeitig natürlich auch immer wieder wichtige Motive für eine Niederlassungsgründung. Die wesentlichen Vor- und Nachteile der Build-Strategie sind in Tabelle 5 noch einmal übersichtlich dargestellt.

Vorteile	Nachteile
• bessere Kontroll- und Steuerungsmöglichkeiten durch das Stammhaus • Profit bleibt im Unternehmen • Schutz vor Know-how-Abfluss vom Stammunternehmen zu etwaigen ausländischen Partnern • Wettbewerbsvorteile durch Export von Produkten, Management-Know-how, technischem Wissen, Marketingstrategien, Finanzierungspotenzial • Gewährleistung eines einheitlichen Marktauftritts durch Corporate Identity	• langfristige Bindung, da Break-even im Idealfall erst nach zwei bis drei Jahren erreicht wird • hohes finanzielles Risiko durch höheren Kapitaleinsatz • deutlich höherer Informationsbedarf im Vergleich zu anderen Markteintrittsstrategien • erhöhter Planungsaufwand • Problematik der Auswahl und Entsendung von Mitarbeitern • mittel- bis langfristige Erarbeitung des notwendigen Markt-Know-how

Tabelle 5: Vor- und Nachteile einer Build-Strategie

Buy-Strategie

Zur Vermeidung der Risiken einer Neugründung bietet sich die Akquisition von bereits im Ausland etablierten Wettbewerbern an. Diese Strategie empfiehlt sich vor allem in weiter entwickelten Märkten an. Auf diese Weise kann das Unternehmen auf umfangreiche landesspezifische Marktkenntnisse zurückgreifen, erhält Zugang zu den vorhandenen Management- und Know-how-Ressourcen (inklusive Transfer in die gesamte Unternehmensgruppe) und profitiert umgehend von den bereits bestehenden Kundenbeziehungen in Form von unmittelbaren Gewinnrückläufen. Darüber hinaus müssen keine neuen Organisationsstrukturen aufgebaut werden. Die Buy-Strategie erweist sich auch in solchen Ländern als überlegene Alternative, in denen eine restriktive Politik gegenüber ausländischen Investoren (zum Beispiel in Form von Steuerbenachteiligungen, Verboten von Mehrheitsbeteiligungen) oder auch Vorbehalte gegen ausländische Unternehmen seitens der potenziellen Kunden und der Aufsichtsorgane bestehen.

Allerdings sind Akquisitionsstrategien trotz der Aussichten auf eine schnelle Markteroberung mit nicht unerheblichen Risiken verbunden. So besteht zunächst ein Problem darin, ein entsprechend attraktives Unternehmen im Zielland zu finden, das bezüglich der Unternehmenskultur und Beratungsphilosophie zum aufkaufenden Unternehmen passt. Bei der Akquisition kann wiederum das Problem auftreten, dass die Gründer und Partner eines Unternehmens häufig auch die Anteile des Unternehmens halten. Oft sehen gerade die qualifiziertesten Mitarbeiter des aufgekauften Unternehmens die Veränderungen im Unternehmen als Anlass, das

Unternehmen zu verlassen, wodurch die Gefahr eines Verlustes der Distributionsstärke des aufgekauften Unternehmens erheblich steigt. Neben dem hohen Akquisitionspreis können sich auch nach der Lösung dieser Probleme häufig personelle Widerstände und Managementrisiken aus dem aufgekauften Unternehmen ergeben, denn in vielen Fällen lässt die Motivation und das Engagement des lokalen Managements spürbar nach. Diese Situation gilt es schnell und umfassend zu bereinigen. Hierbei kann ein Transfer internationaler Führungskräfte hilfreich sein. Häufig sind die erforderlichen Umstrukturierungsmaßnahmen allerdings äußerst kosten-, personal- und zeitintensiv. Weiterhin bestätigen empirische Untersuchungen, dass der Prozess der Integration des ausländischen Unternehmens in vielen Fällen äußerst schwierig verläuft und die Realisierung von Synergieeffekten in der Regel hinter den Erwartungen zurückbleibt. So ist es nicht verwunderlich, dass lediglich ein geringer Teil aller Mergers & Akquisitions den Shareholder-Value erhöhen (siehe dazu unter vielen anderen Perry/Herd).

Die wesentlichen Vor- und Nachteile der Buy-Strategie sind in Tabelle 6 noch einmal übersichtlich dargestellt. Um die Entscheidung zu unterstützen, sind die Vor- und Nachteile von Build- und Buy-Strategie nochmals, geordnet nach wichtigen Entscheidungskriterien, in Tabelle 7 gegenübergestellt.

Vorteile	Nachteile
• schnellerer Markteintritt • Nutzung der vorhandenen Ressourcen und der bestehenden Organisationsstrukturen • einfachere Integration in das Zielland • Übernahme von bestehenden Marken • Nutzung der vorhandenen Kundenkontakte mit sofortigen Zahlungseingängen • Nutzung landesspezifischer Marktkenntnisse und Management-Know-how • Überwindung politischer und soziokultureller Risiken	• Risiko bei der Auswahl eines geeigneten Unternehmens • eventuell keine umfassenden Entscheidungsrechte • Gefahr eines Verlusts leistungsfähiger Mitarbeiter im Zielland und damit Verlust an Distributionsstärke • hoher Akquisitionspreis • personelle Widerstände des lokalen Managements • Abhängigkeit vom lokalen Management • erhöhte Gefahr von Fehlinvestitionen

Tabelle 6: Vor- und Nachteile einer Buy-Strategie

	Buy-Strategie	Build-Strategie
Marktzugang	unmittelbar	zeitverzögert
Marktanteil	wird übernommen	muss erobert werden
Kapitaleinsatz	hoher Anfangsbetrag	sukzessive Steigerung
Standort	gegebene Standort-struktur	frei wählbarer Standort
Einstellung der Regierung des Ziellandes	oft Abwehrhaltung	häufig finanzielle Förderung
Technologie	vorgegeben	neueste Verfahren einsetzbar
Integration	schwierig	problemlos
Anbieterzahl	bleibt erhalten	wird erhöht

Tabelle 7: Unterschiede zwischen Build- und Buy-Strategie anhand wichtiger Entscheidungskriterien

Joint Ventures

Eine weitere Option einer Markteintrittsstrategie besteht in Joint Ventures beziehungsweise strategischen Allianzen, die hier allerdings nur kurz Erwähnung finden sollen. Im Rahmen von Joint Ventures werden strategische Allianzen mit anderen Unternehmen eingegangen. Damit bietet sich die Chance, neuartige Produkte zu konfigurieren, die die spezifischen Bedürfnisse der jeweiligen Zielgruppen in diesen Ländermärkten besser befriedigen und das vorhandene Business-Modell sinnvoll unterstützen. In dieser strategischen Allianz stellt ein Partnerunternehmen sein Markt- und Produkt-Know-how zur Verfügung, wohingegen der Distributionspartner seine vertriebspolitischen Kernkompetenzen zum Einsatz bringt. Derartige Kooperationen können auch zusätzlich zu einer Build-Strategie in Erwägung gezogen werden, um die Qualität des Marktauftrittes auszubauen. Allerdings ist die Steuerung von Joint Ventures deutlich komplexer, weil hier die Prozesse und Kulturen zweier Unternehmen zu integrieren sind.

Im Zuge der Formulierung von Markteintrittsstrategien werden auch grundsätzliche Vorgaben für das Verhalten im Markt gegenüber Wettbewerbern und Kunden festgelegt. In diesem Zusammenhang muss die Frage nach der verfolgten Wettbewerbsstrategie beantwortet werden. Eine Orientierung am Wettbewerb existiert national als auch international. Da man in vielen Märkten zunehmend Tendenzen in Richtung Marktsättigung feststellen kann, erlangt die Wettbewerbs- beziehungsweise Konkurrenzorientierung zunehmend mehr Bedeutung für international agierende

Unternehmen. Entscheidend für diese Orientierung ist das vorhandene Ressourcen- und Wettbewerbspotenzial. Porter hat neben seinen allgemeinen Ausführungen zu Wettbewerbsstrategien auch Bezug auf die internationale Marktbearbeitung genommen. Demnach existieren drei Strategiealternativen:

1. umfassende Kostenführerschaft,
2. Differenzierung und
3. Konzentration auf Schwerpunkte.

Die gewählte Wettbewerbsstrategie ist stark interdependent zu sehen zu einer Reihe anderer Strategien. Wird etwa eine internationale Kostenführerschaft angestrebt (auch im Sinne einer Preisführerschaft am Markt), so muss in der Regel ein möglichst großer Absatz angestrebt werden, was einer Bearbeitung des gesamten Marktes (Massenmarketing) gleichzusetzen ist. Die Strategiealternativen sowie die Entscheidungsprozesse zu diesem Sachverhalt werden in Kapitel 4 intensiver erläutert.

Das Verhalten – die Art und Weise des Handelns im Wettbewerb – stellt eine weitere strategische Komponente der Entscheidung zum internationalen Markteintritt dar. Sichtbar wird das Verhalten zum Beispiel in der Art der Argumentation in der Werbung oder der Preisgestaltung im Vergleich zur Konkurrenz. Mit dieser Strategieentscheidung wird die Relevanz betont, die das Verhalten beispielsweise im Hinblick auf die Positionierung des Unternehmens im Wettbewerbsumfeld hat. Eine mögliche Unterscheidung von Strategiealternativen ist aggressives, neutrales oder defensives Marketing im Vergleich zur Konkurrenz.

Die Festlegung der Konkurrenzorientierung hat dabei weitreichende Konsequenzen bis in den Bereich der Marketing-Mix-Strategien und Länderkonzepte hinein. Darüber hinaus beeinflusst die Konkurrenzorientierung vor allem die Marktauswahl und die Innovationsstrategie.

1.1.7 Entscheidungsfeld: Timing des länderspezifischen Markteintritts

Als weiterer Aspekt des strategischen Entscheidungsfeldes zur Erschließung internationaler Märkte ist das länderspezifische Timing zu nennen. Das Timing gehört zu den schwierigsten Aufgaben des Markteintritts, weil der optimale Zeitpunkt des Markteintritts von einer großen Anzahl von Umweltfaktoren (zum Beispiel konjunkturelle Marktentwicklung) bestimmt wird. Generell sollte hierbei eine antizyklische, mittelfristige, wertorientierte Strategie mit Investitionen in Baisse- und Desinvestitionen in Boom-Phasen verfolgt werden.

Bei der Wahl des Zeitpunktes lässt sich in eine Pionier- und eine Folger-Strategie unterscheiden. Die Entscheidung zu einer Pionier- beziehungsweise Folgerstrategie beinhaltet im internationalen Kontext jedoch nicht eine zeitpunktbezogene Vorgehensweise, sondern vielmehr die Vorgehensweise eines Unternehmens in Relation zu den Hauptwettbewerbern.

Die Vorteile einer Pionier-Strategie beziehungsweise eines frühen Markteintritts (Leader-Advantages, First-Mover-Advantages) resultieren aus der Schaffung einer Monopolsituation, die es möglich macht, Pionier-Gewinne abzuschöpfen und umfangreiche Markteintrittsbarrieren zu errichten. So können Produktstandards leichter durchgesetzt, Abnehmerpräferenzen für bestimmte Produkte oder Dienstleistungen geschaffen und langfristige Kundenbindungen aufgebaut werden. Darüber hinaus ist eine frühzeitige Bindung von Marktpartnern und Distributoren möglich, was insbesondere in jungen, weniger entwickelten Ländern von Bedeutung sein kann. Empirische Untersuchungen weisen zudem darauf hin, dass es Pionieren besser gelingt, dauerhafte Wettbewerbsvorteile gegenüber Folgern aufzubauen, und dass sie langfristig erfolgreicher sind. Dies lässt sich insbesondere auf den frühzeitigen Aufbau von Markt-Know-how und die damit verbundene Kundenbindung zurückführen. Weiterhin werden durch das schnelle Erreichen einer kritischen Masse die Markteintrittsrisiken erheblich reduziert.

Diese Strategie beinhaltet jedoch auch eine Reihe von Risiken. So können Konkurrenzunternehmen mit überlegenen Fähigkeiten und Ressourcen bestehende Vorteile des Pioniers umgehen beziehungsweise rasch einholen. Darüber hinaus können »Folger« bei veränderten Abnehmerpräferenzen oder einer unzureichenden Positionierung des Pioniers bestehende Wettbewerbsnachteile vergleichsweise schnell und kostengünstig umgehen. Dies gilt insbesondere für Märkte mit einem hohem Marktpotenzial oder -wachstum, in denen Pioniere häufig nur Teilsegmente abdecken können. Folger sind zudem in der Lage, aus den Erfahrungen und den Fehlern des Pioniers zu lernen.

Die Vorteile einer Folger-Strategie beziehungsweise eines späten Markteintritts (Follower-Advantages) ergeben sich in Märkten mit einem hohen Unsicherheitsniveau und einem schnellen Wandel von Konsumpräferenzen. Insbesondere in jungen, sich öffnenden Märkten ist die Entwicklung der Umweltbedingungen häufig durch eine hohe Dynamik und Diskontinuität gekennzeichnet. Ein früher Markteintritt macht deshalb permanente Anpassungen notwendig, während ein späterer Markteintritt bereits unter weitaus stabileren Rahmenbedingungen erfolgen kann. Darüber hinaus können Folger insbesondere in Ländern mit einer sehr hohen Markttransparenz aus den Erfahrungen der Pioniere lernen (Free-Rider-Effekt) und Fehlinvestitionen vermeiden.

Neben der Umweltdynamik, der Ungewissheit über zukünftige Entwicklungen und der Risikoneigung der Unternehmung hängen die Vorteile der unterschiedlichen Timing-Strategien des Markteintritts insbesondere von der Unternehmensgröße ab. Größere und damit finanzkräftigere Unternehmungen verfügen tendenziell eher über die Möglichkeit, einen Markteintritt hinauszuzögern, um später zum Beispiel durch die Akquisition einer inzwischen etablierten Unternehmung entsprechende Marktanteile zu erwerben. Kleinere und damit vielfach flexiblere Unternehmungen sind dagegen eher dazu geneigt, durch einen frühen Markteintritt entsprechende Zeitvorteile zu erringen und Pionier-Gewinne abzuschöpfen, bevor die Wettbewerbsintensität durch den schrittweisen Markteintritt von Konkurrenzunternehmen zunimmt. Zu den verschiedenen Einflussfaktoren auf die Entscheidung des Zeitpunkts eines Markteintritts bietet Tabelle 8 eine Übersicht.

Situative Faktoren	Begünstigt »Pionier-Strategie«	Begünstigt »Folger-Strategie«
Unternehmen: • strategische Grundhaltung • Risikoneigung • Ressourcenstärke	 • offensiv • • groß • groß	 • defensiv • • gering • gering
Produkt: • Komplexität • Innovationsgrad • Produktwechselkosten • Normierungs- und Standardisierungstauglichkeit	 • nicht eindeutig • groß • hoch • groß	 • gering • gering • gering • gering
Kunden: • Anteil neuer Kunden • Risikobereitschaft • Anbieterpräferenzen • Erfahrung mit vergleichbaren Leistungsangeboten	 • groß • groß • stark • groß	 • gering • gering • schwach • keine/kaum

Markt: • Marktpotenzial • Marktwachstum • Distributionspolitische Eintrittsbarrieren • staatliche Reglementierung	 • nicht eindeutig • hoch • leicht zu errichten • • gering	 • groß • niedrig • schwierig zu errichten • • groß

Tabelle 8: Einflussfaktoren auf die Entscheidung zum Zeitpunkt des Markteintritts

Welche der beiden Strategien für ein Unternehmen vorteilhafter sein kann, lässt sich auch in Zusammenhang mit der Marktcharakteristika, wie in Tabelle 9 dargestellt, verdeutlichen. So besteht zum Beispiel in jungen, nicht erschlossenen Märkten bei Verfolgung einer Pionier-Strategie mit innovativen Produkten, Leistungen oder Services, welche im Heimatland oder in reifen, entwickelten Märkten bereits zum State-of-the-Art gehören, die Möglichkeit, First Mover Advantages zu generieren. Beispielhaft soll hier der Eintritt westeuropäischer Unternehmen aus dem Finanzsektor in die Länder Zentraleuropas (zum Beispiel Ungarn, Polen) erwähnt werden. Demgegenüber werden bei Verfolgung einer Folger-Strategie in reifen, hoch entwickelten Ländermärkten erfolgreiche Produkte beziehungsweise Leistungsangebote der Konkurrenz nachgeahmt oder kopiert (Me-too-Strategie) und zu niedrigen Preisen ohne zusätzliche Services im Sinne einer Kosten- beziehungsweise Preisführerschaftsstrategie angeboten.

	Reife, hoch entwickelte Ländermärkte	**Junge, nicht erschlossene Ländermärkte**
Pionier-Strategie	• Marktsegmente definieren und spezifische Kundenbedürfnisse durch die Kombination innovativer Produkte mit zusätzliche Services (Added Values) befriedigen • Aufbau langjähriger Kundenbeziehungen durch einzigartige Bedürfnisbefriedigung • Bearbeitung von Marktnischen und Erschließung neuer Kundenpotenziale	• Eintritt mit Produktinnovationen in neue Märkte • Realisierung echter Pionier-Gewinne • Aufbau starker Marktposition

Folger-Strategie	• erfolgreiche Produkte der Konkurrenz kopieren (Me-too-Angebote), keine zusätzlichen Services, niedriger Marktpreis • konsequente Kostenführerschaft durch Nutzung bestehender Administrationsplattform • Mass-Customization durch standardisiertes Zielgruppenmarketing Akquisition etablierter Anbieter	• erfolgreiche Produkte und Services der Konkurrenz kopieren und zu einem niedrigeren Preis dem Massenmarkt anbieten

Tabelle 9: Strategieoptionen in jungen und reifen Märkten

1.2 Best-Practices-Managementzyklus *Company2new:market*

1.2.1 Notwendigkeit und Nutzen einer prozessorientierten Vorgehensweise

Die erfolgreiche Erschließung neuer internationaler Märkte ist komplex. Dies verlangt ein systematisches Vorgehen im Rahmen der Planung, Durchführung und Kontrolle sowie eine zielgerichtete Koordination der hierfür notwendigen Informationsabläufe und des Ressourceneinsatzes. Die Standardisierung der Prozessaktivitäten stellt in diesem Zusammenhang einen wichtigen Erfolgsfaktor dar. Dabei werden für jeden Step des Managementprozesses *Company2new:market* klare Tasks vorgegeben, die mithilfe geeigneter, praxiserprobter Tools erfolgreich und auf standardisiertem Wege abgearbeitet, durch entsprechende Kontrollmaßnahmen hinsichtlich ihrer Effizienz kontinuierlich überprüft und eventuell situationsspezifisch angepasst werden. Diese Klarheit und Flexibilität macht die zumeist schriftlich fixierte Vereinheitlichung von Regeln, Handlungsabläufen, Informationsflüssen und Verfahrensrichtlinien notwendig. Ein konkretes Regelwerk, zum Beispiel in Form von Planungs- und Kontrollhandbüchern, hat hierbei den Vorteil, dass den Prozessverantwortlichen grundsätzlich für die jeweilige Situation geeignete Abläufe und Handlungsprozeduren vorgeschrieben werden. Damit werden von vornherein Entscheidungsregeln für eventuell auftretende Probleme bereitgestellt. Durch diese Formalisierung des Managementprozesses wird dessen zielgerichtete, systematische Steuerung gewährleistet und eine höchstmögliche Prozessqualität bei der Erschließung neuer internationaler Märkte angestrebt.

Die wesentlichen Vorteile, die sich aus einer derartigen standardisierten Vorgehensweise ergeben, lassen sich wie folgt benennen:

- klare Zuweisung von Aufgaben, Verantwortlichkeiten und Kompetenzen für jeden einzelnen Schritt des Prozesses;
- Sicherheit für alle Mitarbeiter durch eine erhöhte Transparenz des Prozesses;
- klare Erwartungshaltung hinsichtlich Zeit, Kosten und Qualität eines gewünschten Ergebnisses;
- verbesserte Kontrolle durch die Standardisierung der einzelnen Prozessaktivitäten, die zu deren kontinuierlichen Verbesserung und damit zu mehr Effizienz führt;
- Beschleunigung der Ablaufaktivitäten (Time-to-Market);
- Realisierung von Economies of Scale and Scope durch lernende Organisation beziehungsweise Erfahrungskurveneffekte;
- schnelle Entscheidungsfindung auf der Grundlage einer einheitlichen Datenbasis und besseres Verständnis für die Entscheidungsprozesse (Fehlentscheidungen als auch das Aufschieben von Entscheidungen können die Existenz junger Unternehmen gefährden, während ein stabiles Unternehmen hiervon nicht betroffen ist.);
- Steigerung von immateriellem Know-how für die Unternehmung;
- Minimierung des Risikos: Der Aufbau eines neuen Unternehmens in einem neuen Markt ist komplex, kostenintensiv, langfristig und steht unter Beobachtung des Kapitalmarktes. Dies erfordert eine hohe Disziplin und Professionalität in den Entscheidungsprozeduren. Intuition (Bauch-Gefühl) und (subjektive) Erfahrungen aus einem Markt können durchaus hilfreich sein, gefährden aber eine rationale Entscheidungsfindung und zählen im Zweifel in einem anderen Auslandsmarkt nicht. Ohne die richtigen Informationen, Prozesse und eine entsprechende Führungskultur als Basis für eine Entscheidungsfindung ist effiziente Kontrolle nicht möglich, weil sie viel zu viel Aufmerksamkeit und Flexibilität des Managements erfordert. Führungskräfte, die heute in Ost- und morgen in Südeuropa sind, können nur auf der Basis eines standardisierten Managementprozesses sinnvolle Entscheidungen treffen. Oder sie vertrauen dem Management vor Ort. Ansonsten ist die Fehlerquote zu hoch. Denn ein Land mit seiner Kultur verstehen sie nur, wenn sie die Sprache sprechen, dort leben und arbeiten. Hierzu genügen jedoch nicht zwei bis drei Tage pro Woche vor Ort.

Angesichts dieser Vorteile kann die Unternehmensleitung sich nur für eine Standardisierung des Prozesses entscheiden, wenngleich die Durchsetzung eines weltweit gleichen Vorgehens einer großen Anstrengung bedarf. Die Erfahrungen beim Einsatz dieses Managementprozesses zur Erschließung neuer internationaler Märkte bestätigen aber die Zweckmäßigkeit der Vorgehensweise und der jeweiligen Prozess-Tools. Vor diesem Hintergrund lässt sich dieser Value-generating Process auf jede Unternehmung übertragen.

1.2.2 Charakterisierung des Managementprozesses *Company2new:market*

Der in Abbildung 11 dargestellte Managementprozess *Company2new:market* beruht auf langjährigen Erfahrungen bei der Erschließung neuer internationaler Märkte und soll hier als Best Practice vorgeschlagen werden. Er beinhaltet eine Vielzahl praxiserprobter Methoden und Verfahren, die die Voraussetzung einer erfolgreichen internationalen Markterschließung bilden. Es ist ein lernender Prozess, bei dem vergangene Erfahrungen in eine neue Umgebung einfließen. Die gewonnenen Erfahrungen werden weitergegeben, kommentiert und innerhalb der Projektteams ausgetauscht, um jedes lokale und globale Geschäftsmodell zu optimieren. Im Folgenden werden zunächst die einzelnen Prozessablaufphasen des Managementprozesses *Company2new:market* vorgestellt und inhaltlich kurz umrissen. Für eine ausführliche Darstellung wird auf die jeweiligen Kapitel verwiesen.

Das Prozessmodell zeigt die einzelnen Aktivitäten in ihrer zeitlichen Abfolge und beschreibt damit das grobe Vorgehen bei der Erschließung neuer internationaler Märkte. Der Prozess besteht aus einzelnen Steps, die selbst aus einer Reihe von Tasks aufgebaut sind. Für die Erledigung der Tasks werden jeweils erprobte und leistungsfähige Management-, Marktforschungs- und Analyse-Tools eingesetzt. Die Auflistung der Aufgabenschritte ist allerdings nicht als strenge zeitliche Abfolge zu verstehen, weil die konkrete Ausgestaltung der einzelnen Prozessphasen stark von unternehmens- und branchenbezogenen sowie den Rahmenbedingungen des Auslandsmarktes abhängt. Es geht vielmehr darum, die wesentlichen Analyse- und Entscheidungsschritte aufzuführen und in eine strukturierende Systematik zu bringen. Überlappungen, Rückkopplungen oder notwendige Wiederholungen von Aufgabenschritten im Prozess können dabei nicht ausgeschlossen werden. Dies ist vor allem deshalb zu betonen, weil durch die permanent durchzuführende Informationsgewinnung (zum Beispiel im Rahmen der länderspezifschen Marktsegmentierung) unter Umständen bereits getroffene Entscheidungen hinfällig werden.

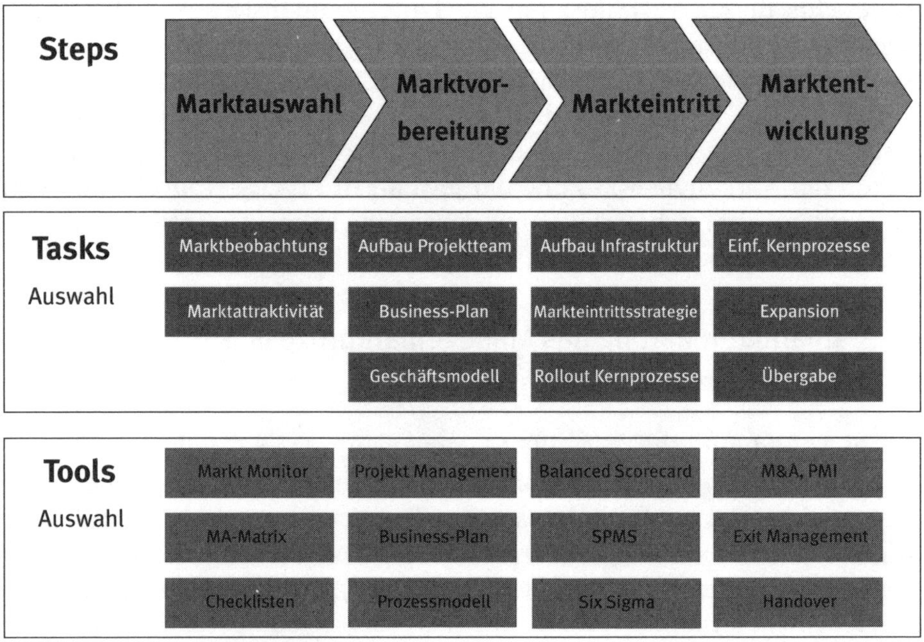

Abbildung 11: Managementprozess Company2new:market

Im Wesentlichen besteht der Managementprozess *Company2new:market* aus vier Steps: Marktauswahl (Kapitel 2), Marktvorbereitung (Kapitel 3), Markteintritt (Kapitel 4) und Marktentwicklung (Kapitel 5). Der gesamte Prozess der Erschließung neuer internationaler Märkte wird durch eine strategische Kontrolle überwacht und ist durch eine Vielzahl an Informationsflüssen gekennzeichnet. Dem Prozess vorgeschaltet ist eine Unternehmenspotenzialanalyse (Abschnitt 1.3.2 dieses Kapitels), auf dessen Basis die Entscheidungen zur Art und Weise des »Going International« getroffen werden (siehe hierzu auch Abbildung 12).

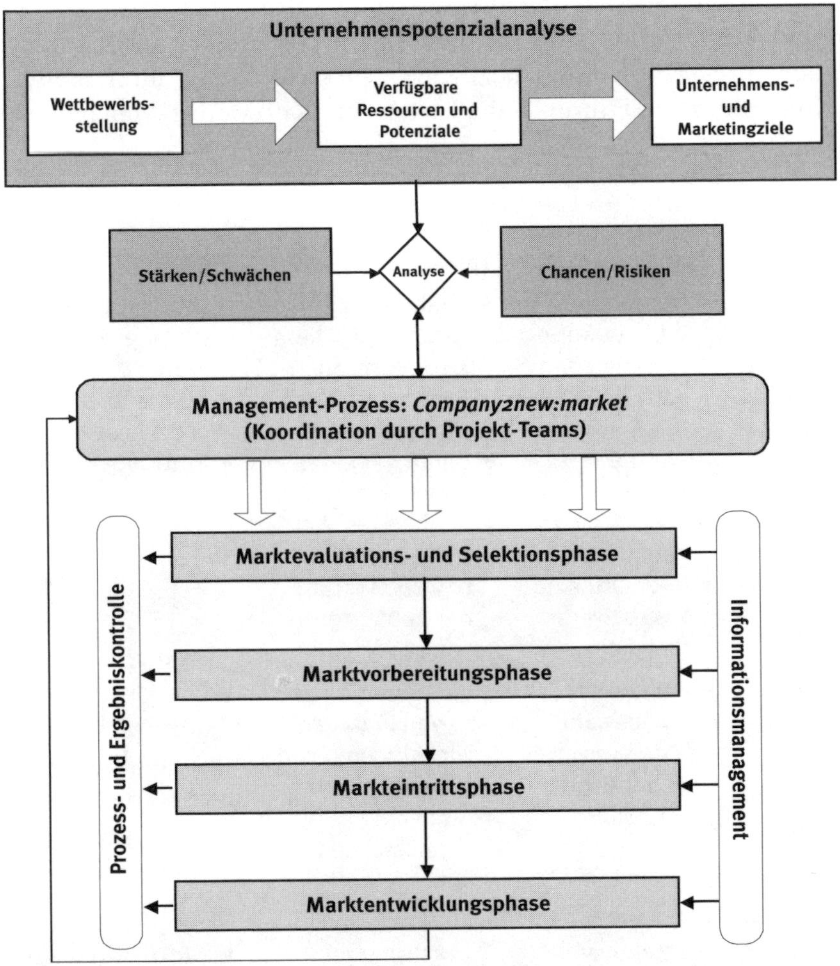

Abbildung 12: Übersicht über den Ablauf des Managementprozesses *Company2new:market*

Step 1: Marktauswahl

Der Step Marktauswahl umfasst einen Zeitraum von circa sechs Monaten. Die wesentlichen Aufgaben bestehen im Monitoring der Makroentwicklungen auf den Auslandsmärkten, in der Analyse und Auswahl attraktiver Ländermärkte sowie in der Identifikation länderspezifischer Markt- beziehungsweise Kundensegmente, welche zukünftig bearbeitet werden sollen. Damit angesprochen ist die systematische Analyse von Kundenbedürfnissen und -potenzialen sowie von bereits im Markt etablierten Wettbewerbsprodukten. Die jeweiligen Entscheidungsprozesse werden durch die Anwendung von Checklistenverfahren, Scoring-Modellen und Marktattraktivitäts-Portfolios unterstützt und auf eine solide Informationsbasis gestellt. Vor diesem Hintergrund sind die beteiligten Mitarbeiter insbesondere hinsichtlich ihres Know-hows bezüglich Marktforschung, ihrer analytischen Kompetenz und ihrer Fähigkeiten im Knowledge-Management gefordert.

Step 1: Marktauswahl			
Teilprozess	**Ziel**	**Tasks**	**Tools**
Analyse und Optimierung des eigenen Geschäftsmodells	• Optimierung der Wertkette • Identifikation von Erfolgsfaktoren und Wettbewerbsvorteilen • Vergleich zur Konkurrenz • Internationale Wettbewerbsfähigkeit	• Analyse der Prozessabläufe, Kernkompetenzen, Ressourcen des Unternehmens • Bildung regionaler Kompetenzzentren • Analyse der Wertkette und Wettbewerbsvorteile der Konkurrenz	• internes und externes Benchmarking • Stärken-Schwächen-Analyse • Portfolio-Analyse
Markt-Monitor	• Frühaufklärung • Vorauswahl: Liste intensiver zu betrachtender Länder	• permanente Analyse von Makroentwicklungen (Scanning/Monitoring) • Aufdeckung von Chancen und Risiken	• Checklisten
Markt-attraktivität	• Rangfolge attraktiver Märkte	• Auswahl von Selektionskriterien • Beurteilung der Länder der Vorauswahl nach makroökonomischen, branchenspezifischen und unternehmensbezogenen Kriterien	• Checklisten • Punktbewertungsverfahren (Scoring-Modelle) • Portfolio-Analyse

Marktauswahl	• Entscheidung für den attraktivsten Markt	• tiefergehende Analyse hinsichtlich des länderspezifischen Erfolgspotenzials	• Marktsegmentierung • Machbarkeitsstudien • Best-Case-/Worst-Case-Szenarien • Break-even-Analyse • Cashflow-Analyse
Ergebnis	Welcher Markt (Wo?) und zu welchem Zeitpunkt (Wann?)?		

Tabelle 10: Step 1 – Marktauswahl

Step 2: Marktvorbereitung

Im Anschluss an die Marktauswahl beginnt die Phase der Vorbereitung auf den Markteintritt, die einen zeitlichen Umfang von ebenfalls circa sechs Monaten beansprucht. Als wesentliche organisatorische und personalpolitische Aufgabe steht der Aufbau geeigneter Projektstrukturen, das heißt die Bildung von Projektteams sowie die Rekrutierung, Schulung und Auslandsvorbereitung von Expatriates im Vordergrund.

In strategischer Hinsicht sind zudem die Festlegung der Positionierungsstrategie, die Erarbeitung des Prototyps eines länderspezifischen Geschäftsmodells (nach dem Grundsatz »all business is local«) und die Aufstellung eines Business-Plans wesentliche Bestandteile dieser Prozess-Phase. Hierbei gilt es, grundsätzliche marketingstrategische Entscheidungen zu treffen hinsichtlich einer differenzierenden Marktpositionierung, des Markenmanagements und der zielgruppenspezifischen Anpassung des Marketing-Mix in den jeweiligen Marktsegmenten. Beispielsweise wäre in der Automobilbranche das Geschäftsmodell ein Prototyp, welcher am Ende des Prozessschrittes für den Test fertiggestellt wird.

Step 2: Marktvorbereitung			
Teilprozess	**Ziel**	**Task**	**Tools**
Aufbau der Projektstruktur	• Überwindung kultureller Probleme in der Projektarbeit • Schaffung geeigneter Organisationsstrukturen	• Konzept zur interkulturellen Kommunikation • Bildung von Projekt-Teams • Vorbereitung und Entsendung von Expatriates	• Personalauswahlverfahren • Schulungs- und Trainingsprogramme • Projektmanagement • Expat-Management
Entwicklung der Positionierung und Markteintrittsstrategie	• Erarbeitung einer kulturspezifischen Positionierungsstrategie • Erarbeitung eines Strategieprofils	• Erhebung und Auswertung positionierungsrelevanter Daten (Marktforschung) • Auswahl der Unique Selling-Proposition und der Value-Proposition • Ableitung der Ziel-Positionierung • Festlegung der strategischen Stoßrichtung • Marken-Management	• Marktforschungs-Tools • Key-Driver-Analyse • Portfolio-Analyse • Scoring-Modelle • Brand-Management-Teams
Erstellung des Geschäftsmodells	• Erarbeitung des länderspezifischen Geschäftsmodells (Prototyp)	• Definition der kunden- und mitarbeiterbezogenen Leistungsprozesse • Definition der Back-Office-Prozesse	• Prozessmanagement-Tools
Erstellung des Business-Plans	• Konkreter taktisch-operativer Maßnahmen- und Finanzplan	• Zerlegung des Geschäftsmodells in Teilprojekte und Aktionsprogramme • Erstellung eines Terminplans • Zuteilung von Verantwortlichkeiten • Budgetverteilung	• Business-Plan • Investitionsrechnung • Finanzplan
Ergebnis	Wie geht man in den Markt (Wie?) und mit welchem Geschäftsmodell (Was?)?		

Tabelle 11: Step 2 – Marktvorbereitung

Step 3: Markteintritt

Im Mittelpunkt dieser Prozessphase steht die Implementierung und der Test des Geschäftsmodells im Auslandsmarkt. Der Zeitumfang sollte hierbei auf circa 18 Monate veranschlagt werden. Das Maßnahmenprogramm zur Implementierung umfasst dabei im Wesentlichen die Verteilung der Aufgaben an die Mitarbeiter im Back- und Front-Office, die zeitliche Synchronisation und Koordination der beteiligten Abteilungen, die Überprüfung der Zweckmäßigkeit der Organisations- und Projektstrukturen sowie die Einleitung von Verbesserungsmaßnahmen auf der Basis eines Business-Performance-Managements. Im Rahmen der Pilotierung wird die Leistungsfähigkeit des Geschäftsmodells unter realen Bedingungen überprüft, um eventuelle Verbesserungsmaßnahmen in den Kernprozessen vor dem eigentlichen Roll-out einzuleiten. Die Kernprozesse werden so lange optimiert, bis sie auf einer kleinen Plattform effizient, profitabel und stabil laufen. Dies ist die Basis für die Multiplikation des Geschäftsmodells in der Marktentwicklungsphase. Von Bedeutung ist hierbei die Schaffung repräsentativer Testbedingungen, die professionelle Analyse der Testergebnisse unter Zuhilfenahme leistungsfähiger Analyse-Tools und die kontinuierliche Anpassung des Geschäftsmodells. Für das Beispiel der Autobranche hieße dies: Der Prototyp funktioniert, das heißt die Dienstleistung wird am Markt angenommen und lässt sich profitabel vermarkten.

Step 3: Markteintritt			
Teilprozess	**Ziel**	**Task**	**Tools**
Vorbereitung des Markteintritts	• Schaffung der Grundlage für die Pilotphase	• Erarbeitung des Marketing-Aktionsprogramm für den Markteintritt • Gewinnung qualifizierter Mitarbeiter	• Branding • Werbung und Verkaufsförderung • Recruiting-Kampagnen
Pilotierung (Test)	• Anpassung und Harmonisierung der Prozessaktivitäten • Fine-Tuning des Geschäftsmodells • Vorbereitung des Roll-out	• Aufbau der organisatorischen Plattform • Akquisition und Entwicklung von Mitarbeitern im Zielland • Durchführung des Markttestes – »Pilotierung & Testing«	• Projektmanagement-Tools • Wissensmanagement-Tools • Workflow-Management-Systeme • Prozess-Steuerungsintrumente (SPMS)

Business-Performance-Management	• Ergebnismessung • Cashflow-Analyse • Prozess-Performance • Qualitätsmanagement	• Kontrolle und Bewertung der Geschäftsprozesse • Einleitung von Anpassungs- und Verbesserungsmaßnahmen bezüglich des Geschäftsmodells	• Sales Performance Measurement • Balanced Scorecard • Total-Quality-Management
Einführung des Geschäftsmodells	• Markteinführung des Geschäftsmodells • Gewinnung von Kunden • Gewinnung von Beratern • Realisierung operativer Gewinne	• Roll-out der Marktbearbeitungs-, Leistungs- und Führungsprozesse	• Assessment-Center • Corporate University • Motivations- und Steuerungsinstrumente • Werbung und Verkaufsförderung
Nachbrenner	• Überwindung von Fehlern und Schwierigkeiten in der Start-up-Phase • Erhöhung der Stabilität des Unternehmens	• Analyse der Notwendigkeit zum Einsatz des Afterburner • Bereitstellung des Afterburner-Budgets • Einsatz der Afterburner-Instrumente	• Sales Performance Measurement • Balanced Scorecard • Qualitätsmanagement • Kommunikationsinstrumente wie Verkaufsförderung
Ergebnis	Organisation befindet sich im Aufbau; Prozesse laufen stabil		

Tabelle 12: Step 3 – Markteintritt

Step 4: Marktentwicklung

Im letzten Step des strategischen Managementprozesses *Company2new:market* steht der Roll-out des gesamten Geschäftsmodells und das Unternehmenswachstum zur Erreichung der Handover-Kriterien im Mittelpunkt aller Bemühungen. Für diese Phase sollte mit circa 30 Monaten kalkuliert werden. Alle unternehmerischen Kräfte werden auf die Multiplikation der eingeführten Kernprozesse (das heißt laufende Eröffnung neuer Niederlassungen, Gewinnung und Entwicklung neuer Berater und Kunden) zur Realisierung der strategischen Zielpositionierung und zur schnellen Erzielung eines hohen Marktvolumens ausgerichtet. Das vordringliche Ziel liegt in der Erreichung des operativen Break-even-Punktes zur Rechtfertigung weiterer Investitionen. Alle Kernprozesse laufen effizient und profitabel. Das Unternehmen ist stabil und kann von der engen, projektorientierten Führung durch die Stabsabteilung Ausland in den »normalen« (über Budgets und Zahlen) Führungsstil (wie andere Konzerngesellschaften) übernommen werden. Im Beispiel aus der Autobranche startet jetzt die Massenfertigung, das heißt, das getestete Modell wird mit steigender Produktion (Volumen) im Gesamtmarkt »ausgerollt« beziehungsweise eingeführt.

Step 4: Marktentwicklung			
Teilprozess	**Ziel**	**Task**	**Tools**
Marktpenetration durch internes Wachstum	• Steigerung der Profitabilität • Erhöhung der Anzahl an Beratern • Entwicklung innovativer Produkt-, Service- und Dienstleistungsangebote • Ausbau des Distributions-systems	• Roll-out aller kunden- und beraterorientierten Geschäftsprozesse sowie der Support-Prozesse • Roll-out des gesamten Marktbearbeitungsprogramms • Steuerung des Kundenpotenzials	• Produkte & Services • CRM-Tools • Externe und interne Wachstumsinstrumente
Markpenetration durch externes Wachstum	• Beschleunigung der Marktpenetration • Nutzung von »Economies of Scale and Scope«	• Externes Wachstum durch die Akquisition und Integration von (Unternehmensteilen von) Wettbewerbern	• Extreme Wachstumsmatrix • Matrix Integrationsgrad • Definition eines Integrationsprozesses • Checkliste Integration
Erreichen der Gewinnschwelle	• Erreichung des Break-even-Punktes • Optimierung der Wertschöpfung • Erhöhung des Wachstums	• Ausbau der Flagship-Organisation • Localization of Management • Verbesserung der Kernprozesse • Ausbau des Wissensmanagement	• Balanced Scorecard • Total Quality Management • Business Intelligence

Exit-Management	• Jederzeit mögliche Sicherstellung eines Projektausstiegs	• Überprüfung des Zielerreichungsgrades • Durchführung von Alternativplanungen (Plan B) • Durchführung des Projektausstiegs	• Szenario-Analysen • Liquidation • Verkauf an Wettbewerber oder das Management
Handover-Management	• Erfolgreiche Übergabe des Auslandsmarktprojektes	• Übergabe aller Verantwortungsbereiche an das lokale Management • Überprüfung von Rentabilitätskennziffern • Projektabschlussbericht	• Sales Performance Measurement • Balanced Scorecard
Ergebnis:	Die Organisation ist stabil, alle Prozessabläufe sind optimiert und das Unternehmen erfüllt die Übergabe-Kriterien wie Umsatz, Wachstum, Profitabilität oder Image. Der Managementprozess *Company2new:market* ist beendet.		

Tabelle 13: Step 4 – Marktentwicklung

Gestaltung des Kontrollsystems – Prozess- und Ergebniskontrolle

Ein Auslandsmanager kann nur das managen, was er messen kann. Hält er sich zum Beispiel innerhalb von vier Tagen in drei Ländern auf, ist es schwierig, sich jedes Mal in die Unterschiede und Besonderheiten der einzelnen Kulturen, Länder, Geschäftsmodelle, Menschen und Probleme hineinzudenken. Leichter gelingt ihm die Führung der Gesellschaften mit einem Kontrollsystem, welches ihm Informationen und Kennzahlen liefert, die konzernweit vergleichbar sind (gleiche Definition, gleiche Messung). Somit kommt der strategischen Kontrolle besonders während des Markteintritts eine besondere Rolle zu. Im Sinne ihrer Überwachungsfunktion ist sie weniger als einzelner Step zu verstehen, sondern vielmehr als eigenständiger Sub-Prozess, der parallel zu den anderen Steps, Tasks und Tools vollzogen wird und den gesamten Planungs- und Umsetzungsprozess überlagert.

Die Standardisierung der Kontrollprozesse zielt hierbei auf eine Vereinheitlichung von Kontrollmethoden und -abläufen ab. Dazu ist es zunächst erforderlich, Erfolgskriterien wie Kosten- und Leistungsgrößen sowie Bewertungsstandards für die jeweiligen Prozessaktivitäten einheitlich zu definieren. Damit wird gewährleistet, dass alle Unternehmensbereiche in der gleichen Sprache sprechen. Ein Manual der Definitionen ist Voraussetzung für ein standardisiertes Kontrollsystems. Weiterhin sind die Kontrollinstrumente, wie zum Beispiel Kennzahlensysteme und Ergebnisrechnungen, zu standardisieren. Durch den Einsatz identischer Methoden wird gewährleistet, dass die internationalen Kontrolldaten auch vergleichbar sind. Dies erleichtert nicht zuletzt auch den länderübergreifenden Erfahrungsaustausch über die Erfolgschancen der Marketingmaßnahmen. Zur Kontrolle der Prozessaktivitäten bietet es sich an, das Konzept der Balanced Scorecard zu nutzen.

Sinnvollerweise sollte eine Unterscheidung in die Prozessstufen Erfolgskontrolle und Prozess- beziehungsweise Durchführungskontrolle vorgenommen werden. Im Rahmen der Erfolgskontrolle erfolgt dann die Messung der Wirksamkeit des Geschäftsmodells im Hinblick auf ökonomische (zum Beispiel Umsatz, Gewinn, Kundenanzahl, Abschlussrate) und nicht-ökonomische (zum Beispiel Bekanntheitsgrad, Image) Zielgrößen. Die Prozess- beziehungsweise Durchführungskontrolle umfasst hingegen die Analyse, Bewertung und Optimierung der bestehenden Prozessabläufe, um im Sinne eines Lernprozesses eine kontinuierliche Verbesserung der Ergebnis- und Prozessqualität auf allen Stufen des Managementprozesses zu erzielen. Neben den Abläufen untersucht dieses Prozess-Monitoring unter anderem die Effizienz der Ressourcennutzung und die Aufgabenverteilung innerhalb und zwischen Organisationseinheiten. Für beide Kontrollaktivitäten werden entsprechend geeignete Erfolgskriterien beziehungsweise Kennzahlen vorgeschlagen und zu einem Kennzahlensystem verdichtet.

Gestaltung der Informationsprozesse – Informationsmanagement

Eine weitere Herausforderung ist die Gestaltung der Informationssysteme während des Prozesses *Company2new:market*. Die einzelnen Teams, Mitarbeiter und Kompetenz-Center sind räumlich getrennt und haben unterschiedliche kulturelle und fachliche Hintergründe. Aufgrund dieser Komplexität soll die Kommunikation, der Informationsaustausch und somit auch die Koordination aller Aktivitäten durch ein standardisiertes Informationssystem unterstützt werden. Zunächst ist festzulegen, wer wann welche Informationen für welche Tasks benötigt. Daraufhin sind die Informationsinstrumente vorzugeben und neben der Feststellung von Informationsrechten und -pflichten auch die Formen und die Zeitpunkte der Informationsübermittlung festzulegen. Ausgangspunkt ist der Aufbau einer einheitlichen Firmensprache zur Erleichterung der unternehmensinternen Kommunikation.

Ein reibungsloser und termingerechter Ablauf der Informationsprozesse wird insbesondere durch den Einsatz neuer Informations- und Kommunikationstechnologien und innovativer Software zur Informationsübertragung unterstützt. Von Bedeutung ist auch die Standardisierung der Erhebungsmethoden und Auswertungsverfahren. Denn ein unmittelbarer Vergleich von Daten ist erst dann gewährleistet, wenn eine Übereinstimmung bezüglich der Bedeutung und Interpretation der Daten, dem Grad der Genauigkeit und der Zuverlässigkeit der Messung in allen betroffenen Landesgesellschaften vorliegt. Die Qualität des Kontrollsystems und des Informationsmanagements ist ein entscheidender Faktor im gesamten Managementprozess. Aufgrund der Komplexität der Prozessaktivitäten (Gründung von neuen Unternehmen in fremden Märkten, wo eigene Erfahrungen wenig zählen) ist die Abhängigkeit von exakt gemessenen und verarbeiteten Daten zur Entscheidungsfindung entscheidend. Eine Unternehmung gewinnt in einem neuen Markt nur, wenn sie schnell lernt, entscheidet, verändert und umsetzt oder – in anderen Worten: die Knowledge-to-Assumption-Rate so schnell wie möglich optimiert, das heißt, Wissen generiert und anwendet.

1.3 Ausrichtung der Organisations- und Koordinationsstrukturen

1.3.1 Entwicklung geeigneter Organisationsstrukturen

Sobald sich das Management eines Unternehmens entscheidet, international zu expandieren, stellt sich sofort die Frage nach der geeigneten Organisationsform zur Umsetzung dieser Strategie. In der entsprechenden Literatur werden viele Alternativen umfassend diskutiert, weshalb sich die beiden vorgestellten Alternativen auf die spezifischen Anforderungen des Prozesses *Company2new:market* konzentrieren.

Bei der Festlegung der Organisationsstrukturen sind insbesondere zwei Ebenen zu betrachten. Zum einen muss die Anbindung an die Muttergesellschaft organisatorisch vorgenommen werden. Zum anderen ist die interne Aufbau- und Ablauforganisation der neu zu gründenden Tochtergesellschaft im Auslandsmarkt festzulegen. Die konkreten Strukturen, die bei der Gründung und in der Aufbauphase der Auslandsgesellschaft einzurichten sind, sind dementsprechend branchen- und größenabhängig, hängen vom Einzelfall ab und richten sich nach den allgemeinen organisatorischen Optimierungsregeln. Besondere Vorsicht ist angebracht, wenn organisatorische Strukturen, insbesondere Managementprozesse, die sich bei der Mutter- oder bei anderen Auslandsgesellschaften bewährt haben, undifferenziert auf die neue Gesellschaft übertragen werden. Gemäß dem Grundsatz »Global strategy, local responsiveness!« müssen auch hierbei länderspezifische Gegebenheiten Berücksichtigung finden.

Die geplante Expansion in neue internationale Märkte stellt hohe Anforderungen an die Führungstätigkeit, denn die unterschiedlichen Kundenbedürfnisse und die gesetzlich wie auch wirtschaftlich divergierenden Rahmenbedingungen erfordern hohes Management-Know-how sowie klar strukturierte und doch flexibel gestaltbare Organisationsstrukturen in den verschiedenen Phasen des Managementprozesses. Dies setzt das Vorhandensein erfahrener Manager voraus, welche eine geeignete Struktur implementieren können und damit den Grundstein für eine reibungslose Abwicklung der Geschäftsaktivitäten auf internationaler Ebene sicherstellen.

Als geeignete Organisationsstrukturen bieten sich zwei Organisationskonzepte an, mit denen der Prozess zur Erschließung neuer internationaler Märkte erfolgreich gestaltet werden kann: das Co-Piloting und die Expansionsplattform.

Co-Piloting

Das Konzept des Mutter-Tochter Co-Piloting basiert – wie in Abbildung 13 dargestellt – auf einer Holding-Struktur. Die strategisch eigenverantwortliche und rechtlich selbstständige Holding (Muttergesellschaft) betreibt Marktentwicklung im Ausland, gründet hierzu eigenständige Gesellschaften und stellt die zentralen internationalen Funktionsbereiche wie Strategieentwicklung, Steuerung und Koordination, Planung, Finanzierung und Controlling zur Verfügung. Die Holding übernimmt hierbei die volle strategische Verantwortung für die Internationalisierungsaktivitäten. Das Projektteam zur Internationalisierung (bestehend aus Mitarbeitern der Stabsabteilung »Ausland/New Markets«) arbeitet im Auftrag der Holding und ist das operative Instrument der Holding (Projektleitung) zur Durchführung des Internationalisierungsprozesses.

Organisatorisch gesehen bildet es eine hochflexible Einheit aus internen Mitarbeitern, die Auslandserfahrung und Erfahrung mit verschiedenen Geschäftsmodellen mitbringen. Diese Einheit übernimmt die Verantwortung für den Markterschließungsprozess und ist mit weitreichenden Kompetenzen zur Durchführung des Prozessablaufes und der individuellen Projekte ausgestattet. Dies schließt die Verantwortung für den rei-

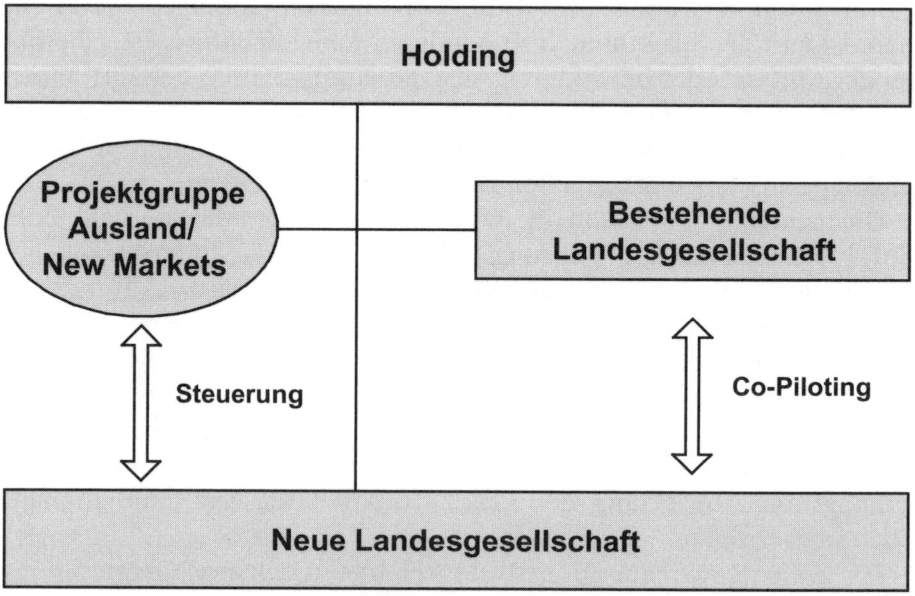

Abbildung 13: Mutter-Tochter Co-Piloting

bungslosen Transfer des Geschäftsmodells, dessen spezifischer Wettbewerbsvorteile sowie der entsprechenden Ressourcen mit ein. Ihr kommt auch die Aufgabe zu, die spezifischen Wettbewerbsvorteile des Geschäftsmodells durch die Einrichtung so genannter International Centers of Competence auf die jeweiligen Marktgegebenheiten abzustimmen und kontinuierlich zu verbessern. Dieses Projektteam besteht idealerweise aus Spezialisten, die aus den verschiedenen Tochtergesellschaften der gesamten Unternehmensgruppe zur Gründung und zum Aufbau der neuen Unternehmung herangezogen werden.

Als Coaching-Company beziehungsweise Co-Pilot der neu zu gründenden Tochtergesellschaft dient eine bereits bestehende Landesgesellschaft, die – aufgrund ihrer geografischen Nähe, der Zugehörigkeit zum gleichen Ländermarktsegment, spezifischer Ressourcen, Fähigkeiten und Erfahrungen – das Projektteam in den verschiedenen Steps des Markterschließungsprozesses unterstützt. Zur Ausnutzung umfangreicher Erfahrungs- und Lerneffekte innerhalb der Unternehmensgruppe stellt die Coaching-Company zum Beispiel in der Marktvorbereitungsphase dem Projektteam erfahrene Mitarbeiter beratend zur Seite. Fehlen bestimmte Kompetenzen, sind diese mit Mitarbeitern aus den Kompetenz-Centern zu besetzen, das heißt aus anderen Konzerngesellschaften. Aufgrund des operationalen Know-hows und der spezifischen Erfahrungen übernimmt der Co-Pilot im Stil des Markteintritts sehr weitreichende Kontrollaktivitäten (Quality

Control) zur Gewährleistung einer reibungslosen Implementierung der neuen Landesgesellschaft und begleitet diese, bis die New Market Company in der Marktentwicklungsstops die volle Verantwortung für die Durchführung der Geschäftsaktivitäten übernimmt. Bei der Übergabe der Tochtergesellschaft durch das internationale Projektteam muss auch sichergestellt werden, dass wichtige Informationen, Erfahrungen und Kontakte, zum Beispiel zu lokalen Behörden, in die neu gegründete Gesellschaft weitergegeben werden, um die Weiterarbeit in der sich an die Gründung anschließenden Wachstumsphase zu erleichtern. Die Aufgaben- und Verantwortungsbereiche der Holding-Company, der Projektgruppe, der Coaching-Company und der New Market Company werden in Tabelle 14 noch einmal in einer Übersicht verdeutlicht.

Organisationseinheit	Aufgaben- und Verantwortungsbereiche
Holding (Board of Directors)	• federführende, strategische Verantwortung für alle Aktivitäten und den gesamten Prozess der Internationalisierung • Wahrnehmung zentraler Führungsaufgaben • strategische Kontrolle
Projektgruppe (New Market Department)	• »Pioniertruppe«, die in den Ländern aktiv ist, in denen das Unternehmen noch nicht mit Auslandsgesellschaften vertreten sind • Auf- und Ausbau von Kontakten sowie der Aktivierung von konkreten Geschäften • operative Verantwortung für alle Prozess- und Projektaktivitäten bis zur Übergabe des Geschäftes an die neue Landesgesellschaft (New Market Company)
Coaching-Company (Co-Pilot)	• Unterstützung des Projektteams in allen Phasen des Managementprozesses • Bereitstellung von Management-Know-how und Erfahrungen • Übernahme von Kontrollaktivitäten (Management-Audit)
New Market Company (Neue Landesgesellschaft)	• Übernahme der operativen und strategischen Verantwortung in der Marktentwicklungsphase • Realisierung des Business-Plans (Wachstum)

Tabelle 14: Aufgaben- und Verantwortungsbereiche der Organisationseinheiten bei einer Holding-Struktur

Insgesamt gesehen erscheint das Konzept des Co-Piloting beziehungsweise die Bildung einer Holdinggesellschaft, welche die zentralen Führungsaufgaben wahrnimmt und die Rahmenbedingungen für die lokalen Ländergesellschaften vorgibt, am erfolgversprechendsten, weil damit die ausländischen Tochtergesellschaften von der starken Stellung des Unternehmens im Heimatmarkt und den Auslandserfahrungen bestehender Landesgesellschaften profitieren und trotzdem auf die spezifischen Kundenbedürfnisse der Zielmärkte eingehen können. Als in der Praxis problematisch ist der hohe Koordinationsbedarf zwischen den Mitarbeitern der vier beteiligten Abteilungen beziehungsweise Gesellschaften zu sehen. Dies erfordert eine klare Definition der Aufgaben, Kompetenzen und Verantwortungen. Somit eignet sich diese Organisationsstruktur vor allem für eine Marktkonzentrationsstrategie.

Expansionsplattform

Das Konzept der Expansionsplattform bietet sich insbesondere für diejenigen Unternehmen an, die nicht das notwendige Know-how zum Aufbau internationaler Landesgesellschaften oder Vertriebsstrukturen haben beziehungsweise nicht über die entsprechenden personellen, materiellen und immateriellen Ressourcen verfügen. Die Organisation einer Expansionsplattform baut auf den Strukturen der Muttergesellschaft, einer geeigneten Schwester- oder Tochtergesellschaft oder auf einer spezialisierten Gesellschaft auf. Die Expansionsplattform verfügt über alle notwendigen Lizenzen, die eine erhebliche Beschleunigung der Gründungsformalitäten von Tochtergesellschaften in den jeweiligen Ländermärkten ermöglichen sollen. Die New Market Company wird dabei ähnlich wie eine nationale Verkaufsniederlassung gemanagt, für das ein so genanntes Back-Office, als administratives und logistisches Rückgrat, eingerichtet wird (siehe Abbildung 14). Oftmals werden dazu internationale, steuerbegünstigte Standorte wie Luxemburg, Holland oder Irland bevorzugt. Hier findet sich die entsprechende Infrastruktur und international erfahrenes Personal. Das Back-Office übernimmt wie bei einer virtuellen Organisationsstruktur die Steuerung sämtlicher Funktionen wie Administration, Produktmanagement, Marketing, Distribution und Controlling während der Marktvorbereitungs- und Markteintrittsphase. Es stellt alle für eine reibungslose Markterschließung notwendigen materiellen Ressourcen, Informationen und Services zur Verfügung und wirkt koordinierend auf die neu zu gründende Tochtergesellschaft ein. Parallel zum Wachstum der New Market Company werden diese Funktionen schrittweise dezentralisiert.

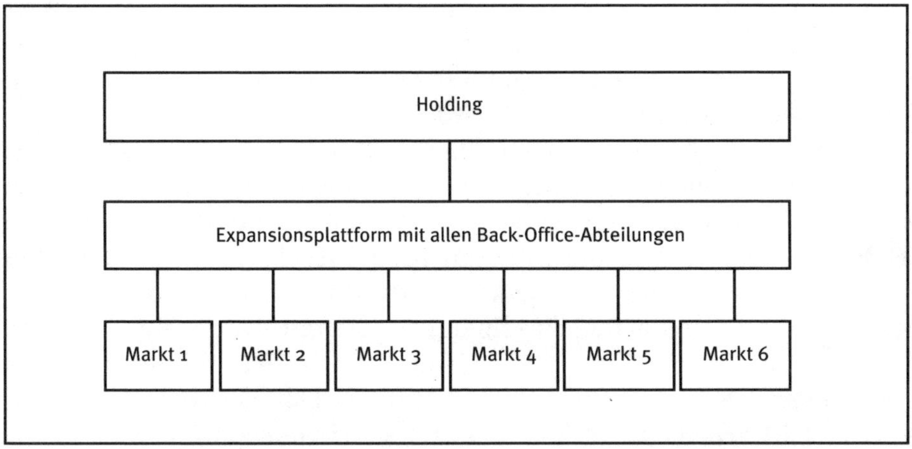

Abbildung 14: Struktur einer Expansionsplattform

Die Vorteile einer Plattform-Organisation liegen in erster Linie in einem schnellen Markteintritt, einem geringeren Investitionsaufwand und damit in der Reduktion des Markteintrittsrisikos. Aufgrund der niedrigeren Investitionen und Fixkosten wird der Break-even früher erreicht und somit der Profit der gesamten Gruppe gesteigert. Werden darüber hinaus strategische Allianzen mit leistungsfähigen Vertriebs-, Produktpartnern oder Zulieferern eingegangen, welche bereits über ein gut ausgebautes Vertriebsnetz, Marktkenntnisse oder attraktive Produkte im jeweiligen Auslandsmarkt verfügen, lassen sich weitere Kosteneinsparungseffekte erzielen. Zudem kann der Vertrieb im entsprechenden Markt ohne große zeitliche Verzögerung aufgenommen werden. Diese Organisationsform eignet sich vor allem für eine Marktpenetrationsstrategie während des gesamten Managementprozesses. Eine Expansionsplattform ist ein Kompetenzzentrum für die internationale Expansion.

Probleme wirft das Konzept der Expansionsplattform insofern auf, als dass oftmals keine klare Kompetenzverteilung zwischen der Plattform und der Unternehmensleitung im Zielmarkt herrscht. Insbesondere der geringe Autonomiegrad (Entscheidungsfreiheit) des Managements im Auslandsmarkt wirkt nicht nur demotivierend auf die Mitarbeiter, sondern kann auch leicht zu ineffizienten (langsamen) Prozessen und zu einer ungenügenden Anpassung des Geschäftsmodells an die kulturellen Marktgegebenheiten führen und sich deshalb negativ in der Markteintrittsphase auswirken. Zudem besteht bei nicht eindeutig geregelten Verantwortungsbereichen die Gefahr kontraproduktiver und ressourcenverzehrender Entscheidungsprozeduren. Durch eine schrittweise Dezentralisierung, das heißt Verlagerung der Aufgaben des Back-Office in den Zielmarkt, soll dieses Problem gelöst werden, denn die Verantwortung für den Markterfolg ist nicht teilbar. Sie muss letztendlich immer beim Management vor Ort liegen, was während des Handover-Managements in Step 4 Marktentwicklung auch operativ umgesetzt wird.

Beispiele für die Plattformstrategie finden sich im Finanzdienstleistungssektor vor allem bei reinen Produzenten von Finanzdienstleistungen wie die Versicherer Aspecta (Talanx Gruppe) und Clerical Medical (HBOS-Gruppe) sowie die Investmentfondsgesellschaften Fidelity und JPMorganFleming. Sie haben ihre Plattform in Luxemburg (CMI in Maastricht) und sind in den einzelnen Ländern mit Verkaufsniederlassungen vertreten. Die Produkte sind aufgrund der EU-Regulierung (EU Pass – Freedom of Services) weitgehend identisch. Der Vertrieb erfolgt über Intermediäre (Banken, Versicherungen, IFAs) in den einzelnen Ländern.

1.3.2 Analyse der eigenen Unternehmung – Unternehmenspotenzialanalyse

Mit der Idee zur Internationalisierung ist sofort zu überprüfen, ob sich das Geschäftsmodell mit allen seinen Kernkompetenzen und (möglichen) Wettbewerbsvorteilen für eine internationale Expansion eignet und die notwendigen finanziellen und personellen Ressourcen verfügbar sind. So gibt es Geschäftsmodelle, die so genannten »born globals« (vergleiche hierzu Kapitel 2), die sofort auf globaler Ebene funktionieren. Andere sind nur sehr schwer zu internationalisieren. Genau dies soll anhand einer umfassenden internen Analyse herausgefunden werden.

Im Zentrum steht die grundsätzliche Überprüfung der Auslandsmarktfähigkeit mit dem Ziel, bereits vorhandene generelle Voraussetzungen (zum Beispiel aktuelle Kapazitäten oder Potenziale, die intensiver oder zusätzlich genutzt werden könnten) festzustellen, sowie die noch unabdingbaren Grundlagen, die gesondert geschaffen werden müssten, zu definieren. Dabei wird analysiert, ob überhaupt und in welchem Umfange das Unternehmen auch zu grenzüberschreitenden Aktivitäten fähig ist, und wie dieses Vorhaben unter ökonomischen und strategischen Gesichtspunkten zu beurteilen ist.

Die Analyse und Prognose der Situation erfordert neben der anstehenden Untersuchung der externen Markt- und Umweltbedingungen die Zusammenstellung eines Überblicks über die unternehmensspezifischen Gegebenheiten, die internationale Wettbewerbsstellung sowie die verfügbaren Ressourcen und Potenziale. Der Zweck dieser Analyse besteht in der Herausarbeitung dessen, was das Unternehmen aufgrund seiner spezifischen Stärken und Schwächen bei der Erschließung neuer internationaler Märkte tun kann. Die Unternehmensanalyse soll dabei generell darüber Aufschluss geben, ob und inwieweit das Unternehmen in der Lage ist, den zusätzlichen Aufgabenstellungen, die mit dem Auslandsengagement verbunden wären, gerecht zu werden. Die nachfolgenden Bereiche können Gegenstand der Unternehmensanalyse sein:

- *Produkte und Dienstleistungen:* Überprüfung, ob die Produkte beziehungsweise das Leistungsprogramm auf (zusätzlichen) Auslandsmärkten ohne größere Variationen und Anpassungen abgesetzt werden könnte. (Eine detaillierte Klärung dieser Frage erfolgt parallel zur Marktselektion in Gegenüberstellung zu den einzelnen Ländererfordernissen und – falls Anpassungsmaßnahmen erforderlich wären – unter Kosten-Nutzen-Aspekten.) Worin bestanden in der Vergangenheit die signifikanten Stärken und Schwächen der Leistungen bezüglich Qualität, Preis, Umfang im Vergleich mit den stärksten Konkurrenten? Wie flexibel ist das Leistungsprogramm? Welche Nachfragetendenzen zeichnen sich für die einzelnen Produkte (SGE) ab?
- *Geschäftsmodell und Kernkompetenzen:* Analyse der Transferierbarkeit des Geschäftsmodells beziehungsweise der Kernkompetenzen und der (dauerhaften) Wettbewerbsvorteile.
- *Marktanteils- beziehungsweise Marktwachstumsrelationen:* Welche Marktanteile hat das Unternehmen heute und welche Trends zeichnen sich ab? Wie stabil sind diese Trends? Welche Marktanteile besitzen die Hauptkonkurrenten und in welchen Ländern sind sie vertreten?
- *Produktionstechnische Gegebenheiten und technisches Entwicklungspotenzial:* Feststellung des aktuellen Grades der Kapazitätsauslastung (qualitativ und quantitativ) und der Möglichkeiten zum Beispiel im Hinblick auf Anpassungsmaßnahmen (Produktvariation).
- *Kapazitäten:* Feststellung der Kapazitätsauslastung in den für ein Auslandsengagement relevanten Funktionsbereichen (zum Beispiel Verwaltung, Marketing, Finanzierung). Wie können Kostensteigerungen aufgefangen werden?
- *Know-how:* Auf welches Wissen (erlerntes und auf praktische Erfahrungen beruhendes Know-how) könnte zurückgegriffen werden, und was müsste in Abhängigkeit von den anvisierten Auslandsmärkten an zusätzlichem Know-how beschafft werden? (Dieser Fragenkomplex wird allerdings erst dann eine detaillierte Klärung erfahren können, sobald die einzelnen in die engere Wahl gezogenen Auslandsmärkte feststehen.) Welche Aufwändungen hat das Unternehmen bezüglich interner und externer Schulungen und Weiterbildungsseminare?

- *Anforderungen an das Management im Vergleich mit dem aktuellen Eignungsprofil:* Auf welche personellen Grundlagen und Ressourcen kann man sich im Management stützen? Welche Entwicklungspotenziale sind noch vorhanden, und welche Ergänzungen müssten – in Abhängigkeit von den angestrebten Zielmärkten – vorgenommen werden?
- *Information und Kommunikation:* Welche technischen Informations- und Kommunikationsstrukturen sind im Unternehmen aktuell vorhanden? Ergeben sich hieraus zwingende Ergänzungs- beziehungsweise Investitionsbedarfe (zum Beispiel für Call-Center) zum Aufbau effizienter und sicherer Strukturen? Welche Anpassungsschritte wären auf der Ebene der Absatzförderung erforderlich, insbesondere bei Prospekten, Katalogen, Internet-Präsentationen?
- *Organisatorische Anforderungen:* Wie könnten die zusätzlichen Aufgaben, die mit der Betätigung auf (zusätzlichen) Auslandsmärkten anfallen, organisatorisch bewältigt werden?
- *Kapital- und Finanzierungssituation:* Welche Finanzierungsbasis und -spielräume stehen für ein Auslandsengagement grundsätzlich zur Verfügung? Welche Möglichkeiten zur Risikoabsicherung gibt es und zu welchen Kosten? Können die insbesondere in der Anlaufphase wesentlich höheren Finanzierungs- und Kapitalbedarfe ohne Störung beziehungsweise Gefährdung des bisherigen Betriebsablaufs gedeckt werden?
- *Auswirkungen auf die Kosten-, Ertrags-, Deckungsbeitrags-, Ergebnis- und Rentabilitätsentwicklung des Gesamtunternehmens:* Die Frage, welche Einflüsse im optimistischsten beziehungsweise pessimistischsten Fall von einem (zusätzlichen) Auslandsengagement auf die betriebswirtschaftliche Situation eines Unternehmens ausgehen können, lässt sich erst dann konkreter beantworten, wenn neben den in die engere Wahl gezogenen Auslandsmärkten auch die dort zu praktizierenden Arten und Erscheinungsformen der Auslandsbetätigung feststehen.

Viele dieser Fragen lassen sich im Rahmen der grundsätzlichen Unternehmensanalyse noch nicht detailliert beantworten. Dies kann erst, parallel zur Marktauswahl, mit direktem Länderbezug erfolgen. Wesentlich ist in diesem frühen Stadium, dass die Unternehmensanalyse feststellt, ob ein Unternehmen von seiner Substanz und von seinen Entwicklungspotenzialen her als fähig betrachtet werden kann, sich auch noch auf (zusätzlichen) Auslandsmärkten zu betätigen. Demnach folgen erst nach Feststellung des Grades der grundsätzlichen Auslandsmarktfähigkeit im Falle einer »Go-

Entscheidung« die speziellen zielmarktbezogenen Analyseschritte (vergleiche hierzu ausführlich Kapitel 2).

1.3.3 Aufgaben des internationalen Personalmanagements

Der Mensch gewinnt. Personalmanagement ist einer der entscheidenden Erfolgsfaktoren, weil es die Manager zur Umsetzung der Auslandsstrategie zur Verfügung stellen muss. Qualifizierte, international erfahrene und erfolgreiche Manager sind selten und ihre interne Entwicklung ist teuer und langwierig. Der Einsatz unerfahrener oder unvorbereiteter Expatriates ist jedoch riskant für das gesamte Projekt. Somit kommt dem internationalen Personalmanagement eine entscheidende Bedeutung zu: mit dem Aufbau eines Pools möglicher Expatriates, der Ausbildung im internationalen Management, der Sensibilisierung einer breiten Mitarbeiterschicht für interkulturelle Themen, der Eröffnung internationaler Karrieren durch Auslandsaufenthalte sowie der Einbindung der Personalentwicklung in internationale Projekte. Aufgrund dieser spezifischen Anforderungen ist es meistens sinnvoll und aus praktischer Erfahrung ratsam, eine internationale Personalabteilung im Auslandsressort anzusiedeln.

Die Entsendung von Führungskräften (Expatriates) in ausländische Tochtergesellschaften ist hierbei als Kernaufgabe zu betrachten, weil diese das Unternehmen im Ausland aufbauen müssen. Damit werden in erster Linie folgende Ziele verfolgt:

- Kompensation fehlender einheimischer Fach- und Führungskräfte,
- Übertragung von Management- und Verfahrens-Know-how,
- Gewährleistung effizienter Informations- und Kommunikationsstrukturen,
- Wahrnehmung einer Schnittstellenfunktion zwischen Mutterhaus und Tochtergesellschaft,
- Steuerung und Kontrolle der Tochtergesellschaft,
- Personal- und Organisationsentwicklung,
- Entwicklung einer länderübergreifenden Unternehmenskultur.

Die Auslandsentsendung von Stammhausdelegierten gliedert sich in mehrere Phasen. Nach der Beschaffung und Auswahl der für den Auslandseinsatz vorgesehenen Mitarbeiter folgt die Vorbereitung auf den Auslandseinsatz und die Durchführung des Einsatzes. Ist der Einsatz beendet, wird eine Wiedereingliederung des Expatriates in das Stammhaus erforderlich. Die Aufgaben des Personalmanagements in den einzelnen Phasen werden als Übersicht in Tabelle 15 aufgeführt.

Phasen	Ausgewählte Maßnahmen
Personalauswahl	• strukturierte Auswahlinterviews unter Einbeziehung der Familienmitglieder • psychologische Testverfahren • interkulturelles Assessment-Center
Vorbereitung	• Sprachkurse für die gesamte Familie • landeskundliche Informationen • interkulturelle Trainings (Simulationen, Rollenspiele) • Analyse von Fallstudien • »Look-and-see-Trip« in das Zielland • Kontakt zu Rückkehrern
Betreuung	• Orientierungsprogramm • Sprachkurs im Zielland • kontinuierliche Durchführung von Weiterbildungsmaßnahmen • Mentor • Organisation des Umzugs ins Zielland (Relocation and Integration Services)
Reintegration	• Weiterbeschäftigungsgarantie • weitere Karriereplanung (Einsatz- und Entwicklungsmöglichkeiten) • Reintegrationsgespräche

Tabelle 15: Aufgaben des Personalmanagements bei der Auslandsentsendung

Dem Problemfeld der Personalbeschaffung und -auswahl ist dabei besonders große Aufmerksamkeit zu schenken, da in einigen empirischen Untersuchungen eine hohe Quote von vorzeitig beendeten Auslandseinsätzen festgestellt wurde. In diesem Zusammenhang sind auch die vergleichsweise hohen Kosten zu bedenken, die der Abbruch eines Auslandseinsatzes nach sich zieht. Schätzungen gehen davon aus, dass die durchschnittlichen Kosten für die Muttergesellschaft pro Abbruch zwei- bis dreimal so hoch sein können wie das Jahresgehalt im Heimatland. Die Gründe für einen Abbruch von Auslandseinsätzen können dabei sehr verschieden sein, wie man aus der Übersicht in Tabelle 16 deutlich ersehen kann.

Problembereich	Beispiel
Rückkehr/Zukunft	• Ungewissheit über Rückkehrposition, Zukunftsängste
Stammhausbeziehungen	• fehlende Unterstützung, mangelnde Autonomie
Personal/Führung	• abweichender Führungsstil, Illoyalität
Sprache/Kommunikation	• Verständigungsbarrieren, Orientierungsprobleme
Kontakte im Gastland	• fehlende Kontakte, unbefriedigende Beziehungen
Arbeitszeit/-menge	• lange Arbeitszeiten, Termindruck
Anpassung des Ehepartners	• fehlende Sozialkontakte, Mangel an Beschäftigung
Lebensqualität	• geringes Freizeitangebot, Kriminalität
Arbeitsinhalte/-abläufe	• neue Aufgaben, ungewohnte Entscheidungsprozesse
Geschäftspraktiken	• abweichender Verhandlungsstil, anderer Zeithorizont
Recht/Bürokratie	• Rechtsunsicherheit
Eingewöhnung	• erfolglose Haussuche, Kulturschock
Anpassung der Kinder	• Schwierigkeiten in der Schule, sprachliche Defizite
Betreuungsdefizite	• Lücken im Entsendungsvertrag, fehlende Betreuung

Tabelle 16: Problembereiche beim Auslandseinsatz von Führungskräften

Eine Fehlbesetzung in einer wichtigen Auslandsposition ist somit in der Regel um ein Vielfaches teurer (zum Beispiel Entsendungs- und Rückholkosten, Vertrauensverlust im entsprechenden Land) als ein längerer Beschaffungs- und Auswahlprozess mit anschließender Vorbereitungsphase. Die besonderen Führungsaufgaben haben auch Auswirkungen auf die qualitative Bedarfsbestimmung für Führungskräfte. Grundlegend sind in erster Linie die fachlichen Fähigkeiten zum Aufbau einer neuen Geschäftsaktivität. Diese beinhalten normalerweise einen großen Erfahrungshorizont bezüglich der Führung und dem Management von relativ selbstständig agierenden organisatorischen Einheiten. Hinzu kommen Kenntnisse der Geschäftsusancen des Auslandsmarkts und persönliche Qualifikationen sowie ausgeprägte soziale und kulturelle Kompetenz, die für die Kommunikationsfähigkeit in fremden Kulturen wichtig sind. In diesem Prozess ist es unbedingt notwendig, die Perspektive eines Expatriates zu berücksichtigen. Der Umzug in ein anderes Land ist für die gesamte Familie eine große Herausforderung und ein existenzielles Risiko. Dies erfordert eine intensive Vorbereitung und Begleitung des gesamten Auslandseinsatzes.

An die Auswahl geeigneter Fach- und Führungskräfte für eine Auslandsdelegation schließt sich eine intensive Vorbereitungsphase an, die mit den Anforderungen und Verhältnissen im Gastland vertraut machen soll, um einen anfänglichen Kulturschock zu vermeiden und die Eingewöhnung zu erleichtern.

Im Gastland wird dann die Betreuung und Beratung der Mitarbeiter idealerweise von einem Gastlandpaten übernommen. Er bietet in der Anfangsphase Unterstützung bei der beruflichen und privaten Eingliederung und steht dem Mitarbeiter bei Bedarf auch während des Auslandseinsatzes zur Verfügung. Im beruflichen Sektor fördert er die Integration des Expatriates in die landesspezifische Unternehmenskultur. Neben der Einschaltung von Maklern oder professionellen Relocation-Services bietet er im privaten Bereich zum Beispiel Hilfestellung bei der Wohnungssuche bis hin zum »Social-Settling-in-Supports«, das heißt der Unterstützung beim gesellschaftlichen Einleben.

Bei der Rückkehr ins Heimatland bildet die Reintegration des Mitarbeiters in das Stammhaus den Abschluss des Entsendungsprozesses. Auch dieser Phase ist größte Aufmerksamkeit zu schenken, da eine misslungene Wiedereingliederung den übrigen Mitarbeitern nicht verborgen bleibt und bei diesen ebenso wie bei dem betroffenen Mitarbeiter zu einer ablehnenden Haltung gegenüber Auslandsentsendungen führen kann. Weitere negative Konsequenzen einer misslungenen Reintegration können auf Seiten des Stammhauses erhöhte Personalkosten (zum Beispiel Abfindungszahlungen) und eine verminderte Nutzung der gewonnenen internationalen Erfahrungen sein.

Die tatsächlichen Kosten eines misslungenen Auslandseinsatzes lassen sich in ihrer Höhe kaum quantifizieren. So kann ein unsensibel auftretender Niederlassungsleiter die Beziehungen zu Geschäftspartnern, Kunden und Arbeitnehmern des Gastlandes nachhaltig schädigen. Gescheiterte Auslandseinsätze können aber nicht allein den Entsandten angelastet werden, bei denen es sich in der Regel schließlich um bewährte Fach- und Führungskräfte handelt. Vor diesem Hintergrund ist es absolut unverständlich, dass nur ein kleiner Teil der Entsendungskandidaten systematisch auf die kulturellen Unterschiede sowie Lebens- und Arbeitsbedingungen im Gastland vorbereitet wird. Auch die begleitende Familie wird nur in Ausnahmefällen in die Auswahl und Vorbereitung mit einbezogen, obwohl mittlerweile allgemein bekannt sein dürfte, dass in den meisten Fällen (Ehe-)Probleme des Partners für das Scheitern von Auslandseinsätzen verantwortlich sind. Schließlich wird nur eine Minderzahl der Entsandten umfassend betreut, systematisch auf die Rückkehr vorbereitet und bei der Wiedereingliederung unterstützt. Als gravierende Probleme sind insbesondere familiäre Belastungen, die Beziehungen zu Gastlandangehörigen sowie die Umstellung auf veränderte Arbeitsbedingungen zu nennen. Dies kann zu einem »Verbrennen« der besten (Nachwuchs-) Führungskräfte führen. Der vereinzelt zu beobachtende personalpolitische »Supergau«, die Entlassung von Expatriates während des Auslandsaufenthalts aufgrund der genannten Defizite, senkt deutlich die Bereitschaft anderer Kandidaten zu einem Auslandseinsatz und ist meistens das Ende einer erfolgreichen, internationalen Personalpolitik.

Aus diesen Erwägungen heraus sollte mit der Planung des Personalbedarfs im Rahmen der internationalen Markterschließung nicht erst in einem fortgeschrittenen Stadium der Gründung begonnen werden. Da ausreichende und vor allem qualitativ befriedigende Mitarbeiter einen wesentlichen Erfolgsfaktor für eine Auslandsgesellschaft darstellen, sollte frühzeitig klar sein, welche und wie viele Mitarbeiter gebraucht werden und ob diese auch gefunden werden können. Zudem sind, wie bereits erwähnt, einige Monate Vorlaufzeit für die Vorbereitung der Mitarbeiter und ihrer Angehörigen auf den Auslandseinsatz einzuplanen. Die wichtigsten Einflussfaktoren auf den Entsendungserfolg von Führungskräften in die Auslandsgesellschaft werden noch einmal in Abbildung 15 veranschaulicht.

Der Einsatz moderner Technologien kann dem internationalen Personalmanagement einen Qualitäts- und Effizienzschub geben. Von der Ausbildung durch CBT (Computer-based Training), über eine internationale Führungausbildung an einer Corporate University bis zum Einsatz von Business-TV zur aktuellen und direkten Kommunikation oder einem Intranet zur schnellen Information aller Mitarbeiter weltweit gibt es viele technologische Tools, um eine internationale Organisation erfolgreich zu führen.

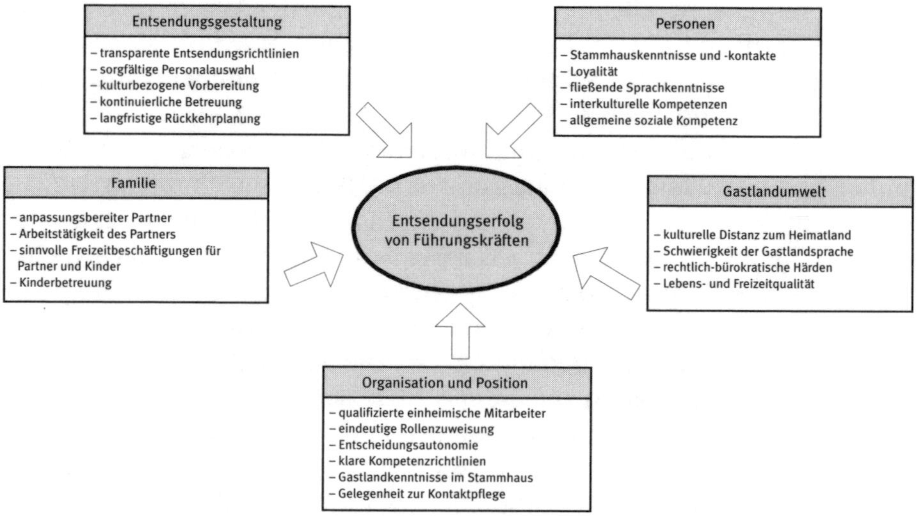

Abbildung 15: Einflussfaktoren auf den Entsendungserfolg von Führungskräften

1.3.4 Bedeutung moderner Informations- und Kommunikationssysteme

Die Internationalisierung profitiert stark von der technologischen Entwicklung. So kosten Flugreisen, der Gütertransport und die Kommunikation via Telefon, E-Mail oder Fax heute im Vergleich zu früher nur noch einen Bruchteil. Moderne Technologien wie das Internet oder Call-Center beschleunigen den Markteintritt, eröffnen alternative Vertriebswege, erleichtern die interne Kommunikation und den Informationsaustausch sowie die Ausbildung. Somit ist der Umgang mit modernen Informations- und Kommunikationstechnologien neben der Fähigkeit zur Gewinnung der Neukunden eine der allgemeinen Kernkompetenzen, die für jedes Internationalisierungsprojekt wichtig sind. Nicht selten werden die Bedeutung einer technisch reibungslosen Kommunikation für den Markterschließungsprozess und die Möglichkeiten zur Realisierung von Kostensenkungspotenzialen beim Einsatz neuer Informations- und Kommunikationstechnologien erheblich unterschätzt.

Um eine effiziente Kommunikation zwischen der Coaching-Company, der Projektgruppe und der New Market Company sicherzustellen, müssen die betrieblichen Informationsflüsse so vernetzt werden, als existierten die räumlichen Entfernungen nicht. Geschäftsprozesse machen nicht an Landesgrenzen halt, sondern laufen quer durch die Organisation hindurch und müssen standortübergreifend und zum Kunden hin optimiert werden. Hinzu kommt, dass eine reibungslose Kommunikation zwischen den Organisationseinheiten eine Grundvoraussetzung bildet, um den Know-how- und Daten-Transfer zu bewältigen. Durch die Nutzung neuer Informations- und Kommunikationstechnologien und intelligenter Softwarelösungen im täglichen Geschäftsprozess lassen sich zudem hohe Zeitvorteile und eine deutliche Verbesserung der Reaktionszeit realisieren. E-Mail, Videokonferenzen, Application-Sharing mit Videounterstützung, bereichsübergreifende Datenbanken, Extranets, Group-Decision-Support-Systeme, Präsentationssoftware, Data-Warehouses und Workflow-Management-Systeme beschleunigen die Kommunikation und den Informationsaustausch auch über große Entfernungen, vereinfachen die Projektarbeit zwischen räumlich getrennten Mitarbeitern und reduzieren den Zeitaufwand in den einzelnen Prozessphasen. Kommunikation wird somit einfacher und unkomplizierter, Wissen wird schneller verfügbar. In Tabelle 17 sind beispielhaft drei Aufgabenbereiche aufgeführt, die durch Informations- und Kommunikationstechnologien unterstützt werden sollten.

Informationsaustausch	Gemeinsame Dokumente	Informationssuche
• Führungsgespräche • Fachbesprechungen • Abstimmungen • Schriftliche Mitteilungen • Kurznachrichten • Präsentationen • Datenaustausch	• Angebot erstellen • Planungen erarbeiten • Dokumentationen erstellen • Genehmigungsläufe • Abstimmung von Dokumenten	• Literaturinformationen • Marktinformationen • Produktinformationen • Kaufmännische Informationen • Expertenmeinungen

Tabelle 17: Möglichkeiten zum Einsatz von Informations- und Kommunikationstechnologien

Der Einsatz neuer Informations- und Kommunikationstechnologien im Business-to-Consumer-(B2C-)Bereich eröffnet grundsätzlich die Möglichkeit, Geschäftsaktivitäten unabhängig vom Standort in kürzester Zeit in nahezu jedes Land der Welt auszuweiten und dadurch erhebliche Skaleneffekte zu realisieren. Für die Bereiche Vertrieb, Projektmanagement und Service gilt es, neue Wege der Kundenkommunikation zu nutzen und Wettbewerbsvorteile zu erzielen und auszubauen. Produktpräsentationen und -angebote im Internet, Online-Services für Kunden, Telefonbanking sowie der Einsatz von Call-Centern stehen stellvertretend für neuartige Entwicklungen in der Kundenkommunikation, mit denen sich Differenzierungsmerkmale schaffen lassen.

Besonders erfolgversprechend im Endkundengeschäft ist der Einsatz von Call-Centern und der Aufbau eines Internetvertriebs. Gegenüber dem

Internetvertrieb hat der Aufbau eines Call-Centers allerdings den Vorteil, dass der Kunde eine persönliche Beratung in Anspruch nehmen kann, was vor allem bei erklärungsbedürftigen Produkten aufgrund der zurzeit noch ungenügenden Kenntnisse der Kunden wichtig ist. Die Einführung eines qualitativ hochstehenden Telefonvertriebs gilt zudem als ein probates Mittel, um eine aggressive Wachstumsstrategie umsetzen zu können.

Die phänomenalen Wachstumsraten bei Internetanschlüssen, die rasch steigenden Transaktionsvolumen und die stark verbesserte Abwicklungssicherheit lassen auch den Internetvertrieb in Verbindung mit einer Online-Beratung als den Vertriebskanal der Zukunft erscheinen. Probleme entstehen in diesem Zusammenhang vor allem in Bezug auf die Überprüfung der Kundendaten, der rechtlichen Unsicherheit im internationalen Umfeld, Haftpflichtansprüchen aus mangelnder Beratung beziehungsweise Abwicklungsfehlern und der Kundenakzeptanz für Transaktionen via Internet. Mit zunehmender Verbreitung und Akzeptanz der Internetnutzung erscheint der Aufbau eines Internetvertriebs in erster Linie in den europäischen Ländern als interessante Alternative zum Telefonvertrieb, obwohl dem direkten Kundenkontakt dabei weniger Beachtung gezollt werden kann. Aber der Kunde kann von den günstigeren Transaktions- und Abwicklungskosten profitieren, was die Attraktivität dieses Vertriebskanals zusätzlich erhöht.

Zu berücksichtigen ist hierbei, dass besonders bei erklärungsbedürftigen Produkten ein hoher Beratungsaufwand notwendig ist. Deshalb und wegen des notwendigen Vertrauens zwischen Kunde und Berater bleibt in diesen Branchen der persönliche Verkauf auf der Basis von regionalen und lokalen Niederlassungen, Filialen oder Büros immer noch der wichtigste Absatzkanal. Mit technologiebasierten Absatzkanälen lassen sich – zumindest wenn sie ausschließlich verwendet werden – lediglich Marktnischen besetzen. In der Regel werden sie aber als ergänzende Informations- und Kommunikationskanäle (Call-Center/Internet) in den Absatzkanal persönlicher Verkauf integriert. Hauptsächlicher Absatzkanal (Lead Channel) bleibt somit der »persönliche Verkauf« (das heißt jeder Kunde wird einem Berater zugeordnet). Damit entsteht auch kein Channel-Konflikt. Bei der Erschließung eines neuen Auslandsmarktes sind ein internationales Call-Center und eine Internetplattform jedoch ein großer Vorteil, da dadurch der Markteintritt vereinfacht und beschleunigt werden kann.

Insgesamt bleibt festzustellen, dass der kreative Einsatz neuer Informations- und Kommunikationstechnologien immer mehr zu einem entscheidenden Wettbewerbsfaktor in allen Branchen wird. Dies gilt nicht nur für innerbetriebliche Anwendungen, wie zum Beispiel den Managementprozess *Company2new:market*, sondern auch hinsichtlich der Gestaltung von Kundenbeziehungen. Immer mehr Unternehmen erkennen, dass die Nutzung moderner Informations- und Kommunikationstechnologien weitreichende Möglichkeiten zur Rationalisierung des innerbetrieblichen Informationsmanagement und damit auch zu einer Beschleunigung von Prozessabläufen, zur Individualisierung sowie zur Vereinfachung von Marktbearbeitungs- und Wertschöpfungsprozessen eröffnet. Unternehmen, die ignorieren, dass der kreative Einsatz dieser modernen Technologien zu verstärkter Kundenbindung und zu Kostenreduzierungen führen kann, könnten nicht nur bei der Erschließung neuer internationaler Märkte in die Defensive geraten. Trotz der immensen Chancen, die sich durch den Einsatz neuer Informations- und Kommunikationstechnologien bieten, bleibt der Berater vor Ort aber immer noch das wichtigste »Instrument« hinsichtlich Kundengewinnung und -bindung, es sei denn, das Unternehmen entscheidet sich für eine Nischenstrategie, welche jedoch nicht das Ziel des hier dargestellten Managementprozesses *Company2new:market* ist.

Key-Learnings

- *Setzen Sie realistische Ziele und treffen Sie klare Entscheidungen!* Ein zielgerichtetes Vorgehen bei der internationalen Markterschließung erfordert hohes und langfristiges Management-Commitment und Klarheit bezüglich der verfolgten strategischen Unternehmensziele und der grundsätzlichen Entscheidungen für die geplante internationale Entwicklung.
- *Konzentrieren Sie sich auf ausgewählte Kernstrategien!* Hinsichtlich der einmal eingeschlagenen internationalen Wachstumsstrategien gilt der Grundsatz: »Stay focused!« Alle unternehmerischen Kräfte werden demnach konsequent auf wenige, sorgfältig entwickelte Kernstrategien konzentriert. Das erhöht die Schlagkraft des Unternehmens, gewährleistet einen sinnvollen Ressourceneinsatz und verhindert Profillosigkeit im internationalen Umfeld.
- *Sorgen Sie für flexible Organisationsstrukturen, einen hohen Dezentralisierungsgrad und delegieren Sie Entscheidungskompetenzen!* Die Einrichtung von Holding-Strukturen und die Übertragung der Verantwortung für den Markterschließungsprozess auf eine international erfahrene Projektgruppe, die mit umfassenden Entscheidungskompetenzen ausgestattet ist, beugen den langwierigen Abstimmungsrunden und undurchsichtigen Entscheidungsprozeduren in zentralen Organisationseinheiten vor.

- *Erwirken Sie einen hohen Standardisierungsgrad des Managementprozesses!* Die Standardisierung des Managementprozesses zur internationalen Markterschließung wird durch klare Strukturen, eine eindeutige Aufgaben- und Kompetenzverteilung sowie durch die Anwendung leistungsfähiger Management-Tools auf jeder einzelnen Prozessstufe realisiert. Somit kann bei der Erschließung weiterer Ländermärkte der gleiche Prozess – mit den gleichen Managern, den gleichen Prozessabläufen und den gleichen Management-Tools – zum Einsatz kommen. Dadurch lassen sich wertvolle Erfahrungen generieren, die die Realisierung von Economies of Scale and Scope ermöglichen und gegenüber der Konkurrenz zu überlegenen Fähigkeiten – und deshalb Vorteilen – bei der Erschließung neuer internationaler Märkte führen.
- *Handeln Sie nach der Devise: »Global Strategy, local responsiveness!* Strategien, Geschäftsmodelle und Prozessaktivitäten, die sich in bereits erschlossenen Märkten als äußerst erfolgreich erwiesen haben, sind keine Garantie für den erfolgreichen Einsatz in neu zu erobernden Märkten. Die undifferenzierte Übertragung auf andere Märkte ohne Berücksichtigung der jeweiligen länderspezifischen Gegebenheiten kann einen Rückschlag für das internationale Wachstum bedeuten.
- *Schaffen Sie eine Gründerkultur (Start-up-Atmosphäre) in der Organisation!* Die neu zu gründende internationale Tochtergesellschaft ist wie ein Start-up zu managen, das heißt, umständliche und langwierige Verwaltungs- und Kontrollaktivitäten sowie zeitintensive Entscheidungsprozesse sind zu vermeiden. Das Management muss Gründermentalitäten bezüglich der Führung seiner Mitarbeiter entwickeln und sich auf die Kernaktivitäten konzentrieren, die in unmittelbarem Zusammenhang mit der erfolgreichen Implementierung des Geschäftsmodells stehen.
- *Achten Sie auf sorgfältige Mitarbeiterauswahl und gute Vorbereitung auf den Auslandseinsatz!* Das Humankapital ist einer der wichtigsten Schlüsselfaktoren für die Erschließung neuer internationaler Märkte. Dem Prozess zur Auswahl geeigneter Führungskräfte sowie deren intensive Vorbereitung auf den Auslandseinsatz ist größte Aufmerksamkeit zu schenken, um kostenintensive Fehlbesetzungen zu vermeiden.
- *Nutzen Sie die Möglichkeiten eines modernen Informationsmanagements!* Durch den Einsatz neuer Informations- und Kommunikationstechnologien lässt sich – gemäß der Devise: »Die Schnellen schlagen die Langsamen« – eine erhebliche Beschleunigung des Managementprozesses zur internationalen Markterschließung erreichen. Damit besteht die Chance, entscheidende Wettbewerbsvorteile durch die Rationalisierung von Prozessaktivitäten, die schnellere Verfügbarkeit von Informationen und Managementwissen sowie einen schnelleren Markteintritt (Time-to-Market) zu erlangen. In Bezug auf die Kundenakquisition können mithilfe von Call-Center und Internet neue Kundenpotenziale erschlossen werden.

- *Managen Sie Erwartungen*: Vermeiden Sie Enttäuschungen durch zu hohe Erwartungen bei den Entscheidungsträgern. Beachten Sie bei Ihren Finanzplanungen die unterschiedliche Kultur sowie möglicherweise auftretende Probleme und Verzögerungen. Halten Sie sich an das Prinzip: »Underpromise and overdeliver«.
- *Sichern Sie sich das Commitment des Top-Managements*: Der Eintritt in einen neuen Markt dauert oftmals länger als gedacht, kostet mehr und überrascht mit ungeahnten Herausforderungen. Im nächsten Markt kann es genau andersherum sein. Diese Unsicherheit erfordert die langfristige Unterstützung der Internationalisierungsstrategie durch die Unternehmensleitung.

2

Step 1: Marktbewertung und -auswahl

Management-Summary

Die Entscheidung ist gefallen: Wir expandieren ins Ausland! In der Anfangseuphorie stellt sich schnell die Frage nach dem Wohin. Mit Begeisterung beteiligen sich große Teile des Unternehmens an der Diskussion. Manche schlagen den Standort ihres Ferienhauses vor, stellen ihre profunden Marktkenntnisse heraus und träumen insgeheim von der Möglichkeit, Dienst- und Urlaubsreise zu verbinden. Andere haben Flugangst oder befürchten eine höhere Arbeitszeitbelastung. Sie bevorzugen einen Markt, der vor der Haustür liegt und dem Heimatmarkt gleicht. Die Nächsten betrachten fehlende Sprachkenntnisse als Hindernis und wünschen sich eine Expansion vor allem im deutschsprachigen Raum. All diese Argumente sind subjektiv. Sie sind nachvollziehbar und spielen in der betrieblichen Praxis für jeden Auslandsmanager eine Rolle. Selten wird er den Markteintritt in ein Land vorschlagen, gegen welches große subjektive Vorbehalte der maßgeblichen Entscheidungsträger bestehen. Trotzdem erfordert die hohe wirtschaftliche Bedeutung dieser Entscheidung, die große Anzahl an möglichen Märkten und die Komplexität der Entscheidungsvorbereitung eine klar strukturierte Vorgehensweise. Dadurch erhalten alle Entscheidungsträger objektive Gründe für die Auswahl der attraktivsten Zielmärkte. Selbst wenn bei der Entscheidungsfindung auch subjektive Gründe eine Rolle spielen, wird man sich objektiven Gründen nicht verschließen und somit das Risiko einer Fehlentscheidung deutlich senken. Die dazu notwendigen Tasks sind in einer sinnvollen Reihenfolge übersichtlich vorgestellt, und mit den jeweiligen Tools ist die schnelle und einfache Umsetzung gewährleistet.

2.1 Vorgehensweise und Voraussetzungen

In der Praxis lassen sich grundsätzlich reaktive und aktive Verhaltensweisen bei der Auswahl möglicher Zielmärkte unterscheiden. Ein typisch reaktives Verhalten zeigt sich oftmals in der Zuliefererindustrie und auch bei Finanzdienstleistern im Business-to-Business-(B2B)Bereich. Sie folgen ihren Kunden ins Ausland und stellen dort beispielsweise die Ersatzteilversorgung oder die Exportfinanzierung sicher. Der maßgebliche Impuls für die Entwicklung einer Expansionsstrategie entsteht hier durch die Nachfrage bestehender Kunden, die Motivation liegt vor allem in der Sicherung und dem Erhalt der Kundenbeziehung. Sobald ein Unternehmen nicht auf bestehende Kundenbeziehungen für seine Auslandsexpansion zurückgreifen kann oder vor allem Produkte für den privaten Endverbraucher anbietet (B2C-Märkte) ist eine aktive Verhaltensweise zu beobachten. In diesem Fall ist der maßgebliche Impuls die Attraktivität eines Marktes.

Die Entscheidung für einen Markteintritt erfolgt dann, wenn sich mit den vorhandenen Kernkompetenzen Wettbewerbsvorteile in neuen Märkten entwickeln lassen, die ein schnelleres und profitableres Wachstum des Gesamtunternehmens versprechen. Dies erfordert eine genaue Analyse der kulturellen Markt- und Wettbewerbsbedingungen sowie der Chancen und Risiken. So werden sich Handelsunternehmen, wie IKEA, Media-Markt oder Zara, beziehungsweise Restaurantketten, wie McDonald's und Starbucks, den jeweiligen nationalen Rahmenbedingungen, zum Beispiel im Hinblick auf Kosumverhalten, Preisgestaltung und Kleidergröße, anpassen, ohne die eigene Marke zu verwässern.

Eine besondere Herausforderung liegt jedoch im Vertrieb von Dienstleistungen. Mit hohen Markteintrittsschranken hat dabei vor allem die Finanzwirtschaft zu kämpfen. Gesetze regulieren Unternehmen durch Berichtspflichten und Haftungsregelungen, Berater durch Ausbildungsrichtlinien und Produkte wie zum Beispiel die staatlich geförderte Altersvorsorge. Dies erhöht die Markteintrittsbarrieren deutlich, weil Komplexität, Risiko und Kosten wachsen. Im Extremfall ist der Verzicht auf einen Markteintritt die sinnvollere Alternative.

Die genannten Beispiele zeigen, dass die Wahl des Verhaltens von der Kundenstruktur, dem Geschäftsmodell und der Branche abhängt. Es reicht von traditionell internationalen Branchen (born globals), wie der Produktion und dem Handel von Rohstoffen, über das reaktive Verhalten in der Zuliefererindustrie bis zu stark aktivem Verhalten in der Finanz- und Pharmaindustrie. Unabhängig davon ist jedoch eine klar strukturierte Vorgehensweise in der Marktauswahl notwendig.

2.1.1 Marktauswahlstrategien

Erfahrungsbasierte Marktauswahl

Ausgehend von den Erfahrungen im Heimatmarkt werden Märkte gesucht, die ähnliche Gegebenheiten aufweisen, dem Heimatmarkt kulturell nahe stehen und vielleicht sogar die gleiche Sprache sprechen. Länder mit ähnlichen Marktgegebenheiten lassen sich zu Clustern zusammenfassen. Beispiele für solche Ländersegmente sind die Europäische Union, Skandinavien, Nord-Amerika (USA und Kanada) oder der Süd-Pazifik (Australien und Neuseeland). Innerhalb dieser Wirtschaftsregionen herrschen oftmals gleichartige Marktstrukturen, geringere kulturelle Unterschiede und ähnliche Gesetzeslagen. Deshalb gruppieren sich Wirtschaftsregionen, zum Beispiel die EU, NAFTA, ASEAN oder MERCOSUR, zu so genannten Freihandelszonen. Darüber hinaus existieren interkulturelle Gruppen, die historisch eng miteinander verbunden sind wie der Commonwealth of Nations, die engen Bindungen zwischen Frankreich und Nordafrika oder zwischen Spanien oder Portugal und Südamerika. Es ist verständlich, dass Unternehmen, die in solchen Ländersegmenten angesiedelt sind, bei der Erschließung neuer Märkte auch Prioritäten für Auslandsmärkte des gleichen Länderverbundes entwickeln. Schließlich reduziert sich das Markteintrittsrisiko bei ähnlichen Marktstrukturen erheblich. Darüber hinaus lassen sich durch eine schrittweise Erschließung von Ländern, die dem Heimatmarkt ähnlich sind, nach und nach Kompetenzen und Erfahrungen im Rahmen der Internationalisierung gewinnen, sodass im Laufe der Zeit die Bereitschaft des Unternehmens steigt, auch in (kulturell) weiter entfernte Märkte zu expandieren.

Oft führen die ersten Schritte in neue Märkte in die Nachbarstaaten Österreich und Schweiz. Dieser Schritt ist grundsätzlich zu empfehlen. Die kulturelle Nähe und die Vermeidung sprachlicher Probleme senken die Komplexität eines Markteintritts deutlich. Die räumliche Nähe erleichtert eine enge Begleitung des Markteintritts durch eine intensive Kommunikation und regelmäßige Besuche der neuen Landesgesellschaft. Trotzdem kann der Auslandsmanager Erfahrungen erwerben, die sich auch in den nächsten Ländern als äußerst wertvoll erweisen. Denn er gewinnt zusätzlich zwei »Expansionsplattformen« mit traditionell engen Bindungen zu Nachbarregionen. So befinden sich in Wien Zulieferer, Mitarbeiter und Dienstleister (Banken, Steuerberater, Anwälte, Personalberater), die Sprachen und Märkte in Zentral- und Osteuropa ausgezeichnet kennen, sowie gut ausgebaute Transportwege in diese Zielmärkte. Diese Infrastruktur findet sich auch in der Schweiz für die Märkte Frankreich und

Italien. Dieses Mehr an Wissen über Märkte ist ein klarer Vorteil, der die Wettbewerbsfähigkeit erhöht und eine Vielzahl neuer strategischer Optionen eröffnet.

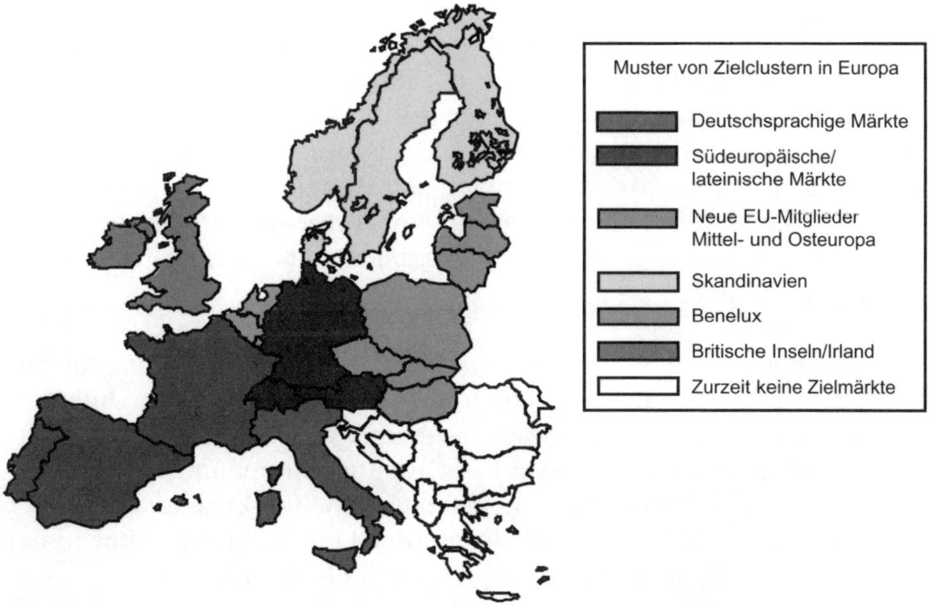

Abbildung 16: Länder-Cluster ausgewählter Märkte

Optionsbasierte Marktauswahl

Die optionsbasierte Marktauswahl gründet auf der Vorstellung, dass sich durch eine einzigartige Situation oder ein Ereignis plötzlich Möglichkeiten für den Eintritt in einen neuen Markt ergeben. Ein Beispiel ist die Möglichkeit zum Erwerb eines Wettbewerbers im Zielmarkt. Dies führt meistens sofort zu einer starken Marktposition. Neben der Attraktivität des Zielmarktes haben dabei oftmals Argumente wie die Nutzung von Synergien und Größeneffekten eine große Bedeutung in der Entscheidungsfindung.

Eine Ursache für einen marktbasierten Kauf eines Wettbewerbers lässt sich in ähnlichen Marktentwicklungen und identischem Kaufverhalten finden. Das beste Beispiel hierfür ist die kulturelle Bedeutung von Wohneigentum, welches besonders in Spanien, Großbritannien und Italien ausgeprägt ist. Diese Chance hat die spanische Bank Santander genutzt, als sie 2004 die britische Abbey National übernommen hat. In diesem Fall wurde trotz der großen kulturellen und geografischen Unterschiede ein Markteintritt auf der Basis einer Folger-Strategie (Nachahmung existierender Geschäftsmodelle) gewählt. Entscheidend war neben der Übernahmemöglichkeit sicherlich eine hohe Marktattraktivität, die sich durch die in beiden Märkte große Bedeutung von privatem Wohneigentum auszeichnet. Trotz aller Unterschiede weist der relevante Markt ausreichend ähnliche Strukturen auf. Die spanische BBVA und die holländische ABN Amro verfolgen mit ihren geplanten Übernahmen in Italien (Banca Antonveneta beziehungsweise BNL) ähnliche Strategien. An diesem Beispiel zeigt sich, dass die Expansion auch in der EU faktisch noch hohen Markteintrittsschranken unterliegen kann. In diesem Fall scheinen nationale Wettbewerber von den Aufsichtsbehörden bevorzugt behandelt worden zu sein. Weitere Argumente für eine optionsbasierte Marktauswahl sind:

- *Vorhandensein von Mitarbeitern*, die einerseits Sprache, Kultur und Markt eines möglichen Zielmarktes und gleichzeitig die Unternehmenskultur, die Kernkompetenzen und Wettbewerbsvorteile ihres Arbeitgebers kennen. Sie sind eine wichtige Kommunikationsschnittstelle zwischen Mutterunternehmen und Zielmarkt, unterstützen den Transfer des Geschäftsmodells und der Unternehmenskultur in den neuen Markt und lassen das Gesamtunternehmen von den dort gewonnenen Erfahrungen profitieren.
- *Nutzung historischer Chancen*, wie dies die Erweiterung und Entstehung von Freihandelszonen (zum Beispiel neue EU-Mitglieder in Mittel- und Osteuropa), die Öffnung neuer Märkte in Asien, die Liberalisierung einzelner Wirtschaftszweige (zum Beispiel Dienstleistungsrichtlinie der EU) oder eine besondere Branchennachfrage (zum Beispiel: Bauwirtschaft und Maschinenbau im Nahen Osten) darstellen.
- *Wunsch enger Kooperationspartner*, in Märkte zu folgen. So soll die erfolgreiche Zusammenarbeit im Heimatmarkt auf neue Märkte übertragen werden. Dies senkt für beide Seiten das Risiko des Markteintritts, da die Suche und der Aufbau stabiler Beziehungen zu Zulieferern und anderen Kooperationspartnern zeitaufwändig und teuer sind. Außerdem ist der bereits im Zielmarkt tätige Partner meistens bereit, sein Wissen und seine Erfahrungen weiterzugeben. Zusätzlich zu einem geringeren Risiko sinken damit die Markteintrittskosten und erhöht sich die Markteintrittsgeschwindigkeit.

Die Chancen der optionsbasierten Marktauswahl sind sehr verlockend, aber auch riskant. Sie verleiten zu einer subjektiven und oberflächlichen

Marktanalyse. Sollten sie sich in der Praxis dann noch als weniger werthaltig erweisen, als erwartet wurde, kann dies zu einer Gefährdung der gesamten Internationalisierungsstrategie führen. Das bedeutet in der Regel immer einen über den Erwartungen liegenden Personal- und Kapitaleinsatz, was die Bereitschaft zum Beginn weiterer Projekte deutlich senkt. Trotzdem hat die optionsbasierte Marktauswahlstrategie ihre Berechtigung. Chancen sollten stets genutzt werden, allerdings nur in attraktiven Märkten.

Marktforschungsbasierte Marktauswahl

Eine marktforschungsbasierte Marktauswahl zeichnet sich durch ein systematisches Vorgehen zur Auswahl der attraktivsten Auslandsmärkte aus. Dieser Prozess funktioniert wie ein mehrstufiger, immer feiner werdender Filter: Weniger attraktive Märkte bleiben bereits in einem ersten, recht groben Filter hängen. Je attraktiver ein Markt wird, desto feiner wird er analysiert. In der Praxis hat sich eine Unterteilung in drei Stufen als sinnvoll erwiesen (siehe dazu auch Abbildung 17):

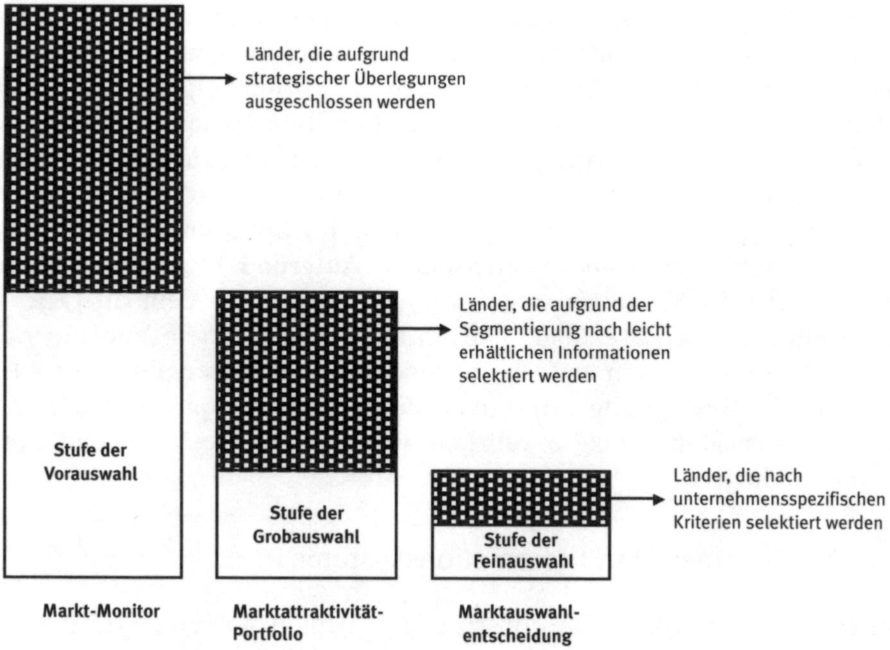

Abbildung 17: Stufenkonzept der Marktevaluierungs- und Selektionsphase

1. Im Markt-Monitor werden die wichtigsten Auslandsmärkte permanent beobachtet und auf einem sehr abstrakten Informationsstand nach klar definierten Ausschlusskriterien bewertet. Hierzu dienen vor allem volkswirtschaftliche und branchenspezifische Kriterien wie Marktvolumen und -wachstum, Profitabilität der Wettbewerber und Marktstruktur. Ergebnis ist die effiziente Erstellung einer überschaubaren Liste möglicher Zielmärkte, deren Attraktivität eine genauere Analyse rechtfertigt.
2. In der zweiten Stufe des marktforschungsbasierten Auswahlprozesses werden die im Markt-Monitor ausgewählten möglichen neuen Märkte intensiver untersucht. Ergebnis ist ein Marktattraktivitäts-Portfolio mit circa fünf Märkten, die abhängig von den verfügbaren finanziellen und personellen Kapazitäten des Unternehmens für einen Markteintritt in Frage kommen.
3. Ziel der dritten und letzten Stufe, der Marktauswahlentscheidung, ist eine Rangliste, in welcher Reihenfolge die analysierten Zielmärkte zu bearbeiten sind. Dabei werden die verbleibenden zwei bis drei Märkte mit mikroökonomischen und investitionsanalytischen Verfahren untersucht.

Die marktforschungsbasierte Marktauswahl ist besonders vorteilhaft, weil nur hier eine objektive Entscheidungsgrundlage für die Unternehmensleitung geboten wird. Darüber hinaus fließen die Vorteile einer erfahrungsbasierten beziehungsweise die Chancen einer optionsbasierten Marktauswahlstrategie in die Bewertung eines möglichen Zielmarktes ein. Oft zeigt sich besonders bei kleinen und mittelständischen Unternehmen eine gewisse Skepsis gegenüber theoretischen und schwer umsetzbaren betriebswirtschaftlichen Entscheidungshilfen. Aufgrund dessen wird eine sehr praktikable Vorgehensweise vorgeschlagen, die dem marktforschungsbasierten Ansatz folgt. Die Tasks gleichen einem zunehmend feineren Filter, der durch einfach verwendbare und kostengünstige Tools eine schnelle Beurteilung attraktiver Zielmärkte ermöglicht. Dadurch wird der Auswahlprozess so effizient wie möglich gestaltet und der Aufwand reduziert.

2.1.2 Aufbau eines Marktinformationssystems

Eine große Gefahr von Expansionsstrategien liegt in der Fehleinschätzung von Chancen und Risiken auf ausländischen Märkten. Die Ursache liegt unter anderem in der mangelhaften Qualität der Daten und ihrer Auswertung. Besonders die marktforschungsbasierte Marktauswahl ist mit einem hohen und anspruchsvollen Informationsbedarf verbunden. Zu dessen

Bewältigung ist der Aufbau eines leistungsfähigen Marktinformationssystems erforderlich, in welchem interne und externe Daten als Grundlage für Expansionsentscheidungen systematisch gesammelt und ausgewertet werden. In einem ersten Schritt ist die vollständige und klare Definition des Informationsbedarfs notwendig – gegliedert nach den jeweiligen Auswahlstufen, Ländern und Untersuchungsthemen. Auf dieser Grundlage wird mit der eigentlichen Marktforschung begonnen.

Zur Befriedigung des Informationsbedarfs wird zunächst auf Sekundärliteratur zurückgegriffen. Sekundärforschung ist kostengünstiger und schneller verfügbar. Zudem gibt es eine Vielzahl von Anbietern von mehr oder weniger spezifischen Marktinformationen, wie beispielsweise Genios, Dialog, data-Star, die OECD oder die Weltbank. Im In- und Ausland erscheinen zudem Statistiken, Handbücher, Adressverzeichnisse, Fachbücher, Fachzeitschriften, Tageszeitungen, Firmenberichte, Marktforschungsergebnisse, Konzerninformationen, Außenhandelsgesetze, Verordnungen, Zoll- und Devisenvorschriften und andere Veröffentlichungen. Diese Informationen, die von statistischen Zentralämtern, von Regierungen, diplomatischen Vertretungen und anderen Behörden sowie Kammern und Verbänden, Banken, Versicherungsgesellschaften, Universitäten und vom privaten Informationsgewerbe veröffentlicht werden, lassen sich relativ unproblematisch generieren (siehe dazu die Linkliste im Anhang dieses Buches). Neben diesen externen Informationen werden auch noch unternehmensinterne Berichte herangezogen, wie zum Beispiel die Marktberichte anderer Tochtergesellschaften oder Auslandsniederlassungen, Gesprächsprotokolle von Reisenden und Vertretern sowie Reiseberichte von Mitarbeitern im Innendienst und von der Geschäftsleitung.

Die Kunst der sekundären Marktforschung liegt vor allem darin,

- die richtigen Quellen zu finden,
- deren Aktualität, Genauigkeit, Relevanz, Vollständigkeit, Zuverlässigkeit und Vergleichbarkeit zu überprüfen,
- die gewonnenen Informationen im Hinblick auf die speziellen Fragestellungen gezielt zu selektieren, auszuwerten und zu interpretieren und
- den zusätzlichen Informationsbedarf zu definieren, der mittels Primärerhebungen abgedeckt werden müsste.

Ein großes Problem ist die Verfügbarkeit und Qualität der Quellen und Inhalte. In vielen Ländern sind korrekte Informationen aus verschiedenen Gründen nur schwer zu beschaffen. Meistens werden die entsprechenden Daten nicht veröffentlicht oder erst gar nicht erfasst. Oftmals gibt es noch keine klaren Regelungen für offene Fragestellungen. Kulturelle Barrieren, zum Beispiel der Stolz, keinesfalls eine Wissenslücke zuzugeben, oder Unterschiede im Problemlösungs- und Kommunikationsverhalten, verringern oft die Qualität der Informationen. Dies erfordert deutliche Anpassungen der Fragestellung und der Auswahl von Quellen und Interviewpartnern. Ein weiterer entscheidender Punkt liegt in der Interpretation der Antworten. Häufig ist unklar, was der Gesprächspartner wirklich sagen will beziehungsweise welche Relevanz diese Aussage hat. Während der Sekundärforschung durchläuft der Auslandsmanager einen Lernprozess, bei dem er versucht, einen Markt und dessen Kultur zu verstehen. In der Praxis hat sich deshalb eine genaue Verifizierung der Daten bewährt:

- *Bestätigung der Daten:* Eine Information wird erst dann als wahr anerkannt, wenn sie aus mindestens einer weiteren Quelle bestätigt wird, deren Zuverlässigkeit sicher ist.
- *Einbindung von lokalem Wissen:* Die Auswahl der Quellen, die Erstellung von Fragebögen und Erhebungsdesigns und die Auswertung und Interpretation von Daten ist in enger Kooperation mit einem lokalen Marktforschungsinstitut durchzuführen.

Erst wenn die systematische Beschaffung und Auswertung von Sekundärmaterial keine weiteren Ergebnisse liefert, sollte eine Primärerhebung erfolgen. Die Vorgehensweise und Methoden der internationalen Primärforschung unterscheiden sich dabei nicht grundlegend von nationalen Projekten, es sind jedoch länderspezifische, methodische Besonderheiten zu berücksichtigen. Hierzu ist die Einbindung eines lokalen Marktforschungsinstituts zu empfehlen, welches über eine qualifizierte Organisation und über detaillierte Kenntnisse der landesspezifischen Bedingungen verfügt. Bei der Entscheidung muss stets die Kosten-Nutzen-Relation im Vordergrund stehen, wobei hier weniger der kurzfristige Nutzen, sondern der längerfristig erreichbare ausschlaggebend sein sollte.

2.2 Task 1: Analyse des eigenen Geschäftsmodells

Ein Unternehmen kann nur dann einen internationalen Expansionsplan aufstellen, wenn seine Organisationsstruktur und sein Geschäftsmodell ausgereift sowie seine Werttreiber, Kernkompetenzen und Wettbewerbsvorteile bekannt sind. Insbesondere junge, expansionswillige Unternehmen geraten hier schnell an ihre Grenzen und sollten diesen Task intensiv durcharbeiten. Durch die Anwendung der folgenden Tools können sie einfach und schnell ihre Stärken und Fähigkeiten erkennen und damit eine wichtige Voraussetzung für die internationale Expansion schaffen: die

Übertragung und Nutzung eigener Wettbewerbsvorteile und Kernkompetenzen auf einen neuen Markt. Führen Sie mit Ihren Stärken. Gehen Sie dorthin, wo Sie mit Ihren Fähigkeiten am meisten Erfolg haben. In einem neuen Markt geht es noch mehr als im Heimatmarkt um die Verknüpfung von internen Wettbewerbsvorteilen (Inside-out-Perspektive) mit externen Chancen (Outside-in-Perspektive). Nutzen Sie Ihre Wettbewerbsvorteile wo immer möglich und so einfach wie möglich.

Ein Unternehmen muss demnach wissen,

- welche Fähigkeiten es hat,
- wo es im Verhältnis zu den wichtigsten Wettbewerbern und (potenziellen) Kunden steht und
- ob sich hieraus ein dauerhafter und nutzbarer Wettbewerbsvorteil entwickeln lässt.

Ziel dieser Analyse ist deshalb, das Wissen über das eigene Geschäftsmodell und die darin enthaltenen Wertschöpfungsprozesse zu erhöhen und schließlich deren Optimierung vorzusehen. Denn erst danach ist eine Übertragung auf neue Märkte möglich. Im Detail werden hierdurch die folgenden Ziele verfolgt:

- Aufzeigen der wichtigsten Abläufe mit ihrem Wertschöpfungsanteil am Geschäftsmodell, denn dadurch lässt sich feststellen, welche Bereiche oder Tätigkeiten für die Erzielung und Aufrechterhaltung von Wettbewerbsvorteilen verantwortlich sind beziehungsweise wo Wert geschaffen und wo Werte vernichtet werden;
- Analyse von internen und externen Ressourcen, die als Kernkompetenzen Quellen von Wettbewerbsvorteilen darstellen (Beispiel: exklusiver Zugriff auf Rohstoffe einer bestimmten Qualität);
- Konzentration aller unternehmerischen Ressourcen auf wertschöpfende Aktivitäten, das heißt bei einem Markteintritt vor allem auf die Gewinnung von Neukunden;
- optimale Verteilung beziehungsweise Steuerung der Ressourcen und Kernkompetenzen im Konzern;
- konsequentes Lernen von den Besten des Konzerns und der Branche.

Als Bezugsrahmen hat sich das strategische Viereck bewährt, mit den Eckpunkten Kunden, Wettbewerber und eigenes Unternehmen. Dabei kommt es darauf an:

- ein für Kunden entscheidendes Leistungsmerkmal zu treffen,

- von den Kunden tatsächlich wahrgenommen zu werden,
- von den Wettbewerbern nicht leicht einholbar, das heißt dauerhaft an der Spitze zu sein, und
- diese Fähigkeiten in neue Märkte übertragen zu können.

Die gleichzeitige Erfüllung der vier Kriterien »wichtig«, »wahrgenommen«, »dauerhaft« und »übertragbar« bildet eine hohe Messlatte. Zum Beispiel wäre die Kostenführerschaft (geringere Kosten als der Wettbewerb) ein Beispiel für einen Wettbewerbsvorteil, der sich gut in neue Märkte übertragen lässt, von Kunden wahrgenommen wird, eine zumeist hohe Bedeutung für diese und auch für den Wettbewerb hat.

Um diese Vorteile zu erkennen, eignen sich die folgenden Tools besonders gut. Sie sind standardisiert, weit verbreitet und lassen sich flexibel anpassen. Benchmarking führt zu den besten Ergebnissen, ist jedoch zeit- und kostenaufwändig. Als Alternativen bieten sich die beiden Tools Stärken-Schwächen- oder Portfolio-Analyse an.

2.2.1 Benchmarking

Das Benchmarking ist ein ideales Instrument, um die eigene Leistungsfähigkeit in einem konkreten Arbeitsablauf, einer Methode oder einer Aktivität mit anderen Unternehmen im Konzern oder auch mit Wettbewerbern zu vergleichen. Grundsätzlich ist es ein kontinuierlicher Prozess, der aus den Aktivitäten Messen, Vergleichen und Beurteilen besteht. Zunächst werden wichtige Aktivitäten definiert, wie zum Beispiel der Umsatz pro Quadratmeter Verkaufsfläche bei einem Einzelhändler oder die Anzahl Neukunden pro Berater bei einem Versicherer. Daraufhin wird gemessen, und die Ergebnisse werden mit anderen Unternehmern, Ländern und Wettbewerbern verglichen und beurteilt. Durch diesen externen Blick auf interne Aktivitäten und Verfahren sollen Leistungsunterschiede sowie deren Ursachen herausgearbeitet werden. So können die Ursachen für eine vergleichsweise geringe Anzahl von Neukunden eines Versicherungsberaters vielfältig sein, wie zum Beispiel eine niedrige Anzahl von Terminen pro Woche, eine hohe Anzahl notwendiger Termine zur Gewinnung eines Neukunden oder die Tätigkeit in einem anderen Kundensegment. Dadurch lassen sich schnell Verbesserungsmaßnahmen, wie eine höhere Motivation, bessere Terminplanung, intensivere Verkaufsausbildung oder die Konzentration auf ein attraktiveres Kundensegment ableiten und umsetzen. Damit werden Verbesserungsmaßnahmen im Sinne von Best Practices implementiert und neue Ideen zur Herausbildung neuer, einzigartiger Wettbewerbsvorteile generiert. Als Benchmark gilt das Unternehmen beziehungsweise der Unternehmensteil, der die zu untersuchenden Prozesse und Methoden am besten beherrscht (»Weltklassestandard«). Für eine Expansion in einen neuen Markt ist unter anderem besonders die Fähigkeit zur Gewinnung von Neukunden entscheidend. Mittels eines Vergleichs mit (Markt-)Wettbewerbern sowie branchenfremden Unternehmen kann das Unternehmen herausfinden, ob es diese Kompetenz vor einem Markteintritt verbessern muss.

Die Bewertung des Geschäftsmodells, der Prozessaktivitäten, der Wettbewerbsvorteile und der Kernkompetenzen erfolgt hierbei mithilfe quantitativer (zum Beispiel Leistungs-, Qualitäts- und Zeitkennzahlen) und qualitativer (zum Beispiel durch verbale Beschreibungen, Flussdiagramme) Analysen. Durch die Konzentration auf die Klassenbesten können quantifizierbare Leistungsziele für das Geschäftsmodell, die Beratungsangebote, Prozesse, Ressourcen und Strategien gewonnen werden. Die wesentlichen Elemente des Benchmarkings sind in Abbildung 18 dargestellt.

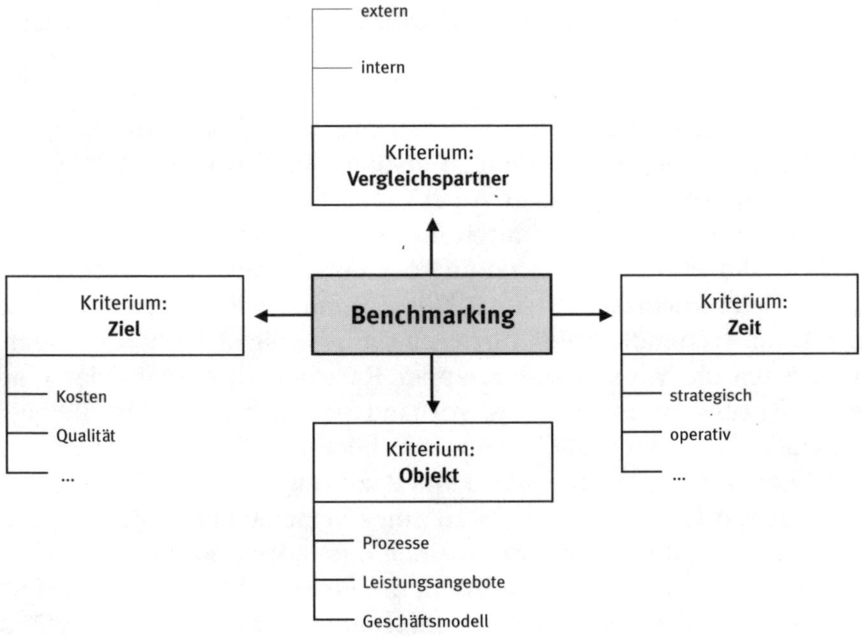

Abbildung 18: Gegenstand des Benchmarkings

Internes Benchmarking

Im Rahmen des internen Benchmarkings werden die Geschäftsmodelle, die Wettbewerbsvorteile und die Kernkompetenzen der Landes- beziehungsweise Tochtergesellschaften in den jeweiligen Ländern gemessen, verglichen und bewertet. Das beste Ergebnis wird als so genannte Best Practice bezeichnet und gilt als Vergleichsstandard. Der laufende Einsatz des Tools Benchmarking ermöglicht es, die Ursachen für Wettbewerbsvorteile zu identifizieren, Fehlentwicklungen in den Regionen, bei den Leistungsangeboten, bei Kunden und im Vertrieb frühzeitig zu erkennen und diesen durch eine Anpassung der Geschäftsprozesse rechtzeitig gegenzusteuern. Aus denjenigen Ländergesellschaften, in denen überdurchschnittliche Ergebnisse erzielt werden (zum Beispiel im Bereich der Kundengewinnung), findet dann ein sofortiger Transfer von Wissen, Methoden und Praktiken auf die anderen Auslandsgesellschaften statt, mit dem Ziel, die Leistungsfähigkeit innerhalb des Konzerns zu steigern. Im Wesentlichen wird auf der Grundlage der Wertschöpfungskette (siehe Abbildung 19) versucht, alle betrieblichen Wertschöpfungsaktivitäten in Personalwesen und Organisation, Finanzierung, Marketing und Vertrieb, Kundendienst und so weiter ganzheitlich – also über alle Tochtergesellschaften – zu optimieren. Damit angesprochen sind also auch diejenigen Unternehmenseinheiten (zum Beispiel aus dem Back-Office), die ihre Leistungen für andere Abteilungen erstellen und nicht direkt am Markt beziehungsweise im Wettbewerb operieren.

Ein weiterer Aspekt, der durch internes Benchmarking bewirkt wird, besteht in der effizienten Aufteilung der unternehmerischen Ressourcen (zum Beispiel Finanzen, Personal, Wissen) innerhalb des gesamten Konzerns. Denn letztendlich konkurrieren die jeweiligen Tochtergesellschaften auch um die Verwendung knapper Ressourcen. Aufgabe der Unternehmensleitung ist es somit die vorhandenen Ressourcen in diejenigen Projekte zu investieren, bei denen die höchsten Renditen zu erwarten sind. Dieser interne Wettbewerb kann dazu führen, dass andere Projekte bevorzugt werden, was durchaus zu einer Verschiebung eines Markteintritts führen kann. Des Weiteren können durch die Einführung effizienterer Abläufe Ressourcen frei werden, die einem anderen Konzernunternehmen für die Erschließung neuer internationaler Märkte zur Verfügung gestellt werden können.

Eine neue, stark wachsende Entwicklung ist das so genannte Offshoring. Dabei werden aus Kostengründen bestimmte Prozesse oder Bereiche in andere Länder ausgelagert. Eine weitere Alternative ist die konzernweite Zusammenfassung von Verwaltungs-, Planungs-, Kontroll-

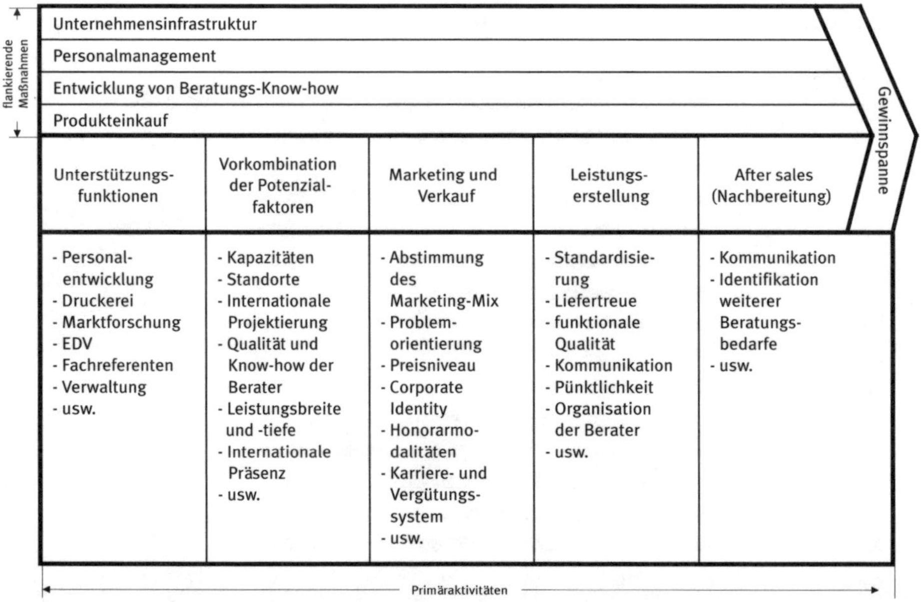

Abbildung 19: Wertschöpfungskette am Beispiel eines Musterunternehmens

und Koordinationsaktivitäten. In diesen Kompetenzzentren werden bestimmte Prozesse zusammengefasst und ständig optimiert. Auch dies führt zu positiven Kosteneffekten sowie möglicherweise auch zur Erlangung von Wettbewerbsvorteilen in diesem Teilprozess. Bezüglich der indirekten Leistungsbereiche, die in der Regel strategische Planungs-, Koordinations- und Kontrollaktivitäten im Bereich der Back-Offices umfassen, besteht die Möglichkeit der weitgehenden Standardisierung und konzernweiten Bündelung beziehungsweise Verlagerung in so genannte Offshore-Zentren, wodurch sich erhebliche Kosten einsparen und wertvolle Wettbewerbsvorteile erzielen lassen. Die attraktivsten Offshore-Zielländer sind in Abbildung 20 aufgeführt.

Neben einer effizienten Ressourcenverteilung wird mit dem internen Benchmarking auch eine optimale Aufgabenverteilung zwischen Muttergesellschaft/Holding, Co-Pilot und der Projektgruppe »New Market X« (Projektleitung) bezweckt, insbesondere um teure und vermeidbare Doppelaktivitäten einzustellen. Dies funktioniert nur, indem bekannt ist, wo die Kompetenzen liegen, und indem der Zugriff auf die entsprechenden Ressourcen sichergestellt ist.

Die weltweit entweder zentral an einem Standort oder dezentral an einer Vielzahl von Standorten angesiedelten Kompetenzen müssen in einem netzwerkartigen Führungssystem koordiniert und kontrolliert wer-

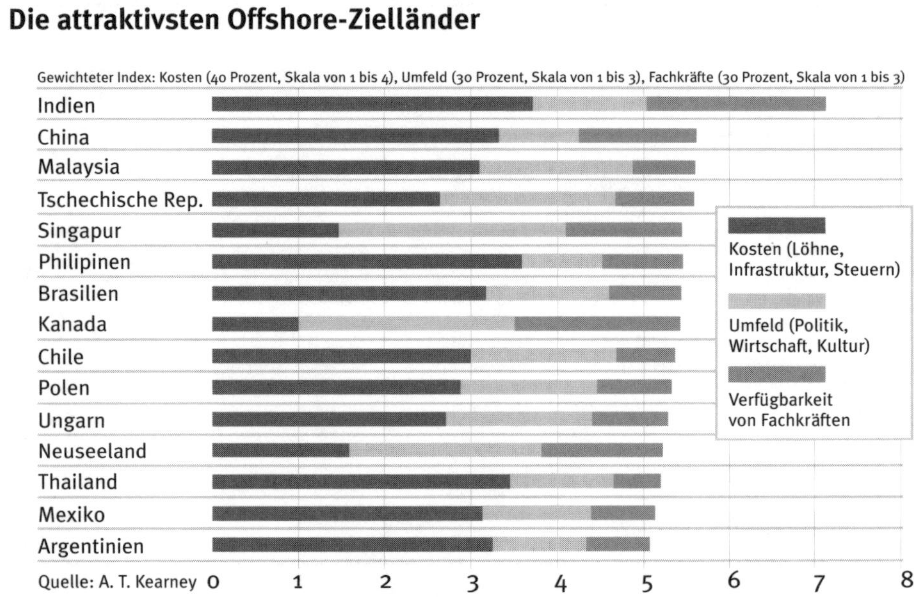

Abbildung 20: Die attraktivsten Offshore-Zielländer (Quelle: A. T. Kearney)

den. Effektive (virtuelle) Organisationsstrukturen zur Integration weltweit verteilter Fähigkeiten sind hierbei ein wesentlicher Erfolgsfaktor zur Optimierung der gesamten Wertkette des Konzerns. Die Verkleinerung der Kompetenzzentren im Headquarter durch Verlegung von Entscheidungskompetenz in die Projektgruppen vor Ort führt beispielsweise zu einer Regionalisierung von Managementaufgaben, woraus auch qualitativ bessere Entscheidungen resultieren sollten. Zudem können sich Vorteile im Zeitwettbewerb (Time-to-Market) ergeben, da umständliche Entscheidungsprozeduren obsolet werden. Die Herausforderung besteht darin, Economies of Scale in zentral angesiedelten Funktionen (zum Beispiel Back-Office-Aktivitäten wie Zahlungsabwicklung, Mahnwesen) bei gleichzeitiger Nutzung von Länderunterschieden und -potenzialen durch lokale Verteilung der Wertschöpfungsaktivitäten zu generieren.

Externes Benchmarking

Auf der zweiten Analyseebene wird jede Auslandsgesellschaft des Konzerns dazu angehalten, einen Vergleich des jeweiligen Geschäftsmodells, der Wettbewerbsvorteile und Kernkompetenzen zu den jeweils stärksten Konkurrenten in den verschiedenen Ländermärkten durchzuführen. Ein Vergleich der Leistungsangebote, Kernkompetenzen und Wettbewerbsvorteile ist relativ leicht durch Testkäufe, Test-Rekrutierung von Mitarbeitern der Konkurrenz und Experteninterviews, beispielsweise mit Wissenschaftlern, Verbandsfunktionären, Aufsichtsorganen, Unternehmensberatern und Zulieferern, zu erreichen. Demgegenüber gestaltet sich ein direkter Vergleich der internen Prozessabläufe oder der Effektivität und Effizienz des Ressourceneinsatzes aufgrund der problematischen Informationsbeschaffung als äußerst schwierig beziehungsweise ist nahezu unmöglich. Als neutrale und kompetente Quelle haben sich mittlerweile Unternehmens- und Branchenanalysen von Investmentbanken und zunehmend transparentere Geschäftsberichte börsennotierter Gesellschaften erwiesen.

Benchmarking-Experten empfehlen – außer zum Zwecke der Konkurrenzanalyse – mehr als nur den Vergleich mit einem direkten Konkurrenten, weil dadurch keine Ansatzpunkte gefunden werden, den Konkurrenten zu überflügeln, sondern höchstens mit ihm gleichzuziehen. Externes Benchmarking führt am schnellsten zu innovativen Lösungen, wenn ein Vergleich mit Nicht-Konkurrenten wie Kooperationspartnern oder Unternehmen anderer Branchen durchgeführt wird, zum Beispiel im Vertriebs- und Kundenmanagement (funktionale Ebene). Die mit branchenfremden Benchmark-Partnern durchgeführten Produkt-, Prozess-, Ressourcen- oder Strategievergleiche bieten viel bessere Möglichkeiten für den Transfer neuer Geschäftsideen und fördern Innovation und Flexibilität im Denken. Zudem ist es beispielsweise für einen Finanzdienstleister wesentlich einfacher, mit einem Nicht-Konkurrenten aus der Consulting-Branche oder aus dem Pharmavertrieb Informationen über kulturspezifische Geschäftsmodelle und Wettbewerbsvorteile sowie den daraus resultierenden Anpassungsmaßnahmen auszutauschen. Beispiele für externe Benchmark-Partner für Unternehmen des Finanzdienstleistungssektors könnten sein:

- Starbucks oder McDonald's in Bezug auf Standardisierung und darauf basierendem Wachstum,
- Leistungs- und Vergütungssysteme bei Beratern (zum Beispiel McKinsey) mit der entsprechenden Unternehmenskultur,
- Prozessorientierung und Qualitätsmanagement (Six Sigma) von General Electric (GE Money Bank),
- Vertriebsleistung auch bei Pharmavertrieben und Supermärkten (Listing von neuen Produkten, Product-Launches, Verkaufsförderung).

2.2.2 Stärken-Schwächen-Analyse

Die Stärken-Schwächen-Analyse ist wesentlich einfacher durchzuführen als das umfassende Benchmarking. Zu bewerten sind ebenfalls das Geschäftsmodell (Leistungsangebote, Leistungsprozesse) sowie die Funktionsbereiche der gesamten Wertkette, jeweils für die einzelnen Länder und den Konzern. Aus der Zusammenfassung der Informationen aus den Tochterunternehmen entwickeln die Verantwortlichen ein detailliertes Stärken-Schwächen-Profil. Da Stärken und Schwächen relative Größen darstellen, lassen sie sich sinnvollerweise nur anhand erfolgskritischer Faktoren (zum Beispiel Abschlüsse je Kunde, Anzahl Berater zu Anzahl Abschlüsse je Kunde, Auftragsbearbeitungszeit) und im Hinblick auf das Verhalten der stärksten Wettbewerber herausarbeiten. Die Stärken-Schwächen-Analyse ermöglicht somit ebenfalls die Identifikation von Erfolgsfaktoren sowohl der länderspezifischen Geschäftsmodelle der Tochtergesellschaften als auch derjenigen von Konkurrenten. Dadurch können nicht nur Rückschlüsse auf die Übertragung von Geschäftsmodellen und Wettbewerbsvorteilen auf andere internationale Märkte gezogen, sondern auch Hinweise auf neue Wettbewerber, veränderte Nachfragerstrukturen sowie bestimmte Entwicklungstrends der gesamten Branche gewonnen werden. Allerdings sind die Ergebnisse im Vergleich zum Benchmarking weniger systematisch und strukturiert.

Als Grundschema für die Vorgehensweise empfiehlt es sich, zunächst eine Reihe von Schlüsselfragen zu formulieren und zu beantworten, welche die Beurteilung der spezifischen Stärken und Schwächen eines Unternehmens im Vergleich zu den stärksten Konkurrenten erlauben. Die in Tabelle 18 formulierten Schlüsselfragen sind dabei als Anregung zu verstehen. Die Beantwortung dieser Schlüsselfragen kann durch subjektive Einschätzungen der Planungs- und Entscheidungsträger (qualitativ) oder nach objektiv überprüfbaren Daten (quantitativ) erfolgen.

Flexibles Leistungsprogramm • Worin bestehen die Leistungslinien des Unternehmens? • Worin bestanden in der Vergangenheit die signifikanten Stärken und Schwächen der Leistungen bezüglich Qualität, Preis usw. im Vergleich zur Konkurrenz? • Wie flexibel ist das Leistungsprogramm? • Welche Nachfragetendenzen zeichnen sich ab?
Marktanteils-/Marktwachstumsrelationen • Welche Marktanteile hat die Landes- beziehungsweise Tochtergesellschaft heute, und welche Trends zeichnen sich ab? • Welche Marktanteile besitzen die Hauptkonkurrenten? • In welcher Lebenszyklusphase befinden sich die Hauptleistungslinien?
Konzentration auf Kern-Know-how • Was beinhaltet das Basiswissen als sachliche Grundlage der jeweiligen Leistungsbereiche? • Wie entwickelt sich das Verfahrens- und Methodenwissen in den Leistungsbereichen? • Wie entwickelt sich das Grundlagenwissen innerhalb der Unternehmung?
Wahrung des Know-hows • Welche Struktur besitzen die Mitarbeiter bezüglich des Basiswissens, des Anwendungswissens, des Spezialwissens und bezüglich der Leistungsprofile? • Kann der Innovationsfortschritt geschützt werden? • Welche Risiken bestehen derzeit in der Entwicklung der personellen Leistungspotenziale? • Welche Aufwendungen macht das Unternehmen bezüglich interner und externer Schulungs- und Weiterbildungsseminare?
Langfristige Deckung des Personalbedarfs Vertrieb • Wie gestaltet sich die derzeitige Verteilung der Berater bezüglich Alter, Dauer der Management- und Consultingerfahrung, Dauer der Unternehmenszugehörigkeit, Basisausbildung, Nationalität? • Wie gestalten sich die individuelle Arbeitskapazität, die Dynamik, die Motivation, die Flexibilität und Anpassungsfähigkeit für neue Aufgaben, die internationale Mobilität usw.? • Wie gestaltet sich die Fluktuationsrate der Berater und der übrigen Mitarbeiter? • Welche Personalbedarfe bestehen?
Kapazitätsauslastungsgrad • Muss das Unternehmen sein Leistungsprogramm ändern, um die Produktivität zu erhöhen? • Wie können Kostensteigerungen aufgefangen werden?
Ausgeprägte, klar umrissene Unternehmenskultur • Wie lässt sich die gegenwärtige im Unternehmen vorhandene Kultur beschreiben? • Ist eine im Gesamtunternehmen konsistente Unternehmenskultur wünschenswert? • Wie gestaltet sich die internationale Orientierung der Führungskräfte?

Tabelle 18: Schlüsselfragen zu den strategischen Erfolgsfaktoren eines Musterunternehmens

Im Anschluss an die Erhebung und die Zusammenstellung der Ergebnisse in den einzelnen Ländergesellschaften erfolgt deren Auswertung. Zur Visualisierung der Stärken und Schwächen eignet sich die Profildarstellung, wobei aus Vergleichsgründen auch die Profile der wichtigsten Wettbewerber sowohl auf Gesamtunternehmensebene als auch auf Länderebene in der Darstellung Berücksichtigung finden sollten. Eine vereinfachte Form einer Profildarstellung zeigt beispielhaft Abbildung 21. Die betrachtete Tochtergesellschaft weist im Vergleich zu ihrem stärksten Konkurrenten bei der Flexibilität des Leistungsprogramms, den Marktwachstums-/Marktanteilsrelationen, dem Kapazitätsauslastungsgrad und der Unternehmenskultur Stärken, bezüglich der Konzentration auf Kern-Know-how, der Wahrung des Know-hows und der langfristigen Deckung des Mitarbeiterbedarfs dagegen Schwächen auf.

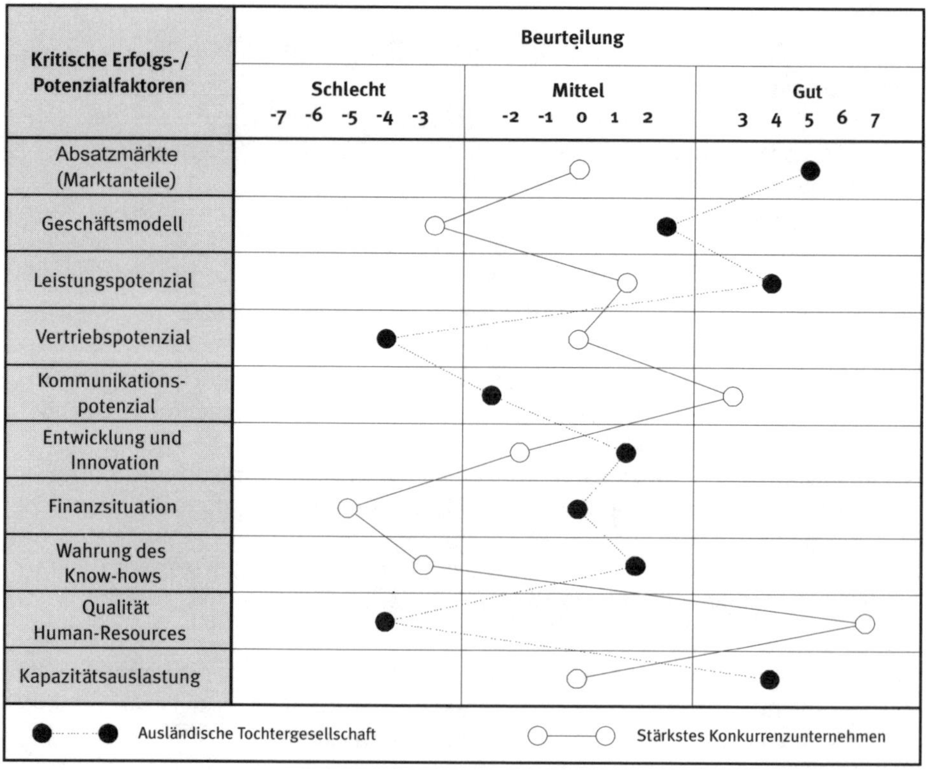

Abbildung 21: Beispiel eines Stärken-Schwächen-Profils einer ausländischen Tochtergesellschaft

SWOT Analysis

S

- Einzigartige Marktpositionierung
- Qualifikation der Mitarbeiter
- Hohe Kundenzufriedenheit

W

- Bekanntheit der Marke noch zu gering
- Interne Prozesse liegen noch unter der internen und externen Benchmark
- Kommunikation/Integration in Unternehmensverbund und -kultur noch nicht erreicht

O

- Hohes Marktwachstum
- Deregulierung/Privatisierung eröffnet zusätzliche Wachstumspotenziale

T

- Markteintritt großer Wettbewerber
- Drohende Produktregulierung aufgrund einer EU-Richtlinie
- Wachsende Aufmerksamkeit von Verbraucherschützern/Presse

Abbildung 22: Beispiel einer SWOT-Analyse

Ein weiteres attraktives und leicht handhabbares Tool ist die so genannte SWOT-Analyse (siehe Abbildung 22). Dabei wird die interne Beurteilung der Stärken und Schwächen eines Unternehmens um die externe Analyse der Marktchancen und -risiken ergänzt. Der Vergleich zwischen dem Stärken-Schwächen-Profil eines Unternehmens mit dem Chancen-Risiko-Profil eines Marktes zeigt, ob ein Unternehmen die notwendigen Kompetenzen und Fähigkeiten hat, um den Herausforderungen in einem Markt zu begegnen. So erfordert eine Reform der staatlichen Altersvorsorge in einem Markt die Anpassung der Produkte und Beratungsgespräche eines Versicherungsunternehmens, bietet aber auch Chancen zur Gewinnung neuer und zur Bindung bestehender Kunden. Aus dem Ergebnis lassen sich danach leicht Handlungsalternativen ableiten. In einer Prioritätenliste nach Wichtigkeit und Dringlichkeit (Importance-Urgency-Matrix) werden diese Ergebnisse in eine klaren Reihenfolge gebracht (siehe Abbildung 23).

Die Stärken-Schwächen-Analysen in verbaler Form (einfache Beschreibungen nach Funktionsbereichen und Prozessabläufen) sind unkompliziert und sollten in allen Bereichen des Unternehmens eingesetzt werden. Allerdings sollte man bei allen angegebenen Werten stets überprüfen, ob diese auf Fakten beruhen oder ob die Verantwortlichen in den

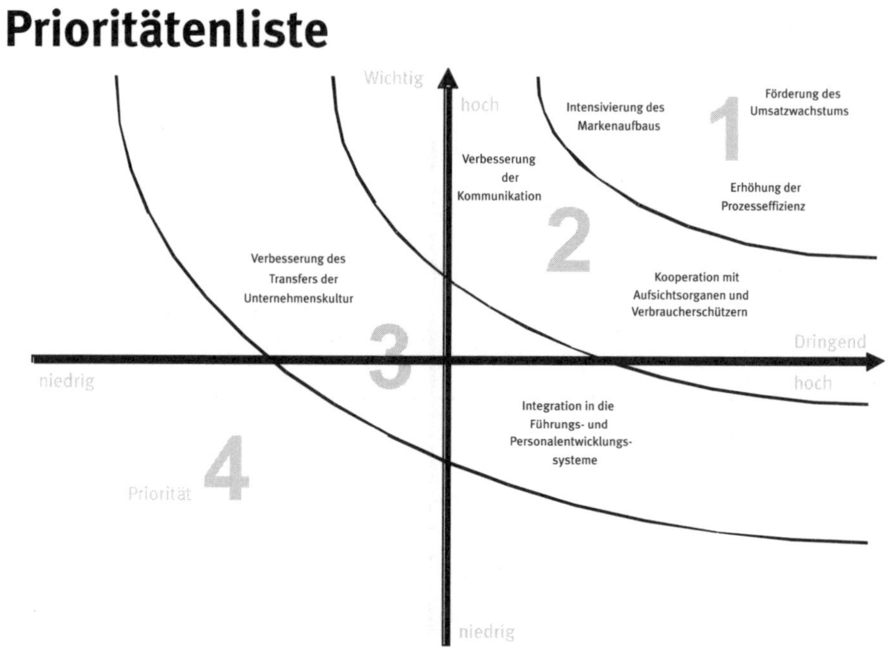

Abbildung 23: Beispiel einer Prioritätenliste nach Wichtigkeit/Dringlichkeit

Ländermärkten die Zahlen beziehungsweise die Ergebnisse verfälscht haben, um zum Beispiel zusätzliche Unterstützung in Form von mehr Budget oder mehr Personal zu bekommen. Die quantitativen Analysen verlangen einen höheren Aufwand. Sie führen aber zu genauen und detaillierten Ergebnissen, die auch statistisch besser zu handhaben sind. Zudem lassen sich diese Analysen auch bei solchen Unternehmen durchführen, die noch keine Auslandsaktivitäten aufweisen. In diesem Fall können die Leistungsangebote, die Funktionsbereiche und das Unternehmen als Ganzes hinsichtlich ihres Potenzials für den Gang ins Ausland bewertet werden.

2.2.3 Portfolio-Analyse

Als drittes Tool wird die Portfolio-Analyse vorgeschlagen, die vornehmlich der anschaulichen Darstellung der strategisch wichtigsten Erfolgsfaktoren dient. Damit ergänzt sie sinnvoll die beiden Tools Benchmarking und Stärken-Schwächen-Analyse. Alle drei Tools können von der Marktforschungsabteilung oder einem Marketingassistenten (zentral oder in den jeweiligen Ländern) rasch und einfach verwendet werden. Sie erlauben eine anschauliche Darstellung von Sachverhalten und sind aufgrund ihrer Verbreitung sowohl bei Analysten als auch bei den Entscheidungsträgern bekannt.

Es gibt im Wesentlichen zwei Arten von Portfolio-Analysen: Zum einen das einfache Marktwachstum-Marktanteil-Portfolio der Boston-Consulting-Group (BCG), und zum anderen das wesentlich komplexere Marktattraktivität-Wettbewerbsvorteil-Portfolio nach McKinsey. Aus praktischen Erwägungen wird in der Regel die einfachere BCG-Matrix empfohlen. Zur Ausführung werden Umsatz, Marktanteil und Marktwachstum benötigt (jeweils bezogen auf die Leistungsangebote und Wettbewerber beziehungsweise analog für die Länder). Einheitlich festzulegen ist noch der Prozentsatz, der den Marktanteil beziehungsweise das Marktwachstum in gering oder hoch differenziert. Dieser hängt von der Branche, Marktstruktur und der Anschaulichkeit der Darstellung ab. Mithilfe von Standardsoftware lassen sich die entsprechenden Portfolios dann grafisch darstellen. Ergänzend zu dem Marktwachstum und dem Marktanteil können zusätzliche Informationen durch den Durchmesser der Kreise eingefügt werden, wie zum Beispiel Gewinn oder relativer Marktanteil im Vergleich zum stärksten Konkurrenten.

Empfehlenswert sind Portfolios sowohl aus der Perspektive des Konzerns als auch aus Perspektive der Tochtergesellschaften (siehe hierzu Abbildung 24). Neben der Positionierung einer Landesgesellschaft ist oftmals auch eine Betrachtung auf Produktebene zu empfehlen. Hieraus lassen sich wertvolle Hinweise in Bezug auf Marktpotenziale gewinnen, die mit den durch die beiden anderen Tools festgestellten Stärken genutzt werden können.

Die Ergebnisse dieses Task 1 sind die entscheidende Grundlage für eine (weitere) Internationalisierung. Die Gründe dafür sind nachfolgend nochmals genannt.

1. Zuerst muss ein Unternehmen wissen, wie es funktioniert, wo Geld verdient und Werte geschaffen werden. Dies erfordert eine genaue Kenntnis der einzelnen Arbeitsabläufe, Methoden und deren Beitrag zur Wertschöpfung auf Unternehmens- und Landesebene. Die Unterschiede in der Leistungsfähigkeit (Kriterien: Kosten, Qualität oder Zeit) zwischen den verschiedenen Landesgesellschaften können zu einem Austausch von Wissen und Erfahrungen und damit letztendlich zum Aufbau von Kompetenzzentren genutzt werden.
2. Weiterhin sollen die Erfolgsfaktoren des Geschäftsmodells, die Kernkompetenzen und die Wettbewerbsvorteile in den einzelnen Ländergesellschaften mithilfe des internen Benchmarkings gemessen, verglichen und ausgebaut werden. Diese Aktivitäten zielen aber nicht nur

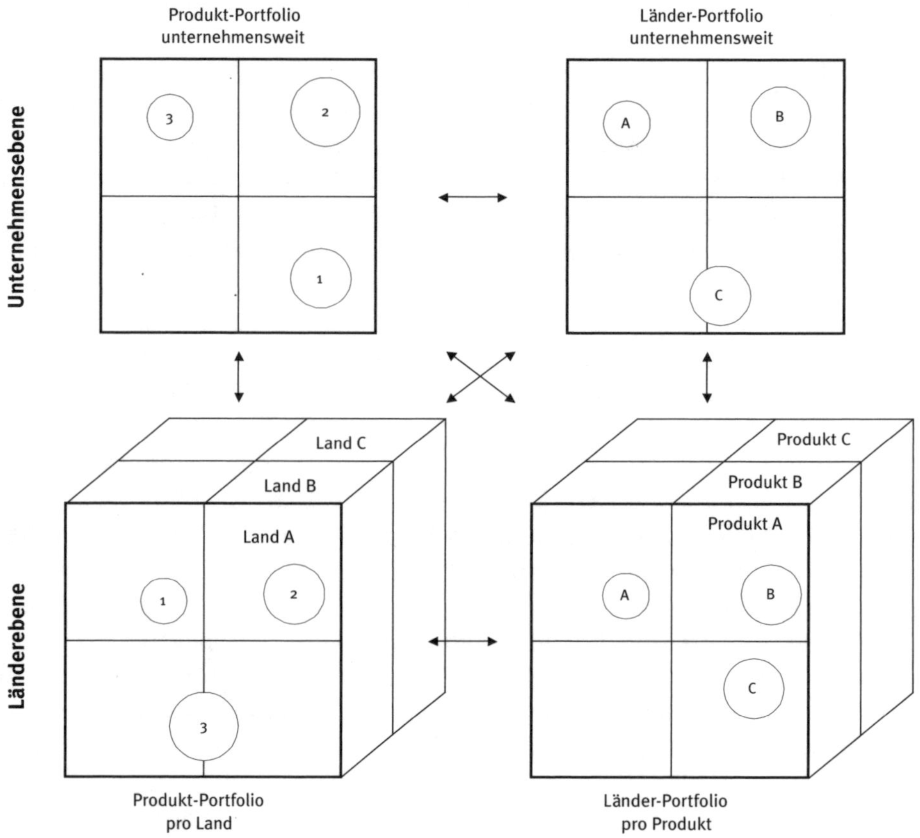

Abbildung 24: Mehrfach strukturierte Portfolios nach Märkten und Produkten

auf die Verbesserung bestehender, sondern bilden auch die Grundlage für den Bau von Geschäftsmodellen und der Entwicklung neuer, einzigartiger Wettbewerbsvorteile in neu zu erschließenden Ländermärkten. Dabei geht es nicht nur darum, einzigartig, sondern schlicht und einfach aus der Sicht des Kunden (dauerhaft) besser zu sein als der Wettbewerb.

3. In einem nächsten Schritt können für das Geschäftsmodell und einzelne Wertschöpfungsaktivitäten weltweit Synergiepotenziale zwischen verschiedenen Tochtergesellschaften identifiziert werden. Hierbei werden bestimmte Aktivitäten aus der Wertschöpfungskette des Unternehmens (zum Beispiel durch Offshoring von Back-Office-Aktivitäten) ausgelagert und zentral von mehreren Tochtergesellschaften genutzt (zum Beispiel der Aufbau länderübergreifender Servicezentren im Bereich der IT, der Marktforschung, Projektorganisationen oder Buchhaltung).

4. Darüber hinaus sollen länderspezifische Kompetenzen, also bestimmte Fähigkeiten und Potenziale einzelner Tochtergesellschaften, in alle bearbeiteten Ländermärkte oder in verschiedene Funktionen multipliziert werden können (zum Beispiel bezüglich Methoden und Verfahren, Einsatz von IT). Dadurch lassen sich innerhalb des gesamten Konzerns wertvolle Erfahrungen auch bezüglich des Know-hows und Wissens nutzen (Wissensproduktivität).

2.3 Task 2: Vorauswahl – Markt-Monitor

Nachdem nun Klarheit über die für die Erschließung neuer internationaler Märkte zur Verfügung stehenden materiellen, finanziellen und personellen Ressourcen und Kapazitäten sowie über die Stärken und Schwächen der unternehmerischen Wertschöpfungskette herrscht und alle notwendigen unternehmensinternen Schritte zur Optimierung des Geschäftsmodells durchgeführt worden sind, kann mit der eigentlichen Analyse der für eine internationale Expansion in Frage kommenden Ländermärkte begonnen werden. Dazu wird im Rahmen des Markt-Monitors zunächst eine grundlegende Vorauswahl relevanter Länder vorgenommen. Ziel dieser Filterstufe ist es, mittels eines restriktiven Ansatzes in Form von Knock-out-Kriterien eine eindeutige Differenzierung in relevante und nicht relevante Länder herbeizuführen. Dies ist sinnvoll, da dadurch eine detailliertere Analyse auf eine überschaubare Zahl von Ländern beschränkt werden kann und dies den unnötigen Einsatz von Ressourcen für aufwändige Marktforschungsmaßnahmen vermeiden hilft. So wird verhindert, dass in den nächsten Auswahlstufen differenziertere und nur schwer zu beschaffende Informationen angefordert werden – die zudem höhere Kosten verursachen, die aufgrund der offenkundigen Nicht-Eignung von Ländermärkten für die Unternehmung überflüssig sind.

Die Durchführung der ersten Stufe des systematisch angelegten Marktauswahlprozesses sollte grundsätzlich alle Länder (circa 220) als potenzielle Zielmärkte in die Untersuchung einbeziehen. Da jede Unternehmung bestimmte prinzipielle Kriterien anlegt, einen Auslandsmarkt als nicht geeignet abzulehnen, bedarf es hierbei der Formulierung unternehmensspezifischer Selektionskriterien, die eine objektive Entscheidungsgrundlage bilden und der Gefahr vorbeugen, Marktchancen zu übersehen. Die Formulierung dieser Knock-out-Kriterien sollte auf der Basis der Orientierung an langfristigen Umweltkonstellationen (zum Beispiel kein Eintritt in Länder Nordafrikas), strategischen Unternehmenszielen (zum Beispiel nur Länder mit einem Pro-Kopf-Einkommen von mindestens X) und der unternehmerischen Risikobereitschaft (zum Beispiel kein Eintritt in junge Märkte) erfolgen. Der Ausschluss von Ländermärkten aus der Analyse erfolgt dann, wenn auch nur eine dieser Mindestanforderungen nicht erfüllt beziehungsweise eines der Knock-out-Kriterien (wie zum Beispiel die geografische Lage, das politische System oder die kulturelle Distanz) gegeben ist.

Als einfaches Tool zur Durchführung der Vorauswahl eignet sich das Checklist-Verfahren. Es beschränkt sich darauf, die Länder im Hinblick auf solche Must-Kriterien zu überprüfen. Dabei wird über eine Ja-/Nein-Beurteilung geprüft, ob ein Land die grundsätzlichen Anforderungen erfüllt oder nicht. Aufgrund des geringen Informationsumfangs, der beim Checklist-Verfahren verarbeitet wird, sollte dieses Tool aber nur zur ersten groben Selektion eingesetzt werden. Die Festlegung solcher Ausscheidungskriterien kann zum Beispiel auf den nachfolgenden unternehmensspezifischen Überlegungen beruhen:

- Ausschluss derjenigen Länder, in denen man bereits tätig ist,
- sachliche Gründe, wie etwa das Fehlen eines Bedarfs für das Angebot des Unternehmens,
- spezifische Werthaltungen des Management, zum Beispiel Vorlieben oder Abneigungen gegenüber bestimmten Ländern aus ethischen, weltanschaulichen oder politischen Gründen,
- strategische Vorentscheidungen, wie etwa die Beschränkung auf die Triade-Länder (Japan, USA und Europa),
- festgelegte Höchst- oder Mindestanforderungen an bestimmte Beurteilungskriterien, wie zum Beispiel Größe des Landes, Marktvolumen, Pro-Kopf-Einkommen.

Die Checklist eines mittelständischen Herstellers von Spielwaren (siehe Tabelle 19) könnte dabei übersichtlich und schnell zu bearbeiten sein. Das Unternehmen ist bereits im deutschsprachigen Raum, das heißt in Deutschland, Österreich und der Schweiz, mit Verkaufsniederlassungen tätig und plant eine weitere Expansion im europäischen Raum. Mögliche Zielmärkte sollten über ein Marktvolumen verfügen, welches einen weiteren Markteintritt rechtfertigt, und ein langfristig überdurchschnittliches Wachstumspotenzial (historische Daten und Geburtenrate) bieten. Ein erfolgreicher Markteintritt sollte möglich sein, was durch erfolgreiche Projekte von Wettbewerbern dokumentiert wird.

Entscheidungskriterium	Land A	Land B	Land C	Land D
Mitglied der EU	Ja	Ja	Ja	Ja
Marktvolumen größer als x Milliarden Euro	Ja	Ja	Ja	Nein
Marktwachstum: Wachstumsrate über 5 % Geburtenrate über 1,5	Ja	Ja	Nein	Ja
Bekanntheit der Produkt-kategorie	Ja	Ja	Nein	Ja
Markteintrittsschranken: erfolgreicher Eintritt von Wettbewerbern	Ja	Ja	Ja	Nein
...				

Tabelle 19: Checkliste zur Auswahl möglicher Zielmärkte

Durch den Einsatz solcher restriktiver Größen lässt sich die Anzahl aller in Frage kommenden Länder schnell drastisch reduzieren und das Entscheidungsfeld der weiteren Analysestufen erheblich verkleinern. Das Ergebnis dieser Vorauswahlstufe stellt dann eine Gruppe von Ländern dar, die eine grundsätzliche Eignung besitzen, da sie den restriktiven Anforderungen der Unternehmung entsprechen. Diese deutliche Reduktion möglicher Zielmärkte ist notwendig, um den in der nächsten Filterstufe deutlich höheren und detaillierteren Forschungsaufwand zu rechtfertigen.

Neben der Vorauswahl eignet sich ein Markt-Monitor auch ausgezeichnet für die regelmäßige Untersuchung der wichtigsten Auslandsmärkte. Damit bleiben die Ergebnisse und Informationen aktuell, Marktchancen werden zeitnah und Zukunftsmärkte frühzeitig erkannt.

2.4 Task 3: Grobauswahl – Marktattraktivitäts-Portfolio

Die Gewinner der Vorauswahl erfüllen alle geforderten Kriterien. Sie besitzen – nach Auffassung der Entscheidungsträger – keinen gravierenden Mangel, der einem Markteintritt entgegensteht. Dies rechtfertigt die Bereitstellung von Ressourcen für eine detaillierte Untersuchung. Die herausgefilterten Länder werden nun hinsichtlich ihrer Erfolgschancen und Risiken (Marktattraktivität) einer genaueren Prüfung unterzogen, wobei die jeweilige Unternehmung einen umfangreichen Katalog von in Frage kommenden Selektionskriterien aufstellen muss. Aus dieser Vielzahl möglicher Kriterien werden nur jene ausgesucht, die für den Unternehmenszweck relevant sind. Dabei erfolgt die Selektion auf dieser Stufe sowohl nach makroökonomischen als auch nach branchenspezifischen und unternehmensbezogenen Gesichtspunkten. Mittels geeigneter Bewertungsverfahren werden die analysierten Länder beurteilt und in eine Rangfolge hinsichtlich ihrer Marktattraktivität gebracht. Das Ergebnis dieser Auswahlstufe liegt somit in einer klaren Aussage für die Unternehmung, welche Märkte in welcher Reihenfolge einer eingehenderen Feinanalyse zu unterziehen sind, und welche Länder in Zukunft Marktchancen bieten könnten. Neben den externen Marktfaktoren werden dabei erstmals auch interne Kriterien, wie unternehmenseigene Ressourcen, Kapazitäten und Budgets, die für den Markteintritt in diese Länder aufgebracht werden müssten, sowie die eigenen Fähigkeiten, Kernkompetenzen und mögliche Wettbewerbsvorteile integriert.

Grundsätzlich sollten zur Bestimmung der Marktattraktivität von Ländermärkten für die in Abbildung 25 dargestellten Untersuchungsbereiche geeignete Kriterien formuliert werden. Demnach wird die Attraktivität eines Landes anhand von vier Dimensionen untersucht, die wiederum aus verschiedenen Kriterien zusammengesetzt sind. Durch die Gliederung des Bewertungsprozesses in einzelne Untersuchungsbereiche wird die Länderselektion in dieser komplexen Auswahlstufe übersichtlicher, transparenter und leichter durchführbar. Im Folgenden sind diese Untersuchungsbereiche zu beschreiben und die Methoden zur Beurteilung der Marktattraktivität der Länder aufzuzeigen. Daran anschließend erfolgt eine Verdichtung der wesentlichen Untersuchungsergebnisse durch die Portfolio-Konzeption.

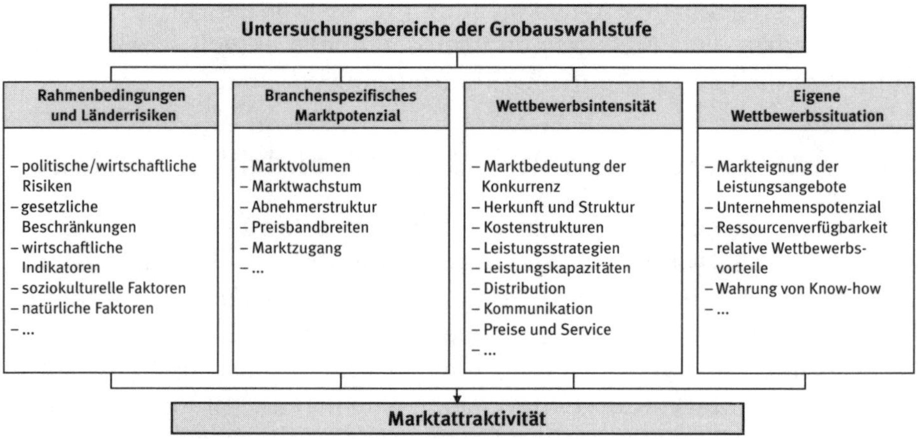

Abbildung 25: Wesentliche Untersuchungsbereiche im Rahmen der groben Länderselektion

2.4.1 Untersuchungsbereich: Allgemeine wirtschaftliche Rahmenbedingungen und Länderrisiko

Die Analyse der allgemeinen länderspezifischen Rahmenbedingungen umfasst die Bewertung politischer, gesetzlicher, wirtschaftlicher, soziokultureller und natürlicher Kriterien. Zu diesem Zweck werden in der Regel so genannte Country-Ratings hinzugezogen. Country-Ratings sind außerbetriebliche Informationsquellen zur Beurteilung und Beobachtung von Auslandsmärkten. Ziel des Einsatzes von Country-Ratings ist es, politische und darauf aufbauende wirtschaftliche Chancen und Risiken frühzeitig zu erkennen, die in den jeweiligen Ländern und deren Märkten zu erwarten sind. Da sie nicht auf einzelne Branchen oder Wirtschaftssubjekte konzentriert sind, haben sie zunächst eher gesamtwirtschaftlichen Charakter. Speziell für Unternehmungen, die den Prozess der internationalen Markterschließung beginnen oder schon als internationale Unternehmung auf unterschiedlichen Auslandsmärkten agieren, sind Country-Ratings besonders bedeutsame Informationsquellen. Denn die Früherkennung von Chancen und Risiken hat während des gesamten Zyklus einer Auslandsbetätigung – von der Planung einer Direktinvestition bis hin zum sukzessiven oder schlagartigen Rückzug aus den jeweiligen Ländern –, zu erfolgen (permanentes Monitoring und Screening).

Die Analyse der Kriterien dieses Untersuchungsbereichs, die durch eine Vielzahl von einzelnen Aspekten gekennzeichnet sind, wird durch den Einsatz von Punktbewertungsmethoden (Scoring-Modellen) wesentlich unterstützt und überschaubar gemacht. Der Zweck beim Einsatz dieses Tools besteht darin, Länder anhand gewichteter Beurteilungskriterien zu bewerten und in eine Rangordnung zu bringen, die eine sachlogische Auswahl ermöglichen soll. Dabei werden die Auswahlkriterien zunächst gemäß ihrer Bedeutung gewichtet. Das Vorhandensein des Kriteriums in den zu untersuchenden Ländern wird dann zum Beispiel über eine Skalierung bewertet. Durch Multiplikation der beiden Größen und anschließender Addition dieser Ergebnisse über alle Kriterien wird für jedes Land ein Gesamtpunktwert ermittelt. Die Länder mit den höchsten Gesamtpunktwerten werden als attraktiv angesehen. Das zentrale Gütemerkmal besteht darin, solche Kriterien auszuwählen, die Schlüsselvariablen für die jeweilige Unternehmung darstellen und die relativ leicht und kostengünstig zu ermitteln sind. Tabelle 20 zeigt ein Beispiel, wie solch ein Scoring-Modell zur Beurteilung der länderspezifischen Rahmenbedingungen aussehen kann.

Kriterien	G	Land A		Land B		Land C		Land ...	
		B	G×B	B	G×B	B	G×B	B	G×B
Politische Situation • Stabilität des politischen Systems (politisches Risiko) • Wirtschaftspolitik • Handelspolitik (Handelshemmnisse) • ...									
Gesetzliche Beschränkungen • Local-Content-Vorschriften • Im- und Exportverbote • Besteuerungsrichtlinien • Aufsichtsrecht im Hinblick auf Gesetze, die das Unternehmen, die Produkte und den Umgang mit Kunden betreffen • Rechtssicherheit • ...									
Wirtschaftliche Kriterien • Bruttosozialprodukt (BSP) • Inflationsrate • Wirtschaftswachstum • Marktvolumen • Durchschnittseinkommen pro Kopf • Kaufkraftniveau/Sparquote • Lohnkostenniveau • Wohneigentumsquote • ...									
Soziokulturelle Faktoren • Kommunikation/Sprache • Bevölkerungszahl • Arbeitskräftepotenzial • Religionen • ...									
Natürliche Faktoren • Entfernung zum Stammland • Infrastruktur • Demografische Entwicklung • ...									
Gesamtpunktzahl									
Rang									
G = Gewichtungsfaktor; B = Bewertung; G×B = Gewichtete Bewertung									

Tabelle 20: Beispiel eines allgemeinen Scoring-Modells zur Länderauswahl

Bei jedem Auslandsengagement muss dem länderspezifischen Risiko besondere Bedeutung zugemessen werden, da zum Beispiel in Emerging Markets oft Devisenrestriktionen verhängt oder der Transfer finanzieller Ressourcen erschwert werden und ausländische Unternehmungen zudem häufig einen unzureichenden Rechtsschutz genießen. Vor diesem Hintergrund werden speziell für den Aspekt des Länderrisikos detaillierte Untersuchungen angeboten. Das Länderrisiko im Speziellen wirkt sich einerseits als eine bedeutende Marktbarriere aus, andererseits bestimmt es in hohem Maße die Attraktivität eines Landes. Dabei können politische und wirtschaftliche Risiken unterschieden werden. Politische Risiken entstehen aus der Gefahr, dass sich nicht vorhersehbare Veränderungen politischer Strukturen und Rechtsgepflogenheiten ergeben. Dazu zählen das Enteignungs-, Dispositions-, Substitutions-, Transfer- und Sicherheitsrisiko sowie das fiskalische und rechtliche Risiko. Wirtschaftliche Risiken entstehen aus nicht vorhersehbaren Veränderungen ökonomischer Variablen. Dazu gehören das Zahlungs-, Währungs- und Transportrisiko. So lässt sich zum Beispiel feststellen, dass das politische Risiko und das Währungsrisiko in Europa nicht mehr existiert, während es in vielen osteuropäischen Ländern nicht gänzlich zu vernachlässigen ist.

Zur spezifischen Beurteilung des Länderrisikos sind – wie bereits erwähnt – zahlreiche spezielle Konzepte entwickelt worden, die aufgrund ihrer Vielzahl an dieser Stelle nicht aufgeführt werden können. Eine gute Möglichkeit, sich über die verschiedenen Länderrisiken einen Überblick zu verschaffen, besteht durch den BERI-Index (Business Environment Risk Information). Dieses weitverbreitete Scoring-Modell zur internationalen Marktauswahl wird seit 1972 viermonatlich publiziert. Der BERI ist ein Scoring-Modell basierend auf einer Kombination von 20 quantitativen und 29 qualitativen Kriterien, das sich aus drei Teilindizes zusammensetzt, die in eine Profit-Opportunity-Recommendation (POR) münden:

- Der Operations Risk Index (ORI) dient der Beurteilung des allgemeinen Geschäftsklimas in einem Land und liefert zum Beispiel Hinweise über das Verhalten gegenüber ausländischen Investoren und deren Gewinne, die Inflationsrate, bürokratische Hemmnisse, das Wirtschaftswachstum.
- Im Rahmen des Political Risk Index (PRI) wird das politische Risiko der Tätigkeit in einem Land bewertet. Zu den Kriterien zählen unter anderem die Zersplitterung des politischen Spektrums, die religiöse, sprachliche und ethnische Homogenität des Landes, die Mentalität, die soziale Lage sowie soziale Konflikte.

- Der Remittance and Repatriation Factor (RF) gibt schließlich das Transferrisiko wieder. Hierzu werden unter anderem Vorschriften über den Transfer von Gewinnen, die Leistungsbilanz, die Währungsreserven, die Höhe und Struktur der Auslandsverschuldung bewertet.

Trotz der großen Verbreitung und des hohen Standardisierungsgrades dieses Verfahrens, welches ohne Zweifel eine relativ gute Vergleichbarkeit einzelner Länder ermöglicht, liegt eine wesentliche Schwäche allgemeiner Country-Ratings und des BERI darin, dass die einzelnen Kriterien ohne Bezug zu den Branchencharakteristika gewichtet werden. Neben dem BERI-Index existieren noch weitere Country-Risk-Ratings beziehungsweise Länderberichte, die insbesondere der Analyse der politischen und ökonomischen Risikosituation und -entwicklung dienen. Beispielhaft angeführt seien hier der mm-Ländertest, das Institutional-Investor-Country-Rating und der Euromoney-Index.

2.4.2 Untersuchungsbereich: Branchenspezifisches Marktpotenzial

Da im Untersuchungsbereich der gesamtwirtschaftlichen Rahmenbedingungen und Länderrisiken lediglich makroökonomische Größen betrachtet wurden, sollte in einem nächsten Schritt die Analyse und Prognose des branchenspezifischen Marktpotenzials erfolgen. Hierbei besteht der Zweck in der Abschätzung der Gewinn- und Wachstumsperspektiven der Branche. Deshalb finden vorwiegend solche Kriterien Berücksichtigung, die erste Rückschlüsse auf mögliche Ertragschancen in den einzelnen Ländern zulassen. Zu den wichtigsten Kriterien gehören:

- *Marktpotenzial*, das heißt die Gesamtheit der auf einem Ländermarkt absetzbaren Produkte und Dienstleistungen in einer bestimmten Periode;
- *Marktvolumen*, das heißt die Gesamtheit der auf einem Ländermarkt abgesetzten Produkte und Dienstleistungen in einer bestimmten Periode;
- *Marktwachstum*, das heißt die prozentuale Steigerung des Marktvolumens innerhalb eines bestimmten Zeitraums;
- *Abnehmerstruktur* als Anzahl, Größe, Bedarf, Besiedlungsstruktur und Kaufkraft potenzieller Kunden in den einzelnen Ländern;
- *Marktzugang*, das heißt die möglichen Erschwernisse, wie protektionistische Maßnahmen (Freiheit des Finanztransfers, hohe Steuern, Zölle), nationale Normen oder hohe Markterschließungskosten – etwa aufgrund von Vorteilen einheimischer Anbieter.

Die konkrete Ausgestaltung der Dimensionen des branchenspezifischen Marktpotenzials hat in Abhängigkeit von der speziellen Problematik einer Unternehmung und der Art der Branche zu erfolgen. Während sich in bereits entwickelten Märkten derartige Daten relativ leicht aus sekundärstatistischem Informationsmaterial, Konkurrenzanalysen, Jahresberichten, Verbandspublikationen oder Fachjournalen erschließen lassen, kann sich die Analyse in jungen, wenig entwickelten Märkten ungleich schwieriger gestalten. Da volkswirtschaftliche Gesamtdaten generell wenig Aussagekraft besitzen, müssen zur Präzisierung oftmals weitere Daten herangezogen oder Primäruntersuchungen direkt am Absatzmarkt vorgenommen werden. Auch kann es sinnvoll sein, über einen Analogieschluss die Daten und Brancheninformationen eines bekannten Marktes auf einen unbekannten, aber ähnlichen Ländermarkt zu übertragen. Ist entsprechendes Datenmaterial vorhanden, kann das Marktpotenzial der betrachteten Länder relativ unproblematisch analysiert werden. Liegen keine exakten Daten vor, sind Prognosen auf der Basis solcher Analogieschlüsse oder in Form qualitativer Aussagen zweckmäßig. Dabei lässt sich jedes Kriterium mithilfe einer Skala (zum Beispiel »gut – schlecht« oder »hoch – niedrig«) bewerten. Alle Skalen müssen jedoch entsprechend ihrer Bedeutung für das Unternehmen gewichtet sein. Anschließend kann das Potenzial eines Ländermarktes durch die Berechnung eines gewichteten Mittelwertes herausgearbeitet werden.

Insgesamt stellt dieser Ansatz eine ganz wesentliche absatz-, wettbewerbs- sowie branchen- und unternehmensbezogene Ergänzung zu den Informationen des Country-Ratings dar. Branchenanalysen erfordern aber grundsätzlich große Anstrengungen bei der Informationsbeschaffung sowie viel Erfahrung bei der Auswertung. Deshalb bietet es sich an, hierfür geeignete Informationspartner im Auslandsmarkt ausfindig zu machen.

2.4.3 Untersuchungsbereich: Wettbewerbsintensität

Als grundlegender Indikator der Attraktivität von Zielmärkten kann zudem die Wettbewerbsintensität innerhalb der Branche genannt werden. Der Ausgangspunkt der Wettbewerbsanalyse (siehe noch einmal die Ausführungen zum externen Benchmarking in Abschnitt 2.2.1 dieses Kapitels) ist eine allgemeine Untersuchung der Konkurrenz und deren Struktur (vor allem Positionierung und Geschäftsmodelle). Im Unterschied zu den Möglichkeiten des externen Benchmarkings geht es auf dieser Analyseebene nun um die Konkurrenz in den potenziellen Zielmärkten. Dabei lässt sich eine Unterscheidung in Unternehmen des Ziellandes (gebietsansässige Mitbewerber), des eigenen Landes (Mitbewerber aus dem Stammland) und aus anderen Ländern (Mitbewerber aus Drittländern) vornehmen. Es ist erforderlich, die Anzahl der Konkurrenten, ihre Zusammensetzung und vor allem ihre Aktivitäten zu erfassen. Es sind nicht nur ihre Preispolitik und die Leistungen beziehungsweise Produkte, die sie anbieten, zu untersuchen, sondern es müssen alle absatzpolitischen Instrumente, etwa die Konditionenpolitik, die Werbung und Verkaufsförderung und die Öffentlichkeitsarbeit analysiert werden. Die Analyse der Geschäftsmodelle der konkurrierenden Unternehmen soll Aufschluss über die Attraktivität der untersuchten Ländermärkte geben und die eigenen unternehmenspolitischen Entscheidungen durch Verbesserung des Informationsgrades stützen. Insbesondere die Analyse der Geschäftsmodelle der bereits ansässigen Konkurrenten sowie ihrer Wettbewerbsvorteile und Kompetenzen, verbunden mit der Bedarfs- und Absatzforschung, gibt Aufschlüsse über die Möglichkeiten und zukünftigen Absatzchancen eines Unternehmens, wenn es auf dem Auslandsmarkt als neuer Mitbewerber auftreten will. Dadurch lässt sich dann auch das Ausmaß der benötigten Ressourcen zur Marktbearbeitung prognostizieren. Der Nutzen von Wettbewerbsanalysen besteht vor allem in folgenden Aspekten:

- rechtzeitiges Erkennen von Bedrohungen, aber auch von Marktchancen, die sich durch die Wettbewerbssituation beziehungsweise deren Entwicklung ergeben könnten;
- Erwerb der Fähigkeit, die Reaktionen der Wettbewerber auf eigene unternehmerische Entscheidungen und Maßnahmen abzuschätzen;
- Erwerb der Fähigkeit, aus den Fehlern und Erfolgen der Konkurrenten zu lernen und sie für sich nutzbar zu machen;
- Verbesserung des Planungsprozesses durch die präventive Anfertigung von »Schubladenplänen«, um sehr schnell auf Entscheidungen der Konkurrenz reagieren zu können (Erhöhung der Reaktionsgeschwindigkeit);
- Verfolgung einer Follow-the-Leader-Strategie, bei der erfolgreiche Strategien und Marktkonzepte der Konkurrenz »kopiert« werden.

Die Aufgabe dieses Untersuchungsbereichs liegt somit in der Erstellung eines strategischen Gesamtbildes der Wettbewerber, um deren Ziele, Strategien und Chancen sowie Stärken und Schwächen zu erkennen. Die zu erhebenden Basisinformationen umfassen zum Beispiel Informationen über die Unternehmensgröße, die grundlegende Erfahrungsbasis der Konkurrenten, die Unternehmensverflechtungen, die Ertragssituation (Umsatz und finanzielle Ergebnisse: Entwicklung der Honorarumsätze, des Brutto- und Nettoerfolges), die jeweilige Marktposition, die Kostensituation und die Ausgestaltung der Marketinginstrumente. Eine beispielhafte Auflistung von Indikatoren zur länderspezifischen Konkurrentenanalyse zeigt Tabelle 21.

Da im internationalen Bereich die Herstellung des nötigen Informationsstandes wesentlich größere Probleme bereitet als auf nationaler Ebene, sollten in erster Linie Expertengespräche mit marktbezogenen Beratern, Lieferanten usw. geführt, Konkurrenzangebote wahrgenommen und intensiv analysiert sowie im Falle eines Markteintritts gezielt Mitarbeiter der Konkurrenz abgeworben werden.

Firmenbezogene Konkurrenzinformationen	
Konkurrenzbestimmung	• direkte oder Substitutionskonkurrenz • Herkunft • Kapitaleigner • Gesellschaftsform • ...
Konkurrentenstrukturen	• Erfolg (Umsatz, Gewinn, Marktanteil, Wachstum) • Leistungsprogramm • Branche(n) • Problemstrukturen • Krisenanfälligkeit • ...
Umweltbeziehungen	• Kartelle • Lobbyismus • Verbände • Allianzen/Kooperationen • ...
Leistungsbezogene Konkurrenzinformationen	
Bestimmung der Kostenstrukturen	• Standorte mit Bezug zur Verfügbarkeit von Human-Resources und Absatzmärkten • Relative Effizienz der Leistungserstellung und des Marketings • Kostensituation des Informationssystems • ...
Leistungsstrategien	• Beratungsmethoden und Beratungsansätze • Art und Umfang des Leistungsangebotes nach Beratungsgebieten (Anzahl, Umfang, spezifischer Inhalt) • Bedarfsorientierung (Zielgruppenadäquanz) • Ausmaß der Differenzierung des Leistungsangebots • Schulungsmaßnahmen • zukünftige Leistungsangebotsstrategien • ...

Leistungskapazitäten	• qualitative und quantitative Beurteilung der Berater • Hauptbetätigungsfelder im Rahmen der Beratungsgebiete • Rekrutierungsgewohnheiten • Einsatz von Beratern mit fremder Nationalität • ...
Distributionspolitik	• genutzte Vertriebswege • Vertriebserfolgsquoten als Verhältnis realisierter Abschlüsse zu abgegebenen Angeboten • Kundendienst • Karriere- und Vergütungssysteme der Berater • ...
Kommunikationspolitik	• aktuelle kommunikationspolitische Maßnahmen (Insertionen, TV-/Radio-Werbung, Verkaufsförderungsaktionen, Direct-Mail-Aktionen, PR) • Wertschätzungen der Konkurrenten bei aktuellen und potenziellen Kunden • Unternehmens-, Leistungsangebots- und Beraterimage • ...
Preispolitik	• Modus der Honorarabrechnung • Identifikation durchschnittlicher Honorarsätze, durchschnittlicher Umfang der Neben- und Serviceleistungen • ...

Tabelle 21: Ausgewählte Indikatoren der Konkurrentenanalyse

Insgesamt lässt sich hinsichtlich der Auswirkungen der Wettbewerbsintensität in einer Branche folgende Aussage treffen: Je stärker ausgeprägt die Wettbewerbssituation in einer Branche ist, desto ungünstiger erscheinen die Entwicklungsperspektiven dieses Wirtschaftsbereiches und desto schlechter werden die Gewinnaussichten beurteilt. Ein international tätiges Unternehmen sollte deshalb bestrebt sein, solche Marktsegmente zu bearbeiten, in denen sich die Unternehmenstätigkeit im Hinblick auf die Gewinnerzielung gegenüber dem Wirken der Konkurrenz am besten abschirmen lässt beziehungsweise in denen klare und schwer imitierbare Wettbewerbsvorteile zu verzeichnen sind. Die Ergebnisse der Analyse der Wettbewerbsintensität in den jeweiligen Ländern können wiederum mithilfe der Portfolio-Technik (Marktwachstum-Marktanteil-Matrix) veranschaulicht werden. Dadurch erhält man einen guten Überblick über die Konkurrenten innerhalb eines Landes. Zudem kann das Unternehmen ein Portfolio von all seinen Hauptkonkurrenten erstellen, im Idealfall zu verschiedenen Zeitpunkten, denn der Vergleich von Konkurrenten-Portfolios im Zeitablauf kann Veränderungen in der Portfolio-Position der einzelnen Geschäftseinheiten noch deutlicher hervortreten lassen und weitere Hinweise auf die strategische Rolle der Konkurrenten liefern. Diese Hinweise sind von besonderer Bedeutung, wenn in potenziellen Zielmärkten bereits global agierende Konkurrenten den Markt bearbeiten.

2.4.4 Untersuchungsbereich: Eigene Wettbewerbssituation

Analysen hinsichtlich des branchenbezogenen Marktpotenzials müssen aber auch unter Berücksichtigung der eigenen Wettbewerbssituation beziehungsweise der auf den Zielmärkten angestrebten Wettbewerbsposition erfolgen. Denn erst die Ermittlung der voraussichtlich eigenen Wettbewerbsposition im Vergleich zu den Wettbewerbern in den verschiedenen Ländermärkten erlaubt eine Beurteilung der Marktchancen und der möglicherweise zu erreichenden Marktanteile. Eine wesentliche Determinante stellen hierbei die relativen Wettbewerbsvorteile des Unternehmens dar. Diese können zum Beispiel in Abhängigkeit der Nachfragebedingungen, der verfolgten Markteintrittsstrategien, der Struktur der Branche sowie der Stärke der Konkurrenz von Land zu Land variieren. Weil es sich hierbei um eine Bewertung noch nicht bearbeiteter Märkte handelt, ist dementsprechend lediglich von potenziellen Wettbewerbsvorteilen auszugehen. Darüber hinaus wird die zukünftige Wettbewerbsposition in einem neuen Ländermarkt wesentlich von den zur Verfügung stehenden Ressourcen eines Unternehmens bestimmt. Sind diese begrenzt, können selbst Ländermärkte mit hohem Marktvolumen nur unzureichend bearbeitet werden, wenn in diesen Märkten ressourcenstarke Wettbewerber dominieren oder zusätzlich eintreten. Es lässt sich auch nicht davon ausgehen, dass bestehende Wettbewerbsvorteile im Heimat- oder in einem anderen Auslandsmarkt ohne Anpassung auf neu zu erschließende Ländermärkte übertragbar sind. Darüber hinaus gilt es, die vielfach unterschiedlichen Kundenanforderungen zu eruieren und deren Bedeutung innerhalb der jeweiligen Ländermärkte abzuschätzen. Durch eine entsprechende Differenzierung des Leistungsangebotes oder der Art und Weise der Distribution kann ein Unternehmen in solchen Ländermärkten mitunter entscheidende Wettbewerbsvorteile gegenüber global orientierten Konkurrenten erzielen, deren Aktivitäten nicht auf die Berücksichtigung der länderspezifischen Bedürfnisse einzelner Abnehmergruppen ausgerichtet sind.

Dies alles lässt sich anhand der nachfolgenden Kriterien – und zwar immer im Vergleich zu den Konkurrenten – ermitteln. Die Bewertungen werden ebenfalls mittels Skalen erfasst, gewichtet, und davon wird ein Mittelwert errechnet, der die Stärke der eigenen Wettbewerbsposition in den betrachteten Ländern bestimmt:

- *Markteignung der Leistungsangebote:* Inwieweit entspricht das zu vermarktende Leistungsangebot den Ansprüchen der Kunden in Bezug auf Qualität und Preis, und in welchem Maße wird das Bedürfnis der Kunden bereits durch die Konkurrenz befriedigt? Sind eventuell spezifische Anpassungsmaßnahmen in den jeweiligen Ländern notwendig, und wenn ja, in welchem Ausmaß?
- *Unternehmenspotenzial:* Inwieweit kann das eigene Unternehmen mit den Konkurrenzunternehmen in den jeweiligen Ländern konkurrieren, insbesondere hinsichtlich der Professionalität in der Anwendung des Marketing-Mix, vor allem in der Kommunikation und im Vertrieb, und zwar bezogen auf die Gegenwart und die Zukunft?
- *Verfügbarkeit von Ressourcen:* Können die für eine erfolgversprechende Markterschließung benötigten finanziellen, materiellen und personellen Ressourcen zur Verfügung gestellt werden, um eine bestimmte Marktbedeutung in einem vorgegebenen Zeitraum zu erreichen?
- *Wettbewerbsvorteile:* Welche unternehmenseigenen relativen Wettbewerbsvorteile entfalten in den betrachteten Ländern ihre Wirkung und in welchem Ausmaß? Können in bestimmten Ländern – in Anbetracht der Konkurrenzstärke – bisherige Leistungspotenziale über einen längeren Zeitraum aufrechterhalten und als Wettbewerbsvorteile behauptet oder sogar zusätzliche Wettbewerbsvorteile generiert werden?

2.4.5 Zusammenfassung der Ergebnisse

Nach der Durchführung einer solchermaßen geleiteten Analyse und Prognose liegt eine Vielzahl von Informationen und Einzelbewertungen vor. Für die Planungsverantwortlichen und Entscheidungsträger in der Unternehmensführung besteht nun die Notwendigkeit, diese Fülle von Informationen aus dieser Selektionsstufe zu verdichten und eine umfassende Gesamtbeurteilung der untersuchten Ländermärkte hinsichtlich ihrer Marktattraktivität vorzunehmen, die gleichermaßen die Stärken und Schwächen sowie die Chancen und Risiken des Unternehmens berücksichtigt. Dadurch eröffnet sich die Möglichkeit, die für eine fundierte

Marktauswahl wesentlichen Zusammenhänge zwischen den einzelnen Untersuchungsbereichen offen zu legen. Für eine solche komprimierte Darstellung eignet sich die Portfolio-Konzeption als Analyse-Tool. Mit ihr lassen sich sowohl einzelne beziehungsweise einfaktorielle Beurteilungskriterien (zum Beispiel Marktanteil und Marktwachstum) als auch mehrere beziehungsweise multifaktorielle Untersuchungsdimensionen oder Gesamtindizes (zum Beispiel Marktattraktivität und Wettbewerbsvorteile) im Rahmen einer Vier-Felder-Matrix (BCG-Matrix) oder der differenzierteren Neun-Felder-Matrix (McKinsey-Matrix) zueinander in Beziehung setzen.

Die einfache Portfolio-Analyse eignet sich insbesondere zur Betrachtung einzelner Beurteilungskriterien. Dabei beschränkt man sich meist auf zwei zentrale Schlüsselgrößen, um eine einfache Handhabung des Portfolios zu gewährleisten. So werden im Rahmen der Marktauswahl oftmals Zusammenhänge zwischen länderspezifischem Marktwachstum und relativem Marktanteil oder zwischen politischem Risiko und Marktvolumen näher analysiert (siehe Abbildung 26).

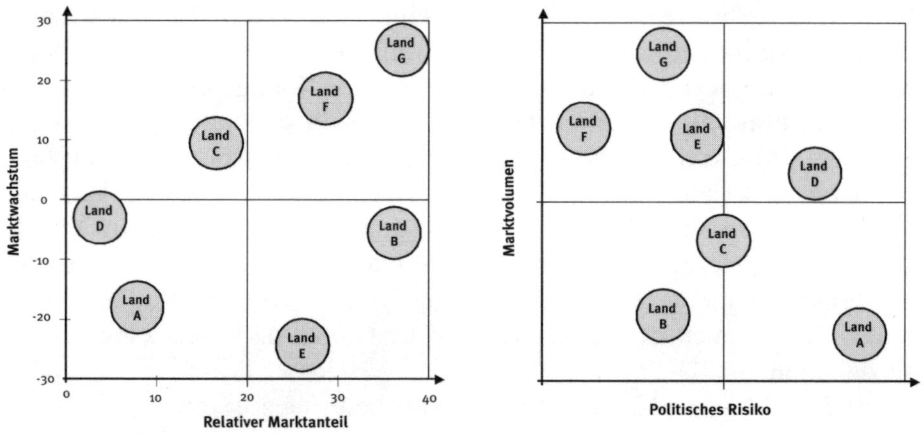

Abbildung 26: Anwendungsbeispiele der einfachen Portfolio-Analyse für die Marktauswahl

Bei der Darstellung der Ergebnisse mittels multifaktorieller Portfolio-Technik in der differenzierten Marktattraktivitäts- oder Wettbewerbsvorteilsmatrix wird der Nachteil der BCG-Matrix, dass der relative Marktanteil und das Marktwachstum in vielen Fällen nicht ausreichen, die jeweiligen Ländermärkte hinreichend zu beschreiben, überwunden. Die Attraktivität eines Marktes wird neben dem Marktwachstum auch von eventuell vorhandenen Marktzutrittsschranken, konkurrierenden Leistungsangeboten und vielem mehr beeinflusst. Somit besteht zunächst die Aufgabe, die mehrdimensionalen Beurteilungskriterien beziehungsweise die Schlüsseldimensionen zur Achsenbezeichnung festzulegen. Dabei werden einzelne, artverwandte Teilkriterien zu einem Gesamtindex zusammengefasst. Diese Aufgabe ist in jedem Fall gründlich zu durchdenken, weil eine schematische Fixierung ausgewählter beziehungsweise für die Marktauswahl als entscheidungsrelevant erachteter Beurteilungskriterien und Untersuchungsdimensionen die Gefahr in sich birgt, dass wesentliche Zusammenhänge übersehen werden. So werden Unternehmen beispielsweise stets nur in solche Märkte eintreten, die höhere Gewinn- und Wachstumsperspektiven bieten. Deshalb gehören die beiden Größen Marktwachstum und Marktpotenzial zu den wichtigsten Determinanten der Marktattraktivität. Das vorhandene Marktpotenzial mildert das Marktrisiko, da dem Unternehmen mehr Zeit zur Verfügung steht, seine Marktposition auszubauen. Auch begangene Fehler beim Markteintritt können so leichter korrigiert werden, da zum Beispiel auf andere Kundensegmente ausgewichen werden kann. Dies ist umso leichter, je mehr potenzielle Abnehmer am Markt sind.

Unmittelbarer Einfluss auf das Marktwachstum geht auch vom Ausmaß der Wettbewerbsintensität aus. Liegt in einem Markt lediglich ein geringes Marktwachstum vor, so bedeutet dies für die bereits ansässigen Unternehmen, dass ein überproportional expandierendes Konkurrenzunternehmen ihnen Marktanteile abnimmt. Deshalb lässt sich schlussfolgern, dass mit steigender Marktattraktivität auch ein größerer Ressourceneinsatz und damit ein größeres Marktengagement gewählt werden sollte. Auch die Ähnlichkeit zwischen dem Heimat- und dem Zielmarkt trägt zur Attraktivität des Letzteren bei, da aufgrund ähnlicher Marktstrukturen sowohl die Reaktionen aller relevanten Beteiligten (zum Beispiel Kunden, Wettbewerber) als auch die generelle Marktentwicklung besser eingeschätzt werden kann.

Die Ergebnisse dieser Überlegungen sollen nun zusammengefasst und in einer Marktattraktivitäts-/Wettbewerbsvorteilsmatrix (McKinsey-Matrix) dargestellt werden. Dabei erfolgt eine Unterscheidung der Beurteilungsvariablen in externe, weitgehend nicht vom Unternehmen selbst beeinflussbare Faktoren (Untersuchungsdimension »Marktattraktivität«) und interne, unternehmensbezogene Faktoren (Untersuchungsdimension »Wettbewerbsvorteile«). Zu beachten ist, dass es sich bei beiden Dimensionen um mehrdimensionale Konstrukte handelt, das heißt sowohl die Marktattraktivität als auch die Wettbewerbsvorteile des eigenen Unternehmens können – wie in den vorangegangenen Abschnitten dargestellt – durch verschiedene Subkriterien charakterisiert werden.

Zur Bestimmung der Achsendimension der Marktattraktivität für ein international agierendes Unternehmen des Finanzdienstleistungssektors finden beispielsweise folgende Untersuchungskriterien Verwendung:

- Marktwachstum und Marktvolumen,
- Marktqualität (Branchenrentabilität, Wettbewerbsintensität, Anzahl und Struktur neuer potenzieller Wettbewerber, Wettbewerbsklima, Höhe der Markteintrittsbarrieren),
- Verfügbarkeit von Ressourcen (Verhandlungsstärke und Verhalten der Berater),
- Umweltsituation (Konjunkturabhängigkeit, politisches und wirtschaftliches Risiko, Kultur).

Bezüglich der vom Unternehmen selbst beeinflussbaren Achsendimension, der relativen potenziellen Wettbewerbsvorteile beziehungsweise -position im Vergleich zur Konkurrenz, sollten insbesondere folgende Beurteilungskriterien einfließen:

- relative Marktposition (anvisierter Marktanteil, Größe und Finanzkraft des Unternehmens, Wachstumsrate des Unternehmens, Marketingpotenzial),
- relatives Leistungserstellungspotenzial (Prozesseffizienz in Form von Kostenvorteilen, Innovationsfähigkeit, Flexibilität des Leistungsprogramms),
- relative Qualifikation der Mitarbeiter (Stand der Professionalität, internationale Erfahrung der Führungskräfte und Berater, Qualität der Führungssysteme).

Von der Wahl der verwendeten Dimensionen zur Bestimmung der Marktattraktivität und der relativen Wettbewerbsvorteile hängt die Positionierung der betrachteten Ländermärkte (Portfolio-Objekte) in der in der Abbildung 27 dargestellten Portfolio-Matrix ab. Es sind für jedes Portfolio-Objekt die benötigten Marktdaten, die Daten des eigenen Unternehmens sowie der wichtigsten Konkurrenzunternehmen entsprechend zusammenzustellen. Dabei muss dringend darauf geachtet werden, dass bei der Abgrenzung der betrachteten Ländermärkte und Wettbewerber für alle Länder so weit wie möglich die gleichen Kriterien Anwendung finden, da ansonsten die Positionierung in der Matrix uneinheitlich geschieht. Im Anschluss kann die Positionierung der Portfolio-Objekte, also der betrachteten Ländermärkte, gemäß ihren Ausprägungen in die Matrix erfolgen.

Ausgewählt werden nun die fünf attraktivsten Ländermärkte. Die Länder A, C, G und K verfügen über eine vergleichsweise niedrige Marktattraktivität und sollen nicht bearbeitet werden. Die Länder I und J sollten im Rahmen des Markt-Monitors für eventuell spätere Markteintritte weiter beobachtet werden. Die Länder B, D, E, F und H kommen für einen Markteintritt in Frage und werden deshalb im Rahmen der Marktauswahlentscheidung in Task 4 einer intensiven Feinanalyse unterzogen.

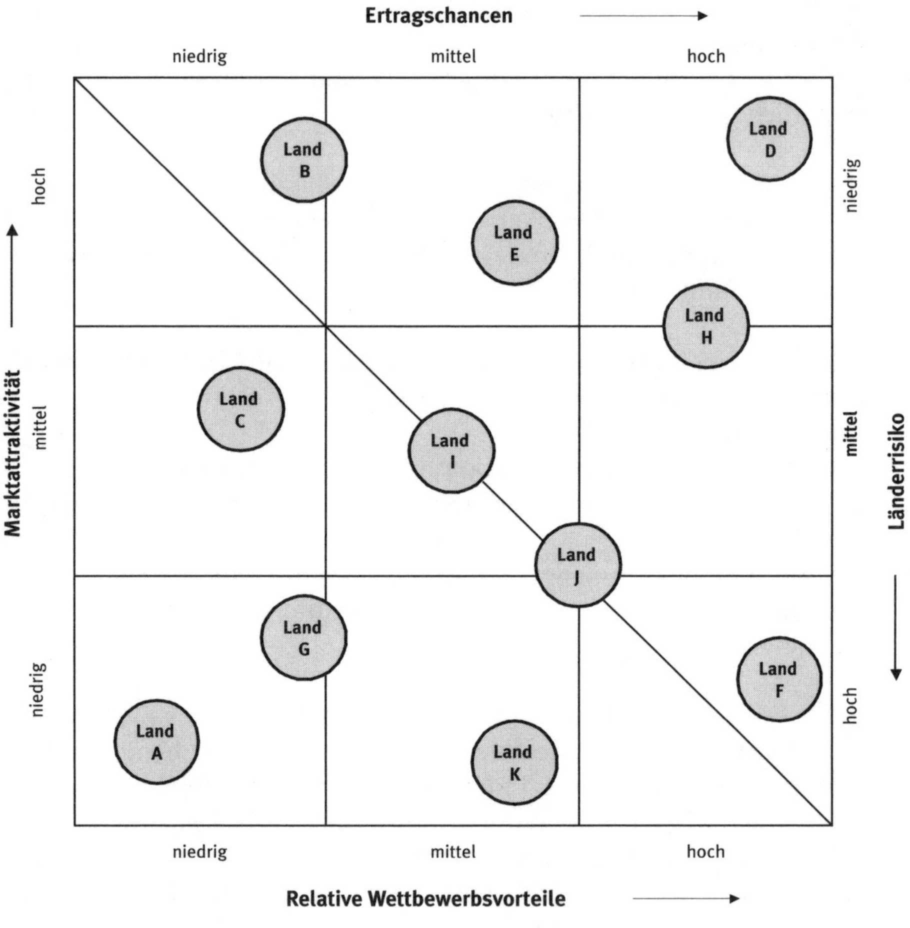

Abbildung 27: Ländermarkt-Portfolio zur Vorbereitung der Marktauswahlentscheidung

Das Ergebnis der Grobauswahl ist somit eine Anzahl von Ländern, die entsprechend ihres vermuteten Zielbeitrages in eine Prioritätenliste (vorläufige Rangliste) eingereiht wurden. Diese Länder weisen vor allem ein genügend großes Marktvolumen und eine grundsätzliche Produkt-Markt-Eignung auf. Damit alle Entscheidungsträger noch einen Überblick über die Datenmenge behalten, wird eine Systematisierung aller für diese Ländermärkte erhobenen Informationen in einem übersichtlichen Bewertungstableau empfohlen.

2.5 Task 4: Feinauswahl – Marktauswahlentscheidung

Nach Abschluss von Task 3 liegt eine Rangliste der fünf attraktivsten Ländermärkte vor. Die Risiken sind bekannt, der Markt ist untersucht und die Wettbewerber sind analysiert. Jeder dieser Märkte kann mit den vorhandenen Ressourcen und Kompetenzen aller Voraussicht nach erfolgreich bearbeitet werden. Spätestens jetzt wird der Zuständige für die Finanzen nach den (voraussichtlichen) Kosten fragen. Zusätzlich erwartet das Ressort Finanzen Informationen darüber, zu welchem Zeitpunkt der Markteintritt profitabel ist, wann die Markteintrittskosten zurückgezahlt sind und welche Rendite das ganze Projekt abwirft. Die Erstellung eines Finanzplans für einen Markteintritt ist mit Vorsicht anzugehen. Die drei häufigsten Fehler sind:

- Der erwartete Umsatz ist zu hoch und kommt zu früh.
- Die kalkulierten Kosten sind zu gering und werden zu spät angesetzt.
- Worst-Case- oder Ausstiegsszenarien werden nicht kalkuliert oder befinden sich zu nahe am ursprünglichen Finanzplan.

Werden die Ergebnisse dann nicht erreicht, erfüllt man nicht die Erwartungen der Entscheidungsträger. Damit wird das Projekt unerwartet hohe Ressourcen verschlingen, was die Begeisterung für weitere Markteintritte und das Projektteam deutlich abkühlen wird. Trotzdem kann die Erstellung und Nutzung eines umfassenden Finanzplans nicht umgangen werden. Dieser darf jedoch nicht als statisches Instrument, sondern als dynamisches, transparentes Steuerungsinstrument verwendet werden, welches sich den Veränderungen des Markteintrittsprojektes laufend anpasst.

Grundlage eines jeden Finanzplanes ist der zu erwartende Umsatz, das heißt: Wie viele Neukunden können gewonnen werden? Welcher Umsatz wird pro Neukunde erzielt? Zu diesem Zweck bedarf es noch weiterführender und tiefergehender Analysen, wobei die Bildung länderspezifischer

Kundensegmente die Voraussetzung dafür ist, dass das Ertragspotenzial der einzelnen Ländermärkte mithilfe von Investitionsberechnungen herausgefunden werden kann. Die Berechnungen erfolgen hierbei unter eingehender Berücksichtigung der favorisierten Markteintrittsstrategie, der Zielvorstellungen in Bezug auf den Zeitpunkt des Erreichens einer kritischen Masse (Break-even) und der insgesamt zur Verfügung stehenden Ressourcen. Auf der Basis der länderspezifischen Gewinnerwartungen wird dann jener Auslandsmarkt ausgewählt, mit dem sich die höchsten Gewinnbeiträge bei kalkulierbarem Risiko erzielen lassen. Das Ergebnis dieser letzten Auswahlstufe gibt daher Aufschluss darüber, welcher der fünf vorausgewählten Ländermärkte zuerst bearbeitet werden soll. Somit basiert die finale Entscheidung letztendlich auf:

- dem dort vorhandenen Marktvolumen nach differenzierten Teilmärkten,
- den dort bei einzelnen Markt- beziehungsweise Nachfragersegmenten gegebenen Absatzchancen und -voraussetzungen (Marketingkosten, Preisakzeptanz),
- den hieraus alternativ ableitbaren Absatz- beziehungsweise Umsatzerwartungen;
- den damit zusammenhängenden betriebswirtschaftlichen Konsequenzen für das Gesamtunternehmen (zum Beispiel Kapazitäts-, Kosten-, Deckungsbeitrags-, Rentabilitätssituation, Wettbewerbsfähigkeit).

Im Rahmen der Feinauswahl ist die folgende Vorgehensweise zu empfehlen: In einem ersten Schritt werden mithilfe einer intranationalen Marktsegmentierung die für das Unternehmen entscheidenden Zielgruppen herausgefunden und beschrieben. Falls das Unternehmen nur ausgewählte Zielgruppen und nicht den Gesamtmarkt bearbeiten will, sind die attraktivsten Zielgruppen auszuwählen. Die grundsätzliche Vorgehensweise entspricht hierbei einer nationalen Marktsegmentierung mit den nachfolgend aufgeführten Aufgaben des Segmentierungsprozesses, die als bekannt vorausgesetzt und an dieser Stelle nicht weiter erläutert werden sollen:

- Auswahl der relevanten Segmentierungskriterien,
- Feststellung der Merkmalsausprägungen in der Stichprobe des jeweiligen Landes,
- Segmentbildung (zum Beispiel mithilfe der Clusteranalyse) und Zielgruppenbeschreibung.

Es bleibt lediglich zu betonen, dass die Bildung und Beschreibung der Zielgruppen ausschließlich anhand solcher Segmentierungskriterien erfolgen sollte, die auch unmittelbar Hinweise zum Kaufverhalten geben. Ansonsten würden die Schlussfolgerungen hinsichtlich des Einsatzes des Marketing-Instrumentariums und die Berechnungen der segmentspezifischen Gewinnerwartungen verfälscht werden. Zu beachten ist allerdings, dass trotz der gleichen Methodik die Anforderungen an die Segmentierungskriterien im Vergleich zu einer rein nationalen Vorgehensweise aufgrund der zusätzlichen internationalen Dimension höher sind. Darüber hinaus können bei der Informationsbeschaffung erhebliche Probleme auftreten. Insbesondere die Erhebung psychografischer Merkmale zur Beurteilung des Nachfrageverhaltens in einem spezifischen Marktsegment, in die auch kulturelle Werte einfließen, stößt oft auf Schwierigkeiten. Außerdem lässt sich das Kosten-Nutzen-Verhältnis beim zukünftigen Einsatz des Marketing-Instrumentariums nur schwer bestimmen, wenn zum Beispiel keine Informationen darüber vorliegen, mit welchen Werbemedien diese Zielgruppen überhaupt zu erreichen sind. In diesem Zusammenhang ist auch auf die Vergleichbarkeit der Kriterien in den einzelnen Ländern zu achten, da die Ergebnisse einer intranationalen Marktsegmentierung nur dann eine sinnvolle Unterstützung für die Marktauswahl darstellen, wenn die in den verschiedenen Ländern definierten Zielgruppen einander gegenübergestellt werden können. Deshalb werden insbesondere die folgenden Anforderungen an die Selektionskriterien der intranationalen Marktsegmentierung gestellt:

- Kaufverhaltensrelevanz,
- Aussagefähigkeit über den differenzierten Einsatz der Marketing-Instrumente,
- Erfassbarkeit und Messbarkeit (Operationalität),
- zeitliche Stabilität der Kriterien,
- Kompatibilität zur Anwendung von Verfahren der Wirtschaftlichkeitsanalyse, die erst die Bestimmung der Rentabilität des Marktsegmentes erlaubt.

Sind die einzelnen Marktsegmente in den anvisierten Ländern erkannt und die potenziellen Zielgruppen bezüglich Anzahl, Größe, Kaufkraft sowie Kundenanforderungen und -bedürfnisse beschrieben worden, geht es in einem zweiten Schritt darum, auf der Ebene der untersuchten Ländermärkte das Ertragspotenzial zu prognostizieren. In diesem Zusammenhang müssen allerdings eine Reihe von Einflussfaktoren Beachtung finden. So ist zum Beispiel zu analysieren, welche konkreten Kosten verursachenden Maßnahmen zur Anpassung des weitgehend standardisierten Geschäftsmodells und der angebotenen Marktleistungen an die Kundenanforderungen in den jeweiligen länderspezifischen Marktsegmenten ergriffen werden müssen, um eine erfolgreiche Marktbearbeitung zu gewährleisten. Konkret bedeutet dies nicht nur eine Kalkulation von Übersetzungskosten für die im Heimatmarkt bestehenden Materialien zur Verkaufsförderung, sondern beinhaltet vor allem zielgruppen- und marktspezifische Anpassungen sowie deren Genehmigung durch die Aufsichtsbehörden. Oftmals ist dies sehr zeitaufwändig und es entstehen dabei hohe Kosten für externe Berater, wie Marktforscher, Kommunikationsagenturen, Rechtsanwälte und Wirtschaftsprüfer sowie Unternehmens- und Personalberater. Diese Kosten sind jedoch gut investiert, denn eine spätere Korrektur von Fehleinschätzungen wäre um ein Vielfaches teurer. Hinzu kommen noch die Einführungskosten. Veränderungen bedeuten das Erlernen neuer Fähigkeiten und schließlich deren praktische Umsetzung. So wird beispielsweise der Einsatz neuer Tools in der Mitarbeiterbindung oder der Verwaltung während der Einführungs- und Schulungsphase zu einer geringeren Effizienz führen.

Weiterhin ist unter Berücksichtigung der länderspezifischen Wettbewerbssituation und der zu bearbeitenden Zielgruppen der Aufwand an Marketingaktivitäten abzuschätzen. Werden in einem Land mehrere Zielgruppen gleichzeitig bearbeitet, so hat auch ein entsprechend differenzierter Einsatz des Marketing-Instrumentariums zu erfolgen. Demgegenüber können in einem anderen Land weniger differenzierte, dafür aber größere Marktsegmente vorherrschen, was sich auch in niedrigeren Anpassungskosten niederschlagen wird. Zudem würde das Vorhandensein oder der Eintritt eines oder mehrerer marktbedeutender Konkurrenzunternehmen in einem Land weitere Marketingkosten für das Unternehmen bedeuten.

Nicht zu vernachlässigen ist die Verteilung der Nachfragerstruktur in einem Land. Dies hat zum Beispiel unmittelbar Auswirkungen auf die Anzahl der zu eröffnenden Gebietsniederlassungen beziehungsweise Regionalbüros, um die beispielsweise im Dienstleistungssektor bedeutsame Kundennähe zu gewährleisten und eine erfolgversprechende Marktbearbeitung überhaupt zu ermöglichen. Auch hier kann eine Orientierung an den Marketingbudgets anderer Konzerngesellschaften zu Fehleinschätzungen führen. Die eigene Marke ist möglichen Zielkunden vor dem Markteintritt meistens vollkommen unbekannt. Dies gilt oft auch für Dienstleistungen und Produkte. In diesem Fall wird mit dem Markteintritt auch eine neue Marke eingeführt, was noch ganz andere Aktivitäten und Kosten bedeutet als die Kommunikationspolitik in einem etablierten

Markt. Darüber hinaus werden für die Neukunden- oder Mitarbeitergewinnung in jedem Markt andere Instrumente eingesetzt (Anzeigen, Internet, Empfehlungen). Diese sind zu erkennen und in die Strategie zu integrieren.

Nicht zuletzt übt auch die Wahl der Markteintrittsstrategie entscheidenden Einfluss auf die Kostenentwicklung und damit die Ertragsaussichten in den jeweiligen Ländermärkten aus. Diese wird – wie bereits in Kapitel 1 Abschnitt 1.1.6 angesprochen – wiederum in Abhängigkeit von den länderspezifischen Wettbewerbs- und Nachfragebedingungen bestimmt. Die angeführten Beispiele sollen hierbei lediglich verdeutlichen, dass bei der Berechnung der länderspezifischen Ertragspotenziale eine Vielzahl komplexer Sachverhalte zu berücksichtigen ist. Die angesprochenen Änderungsbedarfe hinsichtlich des Geschäftsmodells sind dann für jedes in Frage kommende Land zu quantifizieren und dem als wahrscheinlich erachteten Erfolg gegenüberzustellen. Allerdings ist es schwierig, alle relevanten Einflussfaktoren gemäß ihrer tatsächlichen betriebswirtschaftlichen Konsequenzen für die Markterschließung und -bearbeitung eines bestimmten Landes hinreichend genau zu quantifizieren.

Die Berechnung der erwarteten Umsätze und Kosten sowie die Prognose der Rentabilität eines Ländermarktes als Investitionsobjekt kann mithilfe unterschiedlichster Bewertungsverfahren (siehe Abbildung 7 in Kapitel 1) erfolgen, die allerdings eine vollständigen Informationsbasis voraussetzen. Fehlende Informationen werden durch Schätzungen beziehungsweise Erwartungen ersetzt. Zu Beginn einer Marktanalyse werden die Schätzungen noch überwiegen. Im Laufe eines Projekts werden sie jedoch Schritt für Schritt durch tatsächliche Zahlen ersetzt. Der Finanzplan ist somit lebendig, denn er lässt sich den Veränderungen der Realität eines Markteintritts laufend anpassen. Durch die Gegenüberstellung der erwarteten Kosten- und Erlösströme wird bei diesen Verfahren versucht, die attraktivsten Länder zu ermitteln. Auf der Basis von Best-Case- und Worst-Case-Szenarien sollten dabei für jeden der betrachteten Ländermärkte Umsatzprognosen und Kostenschätzungen für einen Zeitraum von circa fünf Jahren vorgenommen werden, um daraus Deckungsbeitragsberechnungen und Rentabilitätskennziffern zu erarbeiten. Diese Berechnungen bilden die Grundlage für den Einsatz von Investitionsrechnungen, anhand derer die Ergebnisse mit den betriebswirtschaftlichen Zielvorgaben des Unternehmens verglichen werden können. Darüber hinaus dienen diese Ergebnisse auch zur Berechnung der benötigten Ressourcen und zur Festlegung der Markteintrittsstrategie.

Zur finalen Bewertung der Ländermärkte hinsichtlich des erwarteten Erfolgspotenzials eignen sich die nachfolgend aufgeführten Investitionsrechnungsverfahren:

- Das Kapitalwertverfahren (Net-Present-Value-Method) bestimmt denjenigen Länderteilmarkt als absolut vorteilhaft, der den höchsten Kapitalwert aufweist. Dieser wird definiert als die Differenz der diskontierten Einzahlungsüberschüsse auf den Bezugszeitpunkt.
- Das Pay-off-Verfahren oder die Amortisationsdauer kennzeichnet denjenigen Ländermarkt als absolut vorteilhaft, in dem die Pay-off-Periode am kürzesten ist. Die Pay-off-Periode wird durch den Zeitraum bestimmt, in dem die vorgenommenen diskontierten Auszahlungen durch die erhaltenen diskontierten Einzahlungen, also die Periodenüberschüsse, ausgeglichen sind.
- Die Break-even-Analyse soll auch im Rahmen der investitionstheoretischen Verfahren erfasst werden, da auch sie den Grad der Vorteilhaftigkeit eines Landes beurteilen hilft. Das Verfahren ermittelt die Absatzmenge, ab derer auf dem Länderteilmarkt unter der Bedingung konstanter fixer und variabler Kosten und Preise die Gewinnschwelle erreicht wird. Darüber hinaus können auch die Auswirkungen verschiedener Einflussgrößen (zum Beispiel Form der Markteintrittsstrategie, Ausmaß an Marketing-Mix-Maßnahmen, Besteuerung) auf das Erreichen der Gewinnschwelle ermittelt und veranschaulicht werden.
- Das Cashflow-Verfahren, insbesondere die Anwendung des Discounted-Cashflow-Verfahrens, orientiert sich an zukünftigen Cashflows sowie an kapitalmarktorientiert abgeleiteten Kalkulationszinssätzen und beurteilt denjenigen Ländermarkt als ökonomisch geeignet, der der Unternehmung den höchsten Cashflow in einer Periode einbringt. Mit diesem Ansatz werden insbesondere die Auswirkungen der Marktentscheidung auf das Vermögen der Eigentümer (Aktionärsvermögen, Shareholder-Value) beziehungsweise auf den Börsenwert des Konzerns errechnet. Denn innerhalb des Konzerns stellt der Aufbau ausländischer Tochtergesellschaften ein Investitionsobjekt dar, das für die Investoren allein unter dem Gesichtspunkt ihrer effektiven Verzinsung beurteilt wird. Externe Einflussfaktoren wie zum Beispiel Wechselkursschwankungen, die sich auf den Erfolg auswirken können, werden deshalb dem Investitionsobjekt direkt zugerechnet und bei dessen Beurteilung herangezogen. Tabelle 22 zeigt ein Muster für eine Berechnung des Cashflow im ersten Investitionsjahr unter gleichzeitiger Beurteilung mehrerer Ländersegmente.

Liquiditäts-parameter	Land A			Land B		
	Cashflow in Segment 1	Cashflow in Segment 2	Cashflow in Segment 3	Cashflow in Segment 1	Cashflow in Segment 2	Cashflow in Segment 3
Umsatz – direkte Kosten						
= Deckungsbeitrag – fixe Kosten						
= Nettogewinn – Kapitalkosten – Dividenden – Kapitalzugang – Steuern + Subventionen + Abschreibungen						
= NETTO-CASH-FLOW						
	Summe Land A:			**Summe Land B:**		

Tabelle 22: Vereinfachte Struktur einer Cashflow-Analyse

Die vorgestellten Tools sollten die folgenden drei Fragen beantworten:

1. Ist das Geschäftsmodell im Zielmarkt funktionsfähig, das heißt sind die entscheidenden Wertschöpfungsprozesse, wie zum Beispiel die Gewinnung von Neukunden profitabel?
2. Wann wird der Break-even-Punkt erreicht, das heißt, wann ist die neue Landesgesellschaft operativ profitabel?
3. Wann wird das gesamte New-Market-Projekt profitabel, das heißt, wann sind die Investitionen mit welcher Verzinsung zurückgezahlt?

Diese Fragen sind der Reihe nach abzuarbeiten und getrennt darzustellen. In einem ersten Schritt sollten alle Ressourcen auf die erfolgreiche Implementierung des Geschäftsmodells konzentriert werden. Treten dabei Probleme auf, sind diese zu lösen oder der Markteintritt ist abzubrechen. Damit wird ein wichtiges Ziel erreicht. Die Entscheidungsträger haben jeweils alle notwendigen Informationen als Entscheidungsgrundlage, um Fehlentwicklungen schnell korrigieren zu können beziehungsweise Risiken einzudämmen.

Nach Abschluss dieser Feinanalyse kann eine Rangfolge der Länder entsprechend ihren zu erwartenden Erfolgspotenzialen erstellt werden. In dieser Entscheidungsgrundlage für die Unternehmensleitung wurden alle Tasks in Step 1 Marktbewertung und -auswahl absolviert. Gemäß dem »Wasserfallprinzip« werden zuerst diejenigen Länder bearbeitet, welche die höchsten Erfolgspotenziale aufweisen. Bei der endgültigen Entscheidung werden sehr wahrscheinlich noch subjektive Motive eine Rolle spielen, aber es ist durch die beschriebene Vorgangsweise wenigstens erreicht und sichergestellt worden, dass die für den Erfolg des Auslandsengagements so wichtige Grundsatzentscheidung – die Wahl des zu bearbeitenden Auslandsmarktes – quantitativ ausreichend fundiert ist. Nach der Entscheidung der Unternehmensleitung für einen oder mehrere Märkte kann mit Step 2, der Vorbereitung des Markeintritts, begonnen werden.

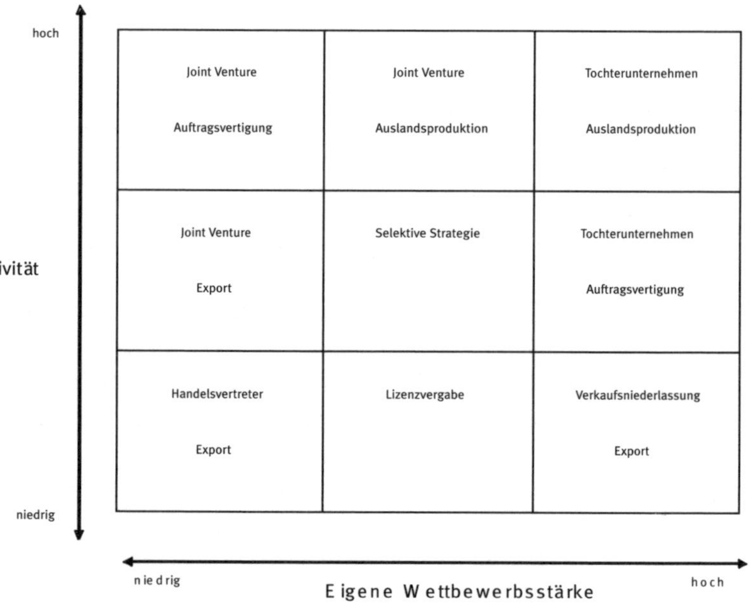

Abbildung 28: Auswahlmatrix für Markteintrittsstrategien

Letztendlich ist noch darauf hinzuweisen, dass die Entscheidung für eine bestimmte Markteintrittsstrategie auch innerhalb dieser Feinauswahlstufe vollzogen wird und auf ähnlichen Entscheidungskriterien beruht (siehe Abbildung 28). Diese Vorgehensweise erscheint plausibel, da neben den Unternehmenszielen, der Risikoorientierung und den zur Verfügung stehenden Ressourcen eines Unternehmens vor allem Struktur, Größe und Anforderungen der Marktsegmente die Markteintrittsstrategie determinieren. Besitzt der Zielmarkt nur ein geringes Marktvolumen und Wachstumspotenzial, so weisen vor allem strategische Allianzen und Joint Ventures aufgrund des geringen Investitionsvolumens Vorteile auf. Ist hingegen auf dem Auslandsmarkt eine hohe Wachstumsrate zu erwarten, wäre der Aufbau einer Tochtergesellschaft (Build-Strategie) vorteilhaft. Bei einer hohen Wettbewerbsintensität und geringen Wachstumsraten auf dem Auslandsmarkt müsste wiederum die Akquisition (Buy-Strategie) vorgezogen werden. Die Entscheidung über die Markteintrittsstrategie kann ebenfalls durch die Anwendung der Portfolio-Analyse veranschaulicht werden. Darüber hinaus lassen sich auch umfangreiche und sehr aufwändige Berechnungen, wie zum Beispiel die Kapitalwertmethode, zur Wahl der Markteintrittsstrategie anstellen. Zur Entscheidung der geeigneten Markteintrittsstrategie soll in diesem Zusammenhang noch einmal auf Abschnitt 1.1.6 in Kapitel 1 verwiesen werden.

Key-Learnings

- *Arbeiten Sie diesen Step vollständig ab:* So gut wie immer fordern Kunden, Zulieferer, Ihr Chef oder Kollegen einen schnellen Markteintritt. Lassen Sie sich nicht beirren. Fehler in der Marktauswahl lassen sich selbst durch einen professionellen Markteintritt nicht korrigieren.
- *Erhalten Sie Ihre Neutralität:* Behalten Sie während des gesamten Prozesses kritische Distanz. Denn wenn Sie sich als Frankreichfreund outen und Frankreich als »Sieger« aus dem Marktauswahlprozess hervorgeht, dann verlieren Sie an Glaubwürdigkeit. Dagegen sichert eine objektive, prozessorientierte Vorgehensweise Neutralität, Nachvollziehbarkeit, Qualität und Wiederholbarkeit.
- *Achten Sie auf die Datenqualität:* Alle vorliegenden Daten müssen aktuell, vollständig, genau und relevant sein. Dies ist besonders in weniger entwickelten Märkten eine kaum zu bewältigende Herausforderung. Fehler in der Datenerhebung und -erfassung oder eine mangelnde Datenqualität sind nicht mehr zu korrigieren und können zu fatalen Fehlentscheidungen führen (Stichwort: garbage-in, garbage-out).
- *Interpretieren Sie Gesetze und Marktusancen richtig:* Sie müssen ganz genau verstehen, was unterschiedliche Marktbedingungen für Ihr Geschäftsmodell in der Praxis bedeuten. Setzen Sie nichts voraus! Überprüfen Sie alles!
- *Nutzen Sie vor allem Sekundärquellen:* Primäre Marktforschung ist teuer und langwierig. Häufig gibt es die gesuchten Informationen bereits in der einen oder anderen Form.
- *Verifizieren Sie jede Informationen durch eine zweite Quelle:* Besonders in jungen Märkten werden Sie oft Informationen erhalten, die sich widersprechen. Lassen Sie sich diese immer durch eine zweite, unabhängige Primärquelle bestätigen, die kein wirtschaftliches Interesse an Ihnen hat.
- *Verstehen Sie den Markt:* Sprechen Sie selbst mit den Menschen, das heißt mit (potenziellen) Kunden und Mitarbeitern, Experten und Aufsichtsorganen, und machen Sie Testkäufe bei der Konkurrenz. Die dadurch gewonnenen Kontakte und Erfahrungen werden sich noch als nützlich erweisen. Diese Erfahrungen sind viel nachhaltiger als bunte Folien von teuren Beratern, die oftmals weder im Zielland gearbeitet noch gelebt haben.

- *Binden Sie Entscheidungsträger frühzeitig ein:* Es ist schön, interessante Erfahrungen im Hinblick auf einen möglichen Zielmarkt zu machen und neue Erkenntnisse zu gewinnen. Binden Sie die Entscheidungsträger durch regelmäßige Information ein. Dadurch gewinnen Sie Unterstützung und beschleunigen die Entscheidungsprozesse.
- *Lead with your strength:* Gehen Sie dorthin, wo Sie mit Ihren Fähigkeiten am meisten Erfolg haben. In der Marktevaluations- und -selektionsphase geht es vor allem um die Verknüpfung von internen Wettbewerbsvorteilen (Inside-out-Perspektive) mit externen Chancen (Outside-in-Perspektive). Nutzen Sie Ihre Wettbewerbsvorteile wo immer möglich und so einfach wie möglich.

3

Step 2: Marktvorbereitung

Management-Summary

Endlich ist es so weit: Die maßgeblichen Leitungs- und Aufsichtsgremien haben mit der Freigabe für Step 2 entschieden, die Voraussetzungen für den Eintritt in einen oder mehrere Märkte zu schaffen. Dies ist jedoch nicht identisch mit der endgültigen Entscheidung für einen Markteintritt. Die Modularität, das transparente und schrittweise Vorgehen des Managementprozesses *Company2new:market* gibt allen maßgeblichen Entscheidern eine hohe Transparenz und Kontrolle, indem der Sinn des Markteintritts und die erzielten Ergebnisse regelmäßig, das heißt am Ende eines jeden Steps, überprüft werden und Entscheidungen gegebenfalls revietiert werden.

Ziel von Step 2 ist die interne Vorbereitung des Markteintritts. Dies beginnt mit der Bereitstellung und Organisation der notwendigen Ressourcen für alle Tasks in diesem Step. Hervorzuheben ist dabei vor allem die Auswahl der Projektmitglieder. Noch mehr als sonst ist deren Qualität erfolgsentscheidend. Der Mensch gewinnt. So werden gute Mitarbeiter selbst in einem durchschnittlichen Markt außergewöhnliche Erfolge erreichen. Aufgrund dessen wird dem Thema Staffing und Organisation von internationalen Projekten besondere Aufmerksamkeit gewidmet.

Sind alle Mitglieder an Bord, beginnt die Projektarbeit mit der Definition einer klaren Positionierung im Zielmarkt. Dieser Task baut auf den Ergebnissen von Step 1 auf. Kernkompetenzen werden so kombiniert, dass möglichst dauerhafte Wettbewerbsvorteile entstehen. Diese ermöglichen eine klare Differenzierung gegenüber Wettbewerbern und lassen Kunden von besseren Produkten und Dienstleistungen profitieren. Nun wird der Prototyp des Geschäftsmodells, das heißt die praktische Umsetzung der Positionierung, gebaut. So wird hier unter anderem festgelegt, über welchen Vertriebskanal das anvisierte Kundensegment mit welchen Produkten und Dienstleistungen betreut wird. In umfangreichen Tests wird der Prototyp optimiert und schließlich der Business-Plan angepasst.

Die Entscheidungsvorlage für den Übergang zu Step 3 ist ein funktionierender Prototyp, ein leistungsfähiges Projektteam und ein aktualisierter Business-Plan. Mit diesen Informationen ist es den maßgeblichen Entscheidungsträgern möglich zu entscheiden, ob der Markteintritt tatsächlich erfolgen soll.

3.1 Task 1: Koordination des internationalen Projektmanagements

3.1.1 Bedeutung der Kulturdistanz und Identifikation kultureller Differenzen

Internationale Projekte sind immer auch interkulturelle Projekte. Die Denkweise der Mitglieder des Managements und deren interkulturelle Kompetenz beziehungsweise Bereitschaft, fremde Kulturen zu akzeptieren, beeinflussen maßgeblich den Erfolg von Projektteams. In der Marktvorbereitungsphase ist den kulturellen Einflussfaktoren eines Landes besondere Aufmerksamkeit zu schenken, da durch alle in dieser Phase zu treffenden Entscheidungen – wie zum Beispiel die Anpassung der Unternehmenskultur an den Auslandsmarkt, dessen Kultur und die handelnden Personen, die Einrichtung von Organisationsstrukturen, die Bildung von Projektteams, die Auswahl und Entsendung geeigneter Führungskräfte oder die Entwicklung des länderspezifischen Geschäftsmodells – die Basis für den Geschäftserfolg in einem Auslandsmarkt gelegt wird. Wenn das interkulturelle Risiko, wie in der Praxis leider häufig zu beobachten, unterschätzt oder als nicht so wichtig erachtet wird, sind Konflikte im Projektmanagement oder zwischen den entsandten und den einheimischen Mitarbeitern meist vorprogrammiert. Um kulturbedingte Managementprobleme zu bewältigen und Synergieeffekte in der interkulturellen Projektarbeit besser zu nutzen, ist eine Auseinandersetzung mit den »kulturellen Codes« eines Auslandsmarktes, das heißt den Sitten und Gebräuchen sowie den Gefühlen und Befindlichkeiten der Menschen und deren mögliche Auswirkungen auf das Geschäftsmodell unumgänglich. Kulturelle Unterschiede sollten hierbei auch als Chance begriffen werden, da sie ein enormes kreatives Potenzial für die Entwicklung innovativer Ideen darstellen.

Die Unternehmenskultur, die interkulturelle Kompetenz sowie das »Leben« gemeinsamer Werte von Führungskräften und Mitarbeitern eines Unternehmens führen gerade im internationalen Geschäft zur Realisierung entscheidender Wettbewerbsvorteile. Das Wertesystem eines Unternehmens ist hierbei als wesentlicher Bestandteil der Unternehmenskultur zu verstehen. Werte lassen sich nicht nur identifizieren, sondern sie sind auch messbar, korrelieren miteinander und wirken auf Einstellungen, Verhalten, Ergebnisse und damit auf den Erfolg von Unternehmungen. Die Ausrichtung der Organisation auf bestimmte Werte beziehungsweise die Optimierung von Werten und Wertekombinationen führt in den Unternehmen zudem nachweislich zu einem höheren Unternehmenserfolg (siehe hierzu die Studie *Wertekultur und Unternehmenskultur* von Deep White, MCM Institut der Universität St. Gallen). Deshalb stellt sich bei internationalen Expansionen stets die Frage, ob bestimmte unternehmerische Wertekombinationen auch auf andere Kulturen übertragbar sind oder ob das Aufeinandertreffen von Unternehmens- und Landeskultur zwangsläufig zu Konflikten führt. Bei der Bildung der Organisationseinheiten beziehungsweise Projektteams im Auslandsmarkt ist deshalb eingehend zu prüfen, inwieweit es zu Differenzen kommen kann und welche Anpassungen am Wertesystem des Unternehmens vorgenommen werden müssen, um auch in einer anderen Kultur erfolgreich zu sein. Die in der Marktauswahlphase gewonnenen Informationen über die spezifischen Rahmenbedingungen und Risiken des Auslandsmarkt (siehe noch einmal Kapitel 2, Abschnitt 4) sind deshalb hinsichtlich kultureller Faktoren zu vertiefen. Herangezogen werden können hier beispielsweise die Modelle von Hofstede und Trompenaars, die auf den Ergebnissen empirischer Untersuchungen zum Ausmaß der Kulturdistanz beruhen.

Die kulturelle und geografische Distanz des Gastlandes zum Heimatland wirkt sich auf den Schwierigkeitsgrad zur Verankerung des Unternehmens in dem jeweiligen Kulturkreis aus. Demnach existieren fünf Kulturdimensionen (Machtdistanz, Unsicherheitsvermeidung (Risikoneigung), Individualismus, Maskulinität und langfristige Orientierung), die einen Einfluss auf die internationale Projektarbeit haben können. Die Bedeutung dieser kulturellen Dimensionen in ausgewählten Ländern lässt Tabelle 23 erkennen (maximale Punktzahl pro Dimension = 100).

	Machtdistanz	Unsicherheitsvermeidung	Individualismus	Maskulinität	Langfristige Orientierung
Deutschland	35	65	67	66	31
Niederlande	38	53	80	14	44
Großbritannien	35	35	89	66	
Frankreich	68	86	71	43	
Italien	50	75	76	70	33
Schweden	31	29	71	5	29
USA	40	46	91	62	80
Japan	54	92	46	95	75

Tabelle 23: Ausprägungen der fünf Kulturdimensionen in ausgewählten Ländern

Aus Tabelle 23 wird ein aufmerksamer Leser erkennen, dass beispielsweise zwischen Deutschland und Italien in den fünf genannten Kulturdimensionen relativ geringe, aber zwischen Deutschland und Frankreich relativ große Unterschiede bestehen. Die Überraschung, dass Deutsche und Italiener sich nicht nur im Urlaub nahe sind, sondern auch über ähnliche Verhaltensweisen und Kulturen verfügen, mag verwundern und sollte bezogen auf den jeweiligen Einzelfall kritisch hinterfragt werden: Was bedeutet dies für die Positionierung und das Geschäftsmodell? Wie können Abläufe und Organisationen im Hinblick auf diese Ergebnisse optimiert werden? Welche Auswirkungen sind auf den Führungsstil und die Unternehmenskultur zu beachten?

Grundlage für die Beantwortung dieser Fragen ist die Erstellung eines detaillierten Kulturprofils. Dieses Tool integriert persönliche Erfahrungen und Schulung, wie zum Beispiel Cross-Cultural-Management-Kurse im Zielmarkt sowie das Erfassen und Verstehen von kulturellen Unterschieden, wie zum Beispiel von Kriterien wie Lebensrhythmus, Zeitbedeutung, Zeiteinteilung oder Informationsdichte (siehe Abschnitt 1.3 in diesem Kapitel). Hier gibt es, wie der Vergleich zwischen Deutschland und Italien in Tabelle 24 zeigt – trotz der Nähe in den fünf Kulturdimensionen – in der Praxis deutliche Unterschiede, deren Nichtbeachtung zu großen Problemen führen kann. Dies soll nachfolgend anhand einiger ausgewählter Beispiele erläutert werden.

Kriterium	**Deutscher**	**Italiener**
Zeitverständnis	sequentiell mittel-/langfristig	parallel kurz-/mittelfristig
Führungsstruktur	Führungs*gremium*	Führungs*person*
Entscheidungsfindung	dezentral/Team	zentral/Einzelperson
Kommunikation	tendenziell strukturiert und sachlich	tendenziell unstrukturiert und emotional
(Unternehmens-)Bindung	Unternehmen/ Dienstleistung	Markt/Kunde

Tabelle 24: Fünf Beispiele aus dem Kulturprofil Deutschland/Italien

Die Unterschiede im Zeitverständnis zeigen sich bereits in der täglichen Arbeit. Der Deutsche ist tendenziell strukturiert, das heißt pünktlich, gut vorbereitet und arbeitet seine Aufgaben sequentiell ab. Wartezeiten empfindet er als unangenehme Zeitverschwendung. Im Gegensatz dazu denkt der Italiener eher parallel. Er bewältigt mehrere Aufgaben gleichzeitig und nutzt Wartezeiten effizient, zum Beispiel bei verspätetem

Sitzungsbeginn für ein kurzes Telefonat oder ein schnelles Gespräch mit einem Arbeitskollegen. Praktisch relevante Auswirkungen hat dies für die Terminplanung, zum Beispiel von Projekten und noch mehr bei der Vertriebsführung. Deutsche Vertriebe zeichnen sich durch eine standardisierte (zum Beispiel gleiche Verkaufsgespräche, Kundensegmente), ergebnisorientierte (zum Beispiel Umsatz, Ertrag, Qualität) und aktivitätsorientierte (zum Beispiel Anzahl der Kunden, Termine, Abschlüsse) Vorgehensweise aus. Italienische Berater können dies auch. Allerdings werden sie stark durch ihre langfristigen Beziehungen zu Kunden und ihren Führungskräften geprägt. Die Umsetzung der gleichen Ziele erfordert somit einen kulturell deutlich unterschiedlichen Führungsstil.

Während in Deutschland der Vorstand beziehungsweise die Geschäftsführung als Gremium ein Unternehmen führt, dominiert in Italien der so genannte Amministratore Delegato (vergleichbar mit einem CEO) als Einzelperson. Dies hat unmittelbare Auswirkungen auf die Entscheidungsfindung. So erwartet der italienische Mitarbeiter von seinem Vorgesetzten Entscheidungen, und deren Delegation wird eher als Schwäche denn als Chance begriffen. Diese im jeweiligen Handelsrecht festgelegte und täglich gelebte, unterschiedliche Führungskultur führt in der Praxis oftmals zu Problemen und Missverständnissen, die das gesamte Markteintrittsprojekt gefährden können. Ein weiterer Grund hierfür liegt in der interkulturellen Kommunikation. Der Italiener diskutiert emotionaler, dadurch manchmal deutlicher in der Wortwahl und unstrukturierter in der Sache. Ein deutscher Manager reagiert darauf verbindlich, sachlich, strukturiert, präpariert und bemüht sich vor allem, die Fassung zu wahren. Im Zweifel wird ihm dies als Schwäche und Kälte ausgelegt. Hier werden jedoch entscheidende Fehler begangen. So werden Inhalte zwar verstanden, aber nicht richtig interpretiert und schon gar nicht die erwarteten Maßnahmen ausgelöst. Zur Vermeidung von Eskalation empfiehlt sich manchmal der Einsatz eines Übersetzers. Dieser übernimmt hier eine entscheidende Rolle, indem er nicht nur sprachlich und inhaltlich, sondern auch kulturell richtig übersetzt.

Ein letzter, nicht minder wichtiger Punkt ist die (Unternehmens-) Bindung. Ein italienischer Handelsvertreter identifiziert sich vor allem mit seinen Kunden. Diese sind seine Zukunft, da sie, unabhängig davon, für welchen Wettbewerber er tätig ist, sein zukünftiges Einkommen garantieren. Im Zentrum steht dabei – wie schon genannt – die Beziehung beziehungsweise das Vertrauensverhältnis, diesmal mit dem Kunden. Dies gilt genauso für seine Führungskräfte. Sie fühlen sich eher an den Markt als an das erst kürzlich in den Markt eingetretene Unternehmen gebunden. Im Gegensatz dazu identifizieren sich Deutsche, ähnlich wie Japaner, stärker mit ihrem Arbeitgeber und dessen Produkt oder Dienstleistung.

Die Erstellung eines Kulturprofils stellt somit die Grundlage für die weitere Vorgehensweise dar. Jedes Kulturprofil ist regelmäßig zu aktualisieren und allen involvierten Führungskräften zur Verfügung zu stellen. Es ist zu vermeiden, dass bei jedem Manager oder Expatriate die Lernkurve von vorne beginnt.

Angesichts der Probleme hinsichtlich der Messbarkeit oder Quantifizierung der kulturellen Unterschiede zweier Länder sollen die vorangegangenen Ausführungen als Forderung verstanden werden, der Kulturanalyse nicht nur im Rahmen der Marktauswahl, sondern auch innerhalb der Marktvorbereitung erhöhte Aufmerksamkeit zu schenken. Denn durch die Entwicklung des länderspezifischen Geschäftsmodells und die Auswahl der Mitarbeiter werden die entscheidenden Grundlagen für eine erfolgreiche Marktbearbeitung gelegt. Vor diesem Hintergrund sollte die Kulturanalyse beziehungsweise die genaue Herausarbeitung kultureller Differenzen vielleicht sogar als separate Aufgabe im gesamten Markterschließungsprozess verstanden werden.

Insgesamt soll hier noch einmal darauf hingewiesen werden, dass zum Erlernen der jeweiligen länderspezifischen kulturellen Eigenheiten der Einsatz der nachstehende, zusätzlichen Tools im Rahmen der Marktvorbereitungsphase unbedingt unter kulturspezifischen Aspekten, das heißt in Form einer lokalen Interpretation zum Beispiel der Unternehmenswerte, zu erfolgen hat:

- strategische Instrumente (Unternehmensphilosophie, Strategie für die Tochtergesellschaft),
- führungsspezifische Instrumente (Führungsgrundsätze, Führungsstil),
- kommunikative Instrumente (Kommunikationsstil, Informationspolitik, Corporate Identity, Corporate Communications),
- organisatorische Instrumente (Aufbau- und Ablauforganisation, Schnittstellen – auch zu Mutter- und Schwesterunternehmen),
- personale Instrumente (Personalfreisetzung, Personalbeschaffung, Personalentwicklung, Motivations- und Anreizsysteme),
- physische Instrumente (Büro- und Gebäudegestaltung, Logo).

3.1.2 Bildung interkultureller Projektstrukturen – Balance im Management der Kulturen

Mit dem Tool Kulturprofil verfügt der Projektleiter nun über alle notwendigen Informationen zum Aufbau einer internationalen Projektorganisation. Diese beinhaltet neben der Aufbau- und Ablauforganisation vor allem die Auswahl der Projektmitarbeiter.

Wie bei traditionellen Projekten ist die Mitarbeiterauswahl auch bei interkulturellen oder internationalen Projekten der wichtigste Erfolgsfaktor. Dabei ist zu entscheiden, welche Positionen durch entsandte (Expatriates) oder einheimische Mitarbeiter (Locals) zu besetzen sind, welches Anforderungsprofil erwartet wird und wie die Kompetenzen zwischen Expatriates und Locals zu verteilen sind. Die Risiken liegen unter anderem in der Unsicherheit, ob Expatriates in der Lage sind, ihr Wissen in eine andere Kultur zu übertragen, sowie der Beurteilung der Leistungsfähigkeit eines Locals. Letzteres liegt oftmals an einem Mangel an Informationen, der durch Referenzen und Zeugnisse nur unzureichend abgedeckt werden kann, und dem berechtigten Zweifel, ob die High Potentials eines Marktes für ein derartiges Projekt zu gewinnen sind. Diese Aufgabe erfordert viel Erfahrung der Projektleitung sowie deren Bereitschaft, im Zweifel Fehlentscheidungen schnell und konsequent zu korrigieren.

Organisationsgestaltung und Personal- beziehungsweise Besetzungspolitik hängen eng zusammen. In der Regel orientiert sich die Aufbauorganisation bei der Errichtung von Landesgesellschaften oder Niederlassungen an denen in anderen Ländern. Unabhängig von der Marktbearbeitungs- beziehungsweise Markteintrittsform sind allerdings eine Reihe von organisatorischen Anpassungen an das lokale Umfeld vorzunehmen. Die Koordination der Auslandsaktivitäten in dem Zielland und somit auch die Projektleitung wird der Stabsabteilung Ausland/New Markets übertragen, die als Kompetenzzentrum für alle internationalen Unternehmensaktivitäten und als organisatorische Plattform zum Aufbau der einzelnen Landesgesellschaften mit weitreichender Verantwortung organisiert ist. (Zur empfohlenen Organisationsstruktur siehe Abbildung 29 auf der nächsten Seite).

Der Besetzung der Leitung der neuen Landesgesellschaft und auch des gesamten Projektes kommt, wie bereits angedeutet, eine herausragende Bedeutung zu. Traditionelle Personalabteilungen sind mit diesen speziellen Anforderungen meist überfordert. So kann jedem Auslandsmanager aufgrund der spezifischen Anforderungen nur empfohlen werden, diesen Bereich in sein Ressort zu übernehmen (siehe folgenden Abschnitt). Nur

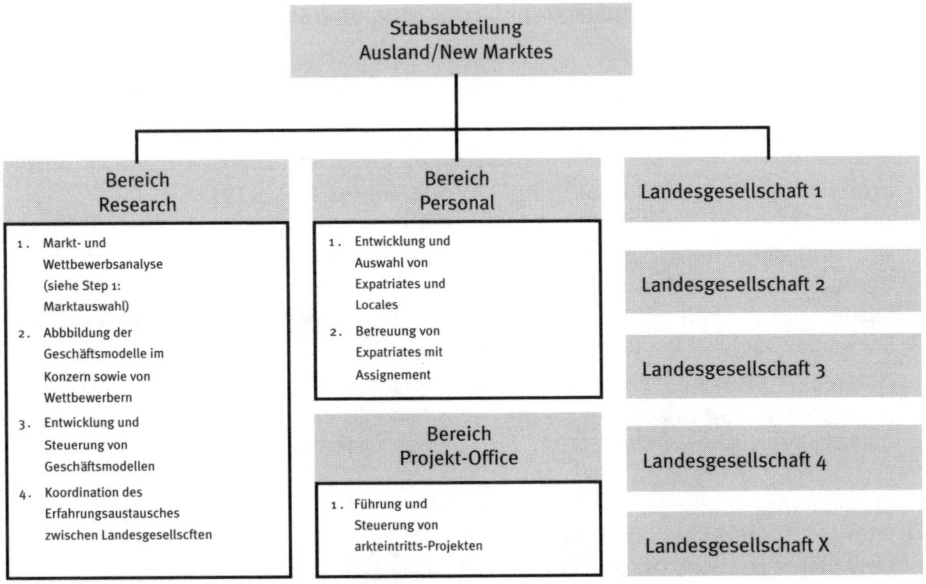

* Dies beinhaltet die Koordination und Auswahl aller Markteintrittsalternativen

Abbildung 29: Empfohlene Organisationsstruktur der Stabsabteilung Ausland/New Markets

durch eine gezielte, wohlüberlegte und ausgewogene Auswahl von Expatriates und Locals, die sich sowohl hinsichtlich ihrer Fähigkeiten als auch in Bezug auf ihre Sozialkompetenz sinnvoll ergänzen, kann die kulturelle Anpassung des Geschäftsmodells an das neue Land erfolgreich sein. Sicherlich ist dies noch keine Erfolgsgarantie, aber ohne die richtigen Mitarbeiter ist es sicher ein Misserfolg. Während Expatriates mit dem Unternehmen, der Führungsphilosophie und den Managementmethoden bestens vertraut sind und der Muttergesellschaft Sicherheit und Kontrolle in Bezug auf die Auslandsaktivitäten bieten, verfügen Locals über eine deutlich höhere kulturelle Sensibilität sowie viel bessere Kenntnisse und Kontakte im Auslandsmarkt (siehe dazu Tabelle 25 und Abbildung 30).

Stammhausdelegierte/Expatriates	Gastlandmitarbeiter/Locals
Vorteile	
• leichtere Durchsetzung der Stammhausphilosophie, -politik, -struktur und -kultur • problemlose Kommunikation und Koordination zwischen Mutter- und Tochtergesellschaft • bessere Steuerung und Kontrolle der Tochtergesellschaft • leichterer Transfer von Wertschöpfungs-funktionen, des Geschäftsmodells sowie von Verfahrens- und Management-Know-how • Erweiterung der Erfahrungen der Stammhausmitarbeiter • höhere Loyalität gegenüber dem Unternehmen sowie Glaube an die Vision, das Projekt	• geringere Personalkosten • leichtere (kulturelle) Integration der Tochtergesellschaft in das Marktumfeld des Gastlandes • Motivationssteigerung bei den lokalen Mitarbeitern, da sie auch Top-Positionen erreichen können • höhere Kontinuität in der Tochtergesellschaft • bessere Adaption des Geschäftsmodells durch kulturelle Sensibilität für das Gastland
Nachteile	
• erschwerte Anpassung des Führungsstils an Gastlandbedingungen • eventuell zu starkes Festhalten am »alten« Geschäftsmodell • Gefährdung der Kontinuität bei häufig wechselnden Expatriates	• erschwerte Abstimmung zwischen Mutter- und Tochtergesellschaft • höhere Kommunikations- und Koordinationskosten • Gefahr, dass bei Konflikten aufgrund mangelnder Loyalität den Gastlandinteressen Vorrang eingeräumt wird

Tabelle 25: Vor- und Nachteile von Expatriates und Locals

Die Wichtigkeit einer guten Balance ist dabei nicht zu überschätzen. So kann die Dominanz der einen oder anderen Seite die Existenz und Wirtschaftlichkeit des Projekts in allen Steps gefährden. Das Risiko besteht vor allem darin, dass eine von Expatriates dominierte Geschäftsführung am Markt scheitert, oder im umgekehrten Falle – insbesondere in nicht voll entwickelten Volkswirtschaften – aufgrund mangelnder Kontrolle die Gewinne und Budgets nicht zielgerichtet verwendet werden oder die Umsetzung der Unternehmensstrategie nicht wie erwartet erfolgt. Als Lösung wird deshalb eine interkulturelle Zusammensetzung der Führungsteams vorgeschlagen, die alle über Erfahrungen in interkulturellen und internationalen Projekten verfügen. Die Expatriates haben hierbei die Verantwortung dafür, den Locals die Unternehmenskultur, die Führungsphilosophie und die Geschäftsprozesse zu vermitteln. Die Locals

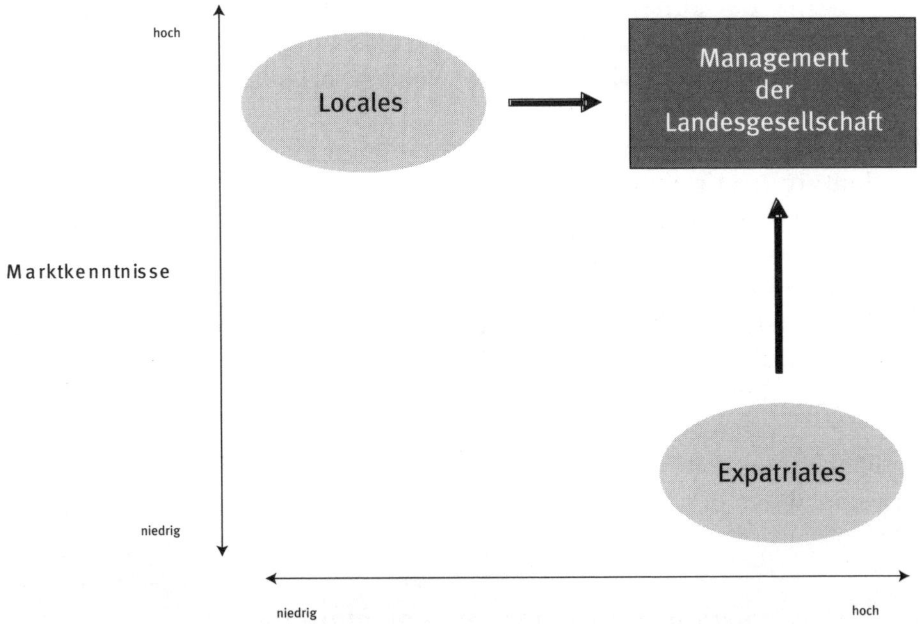

Abbildung 30: Unterschiedliche Kenntnisse von Expatriates und Locales

hingegen sind dafür verantwortlich, den Expatriates Marktusancen, wichtiges Marktwissen und die notwendigen Kontakte und Ansprechpartner zu vermitteln. Dies ist ein integrativer Prozess, in dem beide Parteien voneinander lernen und an einer gemeinsamen Lösung für das Geschäftsmodell arbeiten.

Dieser Prozess gegenseitiger Informationsgewinnung setzt jedoch eine gleichwertige Integration der Beteiligten und ein hohes Kommunikationsniveau voraus. Nur dann gelingt der Unternehmung eine schnellere Anpassung an die lokalen Marktgegebenheiten und der Erwerb zusätzlichen Wissens über den Auslandsmarkt. Allerdings werden bei gemeinsamer Führung von Expatriates und Locals zum Teil zeitaufwändige Abstimmungsprozeduren notwendig, die häufig in Macht- und Kommunikationskonflikten ihre Ursache haben. Um die Machtbalance zu gewährleisten und alle Energien auf den Unternehmenserfolg und nicht auf Machtspiele zu konzentrieren, ist eine enge Führung und Kontrolle durch das Steering Committee und die Projektleitung im Rahmen des internationalen Projektmanagements (siehe Abschnitt 1.3 dieses Kapitels) erforderlich. Folgende drei Regeln sollten bei der Zusammensetzung des Teams beachtet werden:

- Analyse der kulturellen Unterschiede im Team und Beurteilung der Auswirkungen anhand des Kulturprofils und eines Persönlichkeitstests, welcher eine Projektteam-Analyse erlaubt (zum Beispiel: Insights);
- Entwicklung anhand dieser Informationen eines Konzepts zur interkulturellen Kommunikation im Team, welches unter anderem die Elemente Kommunikations- und Informationsrhythmen, -dauer, -inhalte und -medien beinhaltet;
- Einführung eines Kontrollschemas (Überprüfung, ob die Informationen verstanden wurden und Vereinbarungen wie beschlossen umgesetzt werden) sowie eines Organisationskonzepts für leistungsfähige Teamarbeit, das die kulturellen Unterschiede im Team berücksichtigt.

Ziel des Projektleiters sollte auf jeden Fall die Entwicklung von Mitarbeitern sein, die in der Lage sind, die Fähigkeiten des Unternehmens auf die lokalen Anforderungen zu übertragen.

3.1.3 Organisationsaufbau und Implementierung des internationalen Projektmanagements

Zur Gewährleistung eines reibungslosen internationalen Projektmanagements sind die Organisations- und Verantwortungsbereiche für jede einzelne Prozess- beziehungsweise Projektphase klar zu strukturieren und eindeutig festzulegen. Dadurch sollen eine klare Aufgaben- und Rollenverteilung gewährleistet, der Kompetenzrahmen für Entscheidungen definiert sowie die materielle Unterstützung und Motivation der ausführenden Projektteams sichergestellt werden. Der Organisationsaufbau des Projektmanagements sollte zu einer hohen Koordination, Kommunikation und Integration aller Beteiligten sowie der Aktivitäten beitragen. In diesem Zusammenhang ist besonders zu betonen, dass über eine Partizipation der neu zu bildenden Tochtergesellschaft an den Entscheidungsprozessen die Motivation und Identifikation des lokalen Management sichergestellt und die Nutzung des Know-hows vor Ort ermöglicht wird. Das Auslandsmarktprojekt ist ein dynamisches, temporäres Gebilde, weshalb während der Projektphasen Entscheidungen zu treffen sind, wie die gegenwärtigen und zukünftigen Mitarbeiter – sowohl die Expatriates als auch die Locals – in das Projekt einzugliedern sind und welche Entscheidungskompetenzen sie erhalten. Dabei ist die Organisationsstruktur flexibel zu halten und an die Marktgegebenheiten und die Kultur anzupassen, ohne jedoch die Führungskultur des eigenen Unternehmens grundlegend zu ändern. Deutlich herauszustellen ist, dass das Auslandsmarktprojekt während des gesamten Projektverlaufs mit der Konzernzentrale nach dem Prinzip »Koordination und Partizipation« auch organisatorisch verzahnt bleiben muss. Eine auf der Basis gegenseitiger Abhängigkeiten beruhende Projektorganisation sichert einerseits die Vorteile, die aus der Marktnähe des lokalen Managements entstehen, und fördert andererseits die Koordination zwischen Auslandsgesellschaft und Zentrale, die für eine globale Strategie notwendig ist. Abbildungen 31 und 32 zeigen die organisatorische Verzahnung von Auslandsmarktprojekt und Konzernzentrale.

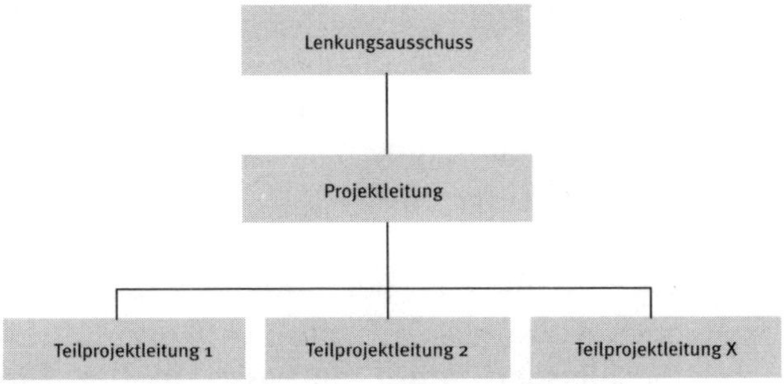

Abbildung 31: Organisatorischer Aufbau des Auslandsmarktprojekts

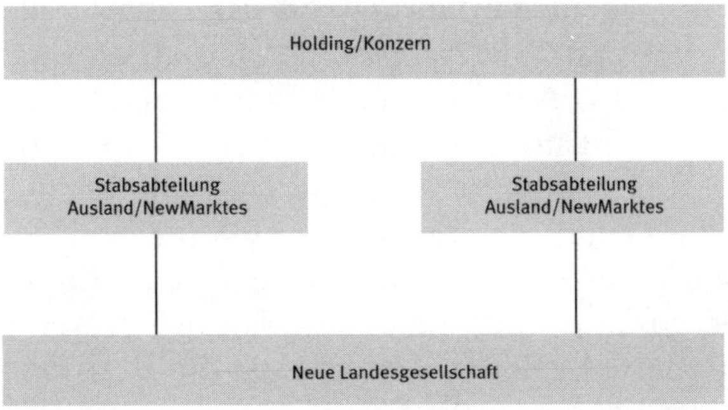

Abbildung 32: Organisatorische Verzahnung zwischen Zentrale, Projektleitung, neuer Landesgesellschaft und Schwestergesellschaft

Im Lenkungsausschuss sitzen der verantwortliche Konzernvorstand, ein Geschäftsführer der Coaching-Gesellschaft (eine Schwestergesellschaft) sowie die Projektleitung. Bei der Besetzung sollte nach den Kriterien Einbindung und Information der maßgeblichen Entscheidungsträger und Meinungsbildner im Konzern sowie nach fachlicher und Entscheidungskompetenz ausgewählt werden. So sollte zum Beispiel der Geschäftsführer der Coaching-Gesellschaft schon einmal ein Markteintrittsprojekt erfolgreich durchlaufen haben und aus einer der Landesgesellschaft nahen

Kultur kommen. Die Projektleitung besteht aus Mitarbeitern der Stabsabteilung Ausland/New Markets und der zukünftigen Geschäftsführung der Landesgesellschaft. Der Lenkungsausschuss ist verantwortlich für den Projekterfolg und zu seinen wichtigsten Aufgaben zählen:

- Überwachung und Steuerung der kosten-, nutzen-, termin- und funktionsgerechten Projektabwicklung,
- regelmäßige, durchgängige und bedarfsorientierte Begleitung des Projekts,
- Festlegung von Projektzielen, -aufgabenstellung, Qualitäts-, Zeit- und Kostenrahmen,
- Freigabe der budgetierten Ressourcen und Mittel,
- Entscheidung und Genehmigung von Änderungen des Projektumfangs, -aufwands und der -termine.

Die zukünftige Geschäftsführung der Landesgesellschaft besteht aus Locals und Expatriates, wobei als CEO ein Local empfohlen wird. Dieser repräsentiert die Gesellschaft unter anderem in der Presse und bei Aufsichtsorganen. Er verfügt über die entsprechenden Kontakte (zum Beispiel zu potenziellen Kunden, Zulieferern und Mitarbeitern), eine internationale Managementerfahrung aus der Branche und ist im Markt anerkannt und bekannt. Die Aufgabe der Expatriates konzentriert sich vor allem auf die Ressorts Finanzen, Marketing (als Hüter der Marke und Transfer des Geschäftsmodells) und Vertrieb (Betreuung der wichtigen internationalen Key Accounts) sowie auf die Funktion als Integrationsfigur und Kommunikationsschnittstelle zur Holding.

Die einzelnen Teilprojekte werden von den zukünftigen Abteilungsleitern der Landesgesellschaften (alles Locals) und den jeweiligen Leitern der Kompetenzzentren geleitet. Ziel ist, dass die Best-Practice-Lösungen sofort in die neue Landesgesellschaft übertragen und die lokalen Abteilungsleiter in die Kommunikationsnetzwerke des Konzerns integriert werden. Für den Leiter des Kompetenzzentrums und seine Mitarbeiter bedeutet der Auslandseinsatz darüber hinaus eine Aufwertung und Weiterentwicklung.

In dieser Projektorganisation sollten bereits die Organisationsstrukturen der zukünftigen Landesgesellschaft beachtet werden. Diese sind so zu wählen, dass die relevanten Gremien quasi ineinander übergehen. So sollten die Mitglieder des Lenkungsausschusses und der Projektleitung weitgehend mit den Mitgliedern des Verwaltungsrates und der Geschäftsführung identisch sein. Dadurch wird eine personelle Kontinuität und Stabilität sichergestellt, die gerade in den ersten Phasen eines jungen

Unternehmens in einem neuen Markt wichtig ist. Hierzu sind von Beginn an die relevanten zeitlichen und personellen Ressourcen bereitzustellen. Oftmals werden Projektmitarbeiter an diesen Übergängen abgezogen, womit deren Erfahrungen nicht mehr oder nur zeitlich begrenzt zur Verfügung stehen. Diesen beiden Risiken hat der Lenkungsausschuss oder die Projektleitung bei Verdacht energisch entgegenzuwirken.

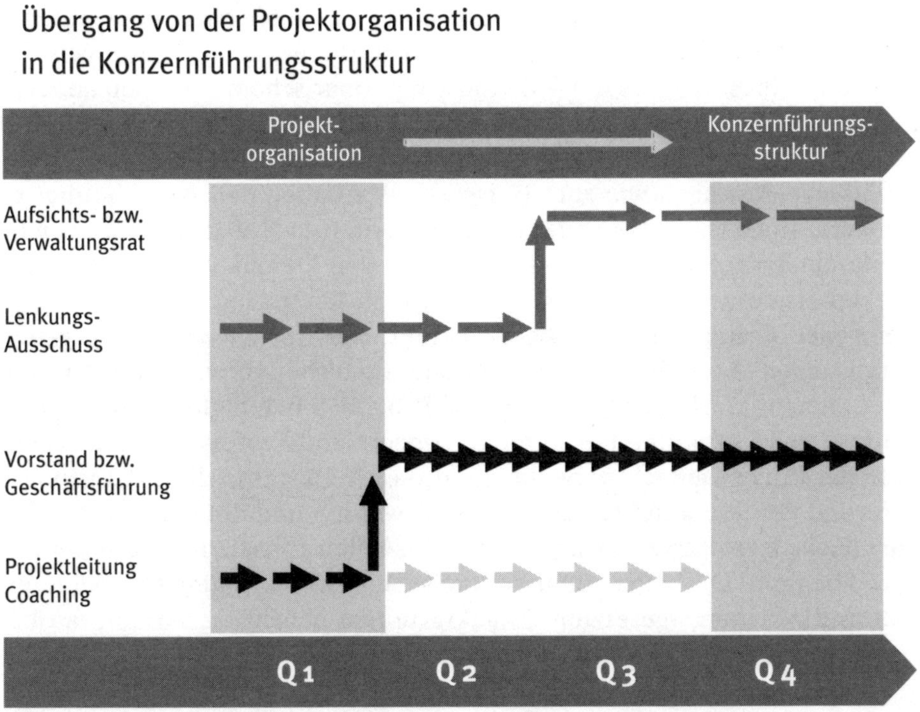

Abbildung 33: Übergang von der Projektorganisation in die Konzernführungsstruktur

Die Ablauforganisation der Projekte orientiert sich am klassischen Projektmanagement, auf welches hier nicht weiter eingegangen, sondern auf die entsprechende Literatur verwiesen wird. Darüber hinaus sind die Wahl der Projektsprache (Konzern- oder Landessprache) sowie die Organisation der Kommunikation und des Informationsaustausches zu beachten. Letzteres sollte besonders in der Anfangsphase des Projektes eine hohe Bedeutung haben.

3.1.4 Überwindung kulturell bedingter Probleme – Anpassung des Führungsstils

Der Mangel sowohl an interkultureller Kompetenz als auch Kommunikation werden von Praktikern häufig als die zwei Hauptgründe für Probleme innerhalb internationaler Projektteams beziehungsweise für den Misserfolg von Auslandsengagements genannt. Oft beruhen die Fehleinschätzungen auf (teils unbewusster) Eitelkeit und Überheblichkeit unerfahrener Manager. So neigen gerade Holding-Mitarbeiter dazu, Lösungen für Probleme eines Marktes mit fast schon missionarischem Eifer den anderen Landesgesellschaften anzubieten, obwohl jene dieses Problem vielleicht gar nicht haben. Damit wird viel Zeit mit den falschen Themen verbracht. Schädliche Aussagen wie zum Beispiel: »Wir haben dies schon immer so gemacht! In unserem Heimatmarkt funktioniert dies aber so!« weichen im Laufe eines Projektes meistens einer gewissen Demut und dem Respekt vor der Andersartigkeit des neuen Marktes. Dieser auch als SRC (Self-Reference Criterion) bezeichnete Effekt, dass im Zweifel die eigenen Erfahrungen, das erworbene Wissen und die bisher verwendeten Tools in einem neuen Markt anders wirken, führt bei den beteiligten Managern zu einer steilen Lernkurve hin zu mehr Vorsicht und Professionalität. Leider ist in der Praxis vielfach zu beobachten, dass Manager in dieser Lernphase aufgrund von Misserfolgen ausgetauscht werden und mit dem Nachfolger die gleiche Lernkurve mit höherem finanziellen Einsatz noch einmal von vorne beginnt. Deshalb sollten die typischen Konfliktpotenziale bei interkulturell zusammengesetzten Projektgruppen gleich von Anfang an beachtet werden. Diese resultieren zum Beispiel aus:

- unterschiedlicher Anwendung von Planungsarten und -methoden, Denk- und Reaktionsmustern,
- divergierenden Wertvorstellungen, Sprach- und Kommunikationsproblemen,
- unterschiedlichen Lebens- und Arbeitsgewohnheiten (zum Beispiel Zeitverständnis),
- abweichenden Rollenverständnissen (zum Beispiel Wahrnehmung von Verantwortungen und Kompetenzen; Entscheidungsverhalten),
- einem der Kultur nicht angemessenen Führungsstil,
- Divergenzen zwischen den Organisationszielen und den persönlichen Zielen der Mitarbeiter,
- Ungewissheit bezüglich der Zukunft und Verlust von Privilegien.

Es ist empfehlenswert, die aufgezeigten Konfliktbereiche vor Projektbeginn zu klären und die Spielregeln der Zusammenarbeit unter Einbeziehung aller Beteiligten zu definieren. Auf diese Weise sollte versucht werden, diese Differenzen zu überbrücken oder zumindest abzuschwächen.

Die Frage, welcher Führungsstil im Auslandsmarkt der effizienteste ist, nimmt hierbei einen herausragenden Stellenwert ein hinsichtlich der Überwindung kultureller Probleme, der Leistung, Motivation und Zufriedenheit der ortsansässigen Mitarbeiter und damit letztendlich des Markterfolges. So sind beispielsweise südeuropäische Unternehmen stärker hierarchisch ausgeprägt mit einer stark zentralisierten Entscheidungsfindung. In angelsächsischen und deutschen Unternehmen denken und handeln Führungskräfte vor allem team- und prozessorientiert, das heißt sie neigen eher zu einer Delegation von Kompetenzen, Aufgaben und Verantwortung (Empowerment). Demzufolge existieren in unterschiedlichen Ländern auch lokale Präferenzen für bestimmte Führungsstile. Derartige Erkenntnisse sollten in das Kulturprofil aufgenommen und bei der Planung der Hierarchieebenen, der Zusammensetzung der Führungsteams, der immateriellen und materiellen Anreizsysteme (Motivationsaspekt), der Art der Entscheidungsfindung, des internen Kommunikationsstils oder des Krisenmanagements berücksichtigt werden. Die von der Muttergesellschaft vorgegebenen »Führungsleitplanken« sind hierbei an die kulturspezifischen Rahmenbedingungen des Auslandsmarktes anzupassen und in einem Führungshandbuch schriftlich niederzulegen. Diese Leitplanken beinhalten die Werte und Methoden der Unternehmenskultur, die über die jeweilige Landeskultur gesetzt, aber trotzdem in sie integriert werden.

Hierauf beruht der folgende Lösungsvorschlag zur Überwindung kultureller Probleme. In Bezug auf das Arbeitsumfeld sind die Standardisierung von Managementgrundwissen und die gegenseitige Anpassung von Projektmethoden und -instrumenten nötig, um einen »gemeinsamen Nenner« auf internationaler Ebene zu erhalten. Indem man Entscheidungs- und Problemlösungsmethoden, Besprechungstechniken und Delegationsprinzipien standardisiert, erhöht man die Effizienz der Projektarbeit. So entsteht Gemeinsamkeit im Verhalten und im Denken, was das Team »zusammenschweißt«. Zudem sollte in internationalen Projektteams die Zahl der Beteiligten konsequent klein gehalten werden, um die gegenseitige Beobachtung und deshalb ein Verständnis für Gestik und Körpersprache zu erleichtern. Die Folgen sind größere Handlungssicherheit bezüglich kultureller Unterschiede. Nicht zuletzt darf auch der Einsatz von Dolmetschern nicht unterschätzt werden. Diese tragen dafür Verantwortung, die

Fakten so zu übersetzen, dass sie vom Empfänger in seiner Kultur verstanden werden, wie es der Sender in seiner Kultur beabsichtigt hat. Weil Aussagen aber oftmals nur sinngemäß wiedergegeben und dadurch verbindliche Entscheidungen und Anweisungen sowie die Ernsthaftigkeit einer Situation missverstanden werden können, besteht leicht die Gefahr von Eskalationen aufgrund von Missverständnissen.

Insgesamt ergibt sich die Notwendigkeit, die Projektbeteiligten in interkulturellen Fähigkeiten und interkultureller Kompetenz zu schulen, wobei ein Sprachkurs in der jeweiligen Fremdsprache sicherlich nicht ausreichend ist, sondern durch Trainingsprogramme und Schulungen auf interkulturellen Gebieten (zum Beispiel Teambildung oder Verständnis fremder Mentalitäten und kulturelles Verhalten) sowie durch den Einsatz von Mentoren und Coaches ergänzt werden müsste. Dabei ist es von besonderer Wichtigkeit, die Unterschiede (zum Beispiel im Verständnis und in der Anwendung von Projekttools) aufgrund der kulturellen Herkunft der Beteiligten zu erkennen und zu respektieren. Ein kulturell angepasster Führungsstil, gegenseitige Akzeptanz und die gemeinsame Aufgabenstellung der Projektbeteiligten führt in diesem Fall zu Zielnähe und verstärkt den Zusammenhalt.

3.2 Task 2: Entsendung von Expatriates

Der Mensch gewinnt. Expatriates sind Menschen, und sie sind Botschafter eines Unternehmens, seiner Kultur und seiner Werte in einem neuen Markt. Sie sind ein wichtiger, wenn nicht sogar ein entscheidender Erfolgsfaktor in einem Markteintrittsprojekt, und sie haben Herausforderungen zu bestehen, die einer intensiven Vorbereitung bedürfen. Meistens kommen sie aus größeren, stabilen Organisationen und aus einer anderen Kultur. Der Weg in ein junges, oftmals kleines Unternehmen in einem anderen Markt erfordert eine gezielte Auswahl und Vorbereitung beziehungsweise einen Entsendungsprozess. Der sich an die Grundsatzentscheidung über die Besetzung von Führungskräften mit Expatriates anschließende Entsendungsprozess kann idealtypisch in vier Phasen eingeteilt werden (siehe Abbildung 34, siehe hierzu noch einmal Kapitel 1, Abschnitt 3.3).

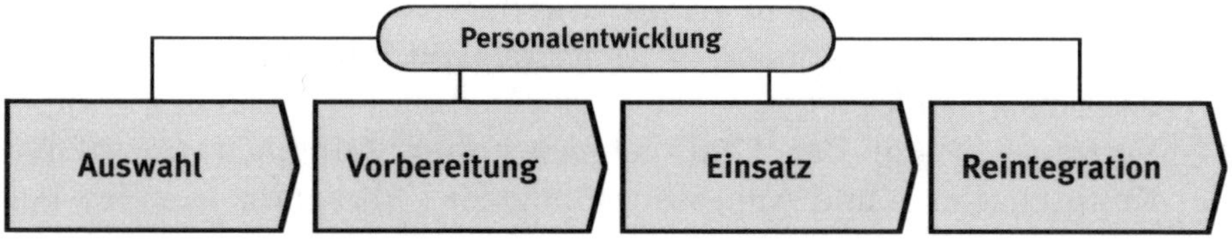

Abbildung 34: Entsendungszyklus von Expatriates

Welche grundlegenden Ziele und Aufgaben sowie Chancen und Risiken mit der Entsendung von Expatriates verbunden sind, wurde bereits erläutert. Die Bedeutung beziehungsweise der Stellenwert von Expatriates in der Auslandsgesellschaft lässt sich charakterisieren als ein entscheidender Engpassfaktor für den Erfolg eines Markteintritts. An dieser Stelle soll noch einmal auf die sich speziell für den Auslandseinsatz ergebenen Anforderungen eingegangen werden, denen Stammhausdelegierte genügen und die im Rahmen von Auswahlverfahren intensiv überprüft werden müssen. Um den »richtigen« Kandidaten für den Einsatz im Auslandsmarkt auszuwählen, ist es wichtig, sich intensiv Gedanken über die dortige Unternehmung zu machen. Insbesondere die Aufbauphase einer Tochtergesellschaft verlangt eine kreative, unternehmerische Grundhaltung. Ähnlich wie bei einem Start-up herrscht Pioniergeist und Aufbruchstimmung vor. Ein hoch motivierter Unternehmer, informelle Kommunikation, enge Kundenbeziehungen und Anreize zu individuellen Top-Leistungen sollen das Unternehmen auf Erfolgskurs bringen. Der Manager der Aufbauphase braucht vor allem Charisma, Begeisterungsfähigkeit, Visionen, Entschlusskraft und Risikofreudigkeit. Gesucht ist ein Macher, der anpackt und als Analytiker Entschlussfreudigkeit und Zielstrebigkeit mitbringt, ein Stratege als konzeptioneller Denker, den vor allem Visionen, Zukunftsorientierung und Fantasie auszeichnen, ein Coach, der Teamplayer motivieren kann, der koordiniert und Emotionalität in das Geschäft mit einbringt.

Zu den Eignungskriterien von Expatriates gehören deshalb sowohl betriebsspezifische Kenntnisse der Strategie, Strukturen und Verfahren des entsendenden Unternehmens einschließlich erforderlicher fachlich-technischer Fähigkeiten als auch Überblickswissen und generelle Führungs- und Organisationsfähigkeiten. Im Hinblick auf die Bedeutung der Kulturdimensionen im Auslandsgeschäft müssen beim Auslandseinsatz noch zusätzliche Eigenschaften berücksichtigt werden. Dabei handelt es sich insgesamt vor allem um die Fähigkeit, sich in eine fremde Kultur einzuleben und die dort gültigen Spielregeln zu lernen und anzuwenden.

Wichtige Qualifikationsmerkmale von Expatriates sind:

- physische und psychische Belastbarkeit,
- Sprachkenntnisse, Kommunikationsfähigkeit, vorhandene Kenntnisse des Einsatzlandes,
- Vertrautheit mit der Unternehmenskultur, Offenheit für fremde Kulturen, Lern- und Anpassungsfähigkeit (Akzeptanz fremden Verhaltens),
- Fähigkeit zum Transfer von Managementwissen in einen anderen Markt, eine andere Kultur,
- nachweisbare erfolgreiche Auslandsaufenthalte als Berater und Manager in der existierenden Organisation und eventuell in anderen Auslandsmärkten (Cross-Culture Experiences),
- persönliche Erfolge und Motivationsfähigkeit (Erfolg = Persönlichkeitsstruktur × Kompetenz/Erfahrung/Know-how × Motivation),
- Organisations- und Improvisationstalent,
- besondere persönliche Eigenschaften (Lernbereitschaft, Begeisterungsfähigkeit, Siegermentalität),
- familiäre Mobilität und Flexibilität.

Diese Komponenten sollten zu einem situationsspezifischen Anforderungsprofil verdichtet werden, das als Grundlage für Stellenausschreibungen dient, um vor allem interne Kandidaten anzusprechen. Externe Bewerber kommen nur in Ausnahmefällen in Betracht. Da in der Praxis oftmals aussagekräftige Anforderungsprofile fehlen, wird vorgeschlagen, Auswahlverfahren einzusetzen, die in der Lage sind, den genannten Anforderungskomponenten entsprechende Bewerbereignungen gegenüberzustellen. Zu diesen Verfahren gehören neben der Analyse des bisherigen Werdegangs, der Persönlichkeits- und Leistungsbeurteilung und psychologischer Tests vor allem das Assessment-Center, in welchem moderne Verfahren der Personalauswahl und -beurteilung wie das INSIGHTS MDI®-Modell (siehe Kapitel 4) zum Einsatz kommen.

In den Auswahlprozess einzubeziehen ist unbedingt die Familie des Bewerbers. Schließlich verbleibt der Expatriate weitgehend in seinem gewohnten Umfeld: Er kennt das Unternehmen, einen Teil der Kollegen und verbringt zumindest am Anfang einen noch größeren Teil seiner Zeit als bisher im Büro. Im Gegensatz dazu kommen sein Lebenspartner und seine Kinder in ein gänzlich neues Umfeld. Einfachste Tätigkeiten, wie der Besuch eines Arztes, Einkäufe oder der Umgang mit Handwerkern, können große Schwierigkeiten bereiten. Auch die gesellschaftliche Integration, wie beispielsweise die Suche neuer Freunde und Spielkameraden, das Erlernen einer neuen Sprache oder der Schulwechsel sind nicht immer einfach. So ist es kaum verwunderlich, dass die fehlgeschlagene Integration der Familie mit Abstand der häufigste Grund für das Scheitern eines Auslandsaufenthaltes ist. Somit ist in den gesamten folgenden Prozess die Familie, das heißt Lebenspartner und Kinder, zu integrieren. Dies gilt besonders für die Betreuung vor Ort. So gilt es schnell soziale Kontakte aufzubauen und Ansprechpartner in Notsituationen (Handwerker, Krankheit von Kindern) bereitzustellen.

An die Auswahl geeigneter Fach- und Führungskräfte schließt sich eine intensive Vorbereitungsphase von circa drei bis sechs Monaten an. Im Vordergrund steht die Aufgabe, den Mitarbeiter auf seine Rolle als Kommunikator und adaptiver Innovator vorzubereiten sowie ihn und eventuell auch seine Familie mit den beruflichen Anforderungen, dem Land, der Kultur, den Menschen und der Sprache vertraut zu machen, um einen Kulturschock zu vermeiden. Eine gute Vorbereitung soll auch dazu dienen, die Unternehmung vor Fehlern zu bewahren, die viel Geld, Zeit und Motivation kosten. Leider zeigen empirische Untersuchungen jedoch, dass trotz der Bedeutung einer guten Vorbereitung auf den Auslandseinsatz in der Praxis eine große Anzahl international tätiger Unternehmen der Vorbereitungsphase eher eine untergeordnete Rolle beimisst.

Das Vorbereitungsprogramm auf einen Auslandseinsatz könnte nach folgendem Stufenplan aufgebaut sein:

1. Kurzbesuch des Landes (Vorbereitungsreise),
2. ausführliche Gespräche über Abordnungsbedingungen,
3. interner und externer Sprachunterricht (zum Beispiel Abend- oder Wochenkurse, Kleingruppen- und Einzelunterricht),
4. Landeskundeunterricht (Informationen über aktuelle, politische, wirtschaftliche und soziale Verhältnisse),
5. Selbststudium landesspezifischer Literatur zur Aneignung kulturellen Know-hows,
6. Erfahrungsaustausch mit rückkehrenden Mitarbeitern und deren Familien,
7. Vorbereitungsseminar (zum Beispiel Teamentwicklungstraining, interkulturelles Managementtraining, Kulturkontrast- und Kulturkonfrontationsseminare (Culture-Awareness-Trainings).

Während des eigentlichen Auslandseinsatzes empfiehlt sich eine enge Betreuung des Expatriates durch den Personalbereich der Stabsabteilung Ausland/New Markets, damit er nicht das Gefühl hat, vergessen worden zu sein. Die Interessenvertretung im Stammhaus kann beispielsweise über ein Paten-Mentoren-Modell erfolgen. Der Mentor dient als fester Ansprechpartner für persönliche und berufliche Probleme und soll vor allem dafür Sorge tragen, dass der Expatriate bei Beförderungsmaßnahmen und personalpolitischen Planungen berücksichtigt wird. Außerdem ist es seine Aufgabe, ihn über Änderungen und Neuheiten in der Muttergesellschaft zu informieren. Auf diese Weise kann die »Isolation« des Expatriates von der Heimatorganisation gemildert werden. Ziel dieser Aktivitäten ist zudem der Erhalt der Identifikation mit dem Heimatunternehmen, um dadurch die Reintegration zu erleichtern. Besonders in Krisensituationen zeigt sich die Loyalität des Unternehmens gegenüber seinen Mitarbeitern. So gab es vereinzelt schon Unternehmen, die sich von Expatriates aufgrund ihres Scheiterns noch während des Auslandsaufenthaltes trennten und diese ohne Job mit ihrer Familie im Ausland sitzen ließen. Diese »Personalpolitik« führte sicherlich zu einem großen Vertrauensbruch mit allen aktuellen und zukünftigen Expatriates, der die weitere Expansion stark hemmen wird.

Eine aktive Betreuung des Expatriates ist auch während seiner Integration in die neue Kultur notwendig. Dieser Anpassungsprozess ist ein klassisches Beispiel für die »Theorie des sozialen Lernens« (siehe hierzu Abbildung 35). In der ersten Phase ist die Wahrscheinlichkeit von unangemessenen Verhaltensweisen in einer neuen Kultur hoch. Dies wird der Expatriate am Anfang seines Auslandseinsatzes jedoch aufgrund seiner eigenen Begeisterung und des vielleicht noch fehlenden Feedbacks seines Umfeldes nicht realisieren. Mit einer zunehmenden Anzahl negativer Rückmeldungen folgt eine Ernüchterungsphase. Der Expatriate realisiert seine Defizite und wird mit einer Mischung aus Ärger und Frustration sowie dem Erlernen adäquater Verhaltensweisen reagieren (müssen). Genau hier ist die Gefahr eines Abbruchs des Auslandseinsatzes – und demnach der Betreuungsbedarf durch den Bereich Personal – am höchsten. Mit zunehmenden Lernerfolgen sind erste Anpassungen zu beobachten, die bis zur vollständigen Akzeptanz und Anpassung noch einmal einen Rückschlag erleben können. Da dieser soziale Lernprozess in der Regel ähnlich abläuft, kann mit entsprechenden Betreuungs- und Schulungsmaßnahmen der Integrationsprozess geplant und optimiert werden. Damit erwerben Expatriates die Fähigkeit, als Mediatoren verschiedene Kulturen miteinander zu verbinden, ohne dass die Loyalität gegenüber dem Gastland zulasten des Herkunftslandes gehen muss. Im Idealfall verkörpern sie den Typus des Weltbürgers.

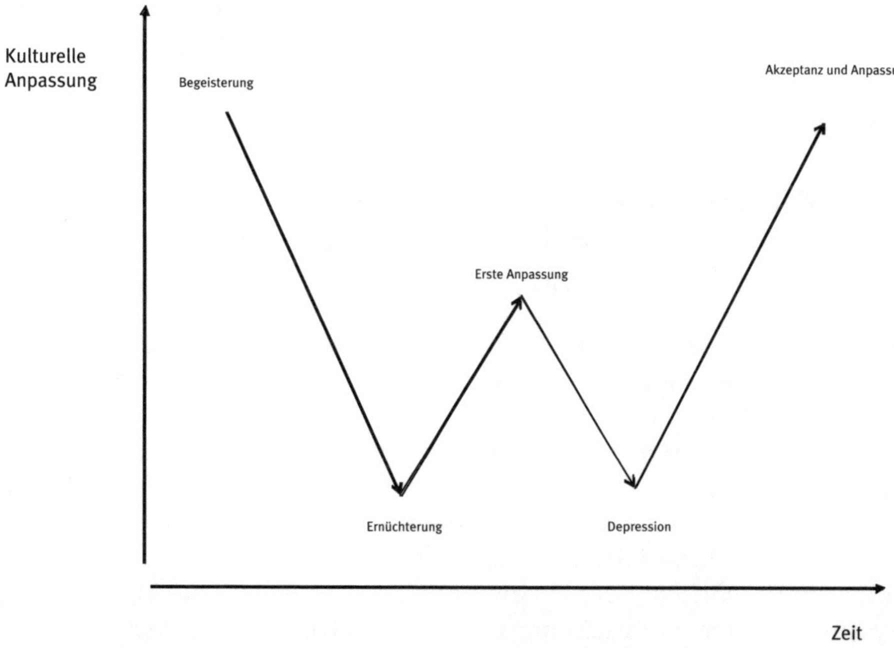

Abbildung 35: Typischer Integrationsprozess von Expatriates in eine neue Kultur

Vor dem Hintergrund der Tatsache, dass eine große Zahl repatriierter Führungskräfte innerhalb des ersten Jahres nach Rückkehr von ihrem Auslandsaufenthalt das Unternehmen verlässt, darf die Phase der Repatriierung keinesfalls unterschätzt werden. Probleme bei der Reintegration von Expatriates beziehungsweise bei deren weiterer Karriereplanung führen zu einer Abschreckung anderer potenzieller Entsendungskandidaten im Konzern. Die Abwanderung solcher High Professionals hat dann nicht nur finanzielle Konsequenzen und irreparable Imageschäden zur Folge, sondern auch einen Verlust an Erfahrungen und Wissen. Insgesamt stellt sich hier auch die Wettbewerbsfähigkeit des Unternehmens auf dem hart umkämpften Markt für internationale Top-Führungskräfte unter Beweis. Deshalb empfiehlt sich eine Ergänzung des Arbeitsvertrages, in der die Rechte und Pflichten und auch die Bindung zur entsendeten und aufnehmenden Gesellschaft festgelegt werden. Dabei werden neben Firmenleistungen beim Auslandseinsatz und deren Abwicklung hinsichtlich Vergütung, sozialer Absicherung, Kompensation privater Kosten auch Fragen der Wiedereingliederung geregelt. Um die oben beschriebene Forderung – die enge Bindung der Mitarbeiter – umsetzen zu können, gibt es nur einen Weg: Die Anreizsysteme für einen Auslandseinsatz und den Verbleib im Unternehmen müssen auf die Lebensziele und Werte des einzelnen Mitarbeiters abgestimmt werden, denn niemand verfolgt ein Ziel, wenn er keinen persönlichen Nutzen erkennt. Neben den Karriereplänen im Rahmen der Repatriierung gilt insbesondere für die Entsendungsphase die Devise: »Always overpay your missionaries!«

3.3 Task 3: Management globaler Marken – Festlegung der Positionierung und der strategischen Stoßrichtung im Auslandsmarkt

Die meisten Projektmitarbeiter sind an Bord, wurden umfassend eingearbeitet und beginnen motiviert mit der Projektarbeit. Schon während der Suche nach Mitarbeitern gab es intensive Diskussionen, welche Strategien und Vorgehensweisen im neuen Markt am erfolgreichsten sein würden. Lebhaft wurden von allen Seiten die unterschiedlichsten Zielgruppen, Produkte und Dienstleistungen, Wettbewerbsvorteile und Vertriebswege beleuchtet und diskutiert. Diese und andere Elemente bilden die Grundlage für die Entwicklung der Positionierungsstrategie und der Bestimmung der strategischen Stoßrichtung im neuen Markt, welche wiederum die Basis für das spezifische Geschäftsmodell für diesen Zielmarkt bilden (siehe Abbildung 36). Das Geschäftsmodell beinhaltet vor allem die Wertschöpfungsprozesse sowie die Unternehmensorganisation und ist als operative Umsetzung der Strategie zu verstehen. Die ersten grundlegenden Arbeiten hierzu wurden bereits im Step 1 Marktauswahl durchgeführt. So wurden bei der Ermittlung der Marktattraktivität bereits wichtige Ergebnisse einer marktspezifischen Positionierung erzielt, wie zum Beispiel die Übertragbarkeit und Anpassung des Geschäftsmodells, der Produkt-, Dienstleistungs- und Serviceangebote sowie der Kernkompetenzen und Wettbewerbsvorteile. Dieses Wissen wird durch weitere, jetzt deutlich intensivere Markforschungsaktivitäen überprüft, ergänzt und analysiert, um hieraus letztendlich eine klare Positionierung abzuleiten.

Der Aspekt des internationalen Markenmanagements (Punkt 3.4 in diesem Kapitel) ist in dieser Entscheidungsphase von wesentlicher Bedeutung, denn Marken sind für Kunden besonders bei Dienstleistungen ein wichtiger Bezugspunkt. Sie suggerieren Vertrauen und Sicherheit in die Qualität eines spezifischen Leistungs- und Serviceangebots und bieten das Image und die Reputation eines bekannten und erfolgreichen Unternehmens. Deshalb stellen ein positives Markenimage und eine klare Positionierung ein wichtiges Differenzierungsmerkmal dar. Dies kann ein Wettbewerbsvorteil sein. In der Regel ist er dies in einem neuen Markt aber nicht, denn die Marke ist in einem neuen Markt meistens unbekannt. Ein Markenaufbau erfordert jedoch eine ganz andere Strategie und den

Einsatz anderer, auch kulturspezifischer Instrumente. Nur wenn die Positionierung, das Geschäftsmodell und die Marketing-Strategie in Einklang gebracht beziehungsweise (harmonisch) aufeinander abgestimmt werden (siehe hierzu auch Abbildung 36), lässt sich für die potenziellen Kunden eindeutig ableiten, welchen Nutzen und welche Vorteile für sie im Vergleich zu konkurrierenden Angeboten bestehen. Dies kann nur gelingen, wenn es die genannten Aspekte beherzigt und die nachfolgenden Aufgaben bewältigt:

- die Erfassung, Verdichtung und Auswertung der für die Positionierung relevanten Daten,
- die Zusammenführung der Ergebnisse von Kunden-, Wettbewerbs- und interner Analyse zur Ableitung der strategischen Zielpositionierung im Auslandsmarkt,
- die Festlegung der strategischen Marketing-Stoßrichtung, mit der die Implementierung der Zielpositionierung erfolgt und mit der gezielt Kundenanforderungen und -bedürfnisse in langfristige Wettbewerbsvorteile umgesetzt werden können,
- die Implementierung einer identitätsorientierten, ganzheitlichen Markenführung.

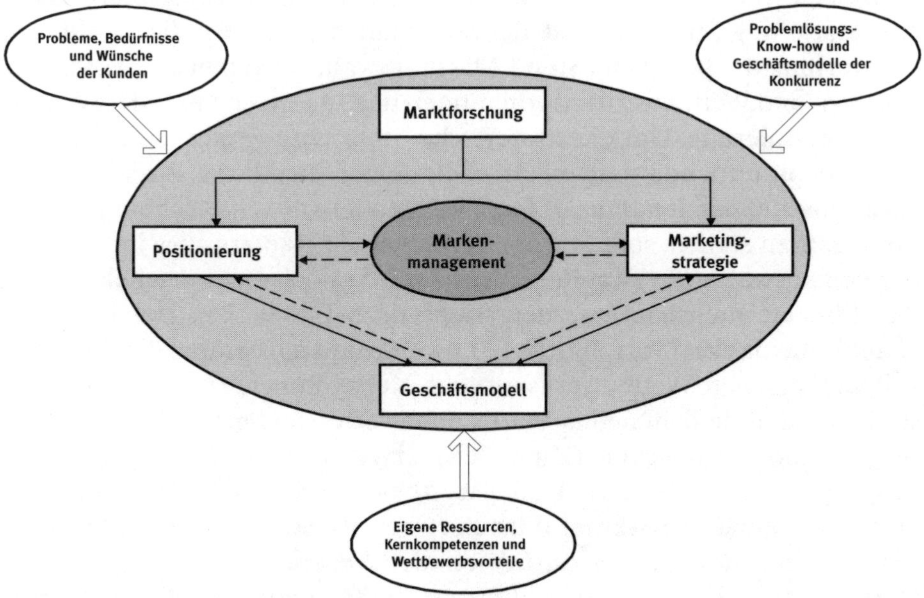

Abbildung 36: Festlegung von Positionierung, Strategie und Geschäftsmodell

Aufgrund der Komplexität dieser Aufgaben ist eine enge Zusammenarbeit der Spezialisten aus der Stabsabteilung Ausland/New Markets, den Projektmitarbeitern, den Leitern der Kompetenzzentren und externen Agenturen erforderlich. Insbesondere der Einsatz von professionellen Marktforschern aus dem Zielmarkt, einer Lead-Agentur, die mit dem internationalen Aufbau und der Entwicklung von Marken vertraut ist, sowie einer lokalen Werbeagentur (kann Mitglied des gleichen Agenturnetzwerkes sein) sind dringend zu empfehlen. Die hohe Anzahl von beteiligten Personen erfordert zudem eine gute Koordination. Regelmäßige Konferenzen mit internationaler Beteiligung dienen zum Erfahrungsaustausch und zur Koordination der Aktivitäten im In- und Ausland. Gleichzeitig wird auf diese Weise Fachkompetenz aus vielen Ländern akkumuliert und der Know-how-Transfer im Unternehmensverbund gefördert, sodass Entscheidungen hinsichtlich Positionierung, strategischer Ausrichtung, Geschäftsmodell und Markenstrategie rational und weitestgehend wissensbasiert getroffen sowie harmonisch aufeinander abgestimmt werden können.

3.3.1 Intensivierung der Marktforschung als Grundlage der Positionierung

Grundlage für die Ableitung der künftigen Positionierungsalternativen, der Marketing-Strategie und des Geschäftsmodells ist die detaillierte Auswertung der bereits im Step 1 Marktauswahl gewonnenen spezifischen Kunden- und Wettbewerbsinformationen und -analysen unter dem Aspekt der Positionierung. Um die strategische Stoßrichtung und die Positionierung der unternehmerischen Geschäftsfelder im Markt sowie den sich daran anschließenden Bau des Geschäftsmodells auf eine sichere Informationsbasis zu stellen, sollten Primärerhebungen – sofern dies im Rahmen der Feinauswahlstufe (Kapitel 2, Abschnitt 5) noch nicht geschehen – auf vier Ebenen intensiviert werden (siehe dazu Tabelle 26). Damit wird in erster Linie das Ziel verfolgt, die Fähigkeit zum Transfer und die Wirksamkeit der eigenen Wettbewerbsvorteile, Kernkompetenzen und des Geschäftsmodells in dem neuen Markt zu bewerten und mögliche Positionierungslücken aufzudecken. (Zum Beispiel: Ist die eigene Unique Selling-Proposition bereits besetzt? Ist der Wettbewerbsvorteil des Heimatmarkts auch im Zielmarkt wirksam oder dort bereits Standard? Entspricht die Value-Proposition den Bedürfnissen der Verbraucher im Zielmarkt?) Darüber hinaus ist die Durchführung umfassender Kundenstudien in internationalen Märkten eine notwendige Voraussetzung, um solide Informationen hinsichtlich der Kaufentscheidungsprozesse und des Kaufverhaltens der Konsumenten sowie ihrer Werte, Erwartungen und Bedürfnisse in Bezug auf die Servicequalität der Dienstleistungs- beziehungsweise Beratungsprozesse zu generieren.

Untersuchungsebene	Instrument	Erhebungsziele
Meinungsführer	Unstrukturierte Experteninterviews	• Marktentwicklungen • Erhebung der Key-Driver und der Key-Positioning-Faktoren (KPF) • Verifizierung der Zielpositionierung
Potenzielle Kunden	Fokusgruppen und standardisierte Erhebung mittels Fragebogen	• Test: Key-Driver und Key-Positioning-Faktoren • Unique Selling-Proposition (USP) • Value-Proposition (VP)
Wettbewerber	Testkäufe (Kunde), Gewinnung von Mitarbeitern	• Kernprozessaktivitäten • Bausteine der Geschäftsmodelle
Partnerunternehmen, wie zum Beispiel Zulieferer	Unstrukturierte Experteninterviews	• Erfahrungen, besonders von direkten Wettbewerbern

Tabelle 26: Beispiele für Primärerhebungen unter dem Aspekt der Positionierung

Meinungsführer wie Manager, Wissenschaftler, Top-Finanzexperten, Aufsichtsorgane, Kapitalgeber, Journalisten, politische oder gesetzgeberische Instanzen, soziale Gruppen oder Interessen- und Branchenverbände sind wichtige Informations-, Kommunikations- und Entscheidungsträger. Meinungsführer (zum Beispiel Finanzexperten, Professoren) verfügen über genauere Kenntnisse bezüglich der zukünftigen Marktentwicklungen sowie über zu erwartende Rechtsprechungen oder staatliche Regulierungen im Auslandsmarkt. Darüber hinaus können auch die von Finanzexperten oder Verbraucherorganisationen artikulierten Interessen und Ansprüche in Bezug auf die von den Kunden nachgefragten Dienstleistungen, Services und Produkte wichtige Impulse für die Entwicklung des Geschäftsmodells geben. Im Zusammenhang mit kritischen Teilöffentlichkeiten ist auch der Stellenwert der Medien als Kanalisator öffentlicher Anliegen und Träger der öffentlichen Meinung hervorzuheben.

Zielsetzung auf dieser ersten Untersuchungsebene (zu den einzelnen Phasen eines Marktforschungsprojekts siehe Tabelle 27) sollte es sein, im Sinne einer visionären Trendforschung die künftigen Key-Positioning-Faktoren (KPF) beziehungsweise Key-Driver bereits vor deren Wahrnehmung und Formulierung durch den Kunden zu antizipieren, um schneller als der Wettbewerber eine Erfüllung dieser Faktoren anstreben zu können. Es handelt sich dabei um Einflussgrößen, die für den Erfolg oder Misserfolg der Positionierung und des Geschäftsmodells von entscheidender Bedeutung sein können.. Die möglichen Key-Positioning-Faktoren oder Key-Driver und die hieraus entwickelten Hypothesen zur Positionierung lassen sich auf der nächsten Untersuchungsebene im Test mit potenziellen Zielgruppen untersuchen. Eine weitere wichtige Information sind die möglichen Reaktionen der maßgeblichen Wettbewerber auf den Markteintritt. Meinungsführer können eher beurteilen, auf welchem Gebiet Gegenmaßnahmen der Wettbewerber zu erwarten sind. Wird es zu einem Preiswettbewerb, zu Engpässen bei Zulieferern oder Verzögerungen bei Genehmigungen durch Aufsichtsorgane kommen? Mit wem muss gesprochen werden, um genau diese Probleme zu vermeiden? Diese wichtigen Informationen sollten in Form von »Schubladenplänen« beziehungsweise Szenario-Analysen Bestandteil jedes Markteintrittsprojektes sein.

Auf der zweiten Ebene werden die bereits zur Verfügung stehenden Informationen bezüglich möglicher Zielkunden in den geplanten Geschäftsfeldern analysiert und tiefergehende Zielgruppenstudien durchgeführt, denn sowohl die Positionsbestimmung als auch die Entwicklung des Geschäftsmodells leiten sich aus der Identifizierung der Nutzenerwartungen eines oder mehrerer Kundensegmente beziehungsweise der Kundenbedürfnisse ab. Dabei wird eine Mikrosegmentierung, eine Feinauswahl der Zielgruppen, getroffen, um die Bearbeitung einer oder mehrerer dieser Untergruppen in allen Phasen der Marktentwicklung mithilfe zielgruppenspezifischer Marketing-Mix-Programme zu ermöglichen. Hierbei bietet sich eine Aufteilung in die verschiedenen Privat- und Firmenkundensegmente sowie öffentliche Haushalte an, da sie sich in Bezug auf Leistungsbedarf und Entscheidungsprozesse zum Teil stark voneinander unterscheiden. Zu beachten ist dabei, dass kein Segment unbeachtet bleibt. Manchmal zeigt sich in hoch attraktiven, aber bisher in keinem Markt bearbeiteten Segmenten eine überraschend große Nachfrage. In diesen Zielsegmenten müssen Key-Driver des Kundenverhaltens identifiziert sowie die Key-Positioning-Faktoren aus der Sicht der Kunden bewertet werden, anhand derer eine strategische Positionierung des Unternehmens beziehungsweise seiner Geschäftsfelder möglich ist. Zudem lassen sich sowohl mit standardisierten Befragungsinstrumenten als auch mithilfe psychologischer Tiefeninterviews im Rahmen der Key-Driver-Analyse zusätzliche Key-Positioning-Faktoren identifizieren. So erhält man genauere Hinweise auf den spezifischen Beratungsbedarf einzelner Zielgruppen sowie auf die Akzeptanz der eigenen Dienstleistungen und Prozesse (Erwartungen und Anforderungen, Vorbehalte, Inanspruchnahme und Zahlungsbereitschaft). Besonders der letzte Punkt

Phase	Ergebnisse der einzelnen Untersuchungsphasen:
Phase 1: Fokusgruppe mit möglichen Zielkunden (qualitative Marktforschung)	• Bestimmung der Attribute, die mit einem starken und wünschenswerten Unternehmen verbunden sind; • Untersuchung, was einen Kunden in der Wahl eines Produktes beziehungsweise Unternehmens beeinflusst; • Entwicklung von alternativen Positionierungen, die in der Phase 2 qualitativ getestet werden.
Phase 2: Fokusgruppe mit möglichen Zielkunden (qualitative Marktforschung)	• Bestimmung der attraktivsten Positionierungen, die in Phase 2 getestet werden und/oder die Entwicklung von neuen Positionierungsalternativen basierend auf dem Feedback dieser Runde; • Einblick in die Gründe gewinnen, warum sich Kunden für die eine oder andere Positionierung entscheiden; • Untersuchung der Kundenreaktion auf den eigenen Markennamen und auf die der maßgeblichen Wettbewerber; • Aufdeckung von offenen Punkten, die in der quantitativen Marktforschung weiter zu untersuchen sind.
Phase 3: Persönliche Einzelinterviews mit möglichen Zielkunden (quantitative Marktforschung)	• Quantifizierung der Attraktivität von Positionierungsalternativen; • Definition der Zielkunden und der Key-Driver für die Kaufentscheidung; • Informationen zur Anpassung des Geschäftsmodells an den neuen Markt, um die Kundenakzeptanz zu maximieren; • Entwicklung eines Idealprofils für einen Kundenbetreuer; • Bestimmung der Wahrnehmung des Unternehmens durch die Kunden im Verhältnis zu den wichtigsten Wettbewerbern; • Untersuchung, welche Marke am besten zu den jeweiligen Positionierungsalternativen passt und welche am attraktivsten für Kunden ist.
Phase 4: Persönliche Tiefeninterviews mit möglichen Mitarbeitern (Berater im Vertrieb)	• Unterstützung bei der Definition des idealen Bewerbers für diese Position im Markt; • Kenntnisse der Erwartungen und Entscheidungsparameter für eine Tätigkeit (zum Beispiel: Einkommen, Karriere).

Tabelle 27: Muster eines einfachen Marktforschungsprojektes zur Entwicklung einer strategischen Marktpositionierung

sollte nicht unterschätzt werden. So existieren in anderen Kulturen oftmals Vorbehalte gegen bestimmte Farben, Worte, Kommunikationsinhalte oder Vorgehensweisen in der Kundengewinnung und -betreuung. Deren Nichtbeachtung kann die Effizienz des daraus entwickelnden Geschäftsmodells deutlich senken.

Nachfolgend werden auf der Untersuchungsebene der Wettbewerber mithilfe der Ergebnisse von Testkäufen und des Benchmarkings (siehe noch einmal Kapitel 2, Abschnitt 2) zu analysieren, inwieweit die aus Kundensicht relevanten Key-Driver und Key-Positioning-Faktoren durch die Konkurrenz erfüllt werden, beziehungsweise über welche Fähigkeiten die Wettbewerber verfügen, diese Key-Driver und Key-Positioning-Faktoren besser in ihre Marktleistung zu integrieren. Denn dauerhafte Wettbewerbsvorteile können nur durch einen Vergleich der eigenen Leistungen mit denen der wichtigsten Wettbewerber im Bereich der anvisierten Kundensegmente erkannt und dargestellt werden. Dabei sind auch das Image sowie die Werte und Grundeinstellungen der Wettbewerber zu beurteilen, die in den einzelnen Kundensegmenten einen besonderen Nutzen stiften. Mithilfe der Informationen aus der Konkurrentenanalyse sollen Ansatzpunkte dafür gefunden werden, wie das Unternehmen die aktuellen und potenziellen Bedürfnisse und Erwartungen der Kunden im Zielmarkt besser erfüllen kann als die Wettbewerber. Zur Bestimmung der aktuellen Geschäftsfeldpositionierung der Konkurrenz, ihrer Geschäftsmodelle und Kernprozessaktivitäten lässt sich auch auf die bereits im Rahmen von Step 1 Marktauswahl gewonnenen Informationen zurückgreifen. Insbesondere der Auftritt als Testkunde und Interviewer von möglichen Bewerbern gibt jedem Projektmitarbeiter einen guten Einblick in die Realität des Marktes fernab aller illustren Power-Point-Folien. Diese Realität beziehungsweise der tägliche, erfolgreiche Kontakt zwischen Beratern und Kunden im Markt ist entscheidend für den Erfolg des Markteintritts.

Auf der vierten Untersuchungsebene werden Experten und Top-Manager sowohl von bestehenden als auch von möglichen Kooperationspartnern, Dienstleistern (Anwälte, Wirtschaftsprüfer, Banken, Versicherungen) und Zulieferern im Auslandsmarkt hinsichtlich der Wahrscheinlichkeit eines Erfolgs der eigenen Geschäftsfelder und der anvisierten Positionierungsstrategie befragt. Insbesondere Kooperationspartner und Zulieferer kennen den Markt ausgezeichnet. Der Aufbau guter Beziehungen zu ihnen zahlt sich zumindest mittelfristig in jedem Fall in Form wertvoller Hinweise, Tipps und Warnungen aus.

Mit den Ergebnissen dieser Nachfrager- und Wettbewerbsanalysen ist ein wichtiger Task in der Erarbeitung einer Positionierungsstrategie absolviert worden. In Verbindung mit den eigenen, verfügbaren Ressourcen und Kompetenzen kann nun eine Positionierung entworfen werden. Dabei ist unternehmensintern zu überprüfen, ob diese Key-Driver und Key-Positioning-Faktoren mit den im Auslandsmarkt identifizierten relativen Wettbewerbsvorteilen des Unternehmens und den zur Verfügung stehenden Ressourcen gegenwärtig sowie zukünftig überhaupt erfüllt und umgesetzt werden können. De facto werden hierbei Wunsch und Realität miteinander verbunden. Wie dies funktionieren kann, wird anhand einer sehr praktischen Vorgehensweise im nächsten Abschnitt dargestellt.

3.3.2 Erarbeitung einer Positionierungsstrategie

Die Erarbeitung einer erfolgreichen Positionierungsstrategie ist eine komplexe Aufgabe, die eine große Anzahl von Variablen enthält. Zunächst sollte die Dienstleistung beziehungsweise das Produkt des Unternehmens einzigartig im Zielmarkt sein, das heißt besser für Kunden, Mitarbeiter sowie Zulieferer und Partner, und nicht einfach anders sein als der Wettbewerb. Damit sollte die Kundengewinnung in Qualität und Quantität mit der gewählten Positionierung, der Marketing-Strategie und dem Geschäftsmodell wirtschaftlich attraktiv sein, und qualifizierte Mitarbeiter sollten sich im Idealfall aktiv bewerben. Hierzu sind die Zielgruppen, die Produkte und Dienstleistungen sowie die Distributionskanäle genau zu definieren. Die Informationen hierzu liegen nach der Marktanalyse und der explorativen Marktforschung vor. Im folgenden Schritt sind die internen Variablen mit einzubeziehen. Hierbei ist zu fragen, ob die entsprechenden Kompetenzen und Ressourcen vorliegen, um die gewählte Strategie erfolgreich umsetzen zu können. Die Antworten sollten ehrlich und einfach sein. Oftmals scheitern ambitionierte Strategien an dem Potenzial bestehender Mitarbeiter, während qualifizierte Manager selbst durchschnittliche Positionierungen zu wirtschaftlichem Erfolg führen können. Einfachheit beziehungsweise die volle Konzentration auf das Kerngeschäft ist notwendig, um die Kosten im Griff und die Komplexität des Markteintrittsprojektes überschaubar zu halten sowie erste Erfolge schnell realisieren zu können.

Mit den vorliegenden Informationen wird in einem ersten Schritt eine Unique Selling-Proposition beziehungsweise Value-Proposition als Grundlage für die Positionierung des Unternehmens gegenüber Kunden, Beratern und Zulieferern oder Partnern sowie zur zielmarktspezifischen Definition des Produkt- und Dienstleistungsangebotes, der anvisierten Kundensegmente und der geeignetsten Distributions- und Kommunikationskanäle entwickelt. Aufgrund der Komplexität und Vielzahl an Variablen sollte diese Aufgabe mit Unterstützung der lokalen Marktforschungsunternehmen sowie der eigenen Werbeagentur durchgeführt werden.

Die wesentlichen Fragen, die im Rahmen der Marktforschungsstudie beantwortet werden müssen, lauten:

- Welche Positionierungsstrategie erwirkt in diesem Markt den höchsten Consumer-Pull?
- Werden die Konsumenten in dem neuen Auslandsmarkt genügend Vertrauen (Goodwill) und Glaubwürdigkeit aufbauen, um die Produkte und Dienstleistungen zu den erwarteten Preisen abzunehmen?
- Kann das Dienstleistungs- und Produktangebot dauerhafte Wettbewerbsvorteile gegenüber konkurrierenden Unternehmen erzielen?
- Wer sind die Zielgruppen und welche Bedürfnisse haben sie?
- Welche kulturspezifischen Anforderungen haben die Zielkunden an die Beratungs- und Servicequalität?
- Mit welchen Kommunikationskanälen lassen sich die anvisierten Zielgruppen bearbeiten?
- Was sind die stärksten Wettbewerbsvorteile des Unternehmens aus der Sicht aktueller und potenzieller Kunden?
- Welche Eigenschaften sollten die Vertriebsmitarbeiter des Unternehmens aufweisen, um den kulturspezifischen Ansprüchen der Kunden (zum Beispiel hinsichtlich Wertestruktur und Servicegrad) zu entsprechen beziehungsweise um die Wachstumsziele des Unternehmens zu erreichen?

Als Tool hierzu eignet sich die so genannte Key-Driver-Analyse. Dieses Marktforschungsinstrument ist der Schlüssel zur Erarbeitung der zukünftigen Unique Selling-Proposition des Unternehmens im Auslandsmarkt. Mit seiner Hilfe lassen sich die Zielpositionierung und die Differenzierungsmöglichkeiten in dem neuen Auslandsmarkt anhand von Schlüsselfaktoren beziehungsweise den Key-Drivern des Konsumentenverhaltens in den attraktivsten Kundensegmenten bestimmen. Dadurch wird ein tieferes Verständnis für die wahren Anforderungen, Bedürfnisse und Wünsche der Konsumenten (Consumer Insights) beziehungsweise für die »weichen« Faktoren des Kaufentscheidungsprozesses erlangt.

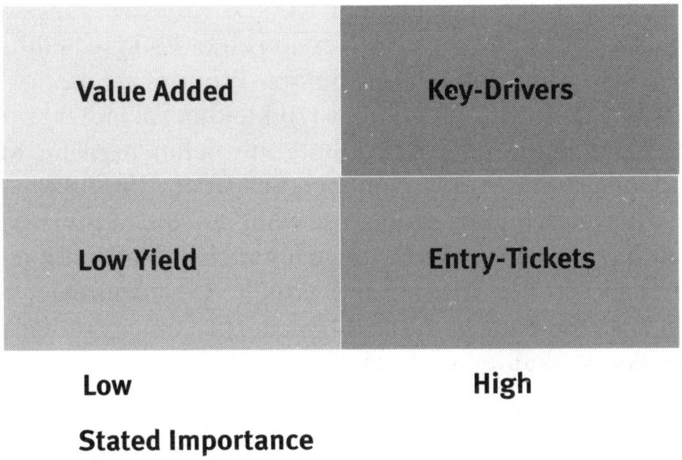

Abbildung 37: Key-Driver-Analyse

Die Inhalte der vier Felder der Key-Driver-Analyse (siehe Abbildung 37) lassen sich wie folgt interpretieren:

- *Key-Drivers:* Mögliche Kunden sagen uns, dass dies wichtige Attribute sind und ihre Präferenzen bestimmen. Es sind Schlüsselinformationen, welche die Kunden zur Auswahl des eigenen Produktes und nicht zu dem der Wettbewerber bewegen. Auf diesen Punkten sollte sich die Unique-Selling- und Value-Proposition abstützen.
- *Value Added:* Mögliche Kunden bezeichnen diese Attribute nicht ausdrücklich als wichtig. Trotzdem wirken sie sich auf ihre Präferenzen aus. Eine überdurchschnittliche Leistung bei diesen Attributen kann unter Umständen einen höheren Preis rechtfertigen.
- *Entry-Tickets:* Mögliche Kunden sagen uns, dass diese Dinge wichtig sind, sich aber nicht auf ihre Präferenzen für das eine oder andere Produkt auswirken. Um jedoch überhaupt als Produkt in Betracht gezogen zu werden, müssen diese Attribute abgedeckt werden; allerdings müssen sie nicht speziell hervorgehoben werden. So muss eine Kreditkarte eine fehlerfreie Abrechnung bieten. Dieses Attribut ist wichtig, jedoch nicht kaufentscheidend.
- *Low Yield:* Diese Attribute sind möglichen Kunden nicht wichtig. Sie haben eine niedrige Priorität oder können ganz vernachlässigt werden.

Auf der Grundlage der gewonnenen Key-Driver beziehungsweise Key-Positioning-Faktoren kann die erste Version einer Unique Selling-Proposition entworfen werden. Die Unique Selling-Proposition des in Abbildung 38 untersuchten Musterunternehmens (Bekleidungshändler) konzentriert sich auf die Kombination der Kriterien Unternehmensgröße, Kompetenz in der Kundenberatung und Unabhängigkeit in der Produktauswahl. Der Händler verfügt über eine große Auswahl an qualitativ hochwertiger Markenkleidung sowohl von der Stange als auch in Maßfertigung. Kompetente Berater bieten den Kunden individuelle Lösungen. Der Kunde hat damit einen höheren Nutzen durch die Sicherheit einer großen Marke, die Kompetenz der Verkäufer und eine qualitativ hochwertige, individuelle Garderobe.

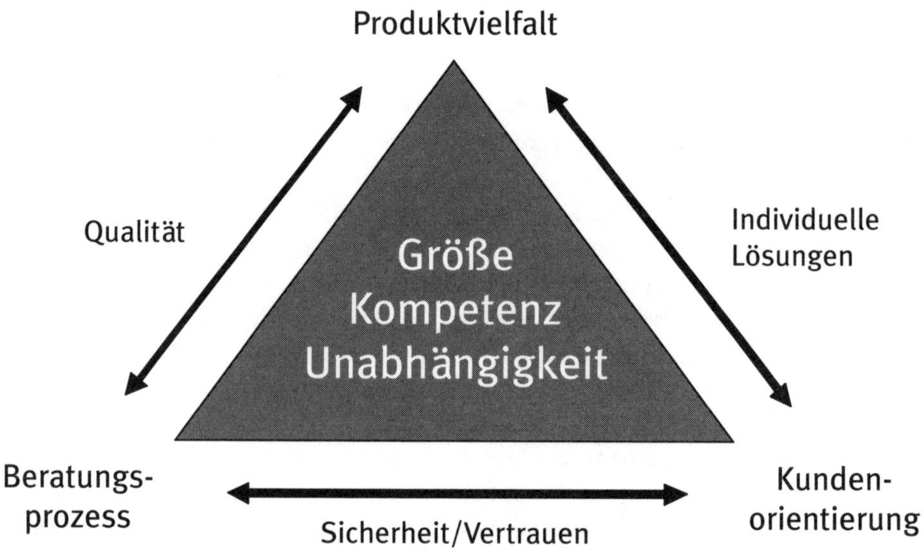

Abbildung 38: Unique Selling-Proposition eines Musterunternehmens (Bekleidungshändler)

Aus dem Tool Key-Driver-Analyse lässt sich auch ersehen, welche Anforderungen der Kunde an die Beziehung zu einem Idealunternehmen und an das Unternehmen selbst stellt. So ist in Abbildung 39 zu erkennen, dass sich der Kunde eine dynamische, innovative Beziehung wünscht, in der ihm einfache, aber nicht zu viele Alternativen, zum Beispiel für seine Garderobe angeboten werden. Im Gegensatz zu dieser hohen Flexibilität erwartet er ein Unternehmen, welches bekannt, solide, groß und etabliert ist.

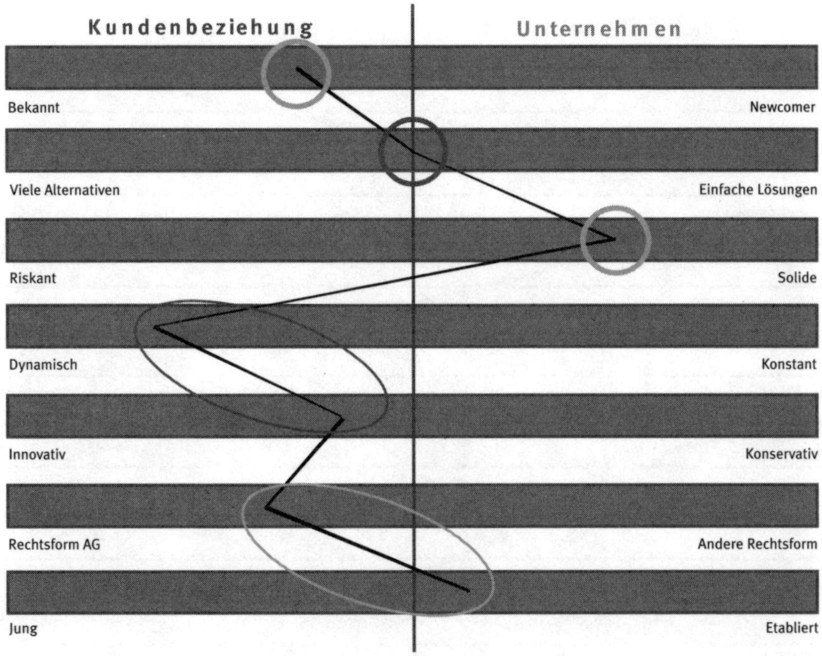

Abbildung 39: Muster für das Idealprofil eines Unternehmens in dem anvisierten Ländermarkt aus Sicht des Kunden

In dem nächsten Analyseschritt ist nun ein Vergleich der eigenen Key-Driver oder Key-Positioning-Faktoren mit denen stärksten, marktdominierenden Wettbewerber vorzunehmen. Das Differenzierungspotenzial des Unternehmens wird ermittelt, indem die Leistung des eigenen Unternehmens in Bezug auf die Erfüllung der Key-Driver zur Leistung der Konkurrenten in Beziehung gesetzt wird. Der Vergleich dieser Key-Positioning- beziehungsweise Key-Driver-Faktoren mit den Wettbewerbern ergibt das in Abbildung 40 veranschaulichte Differenzierungspotenzial für das Unternehmen. Aufgezeigt wird hierbei, bei welchen Key-Drivern zukünftig eine der Konkurrenz überlegene Positionierung erreicht werden kann. Das Ziel besteht dann darin, genau bei diesen Faktoren (zum Beispiel einfach, solide, individuell oder flexibel) die Erwartungshaltung der Kunden in Zukunft zu übertreffen.

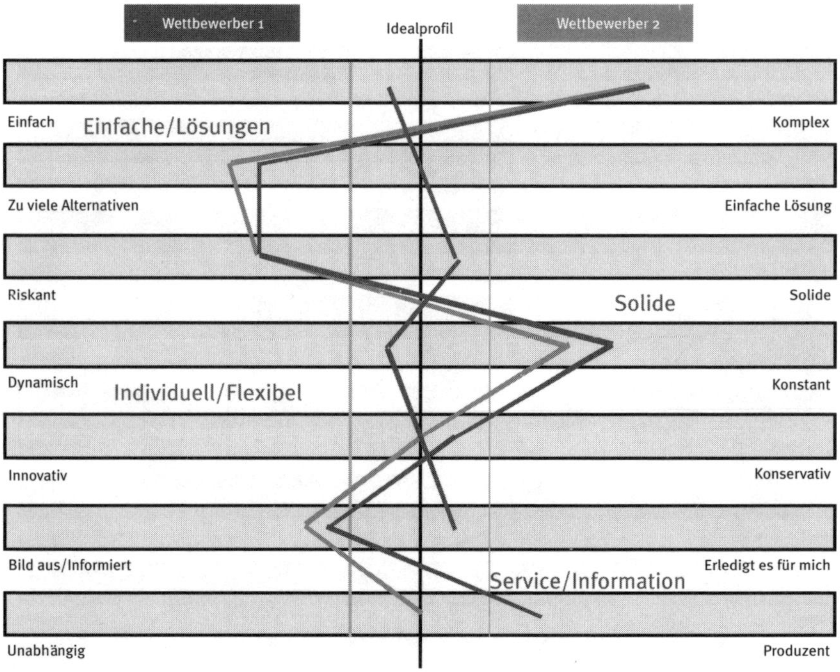

Abbildung 40: Differenzierungspotenzial (rot) eines Musterunternehmens

Ausgehend von dem aufgezeigten Differenzierungspotenzial gilt es nun, die identifizierten Alleinstellungskriterien in eine Value-Proposition für die wichtigsten Stakeholder beziehungsweise die wichtigsten Beteiligten der Kernprozesse zusammenzufassen und diese als strategische Erfolgsposition der gesamten Marktbearbeitung zugrunde zu legen. Eine Value-Proposition orientiert sich an der Frage: Welchen (Mehr-)Nutzen habe ich von dem Produkt beziehungsweise der Dienstleistung? Als Beispiel soll hier ein Versicherungsmakler dienen. Dieser erwirbt Versicherungsprodukte von Herstellern und bietet diese über den Distributionskanal Versicherungsagenten seinen Kunden an. Der Versicherungsmakler in diesem Beispiel ist für die drei Stakeholder Hersteller, Mitarbeiter und Kunde auf drei Märkten tätig: dem Produktmarkt (Einkauf von Versicherungsprodukten), dem Arbeitsmarkt (Gewinnung qualifizierter Agenten) und dem Absatzmarkt (Gewinnung und Entwicklung von Kunden). Auf jedem dieser Märkte muss er erfolgreich auftreten. Fehlen ihm qualitativ hochwertige Produkte, wird es schwer, Kunden zu finden. Sind seine Provisionen zu niedrig, wird er Probleme haben, qualifizierte Agenten zu finden. Die in Abbildung 41 vorgestellten Value-Propositions stellen klar zu kommunizierende, einzigartige Wettbewerbsvorteile dar, die sich aus Key-Drivern ergeben, bei denen der Versicherungsmakler im Vergleich zum Wettbewerb einzigartige Stärken aufweist. Dieser besondere und einzigartige Vorteil positioniert den Versicherungsmakler auf allen drei Märkten gut. Erfolgreiche Agenten, qualitativ hochwertige Hersteller und attraktive Kunden haben damit einen Grund, Präferenzen für diesen Versicherungsmakler aufzubauen.

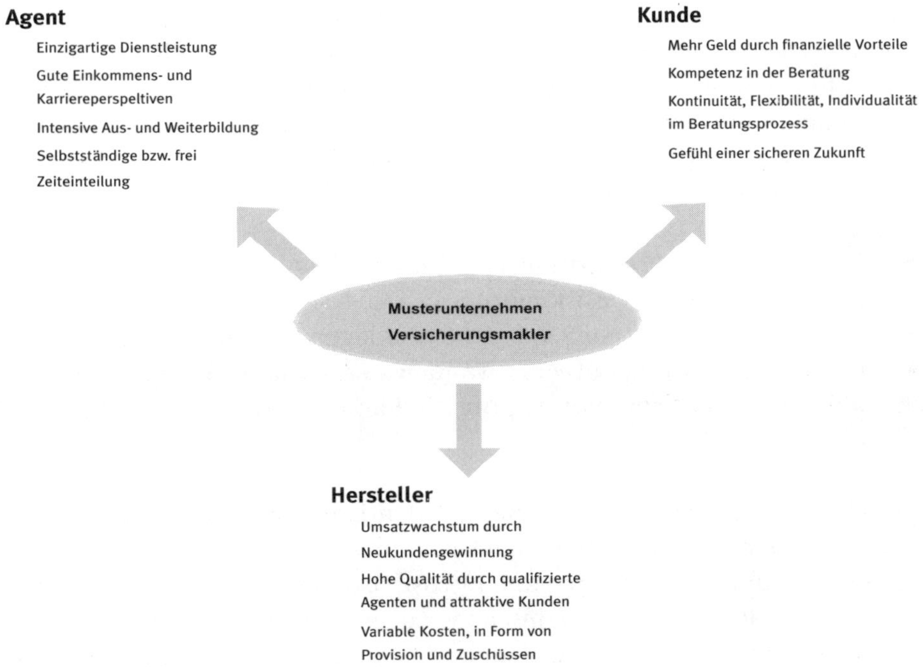

Abbildung 41: Value-Proposition gegenüber verschiedenen Stakeholdern (am Beispiel eines Versicherungsmaklers)

Bei der anschließenden Auswahl der besten Positionierungsalternative stehen die folgenden Kriterien im Vordergrund:

- Fokussierung auf relevante (zum Beispiel genügend große, attraktive und abgeschlossene) Kundensegmente,
- Dauerhaftigkeit der Wettbewerbsvorteile und Größe der Marktchance,
- betriebswirtschaftliche Erfolgsaussichten und
- Fähigkeit zur Umsetzung der Alternative in Marketingstrategien und -instrumente (zum Beispiel Werbung, Distribution, Produkt- und Servicepolitik).

Zu diesem Zweck wird auch die Durchführung von Workshops empfohlen, in denen sowohl die beauftragte Werbeagentur, das Marktforschungsunternehmen, die Projektleitung, der Lenkungsausschuss und die Leiter der Kompetenzzentren integrativ mittels Scoring-Modellen eine Bewertung der Alternativen vornehmen. Erreichen lässt sich dadurch ein breiter Konsens über die – unter Berücksichtigung der globalen Unternehmensstrategie, der anvisierten Ländermarktziele und den verfügbaren Ressourcen – effizienteste und marktadäquateste Positionierungsalternative. Da die ausgewählte Positionierungsalternative die strategische Ausrichtung des Unternehmens symbolisiert und die Grundlage für die Gestaltung und Ausrichtung des Marketing-Mix in Form eines integrierten Kommunikationskonzeptes im Auslandsmarkt bildet, sollte sie in einem Positioning-Statement schriftlich und verbindlich fixiert werden. Dieses enthält die folgenden Elemente:

- Unique Selling-Proposition (Differenzierung zum Wettbewerb und Einzigartigkeit der Positionierung),
- Value-Proposition (Nutzen für die jeweiligen Stakeholder),
- (Sustainable) Competitive Advantages (dauerhafte Wettbewerbsvorteile zur Umsetzung von Unique Selling-Proposition und Value-Proposition).

Darüber hinaus können, basierend auf den Ergebnissen der Key-Driver-Analyse, auch genauere Informationen hinsichtlich der Definition der Hauptzielgruppe, der erwarteten Dienstleistungsangebote, des Service-Levels und der vertriebsspezifischen Zugangswege, mit denen sich die Zielgruppen bestmöglich erreichen und bearbeiten lassen, herausgearbeitet werden. Für den Versicherungsmakler könnte dies bedeuten, dass er C-Kunden über seine eigenen Versicherungsagenten die Produkte 1 bis 4 anbietet (siehe auch Abbildung 42). Dies schließt natürlich nicht aus, dass das Internet oder ein Call-Center als Kommunikations- und Informationsmedien in den Hauptvertriebskanal integriert werden.

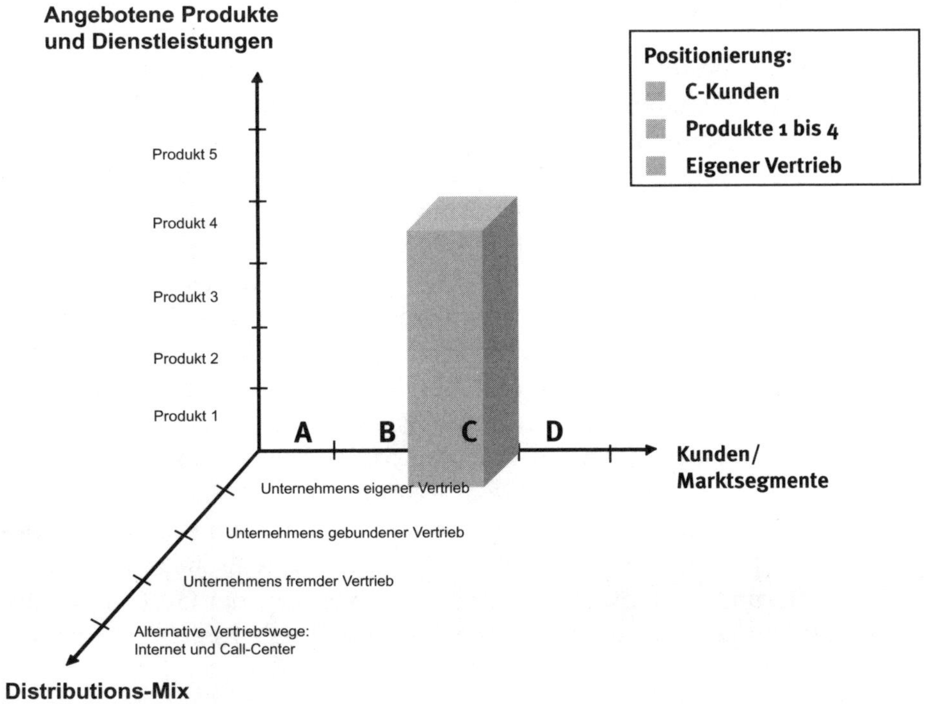

Abbildung 42: Beispiel für die Positionierungselemente Produkte/Dienstleistungen, Kunden-/Marktsegmente und Vertriebswege

Zusammenfassend lässt sich feststellen, dass aus der Erarbeitung der Zielpositionierung ein unmittelbarer Einfluss zum einen auf die strategische Ausrichtung und den Schwerpunkt der Marktbearbeitung (Anpassung des Marketing-Instrumentariums, der Produkt- und Dienstleistungsangebote, der Servicequalität) ausgeht. Zum anderen wird durch die spezifischen Anforderungen der Kunden ein Anpassungsprozess der Ressourcen und der Fähigkeiten beziehungsweise des Geschäftsmodells im Auslandsmarkt ausgelöst. Zu beachten ist jedoch die dynamische Komponente des Positionierungsprozesses, dessen Ergebnisse kontinuierlich zu überprüfen sind. Je nach Ergebnis des Soll-Ist-Vergleichs wird das Positionierungsziel beibehalten oder neu definiert. Werden beispielsweise bedeutende Veränderungen in den Wertvorstellungen der anvisierten Zielgruppe oder bei den relevanten Umweltbedingungen festgestellt, muss der Prozess der Positionierung erneut durchlaufen werden. So können zum Beispiel der Eintritt neuer Wettbewerber oder neue gesetzliche Rahmenbedingungen die Richtigkeit der getroffenen Positionierungsentscheidung sehr schnell relativieren und unter Umständen sogar eine Neupositionierung des Geschäftsfeldes beziehungsweise des Unternehmens erfordern.

3.3.3 Festlegung der strategischen Stoßrichtung – Strategie-Profil

Im Folgenden besteht die Aufgabe darin, ein adäquates Strategieprofil zusammenzustellen, das die strategische Stoßrichtung in der Marktbearbeitung vorgibt und auf eine konsequente Umsetzung der Zielpositionierung gerichtet ist beziehungsweise zu einer schnellen und tiefen Verankerung des Unternehmens im Auslandsmarkt führt. Dabei wird eine auf die Positionierung aufbauende, grundsätzliche Linie für die Gestaltung und den Einsatz sämtlicher absatzpolitischer Instrumente festgelegt. Dieser komplexe und dynamische Planungsprozess ist so stark mit der operativen Umsetzung verflochten, dass nur ein kontinuierlicher Lernprozess und das ständige Überprüfen, Justieren und Anpassen der Strategie nachhaltigen Erfolg verspricht. Die internationalen Zielsetzungen und Visionen des Unternehmens hinsichtlich des globalen Markenmanagements, das Ausmaß der zur Verfügung stehenden Ressourcen und die strategischen Wettbewerbsvorteile geben letztendlich die Orientierung für die Festlegung dieser Strategien. Hier gilt es vor allem, die strategische internationale Positionierung des Unternehmens beziehungsweise der Geschäftsfelder zu berücksichtigen und zu integrieren. Folgende Fragen sind im Anschluss zu klären:

- Welcher Standardisierungsgrad soll für die Marktbearbeitung gewählt werden? (Basisstrategie)
- Welche Strategie wird gegenüber den im Auslandsmarkt agierenden Konkurrenten gewählt? (Strategiestil)
- Welcher Nutzen und welche »added value`s« soll den Kunden angeboten werden? (Strategiesubstanz)
- Welche Zielgruppen sollen schwerpunktmäßig bearbeitet werden? (Strategiefeld)

Entscheidungsbereich: Basisstrategie

Die Basisstrategien im internationalen Marketing sind die Standardisierung (die gänzliche Vereinheitlichung aller Marketing-Instrumente über alle Länder hinweg) und die Differenzierung (die jeweilige länderspezifische Auslegung der Marketing-Instrumente). Die Frage des Standardisierungsgrades befasst sich dabei mit dem Ausmaß, mit dem Marketinginstrumente, aber auch -prozesse vereinheitlicht werden können. Ausgangspunkt ist die Überlegung, dass der »richtige« Standardisierungsgrad von bestimmten kulturellen und spezifischen Gegebenheiten des Ländermarktes bestimmt wird. In der Regel wird zudem ein bestimmtes Maß an

Standardisierung auch durch die Muttergesellschaft festgelegt, denn das grundlegende Ziel besteht darin, eine globale Marktstellung durch globale Leistungsangebote, Services und Marken beziehungsweise durch ein globales Marketing zu erlangen und Kostensenkungspotenziale in der Marktbearbeitung durch die Realisierung von Economies of Scale zu erschließen. Dabei gilt als grobe Richtschnur: So viel Standardisierung wie möglich, so viel Differenzierung wie nötig. Als Beispiele für die erfolgreiche Umsetzung einer weitestgehend globalen Marketingstrategie lassen sich Coca-Cola, Levi's und Benetton anführen.

Bei der Festlegung des Standardisierungsgrades muss das Unternehmen im Einzelfall bei den einzelnen Marketinginstrumenten (zum Beispiel in der Werbung, der Leistungsprogramm-, Service- und Preisgestaltung, der Distributionspolitik) überprüfen, inwieweit die Notwendigkeit zur Anpassung an das lokale Umfeld, an die unterschiedlichen Bedürfnisstrukturen und kulturellen Besonderheiten, besteht (Lokalisierungserfordernisse). Wichtige Entscheidungshilfen können hierbei wiederum die Ergebnisse der Key-Driver-Analyse liefern. Hinsichtlich der Entwicklung und Durchsetzung von kulturspezifischen Anpassungsmaßnahmen erhalten die Auslandsgesellschaften weitgehende Entscheidungsbefugnisse, die Muttergesellschaft übernimmt vorwiegend Koordinationsfunktion im Hinblick auf die Erreichung der globalen Unternehmensziele.

Entscheidungsbereich: Strategiestil

Im Bereich des Strategiestils muss das Unternehmen sein Verhalten im Marketing gegenüber der internationalen und lokalen Konkurrenz festlegen. Bei einem offensiven und aggressiven Marketing, im Vergleich zu Wettbewerbern, besteht das Ziel in der Verdrängung internationaler beziehungsweise der Übernahme lokaler Wettbewerber. Eine mögliche Strategie wäre hierbei, dem Leistungsangebot der Konkurrenz ein direktes Angebot gegenüberzustellen und mit einer gleichzeitigen Preisreduzierung die Marktstellung des Wettbewerbers zu erschüttern. Diese Strategie ist auch empfehlenswert, wenn das Unternehmen darauf abzielt, die Wettbewerbsvorteile des Marktführers zu kopieren (Imitationsstrategie) und diese auf der Basis seiner eigenen Kernkompetenzen so auszubauen, dass daraus ein »neuer« Wettbewerbsvorteil entsteht (Innovationsstrategie), der mit einer Image- und Ertragssteigerung einhergeht. Bei einem defensiven Marketing trachtet das Unternehmen danach, seine Position in bestimmten Marktsegmenten in Reaktion auf den Wettbewerb auszurichten, das heißt, also keine Strategie der Konfrontation zu verfolgen. Dies ist insbesondere dann sinnvoll, wenn ressourcenstarke oder marktdominierende Konkurrenten im anvisierten Auslandsmarkt agieren. Zudem spielen in diesem Zusammenhang auch Timing-Überlegungen eine wichtige Rolle, welche sich auf den Zeitpunkt des Ergreifens bestimmter Marketingstrategien und -maßnahmen beziehen (siehe noch einmal Kapitel 1, Abschnitt 1.7). Die vier Kombinationen aus der Art und Weise des Marketingverhaltens gegenüber der Konkurrenz und aus der Wahl der Timing-Strategie ergeben die folgenden wettbewerbsstrategischen Optionen:

- *Offensives und konventionelles Wettbewerbsverhalten:* Das aggressive Verhalten äußert sich in einer Intensivierung der Marketingaktivitäten, aber unter Beibehaltung der angestammten Leistungsangebote. Typisch ist diese Strategie für Marktführer; sie ist aber auch für starke Marktherausforderer geeignet, welche die Position des Marktführers anzugreifen versuchen.
- *Defensives und konventionelles Wettbewerbsverhalten:* Diese Strategie ist typisch für Marktmitläufer, das heißt solche Unternehmen, die sich dem Wettbewerb anpassen und sich lediglich bemühen, ihren Marktanteil zu halten.
- *Offensives und innovatives Wettbewerbsverhalten:* Geeignet ist diese Strategie insbesondere für Marktherausforderer, welche den Auf- und Ausbau eigenständiger und dauerhafter Wettbewerbsvorteile anstreben. Auch Marktführer können diese Strategie erfolgreich einsetzen, wenn zum Beispiel die eigene Position bedroht wird.
- *Defensives und innovatives Wettbewerbsverhalten:* Diese Option verlangt die Suche nach Marktnischen, um den Wettbewerb auf dem Gesamtmarkt umgehen zu können.

Entscheidungsbereich: Strategiesubstanz

Der Entscheidungsbereich Strategiesubstanz befasst sich mit der Festlegung des Kundennutzens. Der Kundennutzen des Leistungsangebotes zeigt sich in dem subjektiv empfundenen Preis-Leistungs-Verhältnis. Demzufolge existieren grundsätzlich zwei Ansatzpunkte, um einen komparativen Wettbewerbsvorteil gegenüber der Konkurrenz zu erlangen, deren typischen Merkmale in Tabelle 28 enthalten sind.

	Präferenzstrategie	Preis-Mengen-Strategie
Art des Kundennutzens	Leistungsvorteile führen zu einer relativ besseren Bedürfnisbefriedigung.	Preisvorteile führen zu einer relativen Kostenersparnis.
Art des komparativen Wettbewerbsvorteils	»Besser«-Prinzip: Im Vergleich zur Konkurrenz wird bei gleichem Preis eine bessere Leistung angeboten (Qualitätsführerschaft).	»Billiger«-Prinzip: Im Vergleich zur Konkurrenz wird bei einer gleichen Leistung ein geringerer Preis verlangt (Kostenführerschaft).
Einsatz des Marketing-instrumentariums	Ein kombinierter Einsatz aller nicht-preislichen Marketing-Instrumente zur Beeinflussung der Kunden ist geboten.	Preis wird als zentrales Marketing-Instrument zur Beeinflussung der Kunden gesehen.

Tabelle 28: Merkmale der Präferenz- und Preis-Mengen-Strategie

Das Unternehmen muss sich nun die Frage stellen, ob es eher eine Preis-Mengen- oder eine Präferenzstrategie verfolgen sollte. Die Strategie der Preis- oder Kostenführerschaft zielt darauf ab, umfassende Kostenvorteile zu erzielen; dies ermöglicht das Anbieten der Leistung zu einem im Vergleich zur Konkurrenz günstigeren Preis. Voraussetzung hierzu ist die Möglichkeit zur Ausnutzung von Größen- und Erfahrungskurveneffekten. Hohe Kostensenkungspotenziale finden sich unter anderem in den Bereichen Buchhaltung, IT, Verwaltung, Service, Außendienst und Werbung, sofern Einschränkungen (zum Beispiel hinsichtlich des Service-Levels) nicht zu kulturellen Akzeptanzproblemen bei den Zielgruppen führen. Aber auch bei der Gestaltung des Leistungsangebots können auf der Grundlage einer Kundenwertanalyse Kosteneinsparungen realisiert werden. Eine Preis-Mengen-Strategie geht in der Regel mit einer standardisierten Marktbearbeitung einher, um sämtliche Potenziale zur Kosteneinsparung auszuschöpfen.

Eine Präferenzstrategie grenzt das eigene Angebot von Wettbewerbern deutlich ab, um als einzigartig wahrgenommen zu werden. Hierfür müssen die erforderlichen Voraussetzungen – sofern nicht bereits vorhanden – gezielt geschaffen werden. Eine Präferenzstrategie ruft Markentreue hervor und macht die Marktstellung weniger angreifbar. Allerdings ist dadurch eine Erhöhung des Marktanteils nicht immer realisierbar, denn Maßnahmen zur Differenzierung erfordern in der Regel hohe Investitionen, was sich entsprechend auf die Preise niederschlägt. Auch hierzu liefert die Key-Driver-Analyse wertvolle Informationen. Vor allem die Nutzung der Value-Added-Attribute kann erhöhte Preise rechtfertigen.

Dadurch ist das Absatzpotenzial häufig auf kleine, exklusive Zielgruppen begrenzt. Eine Präferenzstrategie beinhaltet zudem eine starke Qualitätsorientierung, wobei Qualität hier nicht allein auf das Endprodukt beschränkt ist, sondern alle Wertschöpfungsprozesse beinhalten sollte. Im Sinne eines Total-Quality-Management (TQM) setzt Qualität vielmehr an allen Wertaktivitäten des Unternehmens an, also auch an den indirekten Aktivitäten des Back-Office wie beispielsweise die Auftragsabwicklung oder die Form des Schriftverkehrs. Eine hohe Qualität von Leistungsangeboten oder Beratungsangeboten führt aber nur dann zur Differenzierung, wenn sie nicht nur objektiv vorhanden, sondern vor allem vom Abnehmer auch subjektiv wahrgenommen wird. Damit wird deutlich, dass auch Merkmale wie Image und Markierung zur psychologischen Differenzierung gegenüber den Konkurrenten beitragen. Deshalb spielt die Kommunikationspolitik für die Qualitätswahrnehmung der Konsumenten eine außerordentliche Rolle. Aufgrund der großen Bedeutung der subjektiven Qualitätswahrnehmung durch die Konsumenten ist bei der internationalen Betätigung zu beachten, dass Wahrnehmung und relative Bedeutung von Qualitätsmerkmalen länderspezifisch stark abweichen können, da sie von kulturellen Faktoren wie Gepflogenheiten, Ästhetik, Werte und Normen geprägt sind.

Besonders erfolgreich im internationalen Wettbewerb sind solche Unternehmen, denen es im Zuge so genannter Outpacing-Strategien gelingt, sowohl eine günstige Kostenposition als auch einen Qualitätsvorsprung, zum Beispiel durch individuelle Serviceangebote, aufzubauen. Neben den Möglichkeiten, originäre Produkte beziehungsweise Dienstleistungen zu günstigen Preisen zu erbringen, sind hier besonders die Fähigkeiten des Unternehmens von besonderer Bedeutung, integrierte zielgruppenspezifische Problemlösungsangebote (komplexe Leistungsbündel) zu formen und für den Massenmarkt zu standardisieren. Durch eine derartige Strategie, die auf der Anreicherung eines Produktes mit zusätzlichen Dienstleistungen, wie spezieller Beratungskompetenz oder individuellem Service beruht, gewinnt die Dienstleistung an Differenzierungsprofil gegenüber den Wettbewerbern und steigert die Attraktivität sowohl für die Kunden als auch zum Beispiel im Finanzdienstleistungsbereich für qualifizierte Berater. Weiterhin ist zu prüfen, welche Möglichkeiten ein Unternehmen hat, gemeinsam mit Verbund- oder Kooperationspartnern bestimmte Leistungen zu erbringen (Kooperationen, Joint Ventures). So können eigene, bestehende Vertriebswege durch die Einbeziehung von Verbundpartnern umfassender genutzt werden (Cross-Selling). Dadurch können Synergie-Effekte entstehen, die die Profitabilität beider Partner verbessert.

Entscheidungsbereich: Strategiefeld

Zentraler Bestandteil der Wahl des Strategiefeldes ist die Entscheidung, ob der Gesamtmarkt oder eine oder mehrere Marktnischen (zum Beispiel im Finanzdienstleistungsbereich Fokus auf Selbstständige, Ärzte oder Rechtsanwälte) bearbeitet werden sollen. Die Entscheidung hängt dabei – wie bereits in Kapitel 2 diskutiert – in hohem Maße von den verfügbaren Ressourcen und den Möglichkeiten zur Positionierung ab. Eine Strategie der Gesamtmarktabdeckung würde zum Beispiel bedeuten, dass das Unternehmen alle im Auslandsmarkt identifizierten Marktsegmente abdeckt. Diese Strategie kann in der Regel nur von den großen multinationalen Unternehmen verfolgt werden, da sie ein erhebliches Ausmaß an Ressourcen erfordert. Eine solche Strategie ermöglicht die Realisierung von Economies of Scope durch die Nutzung gemeinsamer Ressourcen, zum Beispiel bei mehreren Leistungsprogrammen (Produktlinien). Nachteilig ist häufig die Tatsache, dass durch eine zu breite Definition der Geschäftsfelder die Intensität der Marktbearbeitung wichtiger Zielgruppen zu gering ausfällt. Dadurch wird der Markt für solche Anbieter attraktiv, welche ihre Aktivitäten auf klar abgegrenzte Teilmärkte konzentrieren. So betreut zum Beispiel die Deutsche Bank in ihrem Private-Banking-Bereich ganz unterschiedliche Zielgruppen, zum Beispiel Inhaber von Familienbetrieben, Unternehmer von Start-Ups, Führungskräfte oder Spitzensportler. Für jede Zielgruppe stehen spezielle Beraterteams zur Verfügung, wobei die Palette an Finanzdienstleistungen jeweils individuell zusammengesetzt wird.

Eine Nischenstrategie bedeutet, dass in dem anvisierten Auslandsmarkt lediglich ein begrenzter Marktausschnitt bearbeitet wird. Ein Beispiel für eine konsequente Nischenstrategie ist MLP als integrierter Finanzdienstleister für Akademiker. Die Kunden stammen aus dem Kreis der Hochschulabsolventen, und akademisch ausgebildete Berater führen nach Berufsbeginn eine ganzheitliche Kundenbetreuung durch. Der Wettbewerbsvorteil besteht hier in der Aufstellung eines individuellen Finanzplanes für eine anspruchsvolle Zielgruppe.

Verfolgt das Unternehmen eine Nischenstrategie, so kann es innerhalb dieser Nische sowohl eine Präferenz- als auch eine Preis-Mengen-Strategie verfolgen. Generell gilt, dass eine Nischenstrategie gerade für kleine und mittelständische Unternehmen geeignet ist, deren Ressourcen nicht ausreichen, größere Marktsegmente zu bedienen. Hierbei eröffnet sich die Chance, dem Bedürfnis »individueller« Kunden nach individuellen Lösungen nachzugehen und die bei solchen Zielpersonen oftmals zu beobachtende geringere Preissensitivität zu nutzen. Statt einem undifferenzierten, oft rein zufälligen Bearbeiten von Zielgruppen werden unter Berücksichtigung einer Ressourcen-Allokation nur diejenigen Geschäftsfelder belegt, bei denen das Unternehmen die Chance für eine aussichtsreiche Marktstellung hat.

Wie aus den vorangegangenen Ausführungen ersichtlich wurde, wird die Marktbearbeitungsstrategie auf der Grundlage von vier Entscheidungsdimensionen für den jeweiligen Ländermarkt festgelegt. Bei der Auswahl der geeigneten, für den Zielmarkt optimalen Marktbearbeitungsstrategie sind solche strategische Optionen zu verwerfen, welche nicht im Einklang mit den gegebenen Rahmenbedingungen des Auslandsmarktes stehen (zum Beispiel Größe und Kaufkraft der Zielgruppen, angestrebte internationale Positionierung, Art der Wettbewerbsvorteile gegenüber der Konkurrenz, vorhandene Ressourcen). Die für diese Entscheidungen zugrunde zu legenden Kriterien sind aus dem internationalen Zielsystem der Unternehmung abzuleiten (siehe noch einmal Kapitel 1, Abschnitt 1.2). Beispiele für solche Kriterien sind:

- Shareholder- beziehungsweise Stakeholder-Value,
- Amortisationsdauer der Investitionen,
- Investitionsbedarf,
- Möglichkeit zur Ausnutzung von Kernkompetenzen,
- Beitrag zur Erzielung von Wettbewerbsvorteilen,
- Einklang mit der Unternehmenskultur,
- Anforderungen an Steuerung und Koordination,
- Verlustrisiko beziehungsweise -gefahr.

Als Ergebnis könnten beispielsweise folgende strategische Vorentscheidungen getroffen werden:

- weitgehende Standardisierung der Marketinginhalte bei gleichzeitiger Anpassung der globalen Marke an die lokalen Marktbedürfnisse (»Think globally, act locally«; Basisstrategie),
- offensives innovatives Verhalten gegenüber dem Wettbewerbsumfeld (Strategiestil),
- Preis- beziehungsweise Kostenführerschaft (Strategiesubstanz),
- keine Konzentration auf ausgewählte Zielgruppen, also Massenmarketing (Strategiefeld).

Basierend auf den Ergebnissen der Marktforschung, der Festlegung der Positionierungsstrategie, der Wettbewerbsanalysen, der eigenen Wettbewerbsvorteile und der zur Verfügung stehenden Ressourcen muss im Folgenden der Prototyp eines Geschäftsmodells entworfen werden, welcher in den nachfolgenden Prozessschritten des Zyklusses *Company2new:market* getestet, ausgerollt und permanent verbessert wird. Zuvor wird jedoch die besondere Bedeutung des International Branding für Unternehmen am Beispiel des Finanzdienstleistungssektors herausgestellt.

3.3.4 International Branding – Organisation der globalen Markenführung und -entwicklung

Mit der zunehmenden Internationalisierung von Unternehmen wächst auch der Stellenwert einer globalen Markenführung und -entwicklung zur Profilierung im Wettbewerb. Zum einen besteht die Möglichkeit, im Rahmen einer multinationalen Markenstrategie mit individuellen Markenkonzepten in den einzelnen Auslandsmärkten aufzutreten. Hierbei werden so genannte Local Brands angeboten, die eine optimale Anpassung an die länderspezifischen Bedürfnisse und Erwartungen der Kunden und eine bessere Berücksichtigung nationaler Besonderheiten in den Kommunikations-, Preis- und Distributionsgegebenheiten sowie bei gesetzlichen Bestimmungen erlauben. Eine länderspezifisch differenzierte Markenstrategie erscheint insbesondere dann sinnvoll, wenn Unternehmen im Rahmen einer Akquisitionsstrategie Marken erwerben, die sich in bestimmten Auslandsmärkten bereits erfolgreich durchgesetzt haben und gut positioniert sind. Die mangelnde Nutzung von Synergien im Marketing (fehlende Markenidentität) sowie fehlende Degressionseffekte in der Kommunikationspolitik stellen zentrale Nachteile dieser Markenstrategie dar.

Zum anderen besteht die Möglichkeit, ein einheitliches Markenkonzept ohne Rücksicht auf nationale Unterschiede international durchzusetzen (globale Markenstrategie). Im Idealfall wird die Marke dann weltweit mit identischer Markierung, Qualität, Positionierung sowie übereinstimmender Kommunikations-, Preis- und Distributionspolitik vertrieben. Den vielen Vorteilen, die eine solche globale Markenstrategie bietet (zum Beispiel Ausschöpfung von Kostensenkungspotenzialen, Lern- und Know-how-Effekte in den Niederlassungen, Aufbau einer einheitlichen Markenidentität), stehen aber auch erhebliche erfolgskritische Nachteile gegenüber (zum Beispiel Vernachlässigung länderspezifischer Bedürfnisse, kultureller Eigenheiten und lukrativer Marktsegmente/Nischen). Die Entscheidung für die eine oder andere Strategie hängt von der spezifischen Unternehmenssituation und Markteintrittsstrategie ab. So neigen besonders amerikanische Unternehmen zu einer eher zentralistischen Organisationsstruktur, japanische eher zu einer dezentralen Vorgehensweise. Diese

Beobachtung ist jedoch zu relativieren, weil das internationale Geschäft japanischer Unternehmen eine deutlich größere Bedeutung hat. Unabhängig davon ist jedoch zu beobachten, dass diejenigen Unternehmen besonders erfolgreich sind, denen es gelingt, die Markenstrategie, die Werbung, das Verpackungsdesign und weitgehend auch die Preisgestaltung international zu koordinieren.

Grundsätzlich anzuraten ist international agierenden Unternehmen, hinsichtlich der Markenkonzeption (Brand-Strategy) beziehungsweise dem Markenmanagement einen Kompromiss zwischen der globalen Marke, dem angebotenen Leistungs- und Serviceprogramm und den lokalen, kulturell verschiedenartigen Bedürfnissen zu finden (»Think global, act local«). Die Herausforderung besteht darin, einerseits »Local Hero«, aber gleichzeitig auch »Global Player« zu sein (zu dieser Problematik siehe Abbildung 43). Hierbei wird versucht, unter weitgehender Beibehaltung eines einheitlichen Markenprofils (Markenidentität) sowohl Kosten- als auch Nutzenvorteile durch intelligente Anpassung des Markenkonzeptes an die individuellen Ländergegebenheiten auszuschöpfen.

Zentrales Problem dieser Strategie ist der Variationsgrad der Marke in den unterschiedlichen Ländern. Dabei muss beachtet werden, inwieweit etwa Anpassungen der Qualität, der Services, der Kommunikation oder des Preises in den verschiedenen Ländern vorgenommen werden können, ohne dass das Markenkonzept und der Markenkern gefährdet oder verwässert wird. Erfolgt etwa der Eintritt in Auslandsmärkte mit relativ geringen kulturellen Einstellungs- und Verhaltensunterschieden (zum Beispiel innerhalb Europas), wird der länderübergreifende Kernnutzen der Marke in den einzelnen Auslandsmärkten lediglich um länderspezifische Zusatznutzenelemente ergänzt, das Markenkonzept somit nur leicht modifiziert. Die Identifikation und Auswahl der so genannten Kernnutzenelemente erfolgt dabei im Rahmen der bereits erläuterten Key-Driver-Analyse, bei der die Präferenz konkreter Dienstleistungs- und Serviceeigenschaften bei den Zielkunden analysiert wird. Diese dienen dann als Ausgangspunkt für eine universell gültige Basispositionierung.

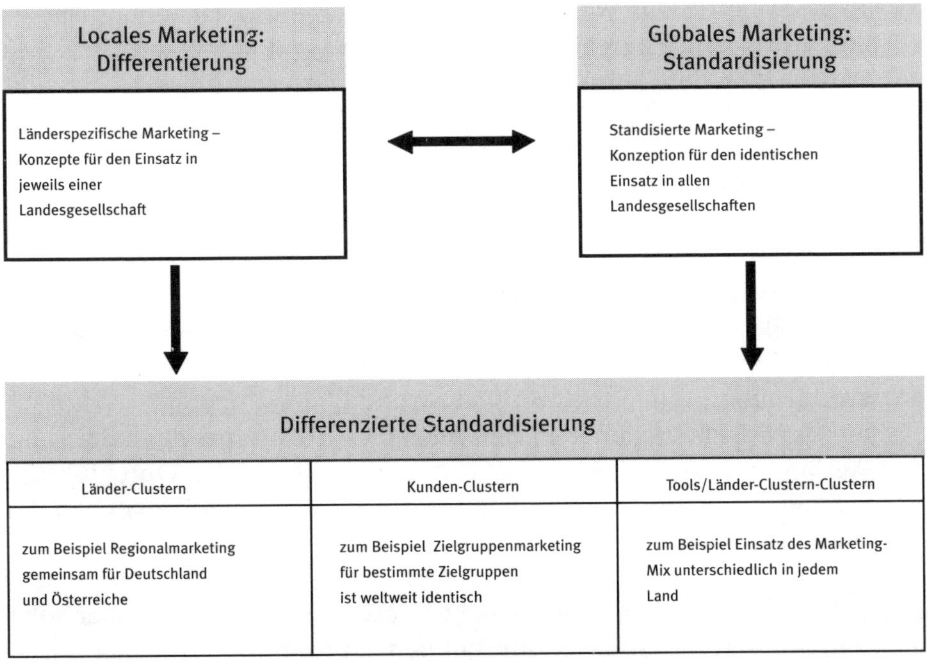

Abbildung 43: Lösungsansatz für das Standardisierungs-/Differenzierungsdilemma

Vor dem Hintergrund der gestiegenen Bedeutung eines professionellen internationalen Markenmanagements ist es sinnvoll, eine entsprechende organisatorische Einheit im Konzern zu implementieren und eine Lead Agentur mit der Realisierung der internationalen Markenstrategie zu beauftragen. Diese arbeitet mit dem Communication-Director der Konzerngesellschaft in einem so genannten Brand-Lead-Team zusammen, welches für die strategische Markenführung verantwortlich zeichnet. Der Communication-Director der Holding sollte auf keinen Fall in Personalunion für eine Landesgesellschaft zuständig sein, weil eine ausschließlich internationale Perspektive mit dem entsprechenden Zugriff auf die Budgets entscheidend für den Erfolg dieser Vorgehensweise ist.

Wesentliche Aufgaben des eines Brand-Lead-Teams sind:

- Entwicklung und Realisierung einer strategischen Markenkonzeption,
- Aufbau einer starken internationalen Marke,
- inhaltliche Ausgestaltung und Weiterentwicklung der Marke,
- Durchsetzung einer Corporate Communication und Corporate Identity,
- Anpassung der Markenkonzeption an die unterschiedlichen Märkte, zum Beispiel durch kulturspezifische Gestaltung von Anzeigen, wie

Key-Visuals (mehr Wärme in südlichen Ländern), Headlines (mögliche Wortspiele, Ereignisse in Abhängigkeit von Markt und Sprache), Aussagen in der Copy (abhängig von Key-Driver-Analyse),
- Aktualisierung des Corporate-Identity-Manuals und der Toolkits (Konzept-/Layoutbeispiele, Foto-Booklets),
- Konzeption und Realisierung internationaler Werbekampagnen sowie internationaler Promotions und Events (zum Beispiel Sponsoring von internationalen Sportereignissen),
- zentraler Einkauf von Werbemitteln,
- Kontrolle der Umsetzung der entsprechenden Regeln und Maßnahmen anhand von Benchmarks (Brand Guardians),
- konzernübergreifende Koordination und Unterstützung von Aktivitäten der Marketingleiter in den einzelnen Tochtergesellschaften und Auslandsmärkten. Dies beinhaltet zum Beispiel die Durchführung gemeinsamer Projekte und den Informationsaustausch zwischen den Verantwortlichen.

Ein erfolgversprechendes Instrument zur Implementierung einer lokal abgestimmten Brand-Strategie im Rahmen der Kommunikationspolitik ist zum Beispiel die Gestaltung von Tie-in Advertising, wobei der zentrale Rahmen für die Werbung nach globalen Gesichtspunkten im Sinne einer integrierten Kommunikation vorgegeben ist, aber Themen, Werbeaussage, Key-Visuals, Werbemittel an die lokalen Marktgegebenheiten angepasst werden. Beispielsweise könnte eine stärkere Anpassung auf die lokalen Markterfordernisse notwendig werden, wenn der Markenname, das Markenzeichen oder emotionale Key-Visuals in der Werbung falsche Assoziationen und Missverständnisse im Auslandsmarkt hervorrufen. Bei der Gestaltung der Werbung wäre in diesem Fall ein anderer Slogan von Vorteil, der besser auf die Erwartungen und Bedürfnisse der Zielgruppen im Auslandsmarkt abgestimmt ist, während die grundlegende Werbebotschaft und die gestalterischen Elemente beibehalten werden. Weiterhin lassen sich die positiven Imageeffekte von globalen Promotions, Events und Sportereignissen der Muttergesellschaft auch auf lokaler Ebene ausnutzen, indem diese Aktivitäten gezielt in der Verkaufsförderung im Auslandsmarkt aufgegriffen werden. Wichtig ist beim Einsatz dieser und anderer Kommunikationsinstrumente, dass immer eine Koordination und harmonische Abstimmung aller kommunikativen Auftritte des Unternehmens im Sinne der internationalen Brand-Strategie zu erfolgen hat, also die Regeln einer integrierten Kommunikation zu beachten sind. Damit soll gewährleistet werden, dass der »Spirit« der Marke über alle Kommunikationskanäle hinweg mit einer eindeutigen und einfachen Basisinformation (Marke, Begriff, USP, VP) für die jeweiligen Zielgruppen des Unternehmens (Kunden oder Berater) erlebbar kommuniziert wird.

Um eine bestmögliche Anpassung zu erreichen, sollten die Gestaltung und der Einsatz zum Beispiel von Werbung, Public Relations, Sponsoring, Verkaufsförderung, Werbemitteln, Broschüren in enger Zusammenarbeit mit einer lokal ansässigen Werbeagentur geplant und durchgeführt werden. Lokale Agenturen haben im Vergleich zur Werbeagentur im Heimatmarkt ein höheres Markt-Know-how, können flexibler reagieren, sind meist kostengünstiger und aufgrund ihrer Unabhängigkeit eher bereit, ein höheres Risiko bei der Entwicklung effizienter und kreativer Werbung einzugehen. Die Entscheidung für eine geeignete Agentur liegt meist in den Händen des Managements vor Ort, weil nur dadurch die bestmögliche Auswahl und eine enge Zusammenarbeit gewährleistet werden kann. Eher unwesentlich ist in diesem Zusammenhang, ob die Agentur Mitglied eines globalen Agenturnetzwerkes ist. Entscheidend ist, dass die Organisation vor dem unmittelbaren Eintritt in den Auslandsmarkt steht und die bestmögliche Unterstützung durch eine lokal abgestimmte Brand-Strategie benötigt.

3.4 Task 4: Entwurf eines Geschäftsmodells

Um den spezifischen Ansprüchen der Kunden im Auslandsmarkt gerecht zu werden, systematisch neue Kundensegmente als Ertragsquellen zu erschließen und die Wertschöpfung langfristig optimal zu sichern, ist ein zukunftsweisendes Geschäftsmodell zu entwickeln, das hinsichtlich Effizienz und Produktivität höchsten Qualitätsansprüchen genügt und im Auslandsmarkt durch Mitarbeiter- und Kundenbegeisterung neue Maßstäbe setzt. Das Geschäftsmodell stellt hierbei die Übersetzung der für den Ländermarkt relevanten Kernkompetenzen und Unternehmensstrategien in Prozesse, Organisationen und Technologie dar, mit denen die Dienstleistung zur Realisierung der Unternehmensziele – Umsatz, Ertrag, Wachstum, Bekanntheitsgrad und Qualität – sichergestellt wird. Das Geschäftsmodell konzentriert sich dabei auf den Schwerpunkt der unternehmerischen Tätigkeit und die Art der Erlöserzielung. Es findet seinen Niederschlag in einer Vielzahl von Aktivitäten, sowohl auf der operativen Ebene als auch auf der Steuerungs- oder Koordinationsebene. Entscheidend ist, dass nur eine konsequente Orientierung aller im Geschäftsmodell zusammengeführten Aktivitäten an den bestehenden und erwarteten Kundenbedürfnissen eine wirksame Differenzierung im Markt und die Realisierung von Wettbewerbsvorteilen ermöglicht. Der Kunde ist die

Quelle für das Wachstum des Unternehmens und rückt damit in den Mittelpunkt des Geschäftsmodells.

3.4.1 Entwurf eines Prozessmodells

Mit einer erfolgversprechende Positionierungsstrategie ist es nun möglich, ein Geschäftsmodell zu entwerfen. Dabei wird die Unternehmensstrategie in eine Aufbau- und Ablauforganisation »übersetzt«, mit der die Unternehmensziele, wie zum Beispiel Umsatz, Ertrag, Wachstum, Bekanntheit und Qualität, erreicht werden. Die Ablauforganisation unterscheidet sich in drei verschiedene Prozessarten. In den Kernprozessen werden die Abläufe zusammengefasst, in denen Wertschöpfung im Sinne der Unternehmensziele stattfindet. Hier sollten die für den neuen Markt definierten Kernkompetenzen zur Wirkung kommen. Supportprozesse unterstützen die Kernprozesse gezielt, um zum Beispiel Umsatzdellen kurzfristig auszugleichen. So wirkt beispielsweise eine Direktmarketingkampagne, ein Verkaufswettbewerb oder eine Verkaufsausbildung wie ein Katalysator, das heißt ein Beschleuniger von Kernprozessen, wie zum Beispiel der Neukundengewinnung. Im Gegensatz dazu dienen die Führungsprozesse zur Steuerung und Optimierung des Geschäftsmodells. Die Unternehmensleitung hat damit die Möglichkeit, abgesehen von einer Strategieänderung, die aktuellen Prozesse den Marktveränderungen im Sinne der Unternehmensziele anzupassen beziehungsweise diese weiter zu optimieren oder mithilfe von Supportprozessen kurzfristige Ineffizienzen zu überbrücken. Ein derartiges Prozessmodell (siehe Abbildung 44) ist vor allem ein einfaches und verständliches Tool der Projektleitung zur Definition der wichtigsten Abläufe.

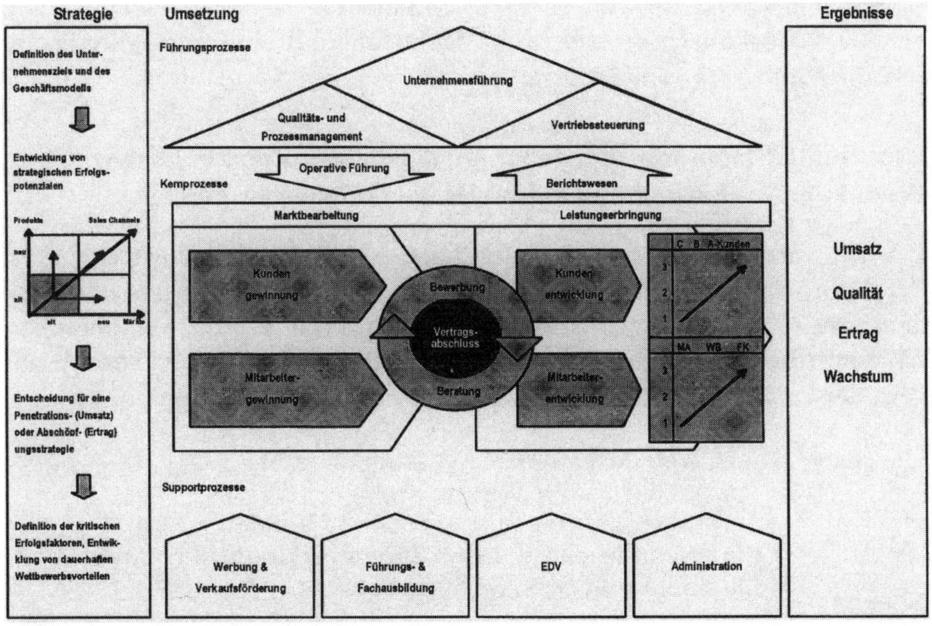

Abbildung 44: Muster eines Prozessmodells

Ziel dieser Phase ist nicht, ein vollständiges Geschäftsmodell mit allen Prozessen abzubilden. Im Gegenteil ist davon aufgrund des hohen Aufwands in diesem Stadium eher abzuraten. Vielmehr wird ein Prototyp gebaut, der die wichtigsten Kernprozesse der Marktbearbeitung beinhaltet, die eine große Bedeutung während der Markteintrittsphase haben. Einer der wichtigsten Kernprozesse ist sicherlich die Gewinnung von Neukunden. Dies ist ein Teilprozess des gesamten Kundenmanagements, welches aus der Kundenauswahl (Segmentierung im Rahmen der Positionierung), Kundengewinnung, -entwicklung und -bindung besteht. Der Prototyp des Teilprozesses Neukundengewinnung wird im Rahmen von Step 2 Marktvorbereitung unter realen Bedingungen im Markt getestet und dabei laufend optimiert. Gelingt es einem Unternehmen, zu überschaubaren Kosten attraktive Kunden in einem neuen Markt zu gewinnen, ist ein Markteintritt vertretbar. Gelingt dies nicht, ist davon dringend abzuraten. Ein erfolgreicher Markttest des Prototyps ist somit eine absolut notwendige Voraussetzung, um mit Step 3 Markteintritt fortzufahren. Aufgrund dessen sollten alle Maßnahmen auf einen erfolgreichen Test hinwirken. Dringend zu warnen ist davor, frühzeitig Fakten zu schaffen, die einen Abbruch des Projektes fast unmöglich erscheinen lassen. Ein Test verlangt dagegen keine hohen Investitionen, keine umfangreichen IT-Lösungen und keine große Verwaltung, weil ein Fehlschlag zu einem

Abbruch des Projektes führen sollte und nicht zu seiner Fortsetzung. Die genaue Vorgehensweise soll nachfolgend anhand einer Case-Study anschaulich und praktisch dargestellt werden.

Case-Study: Staubsaugerhersteller mit den beiden Kernkompetenzen Produktinnovation und -qualität sowie Neukundengewinnung

Der Schwerpunkt der Entwicklung des Geschäftsmodells liegt vor allem auf den Kernprozessen mitarbeiterbezogener Leistungsprozess und kundenbezogener Leistungsprozess. Die Beschränkung auf zwei Hauptgeschäftsprozesse wird damit begründet, dass sich im Vertrieb von Staubsaugern der Umsatz mit der Formel abbilden lässt:

Umsatz = Anzahl voll ausgebildeter Verkaufsberater
× Anzahl der Kunden pro/je Verkaufsberater
× Anzahl verkaufter Produkte pro/je Kunden
× durchschnittlicher Umsatz pro/je verkauftes Produkt
× Qualität (zum Beispiel Stornoquote)

Diese Formel ist auch der Ansatzpunkt für die Messung der Prozesseffizienz (siehe Kapitel 4). Die beiden Kerngeschäftsprozesse unterteilen sich jeweils in einzelne Prozessschritte, diese stellen für sich unterschiedliche Aufgabenstellungen dar. Während im Rahmen des Mitarbeiterprozesses eine Unterscheidung in die Teilprozesse Mitarbeitergewinnung- und Mitarbeiterentwicklung vorgenommen werden kann, wird hinsichtlich des Kunden- beziehungsweise Verkaufsprozesses in die Teilprozesse Kundengewinnung und Kundenentwicklung differenziert, die die Kundenbindungsmaßnahmen Pre-sales/Kontakt, Bedarfsanalyse, Beratung/Abschluss, Abwicklung und After-sales umfassen. Innerhalb der kundenorientierten Leistungsprozesse stellt die (Neu-)Kundengewinnung einer der entscheidenden Wachstumstreiber dar und ist zudem eine wichtige Kernkompetenz beim Eintritt in einen neuen Markt. Diese Kernkompetenz hat unser Staubsaugerhersteller in seinem Heimatmarkt. Dort besuchen ausgebildete Verkaufsberater mögliche Kunden zu Hause, die in einer Präsentation die verschiedenen Modelle vorstellen. Entscheidet sich ein Kunde für ein Modell, wird ihm dieses innerhalb von zwei Wochen geliefert. In regelmäßigen Abständen besucht der Verkaufsberater seinen Kunden, um ihm Fragen zu beantworten und ihm weitere Produkte und Verbrauchsartikel, wie zum Beispiel Staubsaugerbeutel, anzubieten. Damit sind die verschiedenen Aktivitäten des Teilprozesses der Neukundengewinnung definiert. Als Vorbereitung für den Markttest werden die entsprechenden

Aktivitäten mit Inhalten gefüllt, Verkaufsförderungsmaterialien erstellt und die Tester gewonnen und ausgebildet.

3.4.2 Durchführung eines Markttests im Kernprozess Neukundengewinnung

Mit dem ersten Markttest wird die gewählte Positionierung im Rahmen des Teilprozesses Neukundengewinnung überprüft. Die Ergebnisse fließen in den Business-Plan ein und dienen somit auch als Entscheidungsgrundlage für die weitere Vorgehensweise. Die Umsatzschätzung für neue Produkte und Dienstleistungen ist ein Prozess, der aus der Kundenbefragung, dem Markttest und dem geschätzten Marketing-Plan des Unternehmens besteht. Dabei wird versucht, das von Kunden in Befragungen kommunizierte Verhalten (zum Beispiel: »Ich kaufe dieses Produkt sicherlich«) in ein erwartetes, tatsächliches Verhalten zu »übersetzen«. Dies beruht auf Schätzungen, die Vergleichsstudien von Wettbewerbern in dem gleichen Markt entnommen werden (siehe hierzu Abbildung 45).

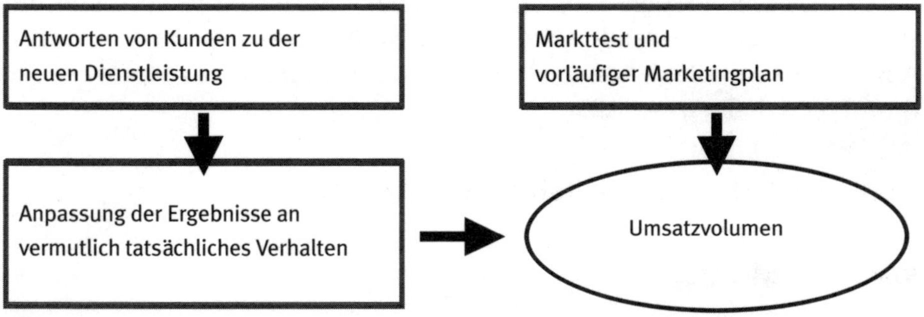

Abbildung 45: Umsatzschätzung für neue Produkte und Dienstleistungen

Die Ergebnisse des ersten Markttests werden mit den in Step 1 Marktauswahl vorgestellten Tools, wie zum Beispiel Benchmarking, analysiert. Daraus wird ersichtlich, ob Kernkompetenzen, wie zum Beispiel eine hohe Abschlussquote im Verkauf an Neukunden, tatsächlich in den neuen Markt übertragen werden können oder ob Ineffizienzen im Prozess bestehen (zum Beispiel: Verkaufsförderungsmaterialien wirken nicht). Die Projektleitung hat nun Erklärungen für die Abweichungen zu finden. Damit beginnt ein Optimierungsprozess des Prototyps, der erst abgeschlossen ist, wenn die notwendigen Qualitäts- und Effizienzkriterien erreicht worden sind.

Eine Optimierung kann an den unterschiedlichsten Stellen ansetzen. Grundsätzlich sollten dabei Kriterien wie das Produkt (Nutzen, Preis), die Positionierung, die Zielgruppen und die Vermarktungsstrategie (Verkaufsprozess, Marketing-Plan) analysiert werden. Darüber hinaus sind Störfaktoren unbedingt auszuschalten beziehungsweise in die Bewertung einzubeziehen. Sind zum Beispiel das Unternehmen und seine Marke unbekannt, kann dies zu längeren Verkaufsgesprächen (wegen Erklärungsbedarf) oder einem zusätzlichen Verkaufsgespräch führen. Dies lässt sich in einem Markttest nicht ändern und mögliche Verzerrungen sind schwer abzuschätzen. Anders verhält es sich zum Beispiel mit der Auswahl der Tester. Setzt zum Beispiel ein Vermögensverwalter in Verkaufsgesprächen Expatriates ein, die mit ausländischem Akzent für ein ausländisches Institut Kapitalanlagen anbieten, wird das Ergebnis sicherlich nicht den Erwartungen entsprechen. Dies ist vergleichbar mit einer ausländischen Bank, die ihre Mitarbeiter nach einem kurzen Sprachkurs im deutschsprachigen Gebiet auf die Straße schickt. Diesen Punkt kann die Projektleitung jedoch korrigieren, indem sie lokale, gut ausgebildete Mitarbeiter einsetzt.

Als Ergebnis wird die Projektleitung über eine attraktive Positonierung und einen funktionierenden Prozess zur Neukundengewinnung verfügen. Auf dieser Grundlage können dann die weiterführenden Teilprozesse als Prototypen definiert werden.

3.4.3 Darstellung der weiteren Kernprozesse

Kundenentwicklung

Der Teilprozess Kundenentwicklung knüpft im Sinne einer langfristig ausgelegten Kundenbindungsstrategie an den Aktivitäten der Kundengewinnung an und dient der Erschließung von Cross-, Re- und Up-Selling-Potenzialen. Im Rahmen der Kundenentwicklung wird damit zwischen Neugeschäft aus Bestand (Cross-Selling) und Erweiterungsgeschäft aus Bestand (Re- und Up-Selling) unterschieden. Um die Kundengewinnungs- und -entwicklungsprozesse effizient zu gestalten, bedarf es einer sorgfältigen Steuerung durch ein Customer-Relationship-Management (siehe Kapitel 5, Abschnitt 1.3). Die Feinsteuerung des Kundenprozesses dient der Ausschöpfung des Kundenpotenzials und erfolgt auf der Grundlage einer wertmäßigen Einteilung der Kunden (A-, B- oder C-Kunde). Der Wert eines Kunden bestimmt sich beispielsweise aus der Anzahl von Verträgen pro Kunde oder dem Deckungsbeitrag pro Kunde. Unter Ertrags-, Kosten- und Qualitätsgesichtspunkten können dann die Bausteine der professionellen Kundenansprache und -bearbeitung (Kernkompetenzen zur Kundenbindung) gemäß dem Kundenpotenzial individualisiert (Mass-customized-Marketing) und diejenigen Komponenten, die bei der Auftragsabwicklung keinen Zusatznutzen stiften, standardisiert werden.

Der Schwerpunkt der kundenorientierten Leistungsprozesse liegt insgesamt eindeutig auf der Entwicklung von Lösungen zur optimalen Befriedigung des Kundenbedarfs. Das Geschäftsmodell hat der Notwendigkeit Rechnung zu tragen, dass die vom Kunden erlebten Prozesse auch konsequent entsprechend den Kundenanforderungen konzipiert werden müssen. Egal welchen Zugangsweg der Kunde wählt (Geschäftsstelle, Internet-Portal, Telefon, E-Mail), auf eine Informationsanfrage oder Bedarfsmitteilung erhält er die gleiche Qualität an zielgerichteter Information, einzigartigem Service und individualisierter Beratungsleistung. Jeder Kundenkontakt – dies können auch Beschwerden sein – ist als Chance zu begreifen, ihm innovative und persönliche Leistungen anzubieten und seine Erwartungen zu übertreffen.

Gewinnung und Entwicklung von Verkaufsberatern

Beim beraterorientierten Leistungsprozesses steht die kontinuierliche Effizienzsteigerung der Prozessaktivitäten zur Mitarbeitergewinnung und -entwicklung im Vordergrund. Dabei ist es ein wesentliches Ziel der Personalauswahl und -entwicklung, die Kompetenzen des Beraters mit dem Anforderungsprofil seiner Aufgabe in weitestgehende Übereinstimmung zu bringen. Deren persönliche Fähigkeiten entscheiden im Erstellungsprozess der Leistung über den Erfolg der Kundenbearbeitungsstrategie. Daher gilt es sicherzustellen, dass die Berater entsprechend informiert, geführt und motiviert sind. Hiermit soll letztendlich eine spezifische Dienstleistungskultur (Servicementalität) und hohe Begeisterungsfähigkeit auf Seiten der Berater geschaffen werden, die sich durch den engen Kontakt mit den Kunden auf diese übertragen soll (nach der Devise: »Nur wer brennt, kann andere anzünden«). Wie bedeutend die beraterorientierten Leistungsprozesse für das Image eines Unternehmens und dessen Markterfolg sind, zeigen zum Beispiel die fortwährenden Leistungsvergleiche der Beratungsdienstleistung in der Finanzdienstleistungsindustrie. Gegenstand der Mitarbeiterentwicklung muss somit ein systematisches individuelles Mitarbeiterentwicklungskonzept (Schulung, Training, Coaching) sein, welches der Sicherung eines qualifizierten Mitarbeiterstammes, der Entwicklung von Schlüsselkompetenzen, Flexibilität, Motivation und Integration dient und einen entscheidenden Beitrag zur Erhöhung der Wettbewerbsfähigkeit leistet.

Hintergrundprozesse

Die Hintergrundprozesse dienen der Vorbereitung und Unterstützung der Kernprozessaktivitäten, damit das Geschäftsmodell seiner Aufgabe gerecht wird und den unternehmerischen Erfolg nachhaltig sichern kann. Die wichtigsten Aufgaben sind:

- Schaffung und Bereitstellung der technischen Infrastruktur (Hardware, Software, Database-Strukturen),
- Führung, Koordination und Controlling der Geschäftsprozesse auf strategischer und operativer Ebene (zum Beispiel mithilfe der Balanced Scorecard),
- Organisation der Kundenkontakt-Prozesse, der Vertriebs- und Serviceprozesse (Sales Force Automation) sowie Tool-Selektion, Qualitätssicherung und Beschwerdemanagement.

Eine wesentliche Herausforderung dieser Back-Office-Aktivitäten besteht in der bestmöglichen Abstimmung aller internen und externen Schnittstellen zwischen den Kern- und Teilprozessaktivitäten (zum Beispiel Schnittstelle zwischen Beratungs- beziehungsweise Abschlussphase und der Auftragsabwicklung) und der Erschließung von Synergien in den Kernprozessen. Der Einsatz intelligenter Informations- und Kommunikationstechnologien (zum Beispiel Data-Warehouse) und innovativer webbasierter Softwarelösungen (zum Beispiel Workgroup- und Workflow-Software, Data-Mining, CRM-Software) kann hierbei die potenzial- und ergebnisorientierte Steuerung der Geschäftsprozesse und der Human Ressources (zum Beispiel durch den Einsatz von integrierten CRM-Lösungen, Database-Marketing und Knowledge-Netzwerken) in erheblichen Maße unterstützen und Effizienzsteigerungen in den Prozessaktivitäten bewirken.

Insgesamt ist beim Bau von Geschäftsmodellen zu beachten, dass die einzelnen Prozessaktivitäten sowohl in den jeweiligen Kerngeschäftsbereichen als auch im Bereich der Hintergrundprozesse hinsichtlich der auszuführenden Mitarbeiter, einzusetzenden Methoden, Tools und Instrumente in den jeweiligen Arbeitsschritten sowie hinsichtlich Ziel- und Messgrößen genauestens definiert und in einem Dokumentationshandbuch festgehalten werden sollten. Insbesondere die Entwicklung geeigneter Ziel- und Messgrößen (zum Beispiel Kosten-, Mengen-, Qualitäts- und Zeitziele beziehungsweise Kennzahlen) ist in diesem Zusammenhang von enormer Bedeutung für die Realisierung eines Business-Performance-Managements. Dadurch wird die Grundlage zur effizienz- und effektivitätsorientierten Steuerung der geschäftlichen Aktivitäten in der Roll-out-Phase des Geschäftsmodells beziehungsweise in den späteren Phasen des Markterschließungsprozesses geschaffen. Um die Prozessaktivitäten von Individuen, Teams und Geschäftsfeldern transparent zu gestalten, werden auf der Ebene der Mitarbeiter und Teams deshalb Zielvereinbarungen getroffen; auf der Ebene der Geschäftsfelder liefert das strategische Controlling Soll- und Ist-Werte, Abweichungsanalysen und Vergleichszahlen. Die Wertschöpfung je Prozessschritt als Ziel sowie die Aufgaben und Verantwortungen können dann eindeutig geplant, gesteuert und kontrolliert werden.

3.5 Erstellung des Business-Plans

Der Business-Plan enthält die Gesamtstrategie des Unternehmens, die geplanten Schritte zur Realisierung sowie eine Aufstellung der dafür erforderlichen finanziellen und personellen Ressourcen. Er erfüllt intern die Funktion eines Planungs- und Kontrollinstruments für die Gesellschafter und das Managementteam. Extern dient er als Grundlage zur Beschaffung von Kapital. Mit dem Business-Plan sollen die Investoren von den Erfolgsaussichten des Projektes überzeugt werden. Zum einen stellt der Business-Plan somit eine Konkretisierung des Geschäftsmodells in Zahlen dar (Finanzplan). Als Finanzplan enthält er eine Umsatzplanung, eine Cash-Bedarfsrechnung (inklusive Base-, Best- und Worst-Case-Szenarien und Sensitivitätsanalysen), eine Cashflow-Rechnung und Erfolgsrechnung sowie eine Bilanz mit Annahmen (Assumptions) für einen Zeitraum von drei bis fünf Jahren (mindestens ein Jahr nach Erreichung des Break-evens). Dadurch wird der Prototyp des Geschäftsmodells erstmals in Zahlen »gegossen« und bietet dem Lenkungsausschuss eine Entscheidungsgrundlage für den nächsten Prozessschritt, den Markteintritt. Dieser Finanzplan stellt ein dynamisches Gebilde dar, das heißt mit jeder neuen Erkenntnis und Entwicklung werden Anpassungen am Finanzplan vorgenommen und der Unternehmensentwicklung angepasst.

Zum anderen sind im Rahmen des Business-Plans die Ergebnisse der vorangegangenen strategischen Marketing-Planung in einen konkreten taktisch-operativen Maßnahmenplan zur Budgetierung und Investitionsplanung umzusetzen. Darin werden für jede einzelne Phase der Markterschließung der Einsatz des Marketing-Instrumentariums, die jeweiligen Aktivitäten zur Realisierung des Geschäftsmodells beziehungsweise zu dessen Implementierung und die damit verbundenen Budgets und Investitionen fixiert, das heißt, welche Maßnahmen und welche konkreten Aktionsprogramme zu welchen Zeitpunkten mit welchen Ressourcen auf welche Weise und von welchen Unternehmenseinheiten zu realisieren sind.

Ein solcher Business-Plan besteht aus folgenden Elementen:

- Zerlegung des Geschäftsmodells in Teilprojekte, Aktionsprogramme und detaillierte Maßnahmenpläne; das Ergebnis soll ein vollständiger Aktionenkatalog für die einzelnen Phasen der Markterschließung sein;
- Erstellung eines Terminplans zur Festlegung der zeitlichen Abfolge der Teilprojekte und Aktionen; zu beachten sind hier die Interdependenzen zwischen den einzelnen Teiloperationen;
- Zuteilung eines verantwortlichen Leiters für jede Teiloperation sowie gegebenenfalls Bildung von bereichsübergreifenden Projekt- beziehungsweise Kundenmanagement-Teams;
- Festlegung der erforderlichen finanziellen Mittel zur Maßnahmenrealisierung sowie Zuteilung der Budgets auf die verschiedenen Geschäftseinheiten und Funktionsbereiche (Bereitstellung von Ressourcen, damit jeder Projektleiter seine Aufgaben effizient erfüllen kann);
- Festlegung der Zeiten für jedes Teilprojekt (Beginn und jeweilige Dauer);
- Integration der Teilprojekte zu einem konsistenten Gesamtplan und Bewertung in Geldeinheiten (Investitionsbudget).

Key-Learnings

- *Der Mensch gewinnt:* Die personelle Besetzung des Projektes ist der entscheidende Erfolgsfaktor eines Expansionsprojektes ins Ausland. Achten Sie dabei besonders auf die interkulturelle Kompetenz Ihrer Mitarbeiter und den Cultural Fit zur Unternehmenskultur. Verwenden Sie viel Zeit für die Mitarbeiterauswahl und deren Integration. Korrigieren Sie Fehler sofort.
- *Sorgen Sie für eine ausgewogene Besetzung des Projektes:* Achten Sie darauf, dass die Projektleitung mit erfahrenen Managern sowohl aus dem Heimat- als auch aus dem Zielmarkt besetzt ist. Geben Sie Locals gleichwertige, attraktive Karrieremöglichkeiten. So lassen sich interne und externe Widerstände besser überwinden, Sie beugen ressourcenverzehrenden Machtspielen vor und gewinnen qualifizierte und motivierte Führungskräfte.
- *Erstellen Sie ein Kulturprofil des Zielmarktes:* So können Sie die kulturellen Codes und Unterschiede eines Auslandsmarktes besser verstehen und Ihre Organisationsstruktur und den Führungsstil darauf abstimmen. Verteilen Sie dieses Wissen an alle beteiligten Mitarbeiter, die mit dem Auslandsmarkt zu tun haben. Mit einem Kulturprofil verkürzen Sie die Lernkurve und die Anpassungsphase eines Expatriates, seiner Familienangehörigen und von Betreuern aus der Zentrale deutlich.

- *Bauen Sie sich eine leistungsfähige Auslandsabteilung auf:* Die Fähigkeit eines Unternehmens, ins Ausland zu expandieren, ist einer der entscheidenden Wettbewerbsvorteile in einer globalen Wirtschaft. Bündeln Sie diese Kernkompetenz zunächst in einer Auslandsabteilung mit weitreichenden Kompetenzen. Nur dadurch kann ein erfolgreicher Anpassungsprozess in allen Unternehmensbereichen wie Personal, IT oder Marketing beginnen. Diese Investitionen werden sich schnell in deutlich sinkenden Markteintrittskosten auszahlen.
- *Gehen Sie selbst zum Kunden:* Nichts ersetzt die Erfahrung beim Kunden. Nutzen Sie diese Chance bei Testkäufen. Der Umsatz wird im Markt gemacht und nicht in irgendwelchen Büros. Erst dann verstehen Sie den Markt, seine Eigenarten und die Unterschiede zu Ihrer Heimat. Richten Sie die Positionierung und alle Prozesse genau auf die Bedürfnisse Ihrer maßgeblichen Stakeholder aus.
- *Lernen Sie permanent und schnell:* Am Anfang beruht Ihr Geschäftsmodell vor allem auf Annahmen aus primärer und sekundärer Marktforschung. Ersetzen Sie diese Annahmen so schnell wie möglich mit realem Wissen und praktischen Erfahrungen. Dies erfordert einen Lernprozess, der die »Knowledge-to-Assumption-Ratio« so schnell wie möglich optimiert.
- *Nur was Sie messen, können Sie managen:* Der Prototyp Ihres Geschäftsmodells ist vergleichbar mit dem einer Maschine. Überall sind Messpunkte angebracht. Die Ergebnisse werden analysiert. Fehlentwicklungen werden so lange korrigiert, bis der Prototyp die Serien- und Marktreife erreicht hat. Dies gilt auch für Ihr Geschäftsmodell: »*Fix it or leave it*«.
- *Betreiben Sie Brand-Building:* Ihre Marke ist neu, sicherlich jedoch weniger bekannt als im Heimatmarkt. Der Aufbau einer Marke erfordert Kapital und ganz andere Instrumente und Strategien als im Heimatmarkt. Die Zielpositionierung, die Marketingstrategie und das Geschäftsmodell müssen konsequent an die kulturspezifischen Marktgegebenheiten im Zielland angepasst und harmonisch aufeinander abgestimmt werden. Nur dann kommt es zu einem »Positional Advantage«, der einen zentralen Wettbewerbsvorteil darstellen kann.
- *Entwickeln Sie ein kulturspezifisches Geschäftsmodell:* Bauen, testen und optimieren Sie ein für den Auslandsmarkt spezifisches Top-Geschäftsmodell, das konsequent an den jeweiligen Nutzenerwartungen der Kunden ausgerichtet ist und die Realisierung der Wettbewerbsvorteile ermöglicht. Eine einfache Übertragung von Strategien, Geschäftsmodellen und Prozessaktivitäten, die sich in einem Auslandsmarkt als erfolgreich erwiesen haben, garantiert keineswegs den Erfolg in einem neuen Markt. Achten Sie dabei auf jedes Detail, messen und kontrollieren Sie alles, verlassen Sie sich nicht auf Ihre Erfahrungen.
- *Bauen Sie einen starken Business-Plan:* Zentrale Aufgabe Ihres Business-Plans ist die Genehmigung der notwendigen Ressourcen im Wettbewerb mit anderen Projekten, die Dokumentation der bisherigen Erkenntnisse, die Kommunikation und Information aller direkt und indirekt beteiligten Personen sowie der Finanzplan. Letzterer lebt mit dem Projekt und passt sich diesem flexibel an. Dadurch können Planungen korrigiert und Abweichungen dokumentiert und verstanden werden.

4

Step 3: Markteintritt

Management-Summary

Die wichtigsten Vorbereitungsarbeiten sind erledigt. Die Ergebnisse des Markttests sind positiv. Die notwendigen Ressourcen für Step 3 Markteintritt wurden freigegeben. Damit haben die Entscheidungsträger den Weg für die operative Umsetzung geebnet, das heißt, den faktischen Markteintritt beziehungsweise die Implementierung des Geschäftsmodells im Zielmarkt genehmigt.

Im ersten Task ist die Markteintrittsstrategie zu überprüfen und zu ergänzen. Dabei ist ein Standort im Zielland sowie der Zeitpunkt und die Art des Markteintritts festzulegen. Der Markteintritt kann auf verschiedene Art und Weise erfolgen. Aufgrund seiner Komplexität wird im Folgenden auf Direktinvestitionen, das heißt den Aufbau selbstständiger Tochtergesellschaften im Ausland abgestellt.

Parallel dazu sind alle Voraussetzungen für den Markteintritt zu schaffen. Dies wird im zweiten Task beschrieben und reicht von der Gründung einer Firma, der Beantragung aller notwendigen Lizenzen und Genehmigungen bis zum Aufbau der Infrastruktur sowie der Suche nach Zulieferern und Kooperationspartnern.

Jetzt sind alle Rahmenbedingungen vorhanden, um die ersten Prozesse des Geschäftsmodells operativ auszurollen. Hier schlägt die Stunde der Wahrheit: Gelingt es, die notwendige Anzahl an Kunden zu gewinnen? Funktionieren die Marketing-Tools? Was unternimmt die Konkurrenz? Um diesen Task erfolgreich zu absolvieren, ist ein geeignetes Messinstrumentarium zu implementieren. Am besten hierzu eignen sich eine Balanced-Scorecard, ein umfassendes Qualitätsmanagement sowie ergänzende Instrumente zum Prozess-Controlling. Ziel ist die Erreichung der Prozessprofitabilität. Damit wird die Grundlage für die Multiplikation gelegt, das heißt die operative Profitabilität beziehungsweise die Profitabilität des Geschäftsmodells. Ist der Prototyp wirtschaflich erfolgreich, stabil und multiplizierbar, liegen die Voraussetzungen für die Marktentwicklung vor. Diese ist Aufgabe von Step 4.

4.1 Task 1: Ergänzung der Markteintrittsstrategie

Die Ergänzung beziehungsweise Überprüfung der Markteintrittsstrategie ist die erste Aufgabe der Projektleitung in Step 3 Markeintritt. Dabei geht es nicht um Strategien, sondern um operative Vorbereitungen für den tatsächlichen Markteintritt, die natürlich auf den bereits festgelegten Strategien beruhen.

Einige typische Fragestellungen, die bei jedem Markteintritt zu beantworten sind, werden im Folgenden behandelt:

- Welcher Standort sollte für die Niederlassung, die Produktion oder die Vertriebsbüros gewählt werden?
- Wann sollte in den Markt eingetreten werden? Wie lange dauert die Vorbereitung? Wie agieren die Wettbewerber? Strebt man eine Early- oder eine Late-Mover-Strategie an?
- Wie möchte man in den Markt eintreten?
- Welches sind die einzelnen Markteintrittsphasen?

Mit den Antworten zu diesen Fragen sind die Grundlagen für Task 2, der Pilotierung des Geschäftsmodells und dem Aufbau der notwendigen Infrastruktur, gelegt.

4.1.1 Standortwahl im Zielmarkt

Nach der Entscheidung für den Markteintritt ist die Suche nach einem Unternehmensstandort die Aufgabe der Projektleitung. Dabei kann auf die Informationen aus Step 1 Marktauswahl zurückgegriffen werden. Grundsätzlich lassen sich auch bei der Standortwahl die Kriterien Kosten und Steuern, Nähe zu den Absatzmärkten, Unternehmensstrategie, Regulierung und Wirtschaft und soziopolitische Rahmenbedingungen unterscheiden (siehe Tabelle 29). Abhängig von der Strategie eines Unternehmens wird jeweils unterschiedlichen Kriterien eine höhere Priorität eingeräumt werden.

	Produktion für den Export	Produktion für den Zielmarkt	(Haupt-) Verwaltung im Zielmarkt	Vertrieb im Zielmarkt
Kosten/Steuern				
Nähe zu den Absatzmärkten				
Unternehmensstrategie				
Marktregulierung/ Wirtschaftsentwicklung				
Soziopolitische Rahmenbedingungen				

Tabelle 29: Maßgebliche Kriterien zur Standortentscheidung

So wird sich ein Finanzdienstleister bei der Standortwahl für den Unternehmenssitz im Zielmarkt vor allem an den Kriterien Verfügbarkeit qualifizierter Mitarbeiter (Beispiel: IT-Spezialisten) und Berater (Beispiel: Rechtsanwälte, Wirtschaftsprüfer), der Nähe zu Aufsichtsorganen und Kapitalmärkten sowie an der verkehrstechnischen Anbindung (Reise zum Unternehmenssitz und zu den Niederlassungen) orientieren. Im Gegensatz dazu dominiert das mögliche und erreichbare Kundenpotenzial die Standortwahl von regionalen Niederlassungen und Filialen. So wird beispielsweise im Falle einer Unternehmensneugründung im Zielmarkt Italien die Hauptverwaltung entweder in Mailand oder in Rom liegen. In Spanien bietet sich vor allem Madrid an. Dies gilt in Step 3 Markteintritt auch für die Filialen, weil gerade in dieser Phase die physische Nähe Vorteile bietet. Erst in der Expansionsphase (Step 4 Marktentwicklung) ist mit der Erschließung weiterer Regionen zu beginnen.

Ein Industrieunternehmen, welches einen günstigen Produktionsstandort sowohl für den Zielmarkt als auch für den Export sucht, wird seiner Standortentscheidung andere Kriterien zugrunde legen. Grundsätzlich sind dabei unternehmensinterne und -externe Kriterien zu beachten. In einer so genannten Dualstrategie werden die Kriterien für eine globale Integration in die Konzernstruktur wie Infrastruktur, Logistik, Arbeitskosten, Zugang zu knappen Ressourcen und staatliche Förderungen oder Freihandelszonen mit den Kriterien für einen Erfolg im Zielmarkt wie Aufsichtsrecht und Zugang zu Kunden in Einklang gebracht. Die Bedeutung und Bewertung der Entscheidungskriterien richtet sich deshalb nach den Anforderungen im Einzelfall. Aufgrund der zeitlichen und finanziellen Bedeutung einer Standortentscheidung hat die Projektleitung alle Kriterien und verschiedene Alternativen vor der Entscheidungsfindung zu prüfen.

4.1.2 Zeitpunkt des Markteintritts

Zum richtigen Zeitpunkt am richtigen Ort zu sein gelingt nicht immer. Aufgrund der sich schnell wandelnden Märkte und der wirtschaftlich großen Bedeutung des Zeitpunkts eines Markteintritts gewinnt das richtige Market-Timing für die Wahl der Marktbearbeitungsstrategie und letztendlich auch für den wirtschaftlichen Projekterfolg eine große Bedeutung.

Grundsätzlich kann ein Unternehmen zum Zeitpunkt des Markteintritts als First Mover, Early Follower oder Late Mover in den Markt gehen. Die Chance, als Erster oder zumindest als einer der Ersten in einem Markt zu sein, ist zeitlich begrenzt und nicht wiederholbar (zu den Vor- und Nachteilen siehe Tabelle 30). Die Nutzung und besonders das Erkennen dieses so genannten Windows of Opportunity erfordert eine große Erfahrung in der Bearbeitung neuer Märkte, einen effizienten Markteintrittsprozess (schnelle Reaktionsmöglichkeit und Handlungsfähigkeit) mit einem leistungsfähigen Markt-Monitor (vergleiche Step 1 Marktauswahl) sowie die Ressourcen und die Ausdauer, junge Märkte langfristig zu entwickeln. Nach dem Erkennen dieser Chance ist noch zu überprüfen, ob sich aus dem Zeitvorteil mit den vorhandenen Möglichkeiten tatsächlich ein dauerhafter Wettbewerbsvorteil entwickeln lässt. Ist dies der Fall, sollten sich alle Ressourcen auf den schnellen Ausbau dieses Vorteils konzentrieren. Ansonsten ist zu entscheiden, ob, wann und wie man dem First Mover folgen möchte. In der Dynamik sich permanent wandelnder Märkte erfordert dies ein schnelles Erkennen von Chancen und deren professionelle Nutzung.

Early-Mover-Vorteile	Late-Mover-Vorteile
Möglichkeit zur Erlangung einer besseren Marktposition: • Aufbau von Markteintrittsbarrieren für Wettbewerber (Beispiel: Zugang zu Rohstoffen oder Geschäftslagen), • Bindung wichtiger und attraktiver Kunden, • Besetzung wichtiger Positionierungen (Beispiel: First-Mover-Vorteil von McDonald's oder Starbucks), • Erlangung der technologischen Führerschaft im Zielmarkt.	Geringeres Marktrisiko: • Ausgereifte Marktregulierung (Beispiel: Patentschutz), • Erfahrung der Aufsichtsorgane im Umgang mit ausländischen Marktteilnehmern (dies spart hohe Anwalts- und Beraterhonorare), • ein wirtschaftlich starkes Unternehmen kann die Marktentwicklung abwarten und auch später noch eine führende Marktposition durch den Kauf eines Wettbewerbers, von Patenten oder seine schiere Marketingmacht erreichen.
Erhalt einer Vielzahl strategischer Optionen: • niedrigere Wettbewerbsintensität, • schnellerer und billigerer Markenaufbau (Beispiel: höhere Aufmerksamkeit möglicher Kunden und der Presse), • Zugang zur Infrastruktur, knappen Ressourcen und ausgewählten Lagen (Büros, Läden).	Senkung der operativen Kosten und Risiken: • einem Late-Mover verbleibt vor allem der Fokus auf die Kostenführerschaft oder die Wahl einer Nischenstrategie, • Vorhandensein ausgebildeter Mitarbeiter, die den Lernprozess beschleunigen, • Lernen von den Fehlern und Erfolgen der Wettbewerber senkt Kosten und Risiken.

Tabelle 30: Vorteile für Early und Late Mover

Den meisten Unternehmen, und dies gilt besonders für kleine und mittlere Marktteilnehmer, stehen die notwendigen Ressourcen zur Nutzung des First-Mover-Vorteils nicht zur Verfügung. Sie haben weder die internationale Erfahrung noch die Fähigkeiten, um beispielsweise die Beziehungen mit Aufsichtsorganen zu pflegen. Dadurch werden sie über kurz oder lang ihre Marktposition abgeben müssen beziehungsweise werden diese aufgrund des hohen Risikos kaum erreichen. Hier empfiehlt sich die Strategie eines Early oder Late Followers. Damit werden die Vorteile eines Early-Mover zu den Nachteilen eines Late-Mover und umgekehrt. Man segelt bildlich im Fahrwasser eines Wettbewerbers und konzentriert sich auf die Marktsegmente, in denen es möglich ist, eine attraktive Marktposition mit den vorhandenen Ressourcen zu erreichen. Hier ist man oftmals ein First

Mover, weil selbst die größten Unternehmen nicht auf einen Schlag alle Marktsegmente abdecken können. Diese Strategie erweist sich besonders bei soziopolitischen Problemen als sehr erfolgreich. Große Konzerne verfügen eher über die Fähigkeit, politischen Druck zur Liberalisierung der Märkte oder zur Akzeptanz ausländischer Investoren aufzubauen.

Dieses Konzept ist meistens auch auf andere Märkte, Teilmärkte und Marktsegmente übertragbar. So lassen sich auch in Marktnischen teilweise First-Mover-Vorteile realisieren, ohne den entsprechenden Risiken komplett ausgeliefert zu sein.

4.1.3 Form des Markteintritts

Die verschiedenen Formen des Markteintritts wurden bereits hinreichend diskutiert. In dem Prozess *Company2new:market* wird im Folgenden die Gründung und der Aufbau einer eigenen Tochtergesellschaft in Form einer ausländischen Direktinvestition geschildert. Die Tasks und Tools dieser bei weitem schwierigsten Markteintrittsform können entsprechend modifiziert auch auf andere Formen angewendet werden.

Die erste physische Präsenz in einem Markt ist meistens eine Repräsentanz. Die Aufgabe einer Repräsentanz liegt vor allem in der Erkundung des Marktes und dem Aufbau von Kontakten zu den maßgeblichen Aufsichtsorganen. Direkte gewinnerzielende Aktivitäten sind meistens nicht erlaubt. Der Unterhalt einer Repräsentanz ist nicht teuer, bietet aufgrund der Marktnähe aber deutliche Vorteile in Bezug auf die Vorbereitung des Markteintritts. So wird oftmals der Aufbau von Repräsentanzen in verschiedenen möglichen Zielmärkten oder mit Verantwortung für bestimmte Ländercluster empfohlen. Dadurch lassen sich Markteintrittsentscheidungen professionell vorbereiten und auf Marktchancen und Aktivitäten der Wettbewerber schnell und flexibel reagieren.

Mit der Entscheidung für die Umsetzung von Step 3 Markteintritt (vergleiche Abbildung 46) wird die Repräsentanz in eine Niederlassung oder eine selbstständige Tochtergesellschaft umgewandelt. Während des Markteintritts ist eine Niederlassung vollkommen ausreichend, weil die Lizenzen der verschiedenen Konzerngesellschaften – zumindest in anderen Märkten Europas – in vielen Branchen anerkannt werden. Die Niederlassung sollte in der riskanten Phase des Markteintritts aufgrund zivil- und aufsichtsrechtlicher Haftungspotenziale jedoch nicht Teil der Muttergesellschaft, sondern vielmehr Teil einer anderen Tochtergesellschaft sein.

Mit der weiteren Expansion im Zielmarkt und ab einer bestimmten Unternehmensgröße (vergleiche Step 4 Marktentwicklung) empfiehlt sich die Umwandlung in eine eigene Tochtergesellschaft. Dies erleichtert unter anderem den Erwerb und die Integration kleinerer Wettbewerber des Zielmarktes, verstärkt die Präsenz und die Integration im Markt, führt aber zu höheren Kosten (Beispiel: Lizenzierungs- und Gesellschaftskosten). Besonders die zunehmenden Kosten durch im Vergleich mit lokalen Wettbewerbern möglicherweise strengeren Auflagen (Beispiel: höhere Eigenkapitalausstattung, Einsatz von Technologien für Umweltschutz, Verwendung von Prozessen zur Qualitätssicherung) und längeren Genehmigungsfristen sollten genauso wenig unterschätzt werden wie ein erheblich höheres Risiko, öffentlich kritisiert zu werden.

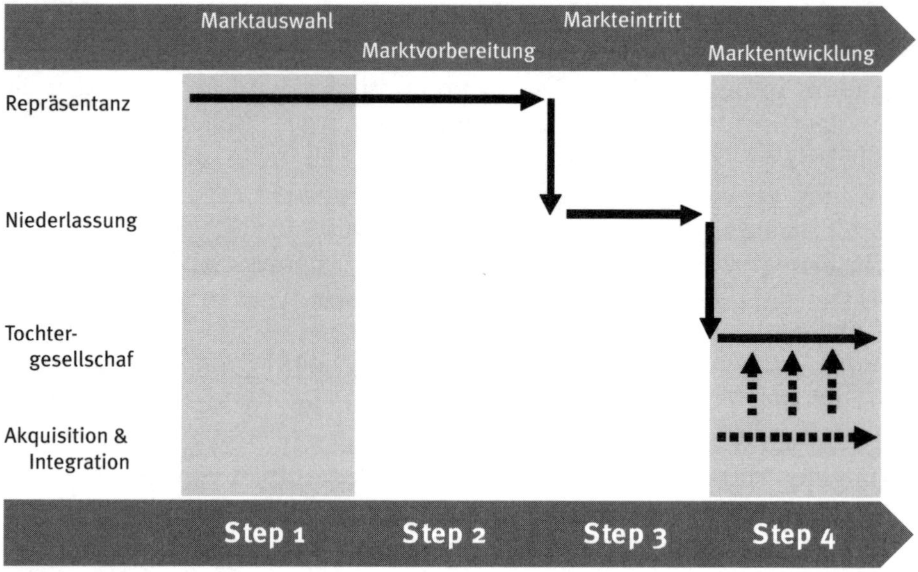

Abbildung 46: Entwicklung der Vertretung im Zielmarkt während des Prozesses Company2new:market

4.1.4 Phasen des Markteintritts

Der tatsächliche Markteintritt erfordert aufgrund seiner Komplexität, seiner enormen Tragweite und der damit verbundenen Emotionen und teilweise unterschiedlicher Interessen die klare Festlegung von Zielen. Diese Ziele sind durch detaillierte Aktivitäten sowie den notwendigen Ressourcen- und Zeitbedarf zu beschreiben. In der Praxis setzen sich zur Messung des Zielerreichungsgrades immer mehr umfassende Kennziffern- und Steuerungsmodelle wie zum Beispiel die Nutzung einer Balanced Scorecard oder der Six-Sigma-Ansatz im Qualitätsmanagement durch.

Hierdurch lässt sich die Leistungsfähigkeit der einzelnen Prozesse und der Tochtergesellschaft insgesamt ausgezeichnet darstellen (vergleiche Abschnitte 3.1, 3.2 und 3.3 dieses Kapitels). Unabhängig von der Auswahl des Instrumentariums ist der Denkansatz identisch. Das Geschäftsmodell ist dabei mit dem Prototypen eines neu entwickelten Flugzeugs zu vergleichen, an welchem überall Messpunkte angebracht sind, um die Funktions- und Leistungsfähigkeit zu verstehen und beurteilen zu können. Nur so vermögen alle Beteiligten in diesen turbulenten Zeiten den Überblick zu wahren und Fehlentwicklungen schnell einzudämmen. Im Folgenden wird das Phasenprinzip anhand des einfachen Beispiels unterschiedlicher Profitabilitäten dargestellt.

In dem gewählten Beispiel hat man sich für drei unterschiedliche Profitabilitäten entschieden (vergleiche Abbildung 47). Die so genannte Prozessprofitabilität bewertet die Profitabilität der wichtigsten Kernprozesse wie beispielsweise der Neukundengewinnung. Benötigt ein Vertriebsmitarbeiter zum Beispiel eine 50 Prozent höhere Anzahl von Terminen zur Gewinnung eines Neukunden bei einem 30 Prozent geringerem Umsatz im Vergleich zum Benchmark des Business-Plans, ist dieser Kernprozess aller Voraussicht nach nicht profitabel. Die Projektleitung hat die Aufgabe, erst diese Herausforderung erforderlich zu lösen, bevor an eine Ausweitung der Aktivitäten, wie zum Beispiel die Einstellung von neuen Vertriebsmitarbeitern für den gesamten Markt, zu denken ist.

Sind die wichtigsten Wertschöpfungsprozesse profitabel, ist der nächste Schritt die operative Profitabilität. Unsere Vertriebsmitarbeiter haben im Test die entsprechenden Fehler korrigiert und verfügen nun über einen profitablen Prozess zur Neukundengewinnung. Daraufhin werden weitere Vertriebsmitarbeiter eingestellt und ausgebildet, und der erfolgreiche Prozess wird multipliziert. Mit den wachsenden Umsätzen werden die Kosten gedeckt und schrittweise der nächste Meilenstein erreicht. Auch hier gilt die gleiche Regel: Es wird so lange optimiert und korrigiert, bis das Ziel erreicht ist. Dies gilt in der Folge natürlich auch für die Erreichung der Gewinnschwelle und den Gewinnerwartungen der Konzernmutter.

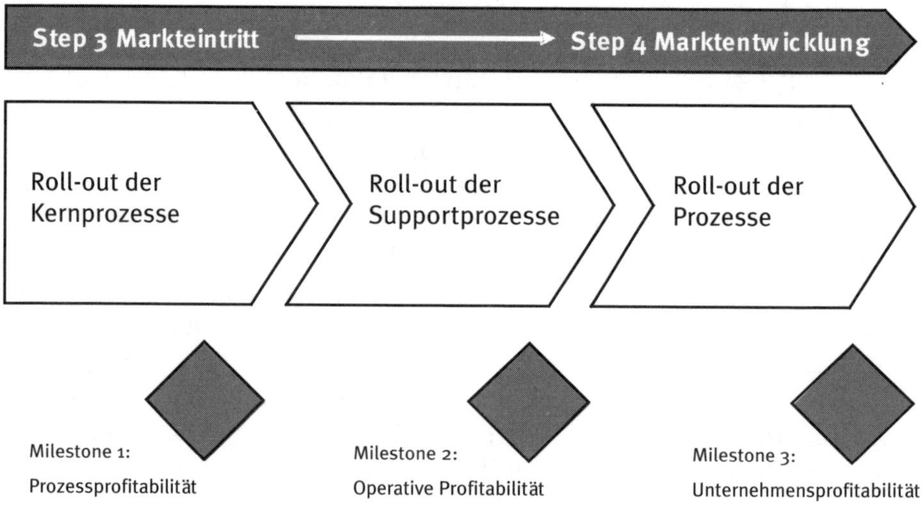

Abbildung 47: Phasenmodell für den Markteintritt anhand von Profitabilitätskennziffern

4.2 Task 2: Pilotierung des Geschäftsmodells

Nach dem Test des Geschäftsmodell-Prototypen (vergleiche Step 2 Marktvorbereitung) kann mit dessen Pilotierung im Auslandsmarkt begonnen werden. Trotz der enormen Bedeutung eines frühzeitigen beziehungsweise schnellstmöglichen Markteintritts darf in dieser Start-up-Phase nicht vergessen werden, dass die konsequente Umsetzung und Anpassung des Geschäftsmodells für den Erfolg des Engagements entscheidend ist. Es nutzt wenig, der Erste im Auslandsmarkt zu sein, wenn ein Folger schneller oder aufgrund eines systematischeren Vorgehens besser in der Lage ist, die Koordination der Strukturen, Geschäftsprozesse oder der Kultur vorzunehmen. Die ganze Aufmerksamkeit des Managements muss in dieser Phase darauf ausgerichtet sein, schrittweise alle notwendigen Voraussetzungen für die erfolgreiche Umsetzung des Geschäftsmodells zu schaffen und die verschiedenen Aktivitäten im Sinne eines kontinuierlichen Verbesserungsprozesses aufeinander abzustimmen. Durch ein frühzeitiges dynamisches Testen des Geschäftsmodells können bereits vor dem eigentlichen Ausrollen konzeptionelle Probleme aufgezeigt und Anpassungsmaßnahmen eingeleitet werden. Das Testen des Geschäftsmodells nimmt deshalb eine wichtige Rolle ein, denn der Markteintritt ist oft eine nicht oder nur schwer revidierbare Entscheidung und damit wegweisend für die Entwicklung des Unternehmens auf dem Auslandsmarkt.

Die Pilotphase beinhaltet im Wesentlichen folgende Schritte:

- Aufbau der organisatorischen Plattform – Building the factory,
- Einführung der Kernprozesse während der Pilotphase,
- Aufbau der Vertriebsorganisation im Zielland,
- Einführung des Piloten in den Markt – Pilotierung & Testing.

4.2.1 Aufbau der organisatorischen Plattform

Der Aufbau der Infrastruktur bildet die Grundlage für die bevorstehende Pilotierung des Geschäftsmodell-Prototypen im Zielmarkt. Die zu nutzende Infrastruktur sollte so schlank und flexibel wie möglich sein sowie weitgehend auf bestehende Organisationen, IT-Systeme und Lizenzen aufbauen. Dies spart Zeit und Kosten. Hierzu sollte zum Beispiel für ein mittelständisches Maschinenbauunternehmen eine einfache Verkaufsniederlassung genügen. Zur Infrastruktur gehören unter anderem die notwendigen rechtlichen Voraussetzungen, ein Standort mit entsprechenden Ressourcen und Zulieferern sowie die Produkte und Verkaufsförderungsmaterialien.

Zunächst sind von den Aufsichts-, Zulassungs- und Genehmigungsbehörden die notwendigen Voraussetzungen zu beschaffen, um überhaupt operativ tätig zu werden. Dieser Prozess kann besonders in unterentwickelten Märkten langwierig, komplex und aufwändig sein. Hier zeigt sich auch die Arbeitsqualität der (ehemaligen) Repräsentanz, deren Aufgabe unter anderem im Aufbau des Kontakts zu den Aufsichtsorganen und der intensiven Kommunikation im Hinblick auf den geplanten Markteintritt und das Geschäftsmodell bestand. Eine gute Vorbereitung, besonders in Bezug auf die Erstellung und Sammlung aller notwendigen Dokumente sowie den Aufbau von Kontakten zu Aufsichtsorganen und qualifizierten Beratern, kann den Genehmigungsprozess zu einer reinen Formsache werden lassen und somit deutlich zu dessen Beschleunigung führen.

Der zweite Schritt besteht im Aufbau der administrativen Plattform. Durch die in dieser Phase verwendete Vertriebsniederlassung im Zielmarkt empfiehlt sich die organisatorische Aufteilung in Front- und Back-Office zur besseren Steuerung und Koordination sowohl der Kerngeschäftsprozesse als auch der Administrations- und Unterstützungsprozesse. Durch die Trennung der Produktions- und Verwaltungstätigkeiten des Back-Office von den Markttätigkeiten des Front-Office wird die konsequente Kundenorientierung des Unternehmens organisatorisch durchgesetzt. Dies wird durch die Verwendung von Marktkriterien auch bei der Standortwahl dokumentiert. Das Front-Office bündelt alle Aktivitäten der

Marktbearbeitung an einem für das Geschäftsmodell und die Branche attraktiven Micro-Standort. So wird sich ein Mode-Label vor allem in Richtung Innenstadt orientieren, eine Investmentbank in das Finanzzentrum streben und eine Fabrik in ein Industriegebiet mit guter Anbindung an die Infrastruktur gehen.

Als Abwicklungsplattform der Vertriebsniederlassung dient zunächst entweder das Back-Office einer bestehenden Auslandsgesellschaft, einer Expansionsplattform, oder die verschiedenen Aktivitäten werden auf die jeweiligen Kompetenzcenter verteilt. Alle Alternativen haben gemeinsam, dass zunächst kein neues Back-Office aufgebaut wird. Das Plattformkonzept kann hierbei seine strategische Bedeutung als Erfolgsposition für Back-Office-Aktivitäten unter Beweis stellen. Durch diese Strategie sollen nicht nur die Fixkosten des neuen Unternehmens in der Anfangs- und Aufbauphase so niedrig wie möglich gehalten werden, sondern ein wesentlicher Vorteil besteht darin, dass dadurch eine konsequente Konzentration des Managements auf den Aufbau und die Ingangsetzung der wertschöpfenden Geschäftsaktivitäten erfolgen kann. Die Entlastung des neuen Unternehmens von nicht wertschöpfenden Back-Office-Aktivitäten soll dazu dienen, schnellstmöglich positive Cashflows zu generieren, um zusätzliche Investitionen tätigen zu können und den Ausbau der Auslandsgesellschaft kontinuierlich voranzutreiben. Darüber hinaus können wertvolle Erfahrungen der Plattform genutzt werden, denn in schnell wachsenden Organisationen stellt das »Management des Wachstums« besonders im Back-Office immer eine große Herausforderung dar. So fragen viele Kunden und Bewerber gerade bei jungen und schnell wachsenden Unternehmen, ob das Back-Office zuverlässig funktioniert. Neben Produkten, Preisen und der Vergütung wird die Qualität der Abwicklung in vielen Branchen bereits zu einem wichtigen Wettbewerbsfaktor. Hier kann ein junges Unternehmen nur konkurrieren, wenn es auf bestehende Strukturen zurückgreifen kann.

Durch die Nutzung der Plattformstrategie verwendet die Niederlassung vor allem die bestehenden IT-Systeme der Abwicklungsplattform. Ob sich diese Strategie in allen Märkten und Branchen durchsetzen lässt, ist mit den jeweiligen Aufsichtsorganen abzustimmen. Zur Sicherung der Kontrolle und des Zugriffs auf das Unternehmen wird manchmal auf die Durchführung bestimmter Aktivitäten im Zielmarkt und die Verwendung von durch die Aufsichtsbehörden zertifizierten IT-Systemen bestanden. Dies kann auch als Markteintrittsschranke verstanden werden, die den Markteintritt verlängert und dessen Kosten erhöht. Diese Informationen sollten bereits in Step 1 Marktauswahl vorliegen, in der Marktbewertung berücksichtigt und in den Projektplan aufgenommen worden sein. Trotzdem ist in dieser Phase so weit wie möglich auf bestehende IT-Lösungen zurückzugreifen, da ohne die genaue Kenntnis der Prozesse und der Organisation entscheidende Voraussetzungen für die Wahl eines IT-Systems fehlen und eine Lösung für die Durchführung dieses Tasks benötigt wird.

Um in der Anfangsphase das Risiko von Fehlinvestitionen in teure IT-Strukturen und Software in der Vertriebsniederlassung gering zu halten, basieren die Systeme im Testmarkt noch auf einfachen, schnell veränderbaren Technologien, die eine hinreichende Unterstützung der Geschäftsprozesse ermöglichen und aufgrund ihrer hohen Anpassungsfähigkeit an spezielle Anwenderforderungen äußerst flexibel gehandhabt werden können. In der Roll-out-Phase stehen dann bereits die Kriterien Geschwindigkeit und Benutzerfreundlichkeit im Vordergrund der Überlegungen. Auf der Grundlage der gewonnenen Erkenntnisse bezüglich des anfallenden Daten- und Informationsmaterials in der Testphase werden Datenbankstrukturen erstellt, die alle Mitarbeiter in den kundenbezogenen Geschäftsprozessen unterstützen. Dieses Vorgehen erweist sich als zweckmäßig, weil erst im Anschluss an die Testphase – wenn alle Unklarheiten bezüglich der genauen kunden- und beraterbezogenen Geschäftsprozesse und der anfallenden Daten und Informationen beseitigt sind – mit der Entwicklung und Implementierung kostenintensiver, ganzheitlich integrierter IT-Systeme zur Steuerung und Kontrolle der Geschäftsaktivitäten begonnen werden kann. Dabei ist die IT-Infrastruktur hinsichtlich Soft- und Hardware so offen zu gestalten, dass neue Technologien oder Softwarelösungen jederzeit nahtlos integriert werden können und keine neuen Informationsbrüche verursachen.

Die Qualität der Dienstleistung kann durch prozess- und kundenorientierte IT-Systeme deutlich gesteigert werden, die deshalb einen wichtigen Faktor in der Optimierung des Geschäftsmodells und der Effizienz der Prozesse darstellen. Dies beinhalten beispielsweise leistungsfähige Tools zur Vertriebssteuerung und -planung sowie zum Management der Kundenbeziehungen. Einen großen Nutzen hat der schnelle Aufbau einer professionellen Internetsite. Durch sie wird eine große Zielgruppe erreicht und alle interessierten Stakeholder (Kunden, Presse, Bewerber) können bei Bedarf auf aktuelle und umfassende Informationen über das Unternehmen mit seinem Geschäftsmodell und Zielen, seinen Produkten und Dienstleistungen zurückgreifen. Dies wirkt sich positiv auf das Unternehmensimage aus und unterstützt die Kommunikations- und Informationspolitik maßgeblich. Für weitere Fragen sollte ein Call-Center zur Verfügung stehen, welches auch durch die Abwicklungsplattform zur Verfügung gestellt wird.

Die Auslandsniederlassungen stehen weiter vor der Aufgabe, ihre IT-Infrastrukturen und Softwaresysteme derart auszurichten, dass die Anwendungs- und Datenintegration zwischen Back- und Front-Office und damit eine effiziente Koordination sowohl innerhalb des Unternehmens als auch zwischen Tochter- und Muttergesellschaft ermöglicht wird. Die Implementierung moderner IT-Strukturen und die Nutzung leistungsfähiger Softwarelösungen ist von wesentlicher Bedeutung für die Gewährleistung reibungsloser Kommunikations-, Transaktions- und Kontrollprozesse (Beispiel: Finanzzahlen bei börsennotierten Gesellschaften) und hat erhebliche Auswirkungen hinsichtlich einer serviceorientierten Steuerung der Kunden- beziehungsweise Vertriebsaktivitäten. Nicht zuletzt wird damit auch die Voraussetzung eines effizienten und effektiven Wissensmanagements geschaffen, denn in einem global agierenden Unternehmen existieren verschiedenartige Wissensbestände, die so weit wie möglich integriert werden sollten, um dieses Wissen auch weltweit nutzen zu können. Nur durch die Verwirklichung einer offenen, flexiblen IT-Architektur lassen sich die Vorteile einer gemeinsamen Wissens- und Datenbasis für eine Vielzahl unterschiedlicher Anwendungssysteme oder zum Austausch von Kosten-, Prozess-, Erlös-, Kunden- und Mitarbeiterinformationen nutzen.

Zudem muss sichergestellt werden, dass sowohl die Arbeitsplätze in den Niederlassungen und Filialen also auch die Notebooks der Vertriebsmitarbeiter mit aktuellen Daten aus den Back-Office-Systemen sowie mit Software-Updates versorgt werden und dass die jeweiligen Mitarbeiter Zugriff auf alle Transaktionsdaten haben. Der Einsatz leistungsfähiger IT ermöglicht eine erhöhte Bearbeitungseffizienz, weil Medienbrüche, Doppelarbeiten oder hohe Durchlauf- und Bearbeitungszeiten in den kundenbezogenen Geschäftsaktivitäten reduziert werden können und die Grundlage für effiziente, durchgängige (schnittstellenarme) Prozesse gelegt wird. Dabei lässt sich auch auf webbasierte Systeme zur Kommunikation zwischen Front- und Back-Office zurückgreifen, sodass sich die Führungskräfte jederzeit online über den Stand der Transaktionen in den Kundengewinnungs- und -bearbeitungsprozessen informieren können. Besonders die Realisierung technologisch moderner, ablauftechnisch schlankerer und insgesamt effizienterer Front- und Back-Office-Prozesse verspricht hier Möglichkeiten zur Differenzierung und Wettbewerbsvorteile. Das Internet als virtuelles Kommunikations- und Transaktionsmedium eignet sich zudem hervorragend zur Unterstützung von Geschäftsprozessen, wie zum Beispiel die Schulung der Mitarbeiter durch webbasiertes E-Learning (um zeitraubende Seminare und Trainingsmaßnahmen effizienter zu gestalten), den elektronischen Transfer von Dokumenten (zum Beispiel

Kundenanträgen) zwischen Berater-Notebook, Front- und Back-Office oder aber die kennzahlengestützte Steuerung der Berateraktivitäten durch webbasierte Kontrollsysteme (siehe Abschnitt 3 in diesem Kapitel). Die Folgen sind eine verbesserte und kompetentere Kundenbearbeitung und die Effizienzsteigerung der internen Abläufe durch die Reduktion der internen Schnittstellen und die geregelte Informationsweitergabe. Dies wiederum führt zu einer größeren Zufriedenheit auf Kundenseite, da die Prozesse auch aus Kundensicht schneller und transparenter werden.

Insbesondere für die Vertriebsaktivitäten im Front-Office ist der Einsatz unterschiedlichster Hard- und Software erforderlich, die in die unternehmensweite Anwendungsumgebung eingebunden werden muss und innerhalb eines zentralen Datenbanksystems organisiert ist. Der Aufbau von lokalen Geschäftsstellen und die Schaffung der Front-Office-IT-Strukturen werden dabei parallel zu den Verkaufsprozessen vorangetrieben. Zur Sicherstellung der Wettbewerbsfähigkeit sind die Fixkosten so gering wie möglich zu halten. Durch den sukzessiven Ausbau des Geschäftsstellennetzes im Auslandsmarkt sollen insbesondere kostenintensive Fehlinvestitionen vermieden und die Lernprozesse in den einzelnen Aktivitäten der Marktbearbeitung effizienter genutzt werden, denn die Anpassung und das Fine-Tuning des Geschäftsmodells und der Prozessaktivitäten an die Marktgegebenheiten benötigt Zeit und beinhaltet ein ständiges Generieren von Erfahrungswissen. Strategische Fehlentscheidungen in der Start-up-Phase haben bei einer oder wenigen Geschäftsstellen deshalb viel geringere Konsequenzen und lassen sich auch schneller korrigieren. Erst wenn mit der erfolgreichen Beendigung der Testphase sichergestellt ist, dass alle Prozesse reibungslos funktionieren, können weitere Investitionen in den Ausbau der Marktpräsenz und in spezielle IT-Werkzeuge (zum Beispiel Workflow-Management-Systeme) getätigt werden.

Insgesamt sollten bei der Implementierung von unterstützender IT folgende Anforderungen gestellt werden:

- Vollständigkeit der Anwendung, unter anderem durch die mögliche Integration anderer Tools,
- Unterstützung der zentralen Wertschöpfungsprozesse,
- Multikanalunterstützung,
- Transparenz und Nachvollziehbarkeit,
- Unterstützung von Szenarienbildung und Simulationsrechnungen,
- dauerhafte Verfügbarkeit der Daten,
- Kundenübersicht mit Kundenbewertung.

4.2.2 Einführung der Kernprozesse

Die meisten Unternehmen gehen ins Ausland, um neue Absatz- und Zulieferermärkte zu erschließen. Erstere lassen sich in allen Branchen nur durch neue Kunden entwickeln. Für deren Gewinnung und Betreuung benötigt jedes Unternehmen qualifizierte Kundenbetreuer. In einer Organisation eingebunden und mithilfe von ICT-Systemen (»Information and Communication System«) setzen diese schließlich die Strategie im Zielmarkt um. An dieser auch als SPOT bezeichneten Vorgehensweise orientiert sich die Erstellung der Prozesse während des Markteintrittsprozesses. Basierend auf der Strategie (vergleiche Step 2 Marktvorbereitung) entstehen die für die Umsetzung notwendigen Prozesse (beziehungsweise Ablauforganisation) und die Organisation. Erst jetzt wird die Technologie unter anderem in Form von ICT-Systemen zur Unterstützung und zur Effizienzsteigerung in die Prozesse und die Organisation integriert. Eine andere Vorgehensweise ist nicht sinnvoll (vergleiche weiter vorne), weil ansonsten die Wahrscheinlichkeit erhöht wird, durch nicht geeignete ICT-Systeme und Organisationsstrukturen Prozesse festzuschreiben, welche die Umsetzung der Strategie gefährden.

Die in der Pilotphase angewendeten Prozesse basieren auf den Ergebnissen des Tests in Step 2 Marktvorbereitung. Sie sind nun zu gestalten, zu beschreiben, zu dokumentieren und zu schulen. Im Hinblick auf die Prozessgestaltung sind klare Anforderungen zu definieren. So sind die Prozesse weitestgehend standardisiert und flexibel zu gestalten und sollten – nicht nur in der Pilotierung – mess- und multiplizierbar sein. Letzteres bedeutet zum Beispiel, dass der Prozess der Kundenbetreuung schnell, profitabel und in der gewünschten Qualität von bestehenden und neuen Kundenbetreuern umgesetzt werden kann. Die Standardisierung sollte unbedingt von einer hohen Flexibilität begleitet werden. Sie erleichtert die Anpassungsfähigkeit des Geschäftsmodells an veränderte Rahmenbedingungen besonders in der Pilotierung und reduziert die damit verbundenen Anpassungskosten. Diese Flexibilität wird sich besonders in solchen Kulturen als vorteilhaft erweisen, in denen zusätzliche Prozessschritte zu berücksichtigen sind und verschiedene Prototypen getestet werden. Die Prozesse sollten in ihrer praktischen Umsetzung in den Köpfen aller Mitarbeiter das Bewusstsein für die Unternehmenskultur schärfen und die Implementierung eines entsprechenden Wertesystems unterstützen.

Eine weitere Anforderung ist die Einrichtung eines Controlling-Cockpits. Dies dient zur Synchronisation der Prozessaktivitäten (Schnittstellenmanagement) sowie zur Steuerung und Koordination der gesamten Unternehmung (zum Beispiel anhand einer Balanced Scorecard). Dies beinhaltet auch den Einsatz eines Qualitätsmanagements, durch welches die bestehenden Prozesse kontinuierlich verbessert werden.

4.2.3 Aufbau der Vertriebsorganisation im Zielland

Im Rahmen der internationalen Markterschließung stellt beispielsweise bei Finanzdienstleistern der Prozess der Akquisition und Entwicklung von Finanzberatern im Zielland einen wesentlichen Erfolgsfaktor dar. Der Kundenberater bildet die Kontaktstelle zwischen den Erwartungen der Klienten und dem Leistungsangebot des Unternehmens. Er ist die Visitenkarte des Unternehmens im Markt. Damit bestimmt er dessen Image und dessen Markterfolg entscheidend mit. Die fachliche Kompetenz und die persönliche Akzeptanz des Beraters prägen das Bild des Kunden und beeinflussen somit seine Entscheidung, welchem Unternehmen er letztlich sein Vertrauen gibt. Die gestiegenen Anforderungen an die Qualität von Produkten und Dienstleistungen – aufgrund zunehmend kritischeren und besser informierten Kunden – sollten sich auch auf das Qualitätsniveau jedes einzelnen Kundenberaters übertragen. Aufgrund dieser Ansprüche ergeben sich steigende Investitionen in die fachliche Ausbildung und persönliche Entwicklung eines jeden Beraters. Um den Grundstein für den entscheidenden Wettbewerbsfaktor, das heißt eine qualitativ hochwertige und niveauvolle Kundenbetreuung und eine im Vergleich zur Konkurrenz höhere Kundenzufriedenheit, zu legen, müssen geeignete Mitarbeiter im Auslandsmarkt gewonnen und auf ihre Aufgaben als Berater und Imageträger des Unternehmens vorbereitet werden. In diesem Zusammenhang sollte den Führungskräften im Vertrieb bewusst sein, dass das Geschäftsmodell nur dann Erfolg hat, wenn es gelingt, auch lokale Berater mit ausgezeichneten Kontakten zu möglichen Kunden für das Geschäftsmodell und das Unternehmen zu begeistern und zu gewinnen.

Die Prozessaktivitäten zur Gewinnung und Entwicklung von Kundenberatern erfolgen parallel zum Ausbau der Geschäftstätigkeit im neuen Auslandsmarkt. Diese umfassen im Wesentlichen die Durchführung von Personalauswahlverfahren und die Umsetzung des Personalentwicklungskonzeptes. Voraussetzung für eine erfolgreiche Stellenbesetzung bei der Akquisition neuer Kundenberater ist ein klares Anforderungsprofil, das den Typus des Mitarbeiters so konkret wie möglich beschreibt. Eine besondere Herausforderung bezüglich der Gewinnung von Beratern im Gastland besteht darin, geeignete Mitarbeiter zu akquirieren, die sowohl hinsichtlich ihrer fachlichen Qualifikationen als auch in Bezug auf ihre Persönlichkeitsmerkmale und Wertestruktur der Unternehmensphilosophie und -kultur entsprechen. Die Auswahlverfahren selbst müssen so gestaltet werden, dass die Möglichkeit auch wirklich gegeben ist, die Kandidaten auf diese Eigenschaften hin prüfen und beurteilen zu können. Dabei gilt die Erfahrung: »Ein Gramm Auswahl wiegt mehr als ein Kilo Aus- und Weiterbildung.« Denn den für das Unternehmen und die jeweilige Position erforderlichen Typus kann man durch Ausbildung und Training allein nicht formen, vor allem nicht, wenn wesentliche Persönlichkeitsmerkmale vorausgesetzt sind. Dies muss gerade im internationalen Kontext bereits bei der Auswahl und Einstellung von Mitarbeitern berücksichtigt werden.

Vor diesem Hintergrund sollten die Schwerpunkte der Personalentwicklung von Mitarbeitern aus dem Zielland nicht nur in der Aus- und Weiterbildung zum Aufbau eines breiten Fachwissens und einer hohen Führungskompetenz, sondern auch in der Vermittlung der Unternehmenskultur und des spezifischen Unternehmens-Know-hows liegen. Somit stehen insbesondere drei Ansatzpunkte im Fokus der Mitarbeiterentwicklung im Zielland:

- die Aus- und Weiterbildung am Markt, und zwar im Sinne der Orientierung an den Kundenbedürfnissen, den kulturellen Differenzen sowie Gesetzen und Regelungen;
- die Vermittlung der Unternehmensphilosophie und -kultur sowie prozessbezogenen Wissens hinsichtlich des Geschäftsmodells und der Betätigungsfelder des Unternehmens, also Zahlen, Daten und Fakten zum Unternehmen sowie seinen Produkten, Dienstleistungen und internen Prozessen;
- die Orientierung der Aus- und Weiterbildung an den wertschöpfenden Aktivitäten, also der Entwicklung von Kundenbeziehungen, dem kontinuierlichen Aufbau eigenen Wissens, einer pro-aktiven Kundenansprache und im Verkauf.

Dabei gilt es, die neuen Mitarbeiter zu unternehmerisch denkenden und handelnden Kundenberatern zu entwickeln, die sich in einem leistungsorientierten Umfeld mit Ausdauer, Disziplin, Begeisterung und Professionalität bewähren und sich mit Selbstvertrauen auf ihre Aufgaben im Kerngeschäft konzentrieren. Dabei müssen Kundenberater nicht nur als Verkaufsagenten, sondern als echte Problemlöser agieren. Das Schulungsprogramm für Kundenberater sollte deshalb auch Bausteine enthalten, die sie beim Ausbau ihrer methodischen und sozialen Kompetenz fördern und unterstützen. Vor diesem Hintergrund ist das fachliche Wissen durch hohe Integrität und soziale sowie kommunikative Kompetenz zu ergänzen. Eine ausgezeichnete Kundenbetreuung führt zu einer langfristig erfolgreichen und profitablen Kundenbeziehung, die den Unternehmenswert dauerhaft steigert und absichert.

Darüber hinaus sind auch erfahrene Kundenberater aus dem Stammland des Unternehmens (Expatriates) beziehungsweise aus einer anderen Tochtergesellschaft im Zielland einzusetzen und für diese besondere Aufgabe vorzubereiten (zur Problematik der Auswahl und Entsendung von Expatriates siehe noch einmal Kapitel 3, Abschnitt 2). Somit steht die Unternehmung vor der Herausforderung, Mitarbeiter unterschiedlicher Kulturen zu Teams zusammenzusetzen und auf eine gemeinsame Aufgabe vorzubereiten. Die Trainings- und Personalentwicklungsmaßnahmen sollten hierbei grundsätzlich darauf ausgerichtet sein, dass auch die Vorteile interkultureller Teams zum Tragen kommen. Damit gemeint ist insbesondere der Aufbau einer gemeinsamen Unternehmenskultur und ein Voneinander-Lernen. Abbildung 48 soll diesen Sachverhalt noch einmal verdeutlichen.

Als praxiserprobtes Tool zur Unterstützung der Mitarbeitergewinnung- und Mitarbeiterentwicklungsprozesse eignet sich das Diagnosesystem INSIGHTS MDI (Management-Development-Instruments), das sowohl Persönlichkeitsprofile als auch situationsbedingte Anforderungsprofile erfassen und deshalb zur Evaluation der Mitarbeiter hinsichtlich ihrer fachlichen und interkulturellen Kompetenz hinzugezogen werden kann. Das INSIGHTS-MDI-Modell arbeitet mit einem ganzheitlichen Ansatz. Im Fokus liegen die Motive und das Verhalten einer Person, die im Zusammenhang mit ihren Kompetenzen betrachtet werden (siehe Abbildung 49).

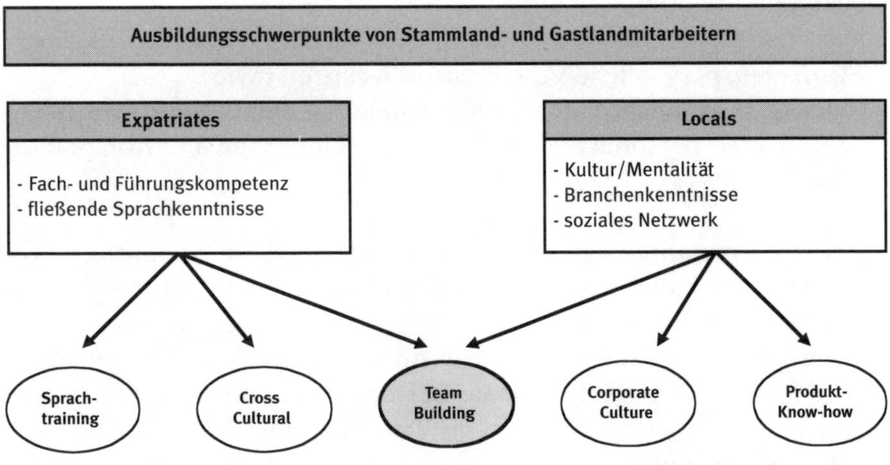

Abbildung 48: Unterschiede im Ausbildungsbedarf von Expatriates und lokalen Mitarbeitern

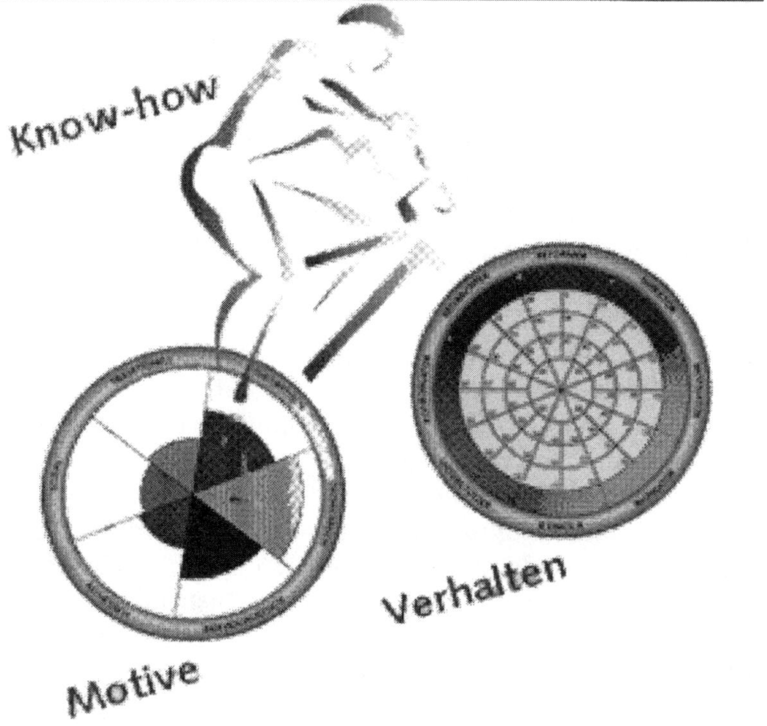

Abbildung 49: INSIGHTS-MDI-Modell zur Mitarbeitergewinnung und Mitarbeiterentwicklung

Die unterschiedlichen Analyseinstrumente von INSIGHTS MDI basieren auf einem Bausteinsystem, das alle Bereiche menschlichen Potenzials beleuchtet und optimieren hilft:

- *Verhalten:* persönliche Verhaltenspräferenzen (Wie).
- *Motive:* persönliche Interessen, Einstellungen und Werte (Warum).
- *Know-how:* persönliche Fertigkeiten, Erfahrungen und Kompetenzen (Was).

Die Analyseverfahren des INSIGHTS MDI sind in vielfältiger Weise einsetzbar. Sie bieten zum Beispiel wirksame Unterstützung bei der Beurteilung von Nachwuchs- und Führungskräften hinsichtlich ihres Leistungsvermögens und ihrer Wertestruktur und damit ihrer Eignung für das Unternehmen. Zugleich helfen sie bei der Positionierung der richtigen Personen an den richtigen Stellen im Unternehmen (Matching). Auch bei der Zusammenstellung interkultureller Teams oder wenn bestehende Teams hinsichtlich ihrer Effizienz verbessert werden sollen, können die

Instrumente von INSIGHTS MDI genutzt werden. Die Vorteile beim Einsatz der Analyse-Tools von INSIGHTS MDI sind in den nachstehenden Punkten zusammengefasst:

- Erkennung von Potenzialen bei der Auswahl von Bewerbern und der Karrieregestaltung der Mitarbeiter (Personalauswahl),
- Grundlage für die Erstellung von individuellen und maßgeschneiderten Personalentwicklungsprogrammen (Training und Coaching),
- Unterstützung bei der Weiterentwicklung von Talenten zu integrierten und ganzheitlichen Persönlichkeiten (Potenzialerkennung),
- besseres Verständnis für unterschiedliche Präferenzen und Neigungen in Teams (Teamentwicklung),
- besseres Verständnis für die Dynamik und Kultur einer Organisation (Organisationsentwicklung),
- Bestimmung von Erfolgsfaktoren im Kundenbindungsmanagement.

Letztendlich ermöglichen die umfassenden Analyse-Tools von INSIGHTS MDI, mit den richtigen Menschen zu starten, sie bestens zu trainieren und ihnen adäquate Karrieren und ein optimales Teamumfeld zu bieten. Für den Einsatz spricht insbesondere die hohe Trefferquote der Potenzialanalysen, die weltweit bei über 90 Prozent liegt.

4.2.4 Einführung des Piloten in den Markt – Pilotierung und Testing

Mit der notwendigen Infrastruktur sowie in den Kernprozessen ausgebildeten und qualifizierten Mitarbeitern beginnt der tatsächliche Markteintritt durch die Gewinnung der ersten Kunden. Zur vereinfachten Darstellung kann die Vertriebsniederlassung im neuen Auslandsmarkt mit einem Fließband verglichen werden. Auf diesem beginnt nun die »Produktion« begeisterter Kunden gemäß der Vorgaben des Geschäftsmodells. Schrittweise wird die Auslastung der Organisation hochgefahren, indem sich die Kundenberater ausschließlich auf umsatzproduzierende Aktivitäten konzentrieren, die Anzahl ihrer durchgeführten Termine an die Kapazitätsgrenze (Engpassfaktor Zeit) hochgefahren wird und eine Konzentration auf das attraktivste Kundensegment (gemäß Positionierung) erfolgt. Jetzt lassen sich die ersten realen Erfahrungen gewinnen. Erst jetzt wird sich herausstellen, ob das Unternehmen mit seinem Geschäftsmodell und seinen Produkten am Markt angenommen wird.

Da – wie bereits mehrfach erwähnt – von einem einfachen Kopieren des Geschäftsmodells des Heimatlandes in den neuen Auslandsmarkt aufgrund der kulturell bedingten Unterschiede dringend abgeraten wird, hat nach der Planung und Konzeption des Geschäftsmodell-Prototypen zunächst dessen vorläufige Implementierung in den Auslandsmarkt im Rahmen einer Pilotierungsphase zu erfolgen. Das Testing & Prototyping ist somit eine separate Phase innerhalb der Markteinführung und beinhaltet deren Vorbereitung, Durchführung und Kontrolle. Das primäre Ziel dieser Testphase besteht in einem Check-up aller kritischen Faktoren des Geschäftsmodells und in dem Fine-Tuning der Systeme. Anhand zuvor definierter quantitativer und qualitativer Messgrößen gilt es insbesondere, die Funktionalität des Geschäftsmodell-Prototypen zu überprüfen, detailliert Defizite und Lücken sowie konzeptionelle und technische Probleme in der Umsetzung aufzuzeigen und geeignete Maßnahmen zu deren Optimierung einzuleiten. Darüber hinaus dient das Testing auch der Prognose des zukünftigen Absatzvolumens und der Prognose des Kundenverhaltens. Auf dieser Basis lassen sich dann die für den Roll-out einzusetzenden Ressourcen nach Quantität, Qualität und zeitlichem Bezug besser planen. Hierfür erforderlich ist die Implementierung geeigneter Kontrollinstrumente sowie die Entwicklung eines innovativen Lernklimas in allen Bereichen des Unternehmens. Um gesicherte Entscheidungen für Anpassungsmaßnahmen treffen und realistische Umsatzprognosen liefern zu können, muss der Testmarkt beziehungsweise das Testgebiet dem Gesamtmarkt bezüglich bestimmter Repräsentanzkriterien entsprechen. Vor diesem Hintergrund wird auch die Notwendigkeit zur sorgfältigen Vorbereitung, Durchführung und Kontrolle der Testphase deutlich. Der grundsätzliche Aufbau und Ablauf einer Testphase soll beispielhaft für ein Unternehmen des Finanzdienstleistungssektors in Tabelle 31 beispielhaft dargestellt werden.

Die Kontroll- und Analyseaktivitäten in der Testphase konzentrieren sich in erster Linie darauf, ob die Maßnahmen, die zur Umsetzung des Geschäftsmodells geplant und beschlossen wurden, auch tatsächlich rechtzeitig und im Rahmen des vorgegebenen Zeitaufwands und Kostenrahmens realisiert werden können. Die Analyse des Verlaufs und die Ergebnisse der Testphase können im Extremfall auch zu einer vollkommen neuen Überarbeitung einer Vielzahl von Prozessaktivitäten führen. So ändern sich in Abhängigkeit der Kultur des jeweiligen Auslandsmarktes beispielsweise die Anzahl der Termine zur Kundengewinnung, die Inhalte und der Verlauf der Gespräche oder die Präferenzen der Klienten hinsichtlich der Beratungsumgebung (zum Beispiel in einer Filiale, einem Geschäftslokal oder direkt beim Kunden zu Hause). Kaufargumente und Einwandsbehandlungen müssen dementsprechend überarbeitet, Kundensegmente neu definiert oder spezifiziert oder andere Zugangswege zur Erreichung von Zielkunden gefunden werden. Auch für die gewöhnlich

	Ressourcen	Aufgaben		Erläuterung
Vorbereitung	Sales-Manager	– Vorbereitung des Pilotmarktes – Anwendungsschulung und Training der Finanzberater – Coaching der Piloten und Teambildung – Kampagnendurchführung für den Pilotmarkt		circa 15 Expatriates und 15 Locals verschiedener einheimischer Wettbewerber zeichnen für den Aufbau der Sales-Force verantwortlich.
	Finanzberater	– Ausbildung zum Finanzberater – Erwerb der Beraterlizenz (gemäß aufsichtsrechtlicher Vorgaben) – Erlernen der Unternehmenskultur – Aneignung des Unternehmens-Know-hows		circa 120 bis 150 Finanzberater bilden die Sales-Force für die Testphase.
	Front-/ Back-Office	– Vorbereitung und Anwendungsschulung der Mitarbeiter – Einrichtung der Strukturen – Check-up der IT-Systeme und der Software – Kampagnenvorbereitung für den Pilotmarkt		Die Coaching-Company wird als Back-Office-Plattform genutzt. Im Markt selbst werden nur ausgewählte Back-Office-Tätigkeiten übernommen.
Durchführung	Sales Manager / Finanzberater	Prozessablauf innerhalb der Testphase	1. Recruiting	Für das Recruiting der Sales-Force sind circa zweiMonate einzuplanen. In der Sales-Phase werden mit wachsender Klientenanzahl zusätzliche Finanzberater rekrutiert und ausgebildet.
			2. Training	Die Sales-Manager übernehmen das Coaching der Sales-Force. Jeder Sales-Manager sollte circa 3 bis 5 Finanzberater auf die Akquise- und Beratungsaufgaben sowie die besonderen Bedingungen im Testmarkt vorbereiten. Dauer des Training circa zwei Monate.
			3. Sales	Zur Optimierung des Geschäftsmodells (kompletter Check) werden in der Testphase circa 2000 Kundenbenötigt. Ziel ist die Gewinnung von 300 Kunden pro Monat.
Kontrolle/Analyse	Management/ Sales Manager/ Finanzberater	– Messung der Prozess-Performance – Messung der Sales-Performance – Cash Flow/Revenues – Messung der Kundenzufriedenheit – Messung der Servicequalität – Überprüfung der Service- und Qualitätsstandards – Mystery-Shopping/Testkäufe – Dokumentation der Testergebnisse		Im Vordergrund der Kontrolle steht die Analyse der Stärken und Schwächen des Geschäftsmodells beziehungsweise der Prozessaktivitäten sowie die Ergebnismessung der Verkaufsaktivitäten anhand von Produktivitäts-, Rentabilitäts-, Qualitäts- und Effizienzkennzahlen. Erste Zahlungseingänge in der Testphase sind nach circa drei Monaten zu erwarten.

Tabelle 31: Beispielhafte Beschreibung einer Testphase für Finanzvertriebe

überraschend auftretenden Behinderungen (Krisenfälle) im Implementierungsprozess der Geschäftsaktivitäten sind geeignete Kontrollmechanismen zu schaffen. Weil die in der Testphase zutage tretenden Probleme natürlich nicht vorauszuplanen sind, ist es umso wichtiger, alle Informationen über plötzliche und nicht vorhergesehene Ereignisse zu sammeln und diese zu berichten. Denn nur so werden Lernprozesse und Verbesserungen für die Zukunft möglich.

Zusammenfassend lässt sich sagen, dass mithilfe des Testing & Prototyping das Risiko eines unerwünschten Ergebnisses des Markteinführungsprozesses erheblich reduziert werden kann, solange dieser Phase des Markteintrittes die volle Aufmerksamkeit des Managements zukommt und ein wirksames Vertriebs- und Prozesscontrolling eingesetzt wird. Nur dann lassen sich Zielerreichungen oder Zielverfehlungen frühzeitig erkennen, um entweder Erfolge zu multiplizieren oder Gegensteuerungsmaßnahmen zu ergreifen. Darüber hinaus geht es in dieser Test- und Lernphase auch darum, die Voraussetzungen für eine lernfreundliche Organisation zu erzeugen, in der die Weitergabe und die gemeinsame Entwicklung von Wissen einen hohen Stellenwert haben.

4.3 Task 3: Roll-out des Geschäftsmodells

Nachdem die Testphase erfolgreich abgeschlossen ist und alle erforderlichen Optimierungsmaßnahmen durchgeführt worden sind, kann der eigentliche Roll-out beginnen. Dieser Prozess lässt sich bildhaft mit dem Start eines Flugzeuges vergleichen. In der Startphase sind alle verfügbaren Kräfte, Energien und Ressourcen zu konzentrieren und auf das Rollfeld zu übertragen, um das »Abheben« der Organisation zu ermöglichen. Der »Take off« des Unternehmens beziehungsweise ein erfolgreicher Markteintritt erfordert hierbei ein Höchstmaß an Management-Power und Commitment, denn gerade in der Anfangsphase ergeben sich täglich neue, meistens unerwartete Herausforderungen, die es zu bewältigen gilt. Um schwerwiegenden Managementfehlern vorzubeugen, die insbesondere während dieser Anfangsphase erhebliche Konsequenzen (zum Beispiel Umsatzverluste oder Imageschäden) nach sich ziehen könnten, sind ein systematisches Vorgehen sowie eine permanente Steuerung und Kontrolle der Unternehmensaktivitäten unabdingbar. Dabei sollte allen Beteiligten bewusst sein, dass die Erschließung eines neuen internationalen Marktes ein Prozess in kleinen Schritten ist, der fortwährend durch Wissenszuwachs, Lernen, Veränderung und Anpassung charakterisiert ist. Rückschläge und Widerstände im Prozess der Markteroberung sollten deshalb immer auch als positive Ansatzpunkte für Verbesserungen aufgefasst werden.

Das Auftreten von Turbulenzen in der Start-up-Phase darf allerdings nicht zu einer grundsätzlichen Abweichung von der sorgfältig erarbeiteten Positionierungsstrategie im Auslandsmarkt und der unternehmerischen Vision führen. Solange keine klaren Gründe für eine fundamentale Kursänderung des Unternehmens vorliegen, heißt die Devise: »Stick to your strategy!« beziehungsweise »Stick to your Bizz Model!«. Anderenfalls besteht die Gefahr einer Zick-Zack-Bewegung im Markt (»Marketing-Bermuda-Dreieck«), wodurch das Vertrauen in die eigene Leistungsfähigkeit und die Glaubwürdigkeit des Unternehmens gegenüber Kunden, Mitarbeitern und Anteilseignern nachhaltig und irreparabel zerstört wird. Nicht zuletzt kann solch eine Negativentwicklung ein Scheitern des Markteintritts zur Folge haben. Dieser Aspekt ist vor allem der Vertriebsmannschaft zu vergegenwärtigen, denn ein Verfehlen der anvisierten Verkaufsziele während der Markteinführung versetzt den Vertrieb oftmals von einer anfänglichen Euphorie- in eine Ernüchterungsphase und birgt die Gefahr in sich, dass die Kundenberater den Erfolg des Geschäftsmodells und des gesamten Projektes in Frage stellen. In solchen Situationen ist dann das »Zünden« eines Nachbrenners (in Analogie zum Abheben) in Erwägung zu ziehen (siehe Task 4 dieses Kapitels).

Die Umsetzung der Positionierungsstrategie beziehungsweise des Leistungsversprechens (USP) in dieser Phase des Markteintrittes erfolgt durch einen optimalen Einsatz des Marketing-Mix. Produkte, Preise, Vertriebswege und die Kommunikation müssen konsequent auf die wahren Belange des Kunden ausgerichtet sein. Entscheidend ist in diesem Ansatz nicht, den Marketing-Mix zu wählen, von dem man glaubt, dass er für den Markt oder die jeweilige Kundengruppe optimal ist, sondern den, den der Kunde als optimal ansieht, um damit das Erleben des Leistungsversprechens zu garantieren (siehe zum Beispiel Tabelle 32).

Im Hinblick auf den Roll-out der Geschäftsprozessaktivitäten wird für den Markteintritt eine sequenzielle Vorgehensweise vorgeschlagen. Die schrittweise Eroberung des Marktes durch eine konsequente Konzentration auf die wesentlichsten Geschäftsprozesse und die stärksten Wettbewerbsvorteile soll in der Anfangsphase ressourcenverzehrende Anpassungsmaßnahmen auf ein Minimum reduzieren. Der Fokus des Managements beim Roll-out ist auf die frühzeitige Realisierung eines positiven Cashflows (vergleiche dazu Abschnitt 1.3 in diesem Kapitel) gerichtet. Erst wenn die elementaren Geschäftsprozesse reibungslos funktionieren und zusätzliche Erfahrungen im lokalen Wettbewerbsumfeld generiert werden konnten, werden der Ausbau der Produkt- oder Dienstleistungsangebote vorangetrieben, zusätzliche Services angeboten und weitere Marktsegmente und Regionen erschlossen. Die Aktivitäten des Unternehmens fokussieren in dieser kritischen Phase in erster Linie auf die Gewinnung von Kunden und den weiteren Ausbau der Vertriebsmannschaft. Hinsichtlich des angebotenen Leistungsspektrums beziehungsweise Produktportfolios erfolgt eine Beschränkung auf relativ wenige bestehende und erprobte Produkte und Dienstleistungen. So könnte beispielsweise während des Markteintritts eines Haushaltsgeräteherstellers der Fokus der Geschäftsaktivitäten auf dem Ankerprodukt Staubsauger (Produktlinie/Leistungsangebot) für den gehobenen Privatkunden (Marktsegment) in einem ausgewählten Teilmarkt (Prag und Brünn in Tschechien) liegen. Gerade in der Anfangsphase ist bei einer solchen Entscheidung von Bedeutung, dass sich das Unternehmen auf die Einführung solcher Produktlinien und Serviceangebote konzentriert, die gegenüber dem lokalen Konkurrenzumfeld die größten Wettbewerbsvorteile versprechen und die den maximal erwarteten Gewinn im Auslandsmarkt aufweisen. Diese Strategie erweist sich aus vielerlei Gründen als vorteilhaft:

- Reduktion von Abwicklungs- und Qualitätsproblemen in der Auftragsabwicklung,
- geringere Komplexität des Leistungsangebotes und der Aufgabenerfüllung in der Markteinführungsphase,
- Verkürzung der Ausbildungszeit der Kundenberater (Time-to-Market),
- Konzentration auf diejenigen Geschäftsprozesse beziehungsweise Kernkompetenzen, in denen das Unternehmen seine Wettbewerbsvorteile gegenüber den Kunden uneingeschränkt unter Beweis stellen kann,
- frühzeitige Realisierung von Erfolgsbeiträgen und Gewinnen,
- Kompensation von Nachteilen, die aufgrund von Lücken in der Anpassung an den neuen Markt und sein Wettbewerbsumfeld entstehen könnten,
- Reduzierung der Aktivitäten in den Front- und Back-Office-Bereichen,
- geringere Fehlerquote.

Im Folgenden wird ein beispielhaftes Marketing-Aktionsprogramm für den Markteintritt beziehungsweise das bevorstehende Piloting des Geschäftsmodells eines Direktversicherers aufgezeigt. Die Marketing-Strategie für den Markteintritt kann nach dem in Tabelle 32 vorgeschlagenen Schema festgelegt werden.

Empfehlung für den Markteintritt		
Annahme	Die Erschließung des Auslandsmarktes mit einer bestehenden Marke (Brand) ähnelt dem »Launch« einer neuen Marke (Produktneueinführung).	
Situation	• Unternehmen ist im Zielmarkt bislang unbekannt • zum Markenaufbau stehen lediglich begrenzte Ressourcen zur Verfügung • Steuerung durch die zentrale Abwicklungsplattform beziehungsweise eine Schwestergesellschaft	
Zielstellung	• Schaffung von Anerkennung, Glaubwürdigkeit und Vertrauen im Zielmarkt stehen im Vordergrund (Imageaufbau von Unternehmen und Marke) • detaillierte Informationen bezüglich des neuen (innovativen) Geschäftsmodells, der Marke(n) und der Serviceangebote im Zielland • Vorbereitung und Unterstützung der Kernprozesse Mitarbeiter- und Kundengewinnung	
Grundlegende Strategie	• Erzwingung des Marktzugangs	
Lösung		
Tools	**Maßnahmen**	**Ziel/Zweck**
Branding → Public Relation → Website	• One-Voice-Policy (zum Beispiel durch Geschäftsführer in Verbindung mit dem Pressesprecher des Konzerns) • Fachvorträge für potenzielle Kunden in der Sprache des Gastlandes • Pressekonferenzen, Pressemitteilungen • Darstellung des Unternehmens als Spezialist, zum Beispiel für »sportliches Autofahren« • Erstellung einer Website • Begriff besetzen in Suchmaschinen, Diskussionsforen • Kontaktformular auf Website einbinden	• Gewinnung des öffentlichen Vertrauens in die Leistungsfähigkeit des Unternehmens • Informationen über das Unternehmen und den neuen, einzigartigen Service; • Vermittlung der Positionierungsstrategie und der Wettbewerbsvorteile; • attraktiver Internetauftritt vermittelt professionellen Eindruck und die spezifischen Kernkompetenzen

Werbung und Verkaufsförderung → Merchandising → Sponsoring, Events → Direktmarketing → Wettbewerbe	 • Broschüren, Flyer, Visitenkarten, Präsentationen, Give-aways für Berater und Kunden • Unterstützung von Veranstaltungen und Organisationen in sportlichen, kulturellen oder sozialen Bereichen (zum Beispiel Festakte, Jubiläen, Sport- und Musikveranstaltungen) • Versendung persönlicher Werbebriefe auf der Grundlage von Zielgruppen-Database • Veranstaltung von Wettbewerben für Kunden und Berater (Beispiel: Gewinne einer Reise)	 • Verstärkung des Bekanntheitsgrades in den Zielgruppen • Aufbau von Kundennähe • Gewinnung neuer Kundenkontakte • Sicherung bestehender Kundenverbindungen • Aktivierung der Verkaufsmannschaft • Steigerung der Vertriebseffizienz
Mitarbeitergewinnung	• Schaltung von Anzeigen in Print- und Onlinemedien • Präsenz des Unternehmens auf Recruiting-Messen und Job-Foren • Empfehlungswettbewerbe für neue Mitarbeiter	• Gewinnung von Mitarbeiterkontakten • Darstellung der Attraktivität als potenzieller Arbeitgeber • Mitarbeiteranzeigen bringen Image, da sie Wachstum und Gesundheit eines Unternehmens zeigen
Kundengewinnung	• Persönlicher Verkauf • Direkt Marketing • Call-Center (in- und outbound) • Internet/E-Selling • Empfehlungswettbewerbe für neue Kunden	• Gewinnung von Kundenkontakten • Bearbeitung der Anfragen über Internet und CRM • Aktive Kundenbewerbung • Aktive Kundengewinnung

Tabelle 32: Marketing-Strategie für den Eintritt eines Direktvertriebes in einen neuen Auslandsmarkt

Bei der Einführung einer Marke in einen neuen Markt spielt der Aufbau von Bekanntheit, Vertrauen und Sympathie in die Marke, positiven Erfahrungen mit der Marke und die Information über die Positionierung die zentrale Rolle. Mit einem zielgruppenadäquaten Marketing-Mix werden die Aufmerksamkeit, das Interesse und die Emotionen der potenziellen Zielgruppe geweckt.

Für das Erreichen dieser Ziele gibt es unterschiedliche Methoden, die in Abhängigkeit der Ausgangssituation zu wählen sind. So unterstützt der Einsatz von bekannten Fürsprechern, so genannten Testimonials, die Angabe von glaubwürdigen Referenzen (zum Beispiel Test der Stiftung Warentest), Güte- und Qualitätssiegeln (zum Beispiel TÜV oder ISO) oder von Spezialisten (zum Beispiel dem Institut einer bekannten Universität) die Erlangung der Kommunikationsziele. Als Kommunikationstechnik sollte vor allem auf Public Relation (PR) gebaut werden. Als Medien eignen sich Fachvorträge des Unternehmens, die zum Beispiel speziell für Meinungsführer, potenzielle Mitarbeiter und Klienten im Rahmen von Events (zum Beispiel Konzerte, Kunstausstellungen) organisiert werden oder Zeitungs- und Zeitschriftenartikeln. Als Themen sollten aktuelle Probleme aufgegriffen werden, die mit dem Geschäftsmodell des Unternehmens, seiner Positionierung und seinen Produkten im Zusammenhang stehen. Mit solchen Vorträgen kann zum einen die besondere Kompetenz des Unternehmens unter Beweis gestellt werden, zum anderen zielen solche Aktivitäten auf eine hohe Außenwirkung (Multiplikatoreffekt). PR-Arbeit vermittelt in dieser Phase Glaubwürdigkeit, weil Leser einem Artikel deutlich mehr Glauben schenken als der Annonce einer unbekannten Marke. Darüber hinaus können über einen Artikel mehr Inhalte kommuniziert werden, und die Marke wird durch die Nutzung lokaler Testimonials oder Gütesiegel im Zielmarkt verankert. Oftmals scheitert diese Strategie an dem fehlenden Interesse der Presse. Bei einem Markteintritt ist dies jedoch anders. Die pure Neuigkeit hilft eine kurze Zeit, das Interesse von Journalisten, insbesondere der Fachpresse, zu wecken. Die PR-Arbeit ist durch einen professionellen Internetauftritt, über Verkaufsförderungsmaßnahmen und Sponsoring zu ergänzen. Klassische Werbung sollte als Tool schon aus Kostengründen und aufgrund der geringen Unternehmensgröße in der Regel frühestens in Step 4 Marktentwicklung eingesetzt werden.

Während Public Relation in erster Linie Bedürfnisse weckt, zur Bekanntheit von Marke und Leistungsangebot beiträgt sowie der Profilierung des Unternehmensimages im Auslandsmarkt dient, sollen durch Aktivitäten im Rahmen der Verkaufsförderung die kundenorientierten Verkaufsprozesse maßgeblich unterstützt und dadurch der Umsatz durch die Neukundengewinnung gesteigert werden. Der Einsatz traditioneller Verkaufsförderungsinstrumente wie Broschüren, Messen, Mailings, Preisausschreiben oder Coupons dient zum einen als Anreiz für potenzielle Kunden, die Leistungsangebote der Vertriebsmitarbeiter in Anspruch zu nehmen. Zum anderen können Verkaufswettbewerbe beziehungsweise Incentives auch zur Motivation und Leistungsverbesserung der Vertriebsmitarbeiter selbst eingesetzt werden. Zusätzlich haben in den letzten Jahren die Below-the-Line-Instrumente Kultur-, Sport- und Eventsponsoring maßgeblich an Bedeutung gewonnen. Hier kann das Unternehmen seine internationale Größe und Marktbedeutung ausspielen und sich an Sport- (Formel 1, Champions League, Olympia) und Kultur-Events auf internationaler Ebene beteiligen. Dies unterstützt die Motivation und Aktivität der einzelnen Vertriebsmitarbeiter, wenn diese Events mit Verkaufswettbewerben kombiniert werden (zum Beispiel: Gewinner erhält Karten für ein Formel-1-Rennen). Vor dem Hintergrund der zunehmenden Werbe- und Verkaufswirksamkeit solcher Kommunikationsinstrumente und der voranschreitenden Internationalisierung des Unternehmens sollte auch die Entwicklung einer globalen oder internationalen (zum Beispiel europäischen) Promotion-Strategie in Erwägung gezogen werden.

Weiterhin ist die Bedeutung einer professionellen Website im Rahmen der Marketingstrategie für die Markteintrittsphase nicht zu unterschätzen. Der Launch einer lokalen Unternehmens-Website (in der Landessprache) zeigt Professionalität, Größe und Leistungsfähigkeit der Unternehmung. Er offeriert zusätzliche, beständige und komplette Informationen (ist wie ein Back-up der Werbekampagnen), kann schnell verändert werden, ist kostengünstig und unterstützt die Markenbildung und das Markenbewusstsein in den Köpfen der Kunden. Mit welchen Maßnahmen auch immer: Es muss dem jungen Unternehmen gelingen, durch sein Auftreten und seine Dienstleistung (positive) Emotionen in den Zielgruppen im Auslandsmarkt zu wecken, die Zielpositionierung zu besetzen, Kunden zum Kauf zu motivieren und damit den Grundstein für eine erfolgreiche Markteinführung zu legen. Kommunikationspolitik wirkt immer nach außen und nach innen. Sie unterstützt die Gewinnung attraktiver Kunden und qualifizierter Mitarbeiter und motiviert bestehende Berater auch in turbulenten Zeiten des Markteintritts zum Durchhalten.

4.4 Task 4: Nachsteuerung des Roll-outs

Der zusätzliche Einsatz von Marketinginstrumenten während der Markteintrittsphase wird auch als Nachbrenner bezeichnet. Nach dem erfolgreichen Start und den ersten Optimierungen am Geschäftsmodell soll mit einem Nachbrenner noch einmal richtig »Gas gegeben« werden, um die

Veränderungen schnell umzusetzen und die dadurch erwarteten Ergebnisse baldmöglichst zu erreichen. Die Bewilligung des Nachbrenner-Budgets durch die Muttergesellschaft erfolgt allerdings erst, wenn die Implementierung des Geschäftsmodells im Auslandsmarkt in den Grundzügen abgeschlossen ist, ein Mindestmaß an Akzeptanz bei Kunden und Beratern erreicht wurde und die Kernprozesse profitabel sind. Die zusätzliche Energie des Nachbrenners soll dann der Überwindung von Fehlern oder Schwierigkeiten in der Start-up-Phase dienen sowie zu einer größeren Stabilität des Unternehmens und zur beschleunigten Erschließung des Auslandsmarktes führen (Time-to-Market). Auf den Vertrieb wirkt der Nachbrenner wie ein Vertrauensvorschuss in seine Leistungsfähigkeit; er zeigt das Marktengagement der Führungskräfte, beweist die Richtigkeit des eingeschlagenen Weges und der Strategie und wirkt somit motivierend auf alle Beteiligten.

Die Notwendigkeit zur Budgetierung eines Nachbrenners resultiert dabei nicht nur aus möglichen Managementfehlern während des Roll-out, sondern lässt sich oftmals auch mit unterschiedlichen Verhaltensweisen und Konsumgewohnheiten potenzieller Kunden in Auslandsmärkten erklären. In vielen Branchen und vor allem in Dienstleistungsunternehmen sind Tradition, Bekanntheit, Solidität und Größe des Unternehmens sowie die Seriosität der einzelnen Berater entscheidend für die Willensbildung beziehungsweise den Goodwill potenzieller Klienten und zukünftiger Mitarbeiter. Deshalb darf ein Verfehlen der anvisierten Wachstumsziele in der Anfangsphase nicht zwangsläufig als Scheitern des Markteintrittes interpretiert werden, denn insbesondere die kommunikativen Aktivitäten in der Marktvorbereitungs- und Markteintrittsphase entfalten erst mit einer gewissen Zeitverschiebung ihre volle (positive) Wirkung. Darüber hinaus gilt es, alle weiteren Ursachen für eine unzureichende Marktpräsenz oder eine verzögerte Akzeptanz des Unternehmens im Auslandsmarkt zu erforschen, damit die Instrumente des Nachbrenners auch adäquat eingesetzt werden können. Mögliche Ursachen könnten zum Beispiel in der generellen Zurückhaltung potenzieller Kunden gegenüber ausländischen Leistungsangeboten, einer höheren Aversion gegen bestimmte Produkte – weshalb zum Beispiel zusätzliche Termine zur Gewinnung eines Neukunden vereinbart werden müssen – oder aber in der noch unzureichenden Marktdurchdringung des Unternehmens liegen.

Erfahrungsgemäß erweist es sich als sinnvoll, wenigstens zwei Nachbrenner zu budgetieren und drei bis zwölf Monate zusätzlich zur Realisierung der Umsatzziele in der Markteinführungsphase einzuplanen. Als Instrumente sind grundsätzlich alle Aktivitäten des Marketing-Mix vorstellbar, wobei Maßnahmen zur Unterstützung der Kernprozesse zu favorisieren sind. Die Umsetzung von Verkaufsförderungsaktivitäten und Werbekampagnen konzentriert sich beispielsweise auf eine direkte Unterstützung der Berateraktivitäten, indem potenziellen Kunden zusätzliche Anreize zur Inanspruchnahme der Leistung geboten werden. Werbekampagnen und Sponsoring-Konzepte sollen hingegen die Bekanntheit der Marke im Auslandsmarkt und das Vertrauen in das Unternehmen weiter stärken. In personalpolitischer Hinsicht sind die Gewinnung zusätzlicher Berater oder Maßnahmen der Anreizgestaltung denkbar, für die der Nachbrenner finanzielle Mittel bereitstellt. Letztendlich muss jedes Unternehmen unter Berücksichtigung der jeweiligen Marktsituation die jeweils optimale Strategie für den Einsatz des Nachbrenners bestimmen, denn ein allgemein gültiges Patentrezept zur kontinuierlichen Unterstützung des Tagesgeschäftes und zur Sicherung der Effizienzsteigerung der Geschäftsabläufe existiert für diese Phase des Markteintrittes nicht.

Der Einsatz eines Nachbrenners erfordert geeignete Steuerungsinstrumente. Wie ein Pilot ein Cockpit zur Steuerung seines Flugzeuges hat, sollte der Auslandsmanager über die notwendigen Informationen zur Einführung des Geschäftsmodells im Zielmarkt verfügen. Liegt ein Berg oder ein Gewitter vor ihm, sollte er über die Tools verfügen, um ihn zu sehen und ihm auszuweichen. Als leistungsfähige Tools gelten vor allem die Balanced Scorecard und das Qualitätsmanagement. Zusätzlich erweist sich besonders in diesem Step ein Prozesssteuerungstool als äußerst nützlich. Dadurch erkennt der Auslandsmanager klar den Berg und kann ihn ohne Turbulenzen umfliegen.

4.4.1 Aufbau einer Balanced Scorecard als Steuerungstool

Das Konzept der Balanced Scorecard (BSC), welches in Theorie und Praxis die meiste Aufmerksamkeit auf sich zieht und sich zunehmend – auch auf internationaler Ebene – in den meisten Unternehmen verbreitet, dient einer ganzheitlichen Betrachtung der Unternehmensentwicklung und eignet sich somit auch zur strategischen Kontrolle der Erschließung des Auslandsmarkts. Im weiteren Sinne vermittelt die Balanced Scorecard der gesamten Organisation die Vision des Unternehmens für seine Zukunft. Im engeren Sinne beschreibt die Balanced Scorecard ein ausgewogenes Kennzahlensystem zur Unternehmenssteuerung, das sowohl finanzielle als auch nicht-finanzielle Kenngrößen enthält. Die Steuerung der geschäftlichen Aktivitäten erfolgt auf der Grundlage dieses Kennzahlensystems und lässt sich deshalb als ganzheitliches Modell der Strategieumsetzung im Auslandsmarkt verstehen. Damit die Balanced Scorecard diese Aufgabe erfüllen kann, muss sie deduktiv konzipiert sein. Aus der Unternehmensvision ist die Strategie abzuleiten, die ihrerseits zu ganz bestimmten strategischen Erfolgsfaktoren führt. Aus Letzteren folgen dann die Leistungstreiber, die mit Messzahlen zu operationalisieren und den vier charakteristischen Perspektiven einer Balanced Scorecard zuzuweisen sind (siehe Abbildung 50).

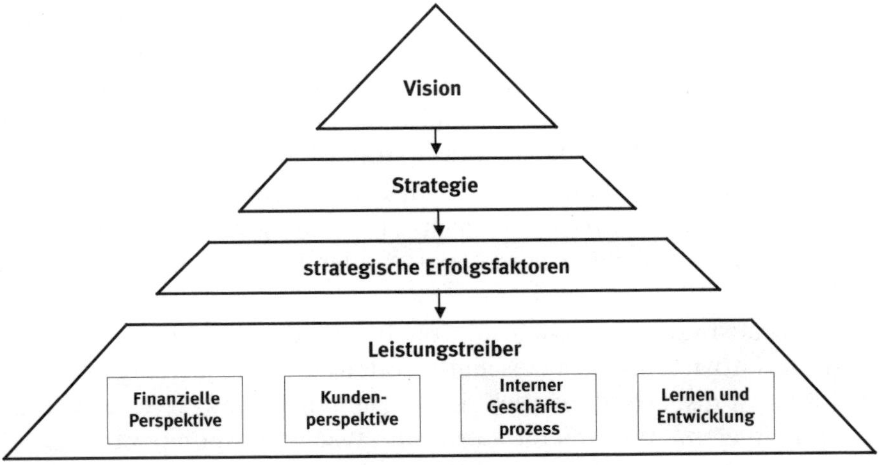

Abbildung 50: Entwicklung einer Balanced Scorecard

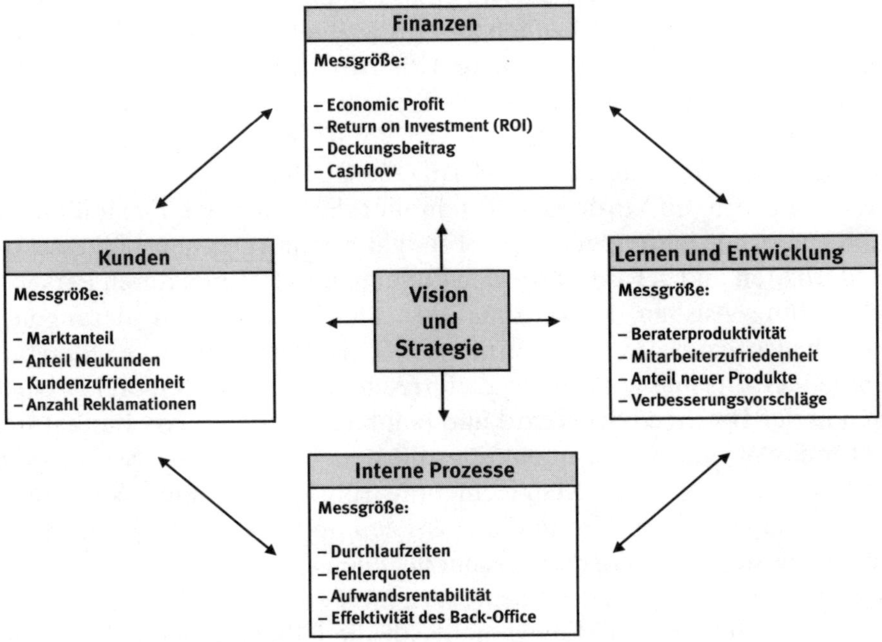

Abbildung 51: Die vier Perspektiven der Balanced Scorecard

Durch die vier Perspektiven (vergleiche dazu Abbildung 51) Finanzen, Kunden, interne Prozesse sowie Lernen und Entwicklung entsteht ein umfassendes Bild von der Unternehmensentwicklung mit finanziellen und nicht-finanziellen Kennzahlen, mit kurzfristigen und langfristigen Messgrößen. Die Kennzahlen der Balanced Scorecard sollen die Formulierung und Kommunikation von Unternehmensstrategie und unternehmensbezogenen Aktivitäten auf ein gemeinsames Ziel unterstützen. Dabei berücksichtigt die Balanced Scorecard sowohl Spät- als auch Frühindikatoren in der Erfolgskontrolle und vermeidet damit eine einseitige und zu enge Kontrollperspektive, wodurch auch die Gefahr einseitiger Leistungsanreize und ungewollter Fehlsteuerung stark reduziert wird. Der Brückenschlag zu den finanziellen Kennzahlen erlaubt gleichzeitig die reflexive strategiekritische Kontrolle, ob sich die Strategie tatsächlich in den letztlich zählenden Größen von Gewinn oder Rendite positiv auswirken kann.

Von herausragender Bedeutung für die kontinuierliche Optimierung und Weiterentwicklung des Geschäftsmodells und der jeweiligen Prozessaktivitäten ist insbesondere auch der Bezug der Balanced Scorecard zum Wissensmanagement durch die Lern- und Wachstumsperspektive. Da das Wissensmanagement in Unternehmen ein immer wichtigerer strategischer Erfolgsfaktor darstellt, muss auch eine optimale Ausnutzung der Wissensressourcen angestrebt werden. Die Fähigkeit eines Unternehmens, sich im Wettbewerb erfolgreich abzuheben, wird weitgehend durch seine Kompetenz determiniert, die Aneignung und die Anwendung von Wissen effektiv und effizient zu organisieren und zielgerichtet zu nutzen. Die Lern- und Wachstumsperspektive identifiziert die Voraussetzungen, welche die Organisation schaffen muss, um langfristig die Quellen des Unternehmenserfolgs zu sichern. Im Vordergrund steht hier die Frage, wie Flexibilität und Fähigkeiten zur laufenden Verbesserung der Unternehmensprozesse aufrechterhalten und gefördert werden können, zum Beispiel durch Personalentwicklung, Ausbau der Informationstechnologie oder Änderungen in der Arbeitsorganisation. Die Lern- und Wachstumsperspektive unterstützt damit einerseits maßgeblich die Zielerreichung der anderen drei Perspektiven in der Balanced Scorecard und beinhaltet andererseits Indikatoren, die für das Wissensmanagement relevant sind. Die Balanced Scorecard ist somit ein strategisches Managementinstrument, das eine Verbindung zwischen langfristigen Unternehmenszielen und operativen Eingriffen in die organisatorische Wissensbasis herzustellen sucht.

Damit deckt die Balanced Scorecard zwei entscheidende Anforderungen des internationalen Managements ab: die Fähigkeit, schnell zu lernen und das Erlernte in Markterfolge umzusetzen, sowie ein Kennzahlensystem als Grundlage zur Entscheidungsfindung. Der Erfolg eines Markteintritts hängt von der Lernfähigkeit eines Unternehmens ab. Anfangs beruht das Geschäftsmodell vor allem auf Annahmen sowie auf Ergebnissen der Marktforschung. Diese Annahmen werden mit dem Markteintritt durch Marktwissen ersetzt und bilden damit die Grundlage für die Optimierung der Prozesse und der Organisation. Diese Lernkurve muss möglichst immer sehr steil sein. Die Differenz zwischen Annahmen und Wissen sind vor allem Ineffizienzen – die wiederum Geld und Zeit kosten. Ein Lernprozess im internationalen Management sollte ausschließlich auf Fakten und nicht auf Erfahrungen beruhen.

Erfolgreiche lokale Manager mit einer langjährigen Markt- und Unternehmenserfahrung neigen oftmals dazu, ihre Erfahrungen auch in anderen Märkten einzusetzen (»Zu Hause machen wird das so und so!«). Im Zweifel sind diese Erfahrungen in einem anderen Markt jedoch wertlos oder sogar kontraproduktiv, das heißt die Beschäftigung mit ihnen kostet Zeit, Geld und Motivation. Sobald die Manager dies realisiert haben, versuchen sie, über Vertrauen zu führen. Dabei wird einem lokalen Manager, den sie in einigen Vorstellungsgesprächen kurz gesehen haben und dessen Kompetenz sie in holprigem Englisch überprüft haben, das Unternehmen als Geschäftsführer anvertraut. Trotz regelmäßiger Kommunikation weiß man in der Zentrale nicht wirklich, was tatsächlich im Auslandsmarkt passiert. Sind die Ergebnisse dann nicht so wie erwartet, wird dem lokalen Geschäftsführer schnell das Vertrauen entzogen, dieser ausgewechselt und das Spiel beginnt von vorne. Dieses auch als Self-Reference Criterion bezeichnete Phänomen lässt sich nur mit einem leistungsfähigen Instrument wie einer umfassenden Balanced Scorecard lösen, welche jedem Auslandsmanager zur Verfügung gestellt wird und eine auf Fakten basiserende Zusammenarbeit ermöglicht. Eine weitere praktische Herausforderung besteht in der Datenqualität. Solange an deren Richtigkeit gezweifelt wird, ist eine effiziente Führung der Gesellschaft kaum möglich. Aufgrund dessen muss der Auslandsmanager auf vergleichbare, funktionierende Führungs- und Steuerungssysteme hinwirken. Nur so hat er überhaupt eine Chance, verschiedene Märkte und Länder professionell zu führen.

Auch wenn die Bestimmung geeigneter Kennzahlen oder die Erhebung der entsprechenden Daten zur Berechnung der Kennzahlen zum Teil Probleme bereitet, so ist es doch außerordentlich wichtig, überhaupt einen Leistungsmaßstab festzulegen. Denn ein Verzicht auf die Operationalisierung der gesetzten strategischen Ziele führt dazu, dass das Ziel letztendlich bedeutungslos wird. Ziele, die sich nicht messen lassen, bereiten aber bei der Vermittlung an die Mitarbeiter Schwierigkeiten, ganz abgesehen davon, dass Planung, Steuerung und Kontrolle unmöglich werden. Insofern ist das Setzen von Leistungsmaßstäben für die strategischen Ziele eines Unternehmens keine Kür, sondern Pflicht (siehe noch einmal Kapitel 1, Abschnitt 1.2). Mit der Übersetzung der relativ abstrakten Unternehmensvision und -strategie in konkrete und greifbare Kennzahlen ist der erste Schritt zur Beseitigung von Zielunklarheiten und Kommunikationshürden getan. Dennoch sind die Kennzahlen in einer Scorecard des Gesamtkonzerns, Unternehmens oder Bereichs für die Mitarbeiter im Alltagsgeschäft in der Regel nur schwer greifbar und nachvollziehbar. Für eine gut funktionierende Kontrolle ist es aber sehr wichtig, dass ihre Philosophie, ihre Notwendigkeit und ihre Prinzipien in den Köpfen aller Mitarbeiter verankert werden. Nur wenn jeder einzelne Mitarbeiter mit der Strategie, ihren Zielen und Voraussetzungen hinreichend vertraut ist, kann er auf Gefahren, Schwierigkeiten und unerwünschte Nebenwirkungen bei der Umsetzung des Geschäftsmodells achten, selbstständig die Zielerreichung kontrollieren und so seinen Beitrag zur Kontrolle der geplanten Strategieumsetzung leisten. Insofern sind alle Mitarbeiter nicht nur zu motivieren, sondern auch zu befähigen, in Eigeninitiative tätig zu werden. Eigenständigkeit und Unabhängigkeit sind hierbei hilfreich, um von vorherrschenden Denk- und Handlungsmustern (zum Beispiel in Bezug auf das bestehende Geschäftsmodell) Abstand nehmen zu können und Problembereiche auch einmal aus einer völlig anderen Perspektive zu betrachten, als das üblicherweise geschieht. Eine Unternehmenskultur, welche die offene Kommunikation, kritische Beobachtung und das Engagement des Einzelnen fördert und anerkennt, ist dafür natürlich von Vorteil.

In diesem Zusammenhang wird deutlich, dass eine strategische Kontrolle nur dann wirklich sinnvoll ist und effizient gestaltet werden kann, wenn sie als Thema in allen Bereichen der Organisation – und nicht als Aufgabe der Führungsspitze oder einer Spezialabteilung – verstanden wird. Um ein Unternehmen in seiner Gesamtheit auf die Unternehmensstrategie auszurichten und eine konsistente Steuerung aller Bereiche sicherzustellen, sollte deshalb auch ein ganzes System von Balanced Scorecards entwickelt werden – abgestuft entsprechend der Hierarchie des Unternehmens, spezialisiert in Abhängigkeit vom jeweiligen Beitrag zur Leistungserstellung. Jeder Bereich, jede Abteilung, jedes Team, ja im Endausbau jeder einzelne Mitarbeiter erhält eine maßgefertigte Balanced Scorecard, die in optimaler Weise die Verständlichkeit, Einflussmöglichkeiten, Erreichbarkeit und Messbarkeit der jeweiligen Ziele und Kennzahlen sicherstellt. Wenn solch ein hierarchisches Scorecard-System existiert, dann ist eines der wirkungsvollsten Instrumente zur erfolgreichen

Durchsetzung von Strategien und zur Kontrolle der Unternehmensentwicklung im Auslandsmarkt geschaffen.

4.4.2 Qualitätsmanagement durch Prozesskontrolle

Potenzielle Kunden wie Bewerber, Aufsichtsorgane oder die Presse stellen an einen neuen, ausländischen Marktteilnehmer oftmals deutlich höhere Anforderungen als die etablierte Konkurrenz. So werden Kunden nur bei einem neuen und ausländischen Unternehmen kaufen, wenn sie dadurch klare Vorteile im Vergleich zur heimischen Konkurrenz haben. Die Aufsichtsorgane des Landesmarktes haben sogar die Pflicht, sich das neue Unternehmen genau anzusehen. Sie werden die Umsetzung der Richtlinien und Gesetze genau kontrollieren, bis durch eine hohe Qualität schrittweise ein gegenseitiges Vertrauen aufgebaut wurde. Qualifizierte Bewerber denken nur dann über eine Bewerbung bei einer jungen Landesgesellschaft nach, wenn ihnen überdurchschnittliche Karriereperspektiven und Verdienstmöglichkeiten angeboten werden. In dieser kritischen Phase ist Qualität aus der Marktperspektive außerordentlich wichtig und ein ausgezeichnetes Qualitätsmanagement zwingend Teil der Unternehmensführung.

Unternehmensintern beschleunigt ein in der Unternehmenskultur verankertes präventives Qualitätsmanagement den Internationalisierungsprozess deutlich. Mithilfe von Tools wie Six-Sigma existieren bestehende Prozesse oder auch Teile davon unabhängig von ihrem Standort. Dies bedeutet, dass zum Beispiel ein Produktionsprozess in einen anderen Markt transferiert werden kann, ohne an Qualität zu verlieren. Zusätzlich kann die junge Landesgesellschaft Teilprozesse an andere Schwestergesellschaften auslagern (zum Beispiel: Call-Center bei der Expansionsplattform oder IT-Services aus dem Kompetenzzentrum). Dies senkt den Bedarf an Ressourcen und das Markteintrittsrisiko deutlich.

Mit der Implementierung eines Qualitätsmanagements wird die Vorgehensweise in den Geschäftsprozessen (Effektivitäts- beziehungsweise Qualitätskontrolle) auf den Prüfstand gestellt. Als eine Art Meta-Analyse werden alle Aktivitäten im gesamten Wertschöpfungsprozess im Hinblick auf ihre Kundenorientierung systematisch durchleuchtet. Die kontinuierliche Überwachung der Geschäftsprozesse erfolgt mit dem Ziel eines Business-Process-Improvement und wird durch ein durchgängiges Qualitätsmanagement begleitet. Der Zweck dieser Prozess- beziehungsweise Durchführungskontrolle liegt darin, im Sinne eines Qualitätsmanagements Schwachstellen während der Leistungserstellung zu identifizieren, deren Ursachen zu diagnostizieren und partielle Verbesserungen bezüglich des Prozessablaufes einzuleiten. Hierbei sind Fehler nicht als Ausdruck von Unfähigkeit zu sehen, sondern vielmehr als Chance zu Verbesserungen. Die Umsetzung dieses Qualitätsgedankens setzt auf jeder einzelnen Prozessstufe – sowohl im Back-Office- als auch im Front-Office-Bereich – eine ständige Kontrolle der Arbeitsabläufe voraus. Dadurch sollen die Transparenz über den gesamten Wertschöpfungsprozess, die Identifizierung von Schnittstellenproblemen zwischen Front- und Back-Office sowie eine Kontrolle, Steuerung und Steigerung der internen und externen Kundenorientierung in den Prozessabläufen sichergestellt und Wettbewerbsvorteile erzielt werden. Positive Auswirkungen dürften insbesondere auch daraus resultieren, dass sich mit einer durch adäquate und kontinuierliche Qualitätsmaßnahmen erzielten konsequenten Kundenorientierung beziehungsweise eine erhöhte Kundenzufriedenheit erreichen lässt, die wiederum das Image des Unternehmens verbessern dürfte.

Um die Geschäftsprozesse auf Optimierungsmöglichkeiten hin zu untersuchen, werden zunächst die einzelnen Vorgänge und Aktivitäten in einem Arbeitsablaufdiagramm erfasst und genauestens dokumentiert. Auf dieser Grundlage können dann so genannte Qualitätsstandards als Mess-, Kontroll- und Steuerungsinstrumente zur gezielten Qualitätsverbesserung formuliert werden. Solche Qualitätsstandards beinhalten klare Anforderungen des Unternehmens an das Verhalten der Berater und Mitarbeiter in bestimmten Geschäftsvorgängen sowie an die Gestaltung und Dauer von Geschäftsprozessen. Das Qualitätsmanagement im Back-Office-Bereich konzentriert sich beispielsweise auf die Qualität der Abwicklung von internen Leistungserstellungen, wie das Vertragswesen, die Verwaltung und vieles mehr. Mögliche Messgrößen wären Sicherheitsqualität (zum Beispiel hinsichtlich der Prozessabläufe), Schnelligkeit, Fehlerfreiheit (zum Beispiel bei der Antragsbearbeitung) und Genauigkeit. Da die interne Leistungserstellung in der Regel in dem für den Kunden unsichtbaren Back-Office-Bereich erfolgt, hat der Kunde hierzu allerdings keinen direkten Bezug.

Vor diesem Hintergrund ist die Erhebung der Kundenzufriedenheit als Qualitätsindikator der direkt kundenbezogenen Prozessabläufe des Front-Office-Bereiches mit dafür geeigneten Messverfahren durchzuführen. Dazu eignet sich zum Beispiel eine Kundenbefragung. Die Kundenzufriedenheit ist in diesem Zusammenhang als Vorsteuergröße zu sehen, denn wenn die Kundenzufriedenheit in einer Phase (zum Beispiel Bedarfsanalyse oder Angebotserstellung) abnimmt, kann erwartet werden, dass sich aufgrund von Verhaltensänderungen der Kunden Konsequenzen auf zukünftige Erträge ergeben. Informationen aus Kundenbefragungen können deshalb für die Einschätzung der Qualität des Geschäftsmodells, der

Geschäftsprozesse und der Berater weitaus wichtiger sein als interne Prozessdaten aus Messungen und Schätzungen. Selbst wenn hervorragende Verkaufsergebnisse erzielt wurden, sollte direkt bei den Kunden nachgeforscht werden, welche Ursachen hierfür verantwortlich sind (zum Beispiel Image des Unternehmens, Qualität der Berater, überzeugendes Geschäftsmodell). In diesem Zusammenhang wäre auch ein Benchmarking zur Kundenzufriedenheit sowohl auf Unternehmens- als auch auf Mitarbeiterebene denkbar. Die Beurteilung und Vergütung der Kundenberater könnte dann zur Gewährleistung einer hohen Beratungsqualität neben »harten« Sales-Performance-Indikatoren, wie etwa Jahresumsatz, neu akquiriertes Vermögen, Kundenmarktanteilsgewinne oder Anzahl erstellter Finanzpläne, zusätzlich auch »weiche« Faktoren, wie zum Beispiel Kundenzufriedenheit oder Erhöhung der Kundenbindungsdauer beinhalten. Aus diesen Gründen erscheint es ratsam, die Ergebnisse einer direkten Kundenbefragung als Grundlage des Qualitätsmanagements zu verwenden.

Zusammenfassend soll noch einmal betont werden, dass insbesondere in der Start-up-Phase des Unternehmens die Implementierung eines umfassenden Qualitätsmanagements ein geeignetes Instrument zur Optimierung der Geschäftsprozesse und zum Aufbau einer hohen Kundenzufriedenheit darstellt. Das Qualitätsmanagement muss hierbei als zentrale Managementaufgabe strategisch erfasst und von jedem Mitarbeiter operativ umgesetzt werden. Vor dem Hintergrund der zunehmenden Wettbewerbsintensität erscheinen allerdings einzelne oder isolierte Maßnahmen zur Qualitätsverbesserung nicht ausreichend, um die Kunden langfristig zu binden. Gefordert ist deshalb ein kontinuierlicher Qualitätsmanagementprozess, der alle Abteilungen und Bereiche eines Unternehmens betrifft. Den Führungskräften – und hierbei wiederum insbesondere dem Top-Management – kommt eine besondere Rolle im Rahmen des Qualitätsmanagements zu, weil die glaubhaft vorgelebte Qualitätsorientierung und ihr Engagement für die Qualität als unabdingbare Voraussetzungen für ein erfolgreiches Qualitätsmanagement gesehen werden. Dies schließt über ein allgemeines Bekenntnis zu Qualität hinaus vor allem die Bereitstellung von Budgets und Kapazitäten für Qualitätsverbesserungen und die Schaffung adäquater innerbetrieblicher Rahmenbedingungen für eine effektive Qualitätsarbeit ein. Damit die Führungskräfte und die Mitarbeiter diese Herausforderungen bewältigen können, sollten sie eine umfassende Aus- und Weiterbildung in den Grundlagen des Qualitätsmanagement erhalten. Besonders im Vertrieb lassen sich durch einige vergleichsweise einfache Maßnahmen schnelle Erfolge realisieren (vergleiche hierzu Tabelle 33).

Bereich	Erläuterung
Personalentwicklung/ Fach- und Führungsausbildung	*Prinzip 1:* Ganzheitlichkeit Jedes Ausbildungsthema wird umfassend behandelt, das Wissen durch einen Abschlusstest kontrolliert und durch Wiederholungsseminare regelmäßig aktualisiert. Jedes Seminar beinhaltet alle Informationen zu Produkten, Fachwissen (Beispiel: Gesetze, Wettbewerb), Kundenbedarf (abhängig vom Segment) und Kommunikationsinhalten sowie -techniken für das jeweilige Thema. *Prinzip 2:* Ausbildung vor Kundenkontakt Erst nach erfolgreich bestandener Ausbildung hat ein Berater alleine Kontakt mit dem Kunden beziehungsweise erhält die Lizenz zur Führung von Mitarbeitern. *Prinzip 3:* Umsetzung Fachwissen in die Praxis Erst erfolgt die Grundlagenausbildung in Seminarform. In einer Gruppe werden die Inhalte wiederholt, geübt und gefestigt, dann von der direkten Führungskraft ergänzt und mit Begleitung beim Kunden erstmals in der Praxis erprobt. *Prinzip 4:* Mitarbeiterauswahl Die Auswahl der falschen Mitarbeiter lässt sich auch durch noch so intensive Ausbildungsmaßnahmen nicht korrigieren. Aufgrund dessen ist die Qualität der Auswahl beziehungsweise eine schnelle Korrektur von Fehlentscheidungen zwingend.
Marketing/Zielgruppenauswahl	Vertriebsmitarbeiter werden ausgebildet, um einer bestimmten Zielgruppe ein attraktives Produkt anzubieten. Versucht sich ein Privatkundenberater bei einem Firmenkunden, sind Beratungsfehler vorprogrammiert. Somit ist die klare Zuordnung zu Zielgruppen auch im Hinblick auf den Erhalt der Qualität notwendig.
Vertrieb/Verkaufsprozess	Der Verkaufsprozess ist klar zu definieren. Dadurch werden zum Beispiel alle gewünschten Inhalte kommuniziert und Informationen erfragt, Besuchsfrequenzen und Zielgruppen definiert, alle notwendigen Dokumente und Formulare ausgehändigt beziehungsweise unterzeichnet. Dies führt zu besseren Qualitätskennziffern aufgrund beispielsweise geringerer Stornoquoten und Nachbearbeitungen. Zusätzlich ist die Qualität der Dienstleistung aufgrund ihrer Standardisierung vergleichbar und nachvollziehbar.

Vertrieb/Verkaufs-standards	Standards im Vertrieb beinhalten zum Beispiel technische und ethische Regeln, die von jedem Kundenbetreuer einzuhalten sind und auch regelmäßig kontrolliert werden.
Vertrieb/IT-Systeme zur Vertriebsunterstützung	Insbesondere Systeme zur Analyse von Bedarfssituationen der Kunden oder der Angebotsauswahl reduzieren Fehlkalkulationen und bedeuten einen deutlichen Zeitgewinn.

Tabelle 33: Ansätze für Qualität im Vertrieb

Inwieweit Qualitätsmanagement zum Erfolg beispielsweise von Finanzdienstleistungsunternehmen beiträgt, ist in Langzeitstudien zu erkennen. Aus internationaler Sicht ergeben Untersuchungen des PIMS-Projektes (Profit Impact of Market Strategies), dass sich Unternehmen des Finanzsektors mit überlegener Dienstleistungsqualität von ihren Wettbewerbern mit niedrigem Qualitätsniveau durch größeres Umsatzwachstum, wachsende Marktanteile und steigenden Gewinn auszeichnen. Der Einfluss der Qualität auf die Rentabilität des Unternehmens lässt sich in diesem Zusammenhang auf zwei wesentliche Aspekte zurückführen: auf den durch die Qualität erzeugten höheren Kundennutzen und auf die Fehlerfreiheit im Herstellprozess. In einer detaillierten Betrachtung wird der Nutzen eines kontinuierlichen Qualitätsmanagements für Finanzdienstleistungsunternehmen ersichtlich (siehe dazu Tabelle 34). Trotzdem findet das Qualitätsmanagement besonders bei einem Markteintritt nicht immer die Beachtung, die es sich aufgrund der Fakten verdient hat. Dieses Versäumnis ist jedoch später kaum aufzuholen oder zu korrigieren, weil Qualitätsprobleme sich unter anderem negativ auf das Unternehmensimage und die Rentabilität auswirken. Positive Beispiele wie die GE Money Bank oder die VW Bank zeigen, dass sich industrielle Prozesse und besonders ihr ausgeprägtes Wissen im Qualitäts- und Prozessmanagement (Beispiel: Six Sigma von GE) sehr gut auf die Dienstleistungsbranche übertragen lassen.

Ebene	Nutzen
Schaffung von Transparenz	• Aufbau, Abgleich und Integration aller vorhandener Regelwerke • Vermeidung von Doppelarbeit durch Prozessbeschreibungen • Aktivierung aller handelnden Personen, über die eigenen Prozesse nachzudenken • Herunterbrechen von Zielen auf Prozessebene; Vermeidung nicht kundenrelevanter Zielsetzungen • wesentlich verbessertes Informationssystem; Sicherung von Know-how
Unterstützung für die Mitarbeiter/Berater	• klare Definition der Anforderungsprofile und detaillierte Beschreibung der Abläufe • auf Prozesse und Personen abgestimmte systematische Ermittlung von Schulungsbedarf möglich • klare Kompetenz- und Verantwortungsregelungen • Arbeitsablaufbeschreibungen von komplexen Prozessen reduzieren Einarbeitungszeiten • Erhöhung der Mitarbeiterzufriedenheit
Unterstützung in der Kundenorientierung	• konsequente Orientierung der Prozessaktivitäten und Leistungsangebote an Kundenbedürfnissen; verstärkte Kundenorientierung • beschleunigte Umsetzung von Innovationen, zum Beispiel um auf veränderte Kundenbedürfnisse reagieren zu können • verbessertes Kundenmanagement • massive Reduktion von Reklamationen, Beschwerden oder Vertragskündigungen • erhöhte Servicequalität in der internen Kunden-/Lieferantenbeziehung
Unterstützung in der Qualitätsfähigkeit	• Fehler in den Prozessabläufen werden sofort erkannt und behoben • Möglichkeit zur detaillierten Reklamations- und Fehleranalyse und als Basis für ein gezieltes Prozessdesign • Fehlervermeidung durch Prävention führt zu erheblichen Kosteneinsparungen
Unterstützung in der Wirtschaftlichkeit	• Steigerung des Verantwortungsbewusstsein und des unternehmerischen Handelns (Business Empowerment) • Senkung der Prozesskosten • starke Reduktion von Durchlaufzeiten; Erhöhung des Time-to-Market

Tabelle 34: Nutzen eines kontinuierlichen Qualitätsmanagements

Eine wichtige Grundlage zur Optimierung des Geschäftsmodells und zur erfolgreichen Bearbeitung des Auslandsmarktes wird mit der Kontrolle und Bewertung von Geschäftsprozessen mithilfe controllingorientierter Management-Tools sowie mit einem permanenten Qualitätsmanagement gelegt. Das Controlling nimmt hierbei den Stellenwert eines Lotsen-Systems sowohl für die Berater und Mitarbeiter als auch für das Unternehmen als Ganzes ein. Es weist auf Abweichungen vom Kurs hin, analysiert Ursachen und gibt Empfehlungen zur Gegensteuerung, wenn es notwendig erscheint. Das Ziel sind dabei nicht einmalige Verbesserungsschritte, sondern vielmehr eine kontinuierliche Prozessverbesserung durch wiederholtes Durchlaufen des Controllingablaufs, das letztlich zu einer Verbesserungsspirale führt. Die Qualität des Kontrollsystems und des Informationsmanagements wird damit zu einem entscheidenden Erfolgsfaktor im gesamten Managementprozess. Die Sichtweisen des Controlling-Systems sollten auf drei Ebenen betrachtet werden. Während auf der ersten Ebene im Rahmen einer primär quantitativen Analyse lediglich die Verkaufsaktivitäten auf dem Prüfstand stehen (Sales-Performance-Measurement), erfolgt auf einer zweiten Ebene eine ganzheitliche Perspektive des Unternehmens durch den Einsatz des Balanced-Scorecard-Konzeptes, mit dem eine effiziente Steuerung aller unternehmerischen Prozesse und Aktivitäten und damit eine Ausschöpfung aller Optimierungspotenziale ermöglicht werden soll. Mit der dritten Betrachtungsebene wird die Notwendigkeit zur Implementierung eines kontinuierlichen Qualitäts- und Verbesserungsmanagements hervorgehoben.

4.4.3 Sales-Performance-Measurement-System zur Prozesssteuerung

Das Sales-Performance-Measurement-System (SPMS) ist elementarer Bestandteil des Führungs- und Steuerungssystems einer jungen Landesgesellschaft mit dem speziellen Fokus auf die Unterstützung der Beratungs- und Verkaufs- beziehungsweise Vertriebsprozesse. Im Sinne eines Vertriebscontrollings hat das SPMS die Aufgabe, die Vertriebsleistung als Ergebnis der wichtigsten Kernprozesse in einem Soll-Ist-Vergleich festzustellen und die identifizierten Abweichungen in den kundenbezogenen Geschäftsprozessen zu analysieren. In der Analyse der Abweichungen wird dann eine konsequente Ursachenforschung betrieben, so dass ein Lernprozess zur stetigen Verbesserung der Verkaufsprozesse eingeleitet werden kann. Wenn jeder Kundenberater seinen individuellen Beitrag zum Gesamtergebnis kennt, wird auch die Voraussetzung dafür geschaffen, dass die Kundenberater die Auswirkungen ihrer Aktivitäten auf

Umsatz und Ertrag besser abschätzen und möglichst eigenverantwortlich und leistungsorientiert handeln können. In diesem Zusammenhang sind insbesondere die Verknüpfung der Vertriebssteuerung zum Personalmanagement sowie ein integriertes Modell zur ergebnis- und potenzialorientierten Mitarbeiterführung von wesentlicher Bedeutung. Um den Führungskräften die Nutzung der SPMS-Analysen ortsunabhängig und jederzeit möglich zu machen, basieren solche Systeme zumeist auf Web-Technologien.

Besonders bei einem Markteintritt ist die Profitabilität der Vertriebsprozesse entscheidend für den Markterfolg, weil es dabei fast ausschließlich um die Gewinnung neuer Kunden geht. Hier gilt es, Fragen nach den richtigen Marktsegmenten, Zugangswegen, Marketing-Instrumenten, Verkaufsgesprächen und -materialien zu beantworten. Genau dies ist das Ziel eines SPMS. Wie ein Messinstrument an allen wichtigen Punkten einer Produktionsstraße eingesetzt wird, erfasst das SPMS alle Aktivitäten in den wertschöpfenden Kernprozessen des Geschäftsmodells. Hieraus ergeben sich vielfältige Auswertungsmöglichkeiten, von der Umsatzplanung des Gesamtunternehmens über die Auswahl von Verkaufsförderungs- und Ausbildungsmaßnahmen bis zur Selbststeuerung jedes einzelnen Kundenberaters.

Bei einem Finanzdienstleistungsunternehmen bedarf es zur Bewertung der Vertriebsleistung der Berater zunächst der Systematisierung der relevanten Daten und Informationen in geeigneten Datenbanken. Diese Informationen werden zu Kennzahlen verdichtet, die die einzelnen Aktivitäten der Kundenberater in den Kernprozessen zur Erbringung der Wertschöpfung widerspiegeln und Auskunft über rein quantitative Leistungsmerkmale geben. In Tabelle 35 ist ein einfaches Muster hierzu dargestellt.

Kennzahlen	**Soll-Größe**	**Ist-Größe**	**Abweichung**
Anzahl eigene Kontakte für Neukunden			
Anzahl Kontakte durch andere Zugangswege (zum Beispiel Internet, Call-Center, Anzeigen, Seminare)			
Anzahl Kundentermine			
Anzahl Bedarfsanalysen			
Anzahl Beratungen			

Anzahl Angebote			
Anzahl Aufträge			
Anzahl Reklamationen			
Anzahl Neukunden			
Anzahl Empfehlungen			

Tabelle 35: Mögliche Kennzahlen der kundenorientierten Verkaufsprozesse

Weiterführend sind in Tabelle 36 sind die Aktivitäten jedes einzelnen Kundenberaters, einer Niederlassung oder des Gesamtvertriebs in einem bestimmten Zeitraum erfasst. Dadurch lassen sich bereits erste Analysen im Hinblick auf die Entwicklung der Aktivität über einen gewissen Zeitraum durchführen (Beispiel: Steigt die Anzahl an Neukunden wöchentlich an?) und daraus bereits Handlungsalternativen ableiten (Beispiel: Die Anzahl der Kundentermine steigt, aber die Anzahl der Neukunden stagniert).

Kennzahlen	Letzte Woche	Letzte 4 Wochen	Letztes Quartal
Anzahl eigene Kontakte für Neukunden			
Anzahl Kontakte durch andere Zugangswege (zum Beispiel Internet, Call-Center, Anzeigen, Seminare)			
Anzahl Kundentermine			
Anzahl Bedarfsanalysen			
Anzahl Beratungen			
Anzahl Angebote			
Anzahl Aufträge			
Anzahl Reklamationen			
Anzahl Neukunden			
Anzahl Empfehlungen			

Tabelle 36: Auswertung der Aktivitätenentwicklung während des letzten Quartals

Durch die Bildung von Verhältniszahlen zwischen den einzelnen Aktivitäten kann man dann genauere Aussagen über die Effizienz des Gesamtprozesses sowie der einzelnen Aktivitäten treffen. So lassen sich beispielsweise die Leistungen einzelner Berater, die Ergebnisse in verschiedenen

Regionen des Auslandsmarktes oder des gesamten Unternehmens für beliebige Zeiträume (zum Beispiel Woche, Monat, Quartal usw.) berechnen und daraus Handlungsanweisungen für die Führung des Vertriebes ableiten. Diese Funktionsweise soll kurz anhand des Beispiels in Tabelle 37 erläutert werden. Der Kundenberater Mustermann benötigt für die Gewinnung eines Neukunden 10 Telefonate, während der Benchmark bei 8 und die Best Pratice bei 5 Telefonaten liegt. Mit dieser Information kann der Kundenberater mit seiner Führungskraft gezielt trainieren. Gelingt es beiden gemeinsam, die Aktivität bei 10 Telefonaten zu erhalten und die Effizienz des Benchmarks zu erreichen, wird sich die Vertriebsleistung bei gleichem Kosten- und Zeitaufwand mehr als verdoppeln.

Aktivität	Kennzahl/Quote	Ergebnis	Benchmark	Best Practice
Anzahl Kontakte		50		
Anzahl Telefonate				
Anzahl Kundentermine	Telefonate/ Kundentermin	10	8	5
Anzahl Neukunden	Kundentermine/ Neukunde	5	3	2
Anzahl Stornierungen	Stornoquote	5 %	3 %	1 %
Anzahl Empfehlungen	Empfehlungen/ Neukunde	5	8	12

Tabelle 37: Auswertung der Prozesseffizienz am Beispiel des Kundenberaters Mustermann

Kontakte sind für Kundenberater wie die Luft zum Atmen. Haben Sie wenig potenzielle Neukunden und Interessenten, wird der Umsatz auch bei ausgezeichneter fachlicher Eignung schnell in sich zusammenbrechen. Unser Kundenberater Mustermann steht kurz davor: Er benötigt zehn Telefonate zur Gewinnung eines Neukunden. Von diesem erhält er im Durchschnitt fünf Empfehlungen. Seine »Contact-Burn-Rate« liegt somit bei 2, das heißt, er benötigt doppelt soviel Kontakte zur Gewinnung eines Kunden wie er gewinnt. Nach rechnerisch zehn weiteren Kunden hat er keine Luft mehr. Für seine Führungskraft ist es somit höchste Zeit, Mustermann wieder zu mehr Luft zu verhelfen. Neben Training und Ausbildung bieten sich dabei auch leichte Anpassungen des Verkaufsprozesses an. Ein Beispiel hierfür ist ein »Recycling-Call«. Zeigt ein Interessent kein Interesse an einem Termin, gibt Mustermann nicht auf. Vielmehr bietet er dem Kunden an, ihm Unterlagen zu Produkten und Dienstleistungen zuzusenden. Meistens ist der Interessent erleichtert und geht auf diesen Vorschlag ein. Mustermann versendet die Dokumente, legt sich für die Folgewoche einen neuen Telefontermin und versucht wieder sein Glück – allerdings mit deutlich höherer Erfolgschance.

Diese Kennzahlen und das relativ einfache Wissen darüber können über den Erfolg eines Markteintritts entscheiden, weil gerade in der Roll-out-Phase noch große Effizienzsprünge möglich sind. Meistens dominiert jedoch bei der kleinsten Verunsicherung und den ersten Rückschlägen Aktionismus und besonders bei Expatriates die Rückbesinnung auf die Erfolgsfaktoren in anderen Ländern, was mit großer Wahrscheinlichkeit in einem teuren Trial-and-Error-Prozess endet. Neben Benchmarks und Best Practices lassen sich auch noch so genannte Alarmschwellen berechnen. Sinkt beispielsweise die Abschlussquote einer Organisation unter eine bestimmte Schwelle, kann dies Hinweise auf einen Trainingsbedarf oder eine Anpassung des Produktes oder Serviceangebots geben. Steigt zum Beispiel die Stornoquote überraschend an, kann dies ein Hinweis auf zu hohen Verkaufsdruck sein. Mit diesen Quoten können die Ursachen für Fehlentwicklungen schnell erkannt und sofort gezielte Maßnahmen eingeleitet werden.

Eine weitere Auswertungsmöglichkeit der Kennzahlen zeigt Abbildung 52. Hier werden alle Kundenberater nach den Kriterien Aktivität (Anzahl aller durchgeführten Kundentermine) und Umsatz (Umsatzerlöse in Euro) in einem bestimmten Zeitraum verglichen. Kundenberater, die sowohl hinsichtlich ihrer Aktivität und ihres Umsatzes über dem Benchmark liegen, werden gelobt. Sollten die Umsatzergebnisse noch nicht den Anforderungen genügen, wird individuell trainiert (zum Beispiel Training von Verkaufsgesprächen, Auswahl von Kunden). Liegt dagegen die Aktivität unter dem Benchmark, ist durch Motivation (zum Beispiel Wettbewerbe) oder die Nutzung neuer Kundenkontakte die Anzahl an Kundenterminen zu erhöhen. Diese Auswertung erlaubt es Führungskräften gezielt, ihre Mitarbeiter zu entwickeln. Zudem werden so, Ausreden und Fehler deutlich reduziert, was in der Regel zu einer geringeren Fluktuationsquote und einer höheren Mitarbeiterzufriedenheit führt.

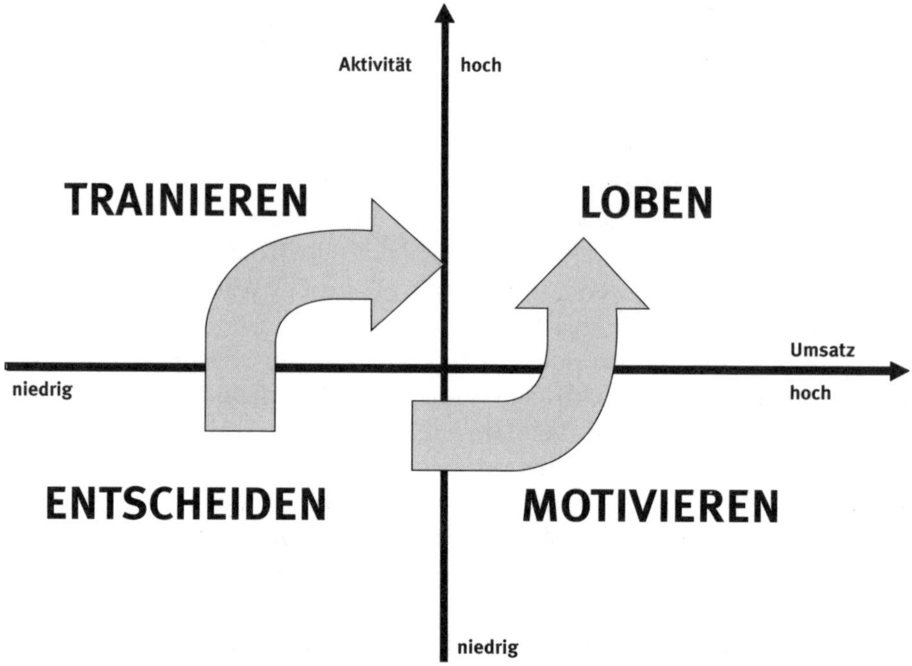

Abbildung 52: Beispiel für die Auswertung eines SPMS

Außerdem lassen sich Input-Output-Relationen zu einzelnen Kennzahlen sowie deren Entwicklung über einen festgelegten Zeitraum erkennen, Benchmarks und Best Practices inklusive deren Abweichungen abbilden und das Umsatzergebnis schätzen. Über die Aktivität (zum Beispiel Anzahl der Kundentermine) kann man relativ zuverlässig Umsatzschätzungen durchführen. Dauert ein Vertriebsprozess mit einem Kunden vom Erstkontakt bis zum Vertragsabschluss zwei Monate, kann man den wahrscheinlichen Umsatz in diesem Zeitraum anhand der aktuellen Aktivität recht genau schätzen. Maßnahmen zur Steigerung der Aktivität (zum Beispiel Wettbewerbe) wirken sich frühestens nach zwei Monaten im Umsatz aus. Darüber hinaus ist auch ein Abgleich zwischen der Anzahl aller möglichen Aktivitäten mit der Summe der tatsächlich durchgeführten Aktivitäten in einem Absatzgebiet möglich. In der Regel lässt sich dies über Marktanteile (zum Beispiel Anzahl von Kunden in einem Absatzgebiet) oder Quotenkennziffern (zum Beispiel durchschnittlicher Bedarf an Immobilienfinanzierungen im Segment vermögender Privatkunden) berechnen. Auf der Grundlage der Analyseergebnisse können zudem Erkenntnisse hinsichtlich der Wirksamkeit von Verkaufsförderungsaktivitäten und des Bedarfs an zusätzlichen Schulungsmaßnahmen und deren Inhalte gewonnen werden.

Dem Umfang und der inhaltlichen Ausgestaltung eines solchen Analyse-Tools sind grundsätzlich keine Grenzen gesetzt. Wesentlich ist, dass die Führungskräfte jederzeit einen schnellen Überblick über alle wichtigen Performance-Indikatoren erhalten, denn schließlich soll diese Messsoftware das Lernen und die Optimierung der Kernprozesse während des Gesamtprozesses *Company2new:market* unterstützen. Um deutliche Kosten- und Zeitvorteile bei der Steuerung der Beraterprozesse und damit auch der Implementierung des Geschäftsmodells zu realisieren, sind eine einfache Handhabung der Tools (zum Beispiel automatische Übertragung von Terminen aus Outlook) und ein uneingeschränkter Zugriff auf die Benutzeroberfläche zu gewährleisten (zum Beispiel webbasiertes System, auf welches aufgrund einfacher Darstellung und kurzer Ladezeiten von überall zugegriffen werden kann).

Das Management legt die Vorgabewerte für Benchmarking beziehungsweise Alarmschwellen fest, das System gibt Warnmeldungen und analysiert die Benchmark-Abweichungen in standardisierten Reports und Grafiken. Ein solches auf Kennzahlen gestütztes Früherkennungs- beziehungsweise Frühwarnsystem mit zeitlichem Vorlauf ist in vielfältiger Weise von Nutzen. Einerseits soll es unerwünschte Entwicklungen frühzeitig aufdecken und eine entsprechende Anpassung der Prozessaktivitäten sicherstellen. Andererseits lassen sich aus diesem System auch Prognosen bezüglich zukünftiger Umsätze, zum Beispiel aus der Anzahl der gelegten Beratertermine, anstellen. Insgesamt betrachtet liegt der besondere Wert eines SPMS darin, dass die Führungskräfte aus einer Vielzahl von Markt- und Kundendaten »auf Knopfdruck« Meldungen erhalten, in welchen Marktbereichen, bei welchen Beratern oder in welchen Prozessabläufen Handlungsbedarf besteht oder »Gefahr im Verzug« ist.

Die Anforderungen an ein wirksames Sales-Performance-Measurement-System lassen sich in nachstehenden Punkten zusammenfassen:

- Erfassung aller wertschöpfenden Aktivitäten der Außendiensttätigkeit im Rahmen der definierten Kernprozesse;
- Durchführung permanenter Soll-Ist-Vergleiche;
- Berechnung von Kennzahlen und deren Vergleich mit Benchmarks, Best Practices und Alarmschwellen;
- Hochrechnung der Ist-Ergebnisse auf die Prüfpunkte im Planungshorizont, um frühzeitig strategische Planungslücken (Gaps) zu erkennen, die einschneidende Änderungen bei den Marketing- und Vertriebsaktionen verlangen;
- Erstellung von Forecast-Rechnungen (Prognosen);

- System soll automatisch Meldungen abgeben, wenn Vorgabeparameter unterschritten werden;
- Modul liefert auf Knopfdruck Auswertungen und Auflistungen der Problemfälle;
- Kennziffernsystem soll vor allem Frühwarnfunktionen ausüben;
- der Leistungsstand des Gesamtvertriebs wird transparent. Der Erfolg von Veränderungen und Korrekturen wird nachweisbar.

Key-Learnings

- *Gehen Sie koordiniert, kontrolliert, professionell und strukturiert vor:* Der Aufbau eines neuen Unternehmens beziehungsweise der Infrastruktur im Auslandsmarkt erfolgt schrittweise. Der Prozess der internationalen Markterschließung erfordert ein systematisches Vorgehen, das aus einer ganzen Serie kleiner und kleinster Schritte besteht und nicht aus einem einzigen Sprung. Das Vorwegnehmen einzelner Schritte kann zu nicht mehr korrigierbaren Fehlern führen. Die Optimierung der Prozesse ist komplex und zeitintensiv. Probleme hierbei sind immer auf zwei Ursachen zurückzuführen: Wissen und Motivation. Schnelles und unkontrolliertes Wachstum hat oftmals Ineffizienzen zur Folge, und diese kosten Geld. Prozesse müssen in der Testphase, das heißt vor dem Wachstumsschub, stabil laufen. Ansonsten sollte nicht mit der Multiplikation des Geschäftsmodells begonnen werden.
- *Start-up-Management ist auch Krisenmanagement:* In dieser Phase werden Sie regelmäßig mit einer mittleren bis großen Krise konfrontiert werden, die schnelle Entscheidungen (auch in Bezug auf Personal) verlangt. Dies erfordert unternehmerisches Denken, schnelle Entscheidungsprozesse und klare Kompetenzen. Ist dies Ihrem Vorgesetzten nicht bewusst, erhalten Sie nicht die notwendige Rückendeckung oder klare Kompetenzen, sollten Sie diese Aufgabe auf jeden Fall ablehnen.
- *Stick to your strategy and bizz model:* Die Mitarbeiter tendieren dazu, an stimmigen, bereits überprüften und erfolgreichen Strategien festzuhalten beziehungsweise zu Geschäftsmodellen zurückzukehren, die sich im Heimatmarkt bewährt haben, wenn sie unter Druck geraten. So können bereits kleine Rückschläge und nicht erfüllte Erwartungen zu einem immensen Druck für Ihr Geschäftsmodell werden.
- *Lead with your strength:* Führen Sie mit Ihren Stärken, reduzieren Sie die Komplexität auf ein Minimum und konzentrieren Sie alle Energie auf einen erfolgreichen Start. Kommunizieren und kalkulieren Sie unbedingt den einen oder anderen Nachbrenner ein, besonders wenn es noch zu größeren Anpassungen am Geschäftsmodell kommt. Halten Sie auch in dieser Phase die Erwartungshaltung Ihrer Stakeholder niedrig.

- *Der Mensch gewinnt:* Als neuer Marktteilnehmer ist es oftmals schwierig, die besten Mitarbeiter für sich zu gewinnen. Versuchen Sie es trotzdem, bezahlen Sie sie gut und vertrauen Sie ihnen. Erwarten Sie am Anfang jedoch nichts. Ein Integrationsprozess mit Locals und Expatriates in einem neuen Markt mit einem angepassten Geschäftsmodell erfordert eine klare Führung, Motivation und Kommunikation.
- *Verzichten Sie auf den Einsatz von Corporate Managern:* Hohe Kosten, lange Einarbeitungsphasen, eingeschränkte Verfügbarkeit, unkontrollierte Kommunikation oder mangelnde Marktkenntnisse sind die Gründe für diesen Verzicht. Oftmals kommen sie auch mit Lösungen, für die es bei Ihnen keine Probleme gibt. Besonders in sonnigen Märkten werden Sie ansonsten von Frühling bis Herbst mit Terminen vor und nach den Wochenenden überschwemmt werden.
- *Konzentrieren Sie sich beim Markenaufbau auf flexible und glaubwürdige Kommunikationsinstrumente:* Mit PR, einem professionellen Internetauftritt sowie einem angeschlossenen Call-Center als Rückgrat ihrer Kommunikationspolitik, ausgezeichneter Verkaufsförderung und einem leistungsfähigen Qualitätsmanagement gelingt es Ihnen, flexibel, kostengünstig und effizient ein positives Image aufzubauen. Darüber hinaus hilft Ihnen PR-Arbeit beim Aufbau von Kontakten zu wichtigen Meinungsführern, um mittelfristig als Good Corporate Citizen wahrgenommen und somit unangreifbarer zu werden.
- *Konzentrieren Sie sich vor allem auf die Rolle eines Integrators, Kommunikators und Prozessmanagers:* Die Implementierung des Geschäftsmodells fordert vor allem Ihre Fähigkeiten als Prozessmanager wie zum Beispiel dem Management von Schnittstellen oder der Handhabung von Steuerungsinstrumenten (Balanced Scorecard, Qualitätsmanagement). Ihre Aufgabe als Integrator beinhaltet die Ausrichtung aller Mitarbeiter mit unterschiedlichem beruflichem und kulturellem Hintergrund auf eine Unternehmenskultur und -ziele.
- *Nur was Sie messen, können Sie managen:* Fakten sind Ihre einzige Arbeitsgrundlage, weil Sie sich im Ausland im Zweifel nicht auf Ihre Erfahrung und Menschenkenntnis verlassen können. Schaffen Sie sich deshalb ein leistungsfähiges Führungs- und Steuerungssystem.

5

Step 4: Marktentwicklung

Management-Summary

Der Markteintritt ist erfolgreich. Das kleine, noch junge Unternehmen hat mit seinen wichtigsten Produkten oder Dienstleistungen die ersten Kunden gewonnen und ist in den Kernprozessen profitabel. Letzteres bedeutet, dass die Prozesse effizient sind, das Geschäftsmodell vom Markt angenommen wird und die Kunden zu vertretbaren Kosten gewonnen werden. Ziel von Step 4 Marktentwicklung des strategischen Managementprozesses *Company2new:market* ist der Ausbau der Wettbewerbsposition durch Wachstum. In Abhängigkeit von der Unternehmensstrategie, wie zum Beispiel der gewünschten Wachstumsgeschwindigkeit, und den verfügbaren finanziellen Ressourcen bieten sich dem Management verschiedene interne und externe Strategien zur Gewinnung zusätzlicher Kunden (vergleiche Abbildung 53) und zum Erreichen der Handover-Kriterien (vergleiche Abbildung 54) an.
Der Auslandsmanager hat beispielsweise sein erstes McDonald's Restaurant in Moskau, seinen ersten H&M-Laden in Madrid oder sein erstes chinesisches IKEA-Möbelhaus in Peking mit einem Basissortiment erfolgreich eröffnet. In Task 1 der Marktentwicklung ist es nun seine Aufgabe, das interne Wachstum zu forcieren. Hierzu bieten sich neben der Durchdringung des Regionalmarktes Alternativen wie die Eröffnung weiterer Standorte durch die Multiplikation des jetzt schon erfolgreichen Geschäftsmodells und der Ausbau der Produkt- und Dienstleistungspalette wie zum Beispiel die Erweiterung des Kleider- oder Möbelsortiments an.

	Expansion (gleicher Markt, gleiche Produkte)	Diversifikation
internes Wachstum	Weitere Durchdringung des Regionalmarktes (Beispiel Flagship-Store soll zunächst profitabel werden)	Einführung neuer Produkte oder Eröffnung neuer Standorte
externes Wachstum	Akquisitionen, Allianzen Vergabe von Franchises. Joint Ventures	Akquisitionen, Allianzen, Franchises, Beteiligungen, Joint Ventures, Lizenzen

Abbildung 53: Systematisierung von Wachstumsstrategien

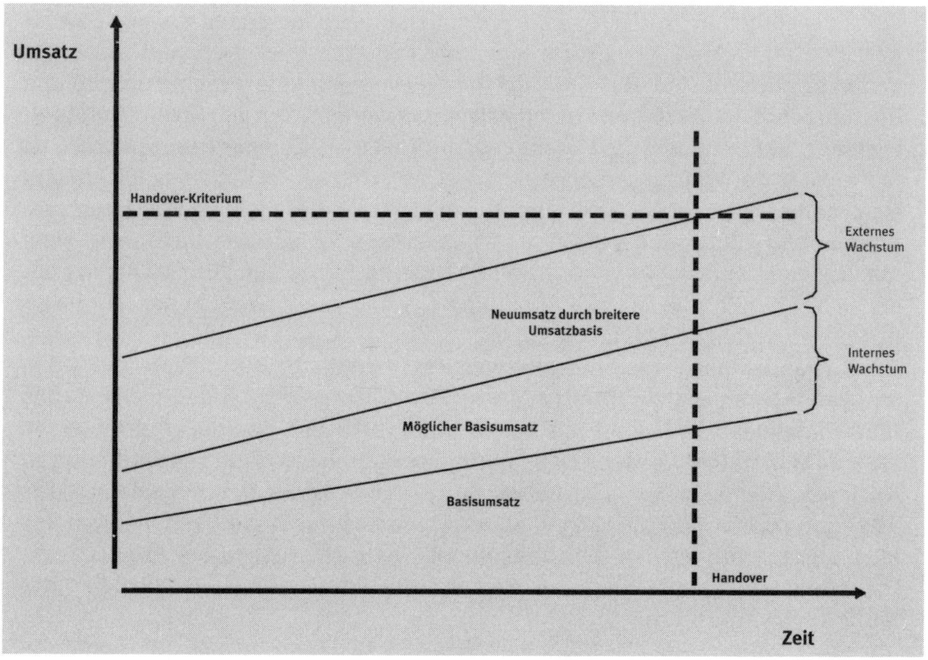

Abbildung 54: Analyse des Beitrags externer und interner Wachstumsstrategien

Indem er die Möglichkeit nutzt, das eine oder andere Restaurant, Warenhaus, Hotel oder im Finanzdienstleistungssektor einen Versicherungsmakler zu kaufen oder als Franchisenehmer beziehungsweise Kooperationspartner zu gewinnen, setzt er zusätzlich eine externe Wachstumsstrategie ein. Während er bei der Unternehmenshochzeit noch von vielen Gästen wie Investmentbanken, Rechtsanwälten, Unternehmensberatern sowie Finanz- und Rechtsabteilung der Holding Unterstützung erhält, steht er danach in der Regel weitgehend alleine da und muss den Alltag, das heißt die Integration, selbst managen. Erst durch die Integration können jedoch die Potenziale einer externen Wachstumsstrategie gehoben werden. Somit liegt der Schwerpunkt von Task 2 vor allem in der bewussten Auswahl externer Wachstumstechniken und deren Integration in die Wachstumsstrategie.
Ziel der ausgewählten Wachstumsstrategien ist das schnellstmögliche Erreichen der operativen Gewinnschwelle, eines bestimmten Marktanteils und weiterer vorher definierter Kennziffern (vergleiche Abbildung 53). Damit beginnt in Task 4 das so genannte Handover-Management, welches unter anderem die »Localization of Management« und den parallel dazu erfolgenden Übergang in die Konzernführungsstruktur beinhaltet. Mit der Übergabe ist der Prozess *Company2new:market* für diesen Markt erfolgreich durchlaufen. Die vorhandenen Ressourcen können nach Projektabschluss für die Erschließung des nächsten Marktes verwendet werden.

5.1 Task 1: Forcierung des internen Wachstums

Nach der erfolgreichen Pilotierung und Optimierung der Marktbearbeitungsprozesse im Rahmen der Markteintrittsphase steht das Unternehmen nun vor der Aufgabe, das organische beziehungsweise interne Wachstum zu forcieren. Hier gibt es grundsätzlich drei Ansatzpunkte:

1. *Expansion im Regionalmarkt beziehungsweise Ausbau der Flagship-Organisation,* durch die Erhöhung des Umsatzes und der Profitabilität der einzelnen Vertriebseinheiten, etwa durch die Steigerung des Durchschnittsumsatzes pro Mitarbeiter oder Quadratmeter Ladenfläche, und kontinuierlicher Ausbau des Vertriebssystems, etwa über die Eröffnung neuer Niederlassungen, Büros und Läden oder über die Hinzunahme neuer Vertriebskanäle im Rahmen einer Multi-Channel-Strategie;
2. *Erhöhung und Ausweitung des Produkt- und Dienstleistungsangebotes,* welches ermöglicht, weitere Neukunden zu gewinnen beziehungsweise bereits bestehenden Kunden weitere Produkte und Dienstleistungen anzubieten (Cross-, Re- und Up-Selling).
3. *Eröffnung weiterer Niederlassungen, Märkte oder Läden in anderen Regionen,* womit sich neue Mitarbeiter und neue Kunden gewinnen und schneller Skaleneffekte realisieren lassen.

Die Auswahl der internen Wachstumsstrategie ist zunächst einmal eine Entscheidung, welche von der Unternehmensstrategie und den vorhandenen Ressourcen abhängt. Allerdings sollte in dieser Phase eine Auswahl getroffen und diese einen bestimmten Zeitraum auch durchgehalten werden. Ansonsten droht die Gefahr, dass die vorhandenen Managementkapazitäten überdehnt werden, die Komplexität zu Unübersichtlichkeit führt und dadurch die Wachstumsgeschwindigkeit zurückgeht. In der Praxis empfiehlt sich zunächst die Expansion im Regionalmarkt durch den Roll-out des vollständigen Geschäftsmodells, das heißt nach den Marktbearbeitungsprozessen nun Kernprozesse wie die Kunden- und Mitarbeiterentwicklung sowie die dazu gehörigen Support- und Führungsprozesse einzuführen.

5.1.1 Expansion durch den Roll-out aller Kernprozesse des Geschäftsmodells

Die ersten Kunden wurden gewonnen und haben ein oder auch mehrere Produkte des Unternehmens erworben. Ziel ist es nun, neben der Gewinnung weiterer Neukunden, die bestehenden durch den Verkauf weiterer Produkte und Dienstleistungen an das Unternehmen zu binden (Cross-, Re- und Up-Selling). Mit dieser Verfahrensweise, die auch Customer-Relationship-Management (CRM) genannt wird, beabsichtigt man die Erschließung von Kundenpotenzialen zur langfristigen Sicherung der Wettbewerbsfähigkeit und dem Erreichen der Profitabilität (zum Beispiel ist der Verkauf an einen Bestandskunden deutlich günstiger als an einen Neukunden). So stellt das CRM heute besonders in beratungsintensiven Dienstleistungsunternehmen, die im Retailbereich arbeiten, einen wichtigen Erfolgsfaktor dar.

Kundenorientierte Kernprozesse

Die Wachstumsstrategien im Bereich der kundenorientierten Geschäftsprozesse setzen an zwei Stellschrauben an: Zum einen gilt es, den Prozess der Marktentwicklung über die kontinuierliche Akquirierung neuer Kunden und die Erschließung bislang nicht bearbeiteter Markt- oder Kundensegmente auf breiter Ebene voranzutreiben (Kundengewinnung). Zum anderen sollen die bereits gewonnenen Kunden langfristig an das Unternehmen gebunden werden (Kundenentwicklung/Kundenbindung). Im Rahmen der Neukundengewinnung wird mit zunehmender Markterschließung auch eine stärker differenzierte Kundenansprache erforderlich, die auf der Basis einer Feinsegmentierung des Marktes eine zielgruppenspezifische Ausrichtung der Geschäftsaktivitäten beinhaltet. Um dieser Zielsetzung letztendlich auch gerecht zu werden, ist es erforderlich, die Produkt-, Preis-, Distributions- und Kommunikationspolitik differenziert zu gestalten und bestmöglich aufeinander abzustimmen. Im Sinne eines Distributions-Mix empfiehlt sich die Ergänzung der traditionellen Vertriebswege durch moderne Kommunikations- und Informationskanäle wie zum Beispiel dem Internet und Call-Centern zur Erreichung neuer Marktsegmente. Letztlich zwingt auch das Entstehen und Bearbeiten immer neuer Marktsegmente dazu, eine Differenzierung oder Ausweitung des Produkt- und Leistungsangebotes (zum Beispiel durch Mass-customized Services oder Produktinnovationen) vorzunehmen, um den unterschiedlichen quantitativen und qualitativen Anforderungen der verschiedenen Kundensegmente Rechnung zu tragen.

Die konsequente Orientierung an Kundengruppen als Leitmaxime zur Erzielung von Marktwachstum und zur Ausschöpfung des Kundenpotenzials zielt auch darauf ab, der Betreuungsintensität und der Profitabilität akquirierter Kunden zu entsprechen. Im Rahmen der Kundenentwicklung gewinnt deshalb die Kundenbindung an Bedeutung. Der Wert einer

Kundenbeziehung beziehungsweise die Profitabilität eines Kunden für das Unternehmen bemisst sich aus der Summe aller Ertragsströme, die durch einen Klienten generiert werden. In der Regel gilt hier: Je länger eine Kundenbeziehung andauert, desto mehr Produkte oder Dienstleistungen lassen sich absetzen und desto höher steigt der Basisgewinn. Denn grundsätzlich liegen die Kosten der Kundengewinnung (zum Beispiel Marketing-, Beratungs-, Betreuungs-, Verwaltungs- und sonstige Back-Office-Kosten) um ein Vielfaches höher als die Kosten der Kundenbindung. Dies bedeutet, dass die Vertriebsaktivitäten nicht nur auf die Akquisition von neuen Kunden gerichtet sein dürfen, sondern vor allem die umfassende Betreuung von schon vorhandenen Kunden zur Erschließung des gesamten Kundenpotenzials umfassen müssen! Leitlinie ist hierbei stets die Wertigkeit des jeweiligen Kunden (A-, B- oder C-Kunde). So kann durch geeignete Strategien der Kundenbindung ein Potenzial für einen Mehrertrag durch Meinungsbildung (Lead-Customer-Potenzial), Weiterempfehlung, Up-, Re- und Cross-Selling generiert werden. Mithilfe von bestimmten Maßnahmen zur Kundenbindung (zum Beispiel Kundenclubs) wird beispielsweise in der Marktentwicklungsphase die Beziehung zu A-Kunden durch intensiven Dialog und bevorzugte Betreuung intensiviert. Voraussetzung hierfür ist die Analyse der Kundenstruktur. Sie gibt an, wie sich der Gesamtumsatz und die Auftragsgrößen nach Kunden zusammensetzen. Daraus lassen sich Schlussfolgerungen über die Bedeutung von Kundengruppen ziehen, die in den zukünftigen Marketingaktivitäten zu berücksichtigen sind.

Vertriebsmarketing endet somit nicht mit dem Verkauf eines Produktes, sondern beginnt zu diesem Zeitpunkt auf einem höheren Niveau, um eine Amortisation der Erwerbskosten zu erzielen und profitable Kundenbeziehungen aufzubauen. Ein bedeutender Aspekt ist in diesem Zusammenhang insbesondere der Umgang mit unzufriedenen Kunden, der zukünftig nicht mehr als Problem, sondern als Chance begriffen werden muss. So bestätigen empirische Untersuchungen, dass ein professionelles Beschwerdemanagement die Entscheidung des Kunden zur Fortführung seines Vertrages enorm positiv beeinflusst. Hinzu kommen erhebliche positive oder negative Multiplikatoreffekte (zum Beispiel hinsichtlich Image, zukünftiger Erträge), die bedeutenden Einfluss auf den langfristigen Markterfolg haben. Zufriedene, aber insbesondere unzufriedene Kunden strahlen stark auf das jeweilige Umfeld aus. Vor diesem Hintergrund darf Kundenentwicklung nicht nur in quantitativer Hinsicht im Sinne der Erschließung von Kundensegmenten oder der Eroberung von Marktanteilen (als einmalige Aufgabe der Kundengewinnung) betrieben werden. Kundenentwicklung heißt auch, bereits bestehende Kundenbeziehungen zu pflegen, um sie für das Unternehmen nicht zu verlieren (qualitative Perspektive).

Mitarbeiterorientierte Kernprozesse

Da zum Beispiel in der Finanzdienstleistungsbranche, im Vertrieb von Pharmaprodukten und Nahrungsergänzungsmitteln die Kundenberater die entscheidende Unternehmensressource sind, liegt in der Entwicklung, der Ausbildung und der Aktivierung neuer Mitarbeiter ein zentraler Wachstumsmotor. Die Realisierung der angestrebten Wachstumsziele und der Expansionsstrategien ist in starkem Maße davon abhängig, inwieweit es gelingt, qualifizierte Fachkräfte im Auslandsmarkt zu gewinnen und das Leistungspotenzial der vorhandenen Mitarbeiter zur Erstellung eines einzigartigen und qualitativ hochwertigen Angebotes durch Maßnahmen der Personalentwicklung optimal auszuschöpfen. Der effizienten Abstimmung der Quantität und Qualität der Mitarbeiter mit den Wachstumsstrategien des Unternehmens kommt in diesem Zusammenhang die Bedeutung einer strategischen Schlüsselgröße zu, die zumeist einen Engpass bei der Auslandsmarkterschließung darstellt. Darüber hinaus ist die Positionierung des Unternehmens im Auslandsmarkt als attraktiver Arbeitgeber ein entscheidender Erfolgsfaktor im Wettbewerb um qualifizierte Arbeitskräfte. Die Qualität der eigenen Vertriebsmitarbeiter prägt das Image eines jungen Unternehmens im Markt nachhaltig. Kunden identifizieren das Unternehmen mit dem Mitarbeiter, der meistens ihr einziger Kontakt ist. Auch aus diesem Grund ist der Auswahl und Ausbildung von Vertriebsmitarbeitern hohe Bedeutung beizumessen.

Im Rahmen der Akquirierung möglicher Mitarbeiter muss das Unternehmen unterschiedliche Positionen und Aufgaben im Unternehmen besetzen (siehe Tabelle 38). In diesem Zusammenhang hat die Vermittlung der Unique Selling-Proposition des Arbeitgebers (siehe Tabelle 39) einen wichtigen Stellenwert. Nur durch einen starken Unternehmensauftritt (zum Beispiel in Print- und Online-Medien) und eine klare Kommunikation von Anforderungsprofilen, Karrierewegen und generellen Gründen, die für das Unternehmen als Arbeitgeber sprechen, lassen sich im Wettbewerb mit anderen Arbeitgebern hoch qualifizierte Fachkräfte im Auslandsmarkt gewinnen. Vor diesem Hintergrund ist auch das Internet als Recruiting-Channel nicht zu unterschätzen. E-Recruiting bietet erhebliche Kosten- und Zeitvorteile bei der Gewinnung, Auswahl und Integration geeigneter Mitarbeiter. Hinsichtlich der Auswahl von Vertriebsmitarbeitern in Auslandsmärkten ist neben grundsätzlichen Anforderungskriterien zudem darauf zu achten, dass das persönliche Netzwerk dieser

Vertriebsmitarbeiter von großer Bedeutung zur Generierung von Kunden sein kann. Zum Beispiel nimmt der Anteil der Finanzberatung von Freunden und Bekannten in Italien 25 Prozent des Gesamtberatungsvolumens ein, während dieser Anteil in Deutschland lediglich mit 11 Prozent beziffert werden kann.

Zielgruppe	Aufgaben
Junior-Berater	• Kundengewinnung • Verkauf der standardisierten Kernprodukte (ggfs. mit Unterstützung) • Gewinnung von Empfehlungen auf Kunden und Mitarbeiter • Ausbildung
Senior-Berater	• Kundengewinnung • Kundenentwicklung • Gewinnung von Empfehlungen auf Kunden und Mitarbeiter • Wachstum des Werts des Kundenportfolios
Führungskräfte (zum Beispiel Regionalleiter)	• Mitarbeitergewinnung • Mitarbeiterentwicklung • Wachstum der Organisation (Anzahl Mitarbeiter), des Produktions- und Bestandsvolumens

Tabelle 38: Personalbedarf einer Vertriebsorganisation: Positionen und Aufgaben

Sicherheitskomponenten	Erfolgskomponenten
• Größe, Image und Kompetenz des Unternehmens • Commitment durch Manifestation im Auslandsmarkt • Markteintritt mit bewährtem Geschäftsmodell • international erfolgreiche Personalentwicklung und Perspektiven • kontinuierliche Weiterbildungsmaßnahmen • intensive Einarbeitung und Ausbildung	• einzigartige Dienstleistung und erfolgreiches Geschäftsmodell • Start-up-Mentalität, keine gewachsenen Strukturen • schnelle Übernahme von Verantwortung • attraktives Vergütungsmodell • Möglichkeit zur Selbstständigkeit • einzigartige Karrieremöglichkeiten • Beteiligung an einem Erfolgsprozess • Ausgezeichnete Arbeitsinstrumente (zum Beispiel CRM-Systeme) und flexible Arbeitszeiten

Tabelle 39: Beispiel für mögliche Unique Selling-Proposition des Arbeitgebers

Aufgabe der strategischen Personalentwicklungsplanung ist die Ermittlung des zukünftigen Entwicklungsbedarfes, spezifiziert nach Anforderungsprofilen und hierarchischer Einordnung (zum Beispiel Mitarbeiter Back-Office, Kundenberater, Führungskräfte) und die Festlegung der

Maßnahmen zur Erfüllung des Bedarfes durch die Instrumente der Personalentwicklung. Im Sinne einer lernenden Organisation gilt es, systematisch Wissen, Fähigkeiten und Kompetenzen im Unternehmen zu generieren, um die bestehenden Abläufe kontinuierlich zu verbessern und die Wachstumsziele des Unternehmens zu unterstützen. Dabei ist es sinnvoll, regionale Schulungs- und Entwicklungszentren einzurichten, in denen Mitarbeiter regelmäßig für Ausbildungs- und Informationsveranstaltungen zusammengezogen werden. Neben fachlichen Inhalten werden dabei auch die Unternehmenskultur vermittelt, neue Mitarbeiter integriert und diese an das Unternehmen gebunden. Weiterhin empfiehlt sich die Entwicklung von länderübergreifend einheitlichen Systemen zur Personalentwicklung, da dies die Versetzung von Mitarbeitern zwischen den verschiedenen Landesgesellschaften erleichtert. Aufgrund der strategischen Bedeutung von langfristigen Markterschließungszielen des Unternehmens und der Wahrung des Know-hows kommt auch der Planung der Mitarbeiterbindung, hier verstanden als die Gestaltung attraktiver Entgeltsysteme, Erfolgsbeteiligungen und Karriereperspektiven, eine große Bedeutung zu. Darüber hinaus müssen die Expansionsstrategien immer auf die Motivationen, Kenntnisse, Fähigkeiten und Fertigkeiten der Mitarbeiter und Berater Bezug nehmen.

5.1.2 Diversifikation

Roll-out des gesamten Marktbearbeitungsprogramms

Während in Step 3 Markteintritt noch eine Konzentration des Leistungsangebotes auf einige wenige Produkte oder Produktlinien (Cash-Cows) erfolgte, besteht eine wesentliche Aufgabe von Step 4 Marktentwicklung in der kontinuierlichen Erweiterung des Produkt- und Leistungsprogramms zur Erschließung neuer Marktsegmente und zur Ausschöpfung des Kundenpotenzials. Ausgangspunkt für den Roll-out des gesamten Produkt- und Leistungsangebotes bilden hierbei die Bedürfnisse, Wünsche und Probleme der aktuellen und potenziellen Kunden (Market-Pull). Daraus ergibt sich als Kernfrage für den Roll-out des Marktbearbeitungsprogramms, ob, wann und in welcher Form welche Dienstleistungen und Produkte angeboten und inwieweit Änderungen vorgenommen werden. Als Begrenzungsfaktoren für diese Entscheidungen gelten die spezifischen Kundenbedürfnisse und die identifizierten Markt- und Absatzpotenziale in den jeweiligen Marktsegmenten sowie die Leistungsangebote der Konkurrenz, gegenüber denen die neue Landesgesellschaft Differenzierungsvorteile aufbauen muss. Darüber hinaus sind besonders junge, gerade in den Markt eingetretene Unternehmen aus Gründen der Erhaltung der Wettbewerbsfähigkeit, der Anpassung an veränderte Marktbedingungen und der Ausnutzung von Marktchancen dazu angehalten, sich hierbei nicht auf die jeweils vorhandenen Leistungskonzepte zu beschränken, sondern ständig neue, innovative Produkt- und Dienstleistungsangebote zu entwickeln und im richtigen Moment auf den Markt zu bringen.

Die Aufnahme von neuen, zusätzlichen Produkten und Dienstleistungen in das Marktbearbeitungsprogramm kann dabei Folge der Bearbeitung neuer Marktsegmente und der eigenen Entwicklung neuer, einzigartiger Dienstleistungsangebote sein. Dies bietet einen idealen Ansatzpunkt für externe Wachstumsinstrumente. Durch (Vertriebs-)Allianzen sind eine schnelle Erweiterung der Kundenbasis und des Produktangebots möglich. Eine weitere Strategie zur Anpassung und Erweiterung des Marktbearbeitungsprogramms besteht darin, mit lokalen Anbietern zusammenzuarbeiten – wie zum Beispiel die Nutzung lokaler Zulieferer für Restaurantketten oder die Kooperation mit regionalen Banken für internationale Versicherungskonzerne –, erfolgreiche Strategien oder Produkte zu kopieren (Me-too-Strategie) und den vorhandenen Kunden und Interessenten zu attraktiveren Konditionen anzubieten. Die Bereitstellung zusätzlicher innovativer Serviceleistungen (zum Beispiel Bestpreisgarantie, Treue-Boni, Rücktrittsrechte, Konkurrenzangebotsvergleiche) oder individueller Leistungen für A-Kunden (Customized Services) generieren einen Zusatznutzen (Value-Added-Services). Die Steigerung der Dienstleistungsqualität und das Anbieten zusätzlicher Serviceleistungen stehen hierbei in unmittelbarem Zusammenhang zur Kundenzufriedenheit und Kundenbindung. Denn besondere Serviceleistungen, die über den Erwartungen der Kunden liegen, eignen sich gerade in servicesensiblen Dienstleistungsbereichen zur Steigerung der Kundenbindung. Letztendlich bestimmt der einzigartige und unverwechselbare Mix aus Produkt-, Dienstleistungs- und Serviceangebot das Akquisitionspotenzial des Unternehmens und damit den langfristigen Erfolg auf dem Auslandsmarkt.

Steuerung des Kundenpotenzials mit CRM

Die Fähigkeit zur Gewinnung und Bindung der besten beziehungsweise profitabelsten Kunden bildet die Grundlage für die systematische Erschließung des Kundenpotenzials im Auslandsmarkt und wird erst durch ein gezieltes, ertragsorientiertes Customer-Relationship-Management (CRM), das heißt durch die Planung, Steuerung und Kontrolle der Kundenbedürfnisse, ermöglicht. Dabei entspricht die dauerhafte Begleitung des Kunden dem im CRM-Ansatz verfolgten Ziel einer Wertschöpfungssteigerung, welche aus der nachhaltigen Kundenbindung und der Erhöhung der Kundenloyalität resultiert.

Die Herausforderung im Rahmen der Marktentwicklung besteht nun darin, die Kundenerfordernisse und -wünsche richtig zu erkennen, adäquate Angebote zur Problemlösung zu entwickeln und den Kundenkontakt sowohl den Bedürfnissen angemessen als auch betriebswirtschaftlich effizient zu gestalten. Dabei muss bei der Entwicklung spezieller CRM-Tools und der Umsetzung von CRM-Aktivitäten darauf geachtet werden, das Gleichgewicht zwischen Umsatz, Kosten und Kundenloyalität zu finden, das insgesamt zu einem verbesserten Ertrag führt. Allgemein formuliert sind die Schritte zum Erfolg die Analyse der Kundeninformationen, die Entwicklung, Bündelung und Personalisierung von Dienstleistungsangeboten und Services sowie die Integration aller Distributionskanäle, Kundensegmente und Kundenlösungen im Sinne der CRM-Philosophie. Vor diesem Hintergrund sind auch die Bestandteile der Expansionsstrategie des Unternehmens in diesem Step 4 (Produkt- und Leistungsangebot, Kunden- und Marktsegmente und Distributions-Mix) nicht losgelöst voneinander zu planen und umzusetzen, sondern zu einem integrierten konsequent kundenorientierten Expansionsprogramm zu bündeln.

Bemühungen im Customer Relationship Management sind allerdings nur dann erfolgversprechend, wenn die Thematik aufgrund der großen Vielfalt miteinander verbundener Aspekte in der notwendigen Ganzheitlichkeit betrachtet wird. Auf der Unternehmensseite geht es darum, die Voraussetzungen und Strukturen zu schaffen, den neuen Kundenanforderungen auch entsprechen zu können. Bezogen auf die Kundenbeziehungen an sich sind Maßnahmen und Aktivitäten zur Erhöhung der Kundenbindung und ihrer Profitabilität relevant. Unternehmen, denen es gelingt, die Unternehmens- und die Kundenseite optimal zusammenzuführen und zu integrieren, werden entscheidende Wettbewerbsvorteile im Kampf um die Kunden erzielen.

Die Vorteile, die bei der Realisierung eines CRM für das Unternehmen entstehen können, sind die Folgenden:

- Stärkung des service- und kundenorientierten Images beziehungsweise Vermittlung individueller Wertschätzung des Kunden und gleichförmiger Auftritt gegenüber dem Kunden,
- bessere Ausschöpfung der Potenziale umsatzstarker und profitabler Kundensegmente (Share of Wallet),
- Akquirierung neuer attraktiver Kunden durch gezielte Ansprache,

- kontinuierliche Wirkungsanalyse der Interaktion (lernendes System),
- wertbeitragsbasierte Allokation des Marketing- beziehungsweise Servicebudgets (verminderte Streuung und kosteneffiziente Kanäle),
- Ausschöpfung des segmentspezifischen Gewinnpotenzials, insbesondere durch Cross-, Re- und Up-Selling.

5.1.3 Optimierung der Wertschöpfung – Erreichung der operativen Gewinnschwelle

Ansatzpunkte zur schnelleren Erreichung der Gewinnschwelle und zur Optimierung der Wertschöpfung können in nahezu allen Marktbearbeitungsaktivitäten gesucht und gefunden werden. Vor dem Hintergrund der Vielfalt an Möglichkeiten erweist es sich an dieser Stelle als sinnvoll, lediglich auf die übergeordneten Ansatzpunkte einzugehen, deren Umsetzung ganzheitliche Wirkungen auf das Wachstum im Auslandsmarkt und die Steigerung der Profitabilität des Unternehmens entfalten.

Kontinuierlicher Ausbau der Flagship-Organisation

Mit dem kontinuierlichen Ausbau der Flagship-Organisation wird das Ziel einer breiten Marktpräsenz im Auslandsmarkt zur Erreichung der Gewinnschwelle und darüber hinaus zur Ausschöpfung des Marktpotenzials, also zur Generierung zusätzlicher Gewinne, Rechnung getragen. In diesem Zusammenhang sind grundsätzliche Entscheidungen bezüglich der angestrebten Präsenz innerhalb des neuen Auslandsmarktes, das heißt über den Aufbau von Zweigniederlassungen, Märkten oder Hotels, zu treffen, wenn über deren Eröffnung im Rahmen der Wachstumsstrategien befunden wurde. Die Gründung von Regionalbüros, die als eine zusätzliche Koordinationseinheit dafür Sorge tragen, dass die Geschäftstätigkeiten in einer bestimmten geografischen Region effizienter ausgeführt werden, ist hierbei ein wichtiger Schritt, die Expansion im Auslandsmarkt voranzutreiben. Die Neigung, ein regionales Büro einzurichten, wird umso größer sein, je größer die Anzahl der Front-Offices, der bearbeiteten Marktsegmente und Regionen sowie der beschäftigten Mitarbeiter und Berater ist.

Die Notwendigkeit zur Eröffnung weiterer Zweigniederlassungen ergibt sich zum Beispiel aus dem Vorstoß in andere Regionen des Auslandsmarktes oder dem Erfordernis, zu den Kunden intensiven Kontakt aufzubauen und zu halten. Bei der Eröffnung zusätzlicher Niederlassungen ist zunächst das Marktpotenzial der in Betracht gezogenen Regionen kritisch zu analysieren. Hierbei stellt sich die Frage, ob das zusätzliche Büro

Umsätze und Renditen erwirtschaften kann, die mit nur einem beziehungsweise den bereits vorhandenen Büros nicht zu erzielen gewesen wären. Neben den Auswirkungen auf die Umsätze sind auch Auswirkungen auf die Kosten zu berücksichtigen. Durch die Eröffnung zusätzlicher Büros sind verschiedene Erlöserhöhungs- und Erlössenkungspotenziale sowie Kostenerhöhungs- und Kostensenkungspotenziale denkbar.

Darüber hinaus geht die Eröffnung von Regionalbüros und der kontinuierliche Ausbau des Niederlassungsnetzes im gesamten Auslandsmarkt einher mit der zusätzlichen Rekrutierung von Mitarbeitern und Beratern sowie deren Training und Aktivierung. Zudem können die Optimierung des Distributions- beziehungsweise Vertriebssystems, das Marktwachstum und das schnelle Erreichen der Gewinnschwelle durch die Integration von Verkaufsprofis und kleineren Verkaufsorganisationen vorangetrieben werden.

Dynamische Verbesserung der Kernprozesse – Ausbau des Wissensmanagements

Die dynamische Verbesserung und Optimierung der Kernprozesse, die permanente Weiterentwicklung und Integration des Geschäftsmodells sowie eine konsequent kundenorientierte Steuerung der gesamten Wertschöpfungskette sind diejenigen Erfolgsfaktoren, die zu einer Erzielung und Aufrechterhaltung von Wettbewerbsvorteilen auf internationalen Märkten führen. Eine wesentliche Voraussetzung für die nachhaltige Stärkung der Ertragskraft im Rahmen der Erschließung neuer internationaler Märkte stellt dabei die Fähigkeit des Unternehmens dar, ein systematisches Wissensmanagement in die Geschäftsprozesse zu implementieren und die Werte einer lernenden Organisation als Bestandteil der Unternehmenskultur in den Köpfen aller beteiligten Mitarbeiter zu verankern. Die kontinuierliche Ausrichtung und Anpassung der unternehmerischen Aktivitäten an die sich stetig ändernden Rahmenbedingungen des Wettbewerbs zur Wahrnehmung von Marktchancen und zur Begegnung von Marktrisiken sollte hierbei immer auf der Grundlage von Rentabilitätskennziffern erfolgen, die das strategische Controlling zum Beispiel durch die Balanced Scorecard liefert. Nur so lässt sich das Unternehmen dauerhaft modern, kundenorientiert und profitabel führen. Die Ansatzpunkte zur dynamischen Verbesserung der Geschäftsprozessaktivitäten bei der internationalen Markterschließung ergeben sich in diesem Zusammenhang aus fünf Bereichen (siehe hierzu Tabelle 40).

Strategie-Implementierung	• Konkretisierung der Strategien und Operationalisierung von Bereichs-, Geschäftsfeld- und Kundensegmentstrategien • Bündelung der strategischen Ziele und Verknüpfung mit den passenden Messgrößen und Indikatoren zur Erfolgsmessung • Entwicklung und Aktivierung von Steuerungsinstrumenten zur Sicherstellung des strategischen Erfolgs durch die Balanced Scorecard
Customer Relationship Management	• Stärkung der Kundenbindung und Erhöhung der Kundenprofitabilität • Einführung und Nutzung von Modellen zur Kundensegmentierung (zum Beispiel A-, B-, C-Kunden) • Nutzung von CRM-Tools • Entwicklung und Einsatz von Dialog-Marketing-Programmen • Optimierung der kundenbezogenen Geschäftsprozesse • Erarbeitung von E-Business-Konzepten zur Automatisierung von Abläufen • Integration aller Kommunikationskanäle (Multi-Channel-Management)
Customer-Intelligence	• Integration aller verfügbarer Kundeninformationen für eine effizientere Kundenbearbeitung • Entwicklung und Einsatz von Berechnungsmodellen zur Bewertung der kundenspezifischen Umsatzpotenziale • Analyse und Bewertung von Kundeninformationen zur Optimierung der Kundenansprache (zum Beispiel hinsichtlich Direkt Marketing) • Entwicklung von Kennzahlensystemen zur Steuerung der Prozessaktivitäten • Automatisierung von Geschäftsprozessen
Performance Management	• Entwicklung von Qualitätsstandards und Ausbau zu einem Qualitätsmanagement-System • Entwicklung und kontinuierlicher Ausbau des Kennzahlensystems zur *qualitativen* Steuerung der Geschäftsprozesse • Erstellung von Wirtschaftlichkeitsrechnungen zur Ermittlung des Return on Investment (ROI) • Kontinuierlicher Ausbau und Weiterentwicklung der Balanced Scorecard als strategisches Instrument zur Unternehmensführung • Durchführung von Vergleichsstudien zur Wettbewerbsfähigkeit der Prozesse und Systeme (permanentes Benchmarking)

Business-Intelligence	• Einführung, Implementierung und Weiterentwicklung des Wissensmanagements • Zusammenführung von Kunden- und Transaktionsdaten durch Vernetzung von Datenbanken und Einführung geeigneter Softwarelösungen • Optimierung des Berichtswesens (Controlling) durch Einsatz von Data-Warehouse-Technologien

Tabelle 40: Ansatzpunkte zur dynamischen Verbesserung und Optimierung der Kernprozesse

5.2 Task 2: Forcierung des externen Wachstums

Die gezielte Nutzung externer Wachstumsstrategien zur schnelleren Verbesserung der Position im Zielmarkt ist ein wichtiges, ergänzendes Tool im Werkzeugkasten jedes Auslandsmanagers. Dabei geht es vor allem um das Erkennen externer Wachstumschancen im Rahmen der Unternehmensstrategie, die Kenntnis der wichtigsten Rahmenbedingungen und Instrumente sowie – noch viel wichtiger – um die wirtschaftlich erfolgreiche Integration in das Geschäftsmodell der jungen Landesgesellschaft.

5.2.1 Rahmenbedingungen für den Einsatz externer Wachstumsinstrumente

Eine externe Wachstumsstrategie setzt das Vorhandensein einer klaren Strategie und die Kenntnis der jeweiligen Rahmenbedingungen voraus. Dabei sind unter anderem die auf den folgenden Seiten genannten Punkte zu beachten.

Erfassen der Ausgangssituation

Als Wachstumsplattform fungiert ein junges, relativ kleines Unternehmen, welches noch nicht über die Stabilität, Fähigkeiten, Prozesse und Ressourcen verfügt, um besonders Akquisitionen und deren Integration ohne Schwierigkeiten abzuwickeln. Zur Vermeidung einer Überdehnung der Organisation, die zu einer starken Gefährdung des gesamten Markteintrittsprojektes führen könnte, sind durch den Mutterkonzern weiterhin ausreichende finanzielle und personelle Ressourcen zur Verfügung zu stellen.

Definition externer Wachstumsziele

Sobald Klarheit hinsichtlich der eigenen Möglichkeiten besteht, sind Ziele und Motive einer externen Wachstumsstrategie zu definieren. Eine externe Wachstumsstrategie ist vor allem marktgetrieben, das heißt, es geht um den Erwerb von Vertriebskapazitäten zur Verbreiterung der internen Wachstumsbasis. Beabsichtigt beispielsweise ein Versicherungsunternehmen die Expansion in eine neue Region, könnte unter Umständen der Erwerb eines regionalen Versicherungsmaklers interessant sein. Dadurch werden sofort neue Kunden und ausgebildete Versicherungsvertreter integriert und die Umsatzerlöse erhöht. Der Umsatz ist auch die Grundlage für das Erreichen anderer Handover-Kriterien (vergleiche Task 4) wie zum Beispiel finanzielle Kriterien (operativer Break-even). In diesem Zusammenhang wird oft die Nutzung von Synergien genannt, wobei meistens auf die Kosten abgestellt wird. Eine landesweit präsente Vertriebsorganisation bietet zusätzliche wachstumsorientierte Synergiepotenziale wie zum Beispiel die Möglichkeit zur Durchführung landesweiter Werbekampagnen (Imagesteigerung), eine bessere Verhandlungsposition bei Kunden und Zulieferern (geringere Marktforschungskosten), mehr Kundenservice durch den Ausbau der landesweiten Präsenz und die Nutzung weiterer Skaleneffekte in der Vertriebsunterstützung (Ausbildung, Wissen, IT-Systeme).

Ein weiteres Motiv ist die Gewinnung von Wissen und Fähigkeiten, die nach entsprechender Prüfung für die Optimierung des eigenen Geschäftsmodells eingesetzt werden können. Mit dem Markteintritt wird auch deutlich, ob die bestehenden Kernkompetenzen tatsächlich ausreichen, um die gewünschten, relevanten Wettbewerbsvorteile dauerhaft aufzubauen, die zum Erreichen der geplanten Marktposition notwendig sind. So kann eine Kooperation oder eine Akquisition auch das Ziel verfolgen, notwendige Kompetenzen aufzubauen, die noch im Portfolio fehlen (vergleiche Abbildung 55). Allerdings darf die Nutzung externer Wachstumsalternativen auf keinen Fall als Ersatz für eine fehlende Strategie oder die Verschleierung von internen Problemen herhalten.

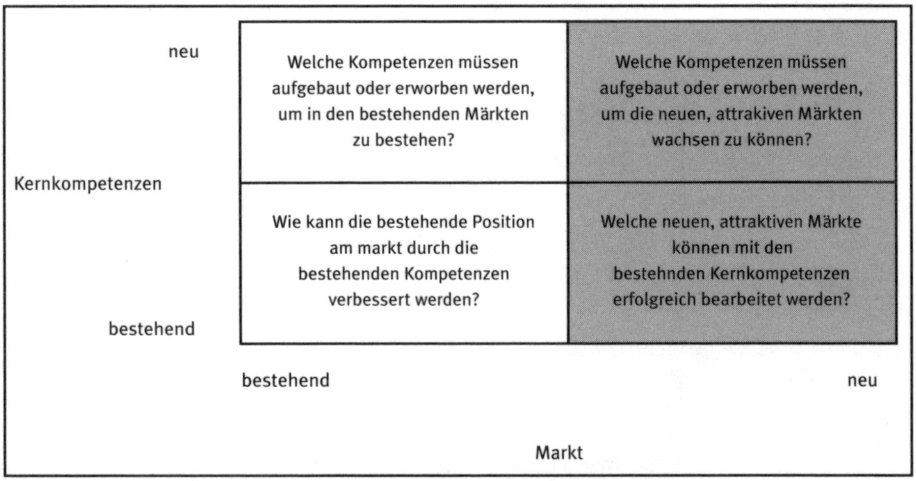

Abbildung 55: Kernkompetenz-Markt-Matrix

Klare Fokussierung auf ausgewählte Kooperationspartner

Durch die klare Zielsetzung ist eine Fokussierung auf Übernahmekandidaten oder Kooperationspartner möglich (mit genauer Definition und möglichst der Erstellung einer Kandidatenliste), die zum Geschäftsmodell passen und sich zügig und ohne zusätzliche Komplexität (zum Beispiel keine unterschiedliche Unternehmenskultur) integrieren lassen. Dies beinhaltet unter anderem auch die Festlegung auf eine externe Wachstumsstrategie.

Die Auswahl einer horizontalen Wachstumsstrategie verfolgt zum Beispiel das Ziel, den Landesmarkt mit dem eigenen Geschäftsmodell und den weitgehend eigenen Produkten oder beziehungsweise Dienstleistungen zu durchdringen und den eigenen Marktanteil zu erhöhen (vergleiche Abbildung 56). Zusätzlich können sie dazu dienen, die entsprechenden Kernkompetenzen zu ergänzen.

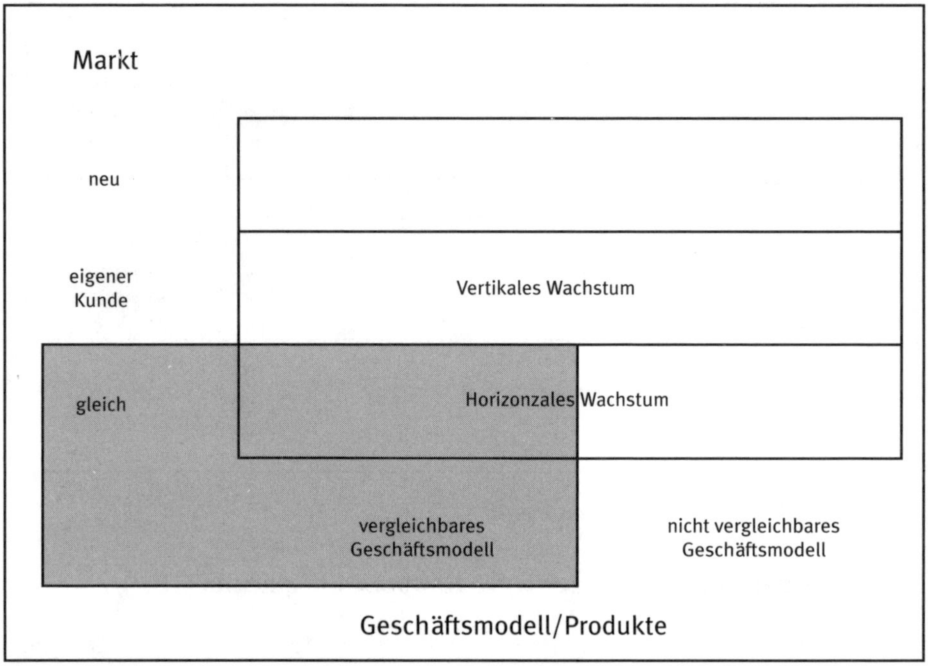

Abbildung 56: Strategische Möglichkeiten externer Wachstums

Für ein Versicherungsunternehmen könnte dies zum Beispiel die Fokussierung auf erfahrene und erfolgreiche Generalagenturen bedeuten. Diese kennen das Geschäftsmodell, sind in ihrer Region verankert sowie wirtschaftlich erfolgreich tätig und verfügen über alle aufsichtsrechtlichen Voraussetzungen. Eine Integration erscheint aus diesen Gründen auf den ersten Blick sinnvoll und realistisch. Trotzdem sind in jedem Einzelfall eine Kooperation und deren Integrationschancen kritisch zu prüfen.

Kritische Analyse der Kooperationspartner bis zum Vertragsabschluss

Zur Bewertung externer Wachstumsalternativen und besonders zur Unternehmensbewertung gibt es eine Menge ausgezeichneter Literatur, die hier eine weitere Behandlung nicht notwendig macht und es ermöglicht, auf spezifische Aspekte der Expansion im Auslandsmarkt einzugehen.

Grundlage einer kritischen Analyse ist der Vergleich zwischen der eigenen Ausgangssituation, den definierten Expansionszielen und dem Kandidaten. Eine spezifische und häufig zu erlebende Schwierigkeit bei dieser Analyse ist das Informationsdefizit: Als Ausländer hat man selten die Informationen und Kontakte, die einem Local zur Verfügung stehen und die für eine Beurteilung wichtige Hinweise liefern können. Dieser

Umstand wird gerne ausgenutzt. Sobald sich ein beabsichtigter Markteintritt in der Branche herumgesprochen hat, wird die entsprechende Unternehmensleitung viele Kontaktwünsche mehr oder weniger erfolgreicher Branchenmitglieder erhalten. Dies ist nachvollziehbar, weil die durch den Markteintritt signalisierte Investitionsbereitschaft in Verbindung mit dem Informationsdefizit und der Unerfahrenheit im Markt die schnelle Verwirklichung der eigenen Karriereziele oder die Realisierung eines kurzfristigen Profits erreichbar erscheinen lassen. Auswahlfehler bei Mitarbeitern und Kooperationspartnern werden jedoch neben negativen Auswirkungen auf das Image und die wirtschaftliche Entwicklung zudem bei Wettbewerbern der Branche und sogar Aufsichtsbehörden auf Unverständnis stoßen. Deshalb ist ein genaues Verständnis der Motivation des Verkäufers beziehungsweise des Kooperationspartners von großer Wichtigkeit.

In Bezug auf mögliche Kooperationspartner sollte sich der Auslandsmanager des expandierenden Unternehmens die folgenden Fragen stellen:

- Welchen Nutzen hat der Verkäufer oder – noch mehr – der Kooperationspartner von einem Verkauf beziehungsweise einer Zusammenarbeit?
- Sind neben dem Ergebnis einer Due Diligence alle für eine Entscheidung relevanten Fakten bekannt (Image, Lizenzen, Historie, Kunden- und Mitarbeiterzufriedenheit)?
- Kann das junge Unternehmen die (Nutzen-)Erwartungen aller Stakeholder erfüllen (vor allem der Kundenberater in Hinblick auf Verkaufsförderung, Produkte und Werbeunterstützung)? Ist es tatsächlich besser als der Wettbewerber?
- Welches sind die geeigneten Wachstumsinstrumente in diesem Markt, in dieser Branche (zum Beispiel: Akquisition oder Franchising)?
- Ist die Erschließung des Regionalmarktes mittelfristig billiger durch interne Wachstumsinstrumente zu realisieren? (Eine interne Wachstumsstrategie sollte immer Priorität haben! Externe Alternativen ergeben nur dann einen Sinn, wenn sie interne Alternativen eindeutig schlagen.)

Während des gesamten (Akquisitions-)Prozesses sollte man sich – wie beim Markteintritt – einen Abbruch der Verhandlungen offen halten. Oftmals tauchen erst kurz vor dem Verhandlungsende wichtige Informationen auf, die eine mögliche Zusammenarbeit zumindest fraglich erscheinen lassen. Dann sind die Gespräche mit aller Konsequenz und ohne Beachtung möglicher Imageschäden sofort zu beenden. Dies gilt auch dann, wenn diese Informationen nach Vertragsunterzeichnung bekannt werden. Deshalb empfiehlt es sich schon vorher, für diesen Fall entsprechende Ausstiegsklauseln einzuarbeiten. Dem Fehler bei der Auswahl lassen sich später auch durch eine noch so professionelle Integration kaum korrigieren, sondern nur durch eine konsequente, schnelle und saubere Trennung.

Mit dem Abschluss der Transaktion sollte bereits Klarheit im Hinblick auf die Ziele der Integration bestehen wie zum Beispiel die hierarchische und finanzielle Einordnung der Mitarbeiter, der Unternehmenssitz, die Organisationsstruktur. Hier gilt: Jede Stelle sollte immer mit dem besten Kandidaten besetzt werden. Doppelbesetzungen und Proporzdenken sinddabei stets zu vermeiden. Dies beschleunigt den Integrationsprozess, erhöht die Motivation und vermindert Unsicherheiten bei allen beteiligten Personen.

5.2.2 Externe Wachstumsstrategien und -instrumente

Dem Auslandsmanager, zum Beispiel einer internationalen Restaurantkette, bieten sich nach der Definition der Rahmenbedingungen die verschiedensten Wachstumsstrategien an. Zunächst kann und wird er sicherlich auch weiterhin auf internes Wachstum setzen. In diesem Fall wird er mithilfe von Expatriates oder bereits den ersten ausgebildeten Locals in weiteren Regionen neue Restaurants bauen, die jeweiligen Mitarbeiter einstellen und trainieren sowie versuchen, neue Kunden durch lokale Werbemaßnahmen zu gewinnen.

Außer dieser direkten Multiplikation des Geschäftsmodells kann er sich für eine Vielzahl anderer Alternativen entscheiden, die seine Wachstumsstrategie sinnvoll ergänzen können (vergleiche hierzu Abbildung 57). Neben internen Entscheidungsfaktoren (wie Finanzen, Ressourcen) spielen bei der Auswahl einer oder mehrerer externer Wachstumsstrategien unter anderem auch aufsichtsrechtliche und branchenstrukturelle Rahmenbedingungen eine wichtige Rolle, die die Auswahl bereits deutlich reduzieren können.

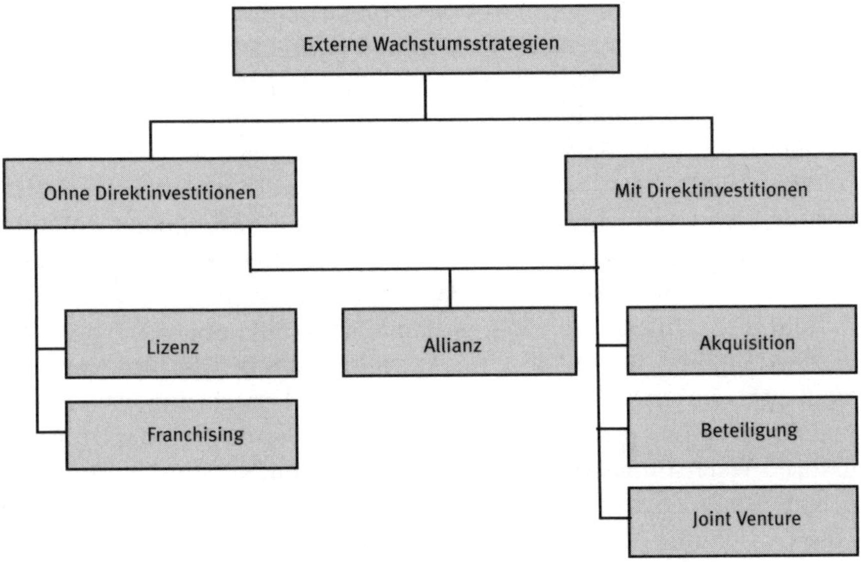

Abbildung 57: Externe Wachstumsstrategien

Wachstumsstrategien ohne Direktinvestitionen

Die Lizenzierung ist eine Wachstumsstrategie, bei der der Lizenzgeber Rechte an einem geistigen Vermögensgegenstand, wie zum Beispiel Patenten, Geschäftsmodellen, Technologien oder Marken, einem Lizenznehmer für eine bestimmte Zeit und gegen eine Lizenzgebühr überlässt. Damit kann der Lizenznehmer ein auf den jeweiligen Markt angepasstes Produkt produzieren und vermarkten. Der Lizenzgeber kann mit dieser Wachstumsstrategie einen Markt ohne Ressourcenverbrauch schnell entwickeln und refinanziert über die Lizenzgebühren seine Forschungs- und Entwicklungskosten. Allerdings verzichtet er damit auf eine wirksame Kontrolle (zum Beispiel Patentschutz und Produktqualität), nutzt die eigene Marke nicht und baut sich eventuell einen zukünftigen Wettbewerber auf. Aus diesem Grund bietet sich die Lizenzierung vor allem für die wirtschaftliche Nutzung von Technologien (mittelständischer) Industrieunternehmen an, die die notwendigen Ressourcen für ein weiteres schnelles Wachstum nicht zur Verfügung stellen können oder wollen, aber mit einer schnellen Marktdurchdringung zum Beispiel Technologiestandards setzen wollen. Oftmals sind industrielle internationale Großaufträge an die Bedingung der Beteiligung von Subunternehmen des Ziellandes und an einen Wissenstransfer von Technologien und Fertigungsprozessen gebunden. Auch hier wird gerne auf die Lizenzierung zurückgegriffen.

Auch beim Franchising erwirbt der Franchisenehmer Rechte an einem geistigen Vermögensgegenstand wie zum Beispiel an der Marke und eines Geschäftsmodells des Franchisegebers. Im Gegensatz zur Lizenzierung unterwirft sich der Franchisenehmer einem umfassenden Regelwerk, dem so genannten Franchisehandbuch, welches die genaue Ausübung des Geschäftsmodells beschreibt. Dies beinhaltet meistens auch feste Zulieferverträge. So kann zum Beispiel die Restaurantkette genau definieren, wo welche Innenausstattung und welche Nahrungsmittel erworben werden, und die Produktqualität und das Marketing bestimmen. Dies ermöglicht dem Franchisegeber eine genaue Kontrolle der Aktivitäten des Franchisenehmers, wofür er eine Franchisegebühr (in der Regel ein Prozentsatz von den Umsatzerlösen) erhält. Franchising ist in vielen Branchen (zum Beispiel Hotel- und Restaurantketten) eine sehr attraktive externe Wachstumsstrategie, weil mit geringen Ressourcen und einem niedrigen Risiko bei gleichbleibend hoher Kontrolle über die Strategie und die Umsetzung des Geschäftsmodells ein Markt schnell durchdrungen werden kann. Aufgrund dessen bietet sich Franchising sehr gut als Ergänzung zu einer internen Wachstumsstrategie an: Zum Beispiel wird mit der Eröffnung eigener Restaurants in den Zentren des Auslandsmarktes die Geschäftsmodell- und Marktexpertise im Haus gehalten, während in kleinen Städte und in den Regionen die Ressourcen schonend durch Franchisenehmer abgedeckt werden. Darüber hinaus sind die Prozesse für die Steuerung der beiden Wachstumsinstrumente weitgehend identisch, was die Komplexität niedrig hält. Die Systemgastronomie (McDonalds, Burger King, KFC, Starbucks) ist ein besonders erfolgreiches Beispiel für die Nutzung von Franchising für die internationale Expansion.

Wachstumsstrategien mit Direktinvestitionen

Bei Wachstumsstrategien mit Direktinvestitionen wird der regionale Marktzugang beziehungsweise das Umsatzwachstum extern durch Mergers & Acquisitions, Beteiligungen oder Joint Ventures erkauft. Zudem kann man hierbei noch den Erwerb eines Gesamtunternehmens von dem Erwerb eines Unternehmensteiles unterscheiden. Letzteres bedeutet, dass zum Beispiel von einer Hotelkette zwei Häuser erworben werden oder von einer Versicherung ein regionaler Makler.

Die klassische Akquisition (M&A) eines Wettbewerbers im Sinne des Investmentbankings bietet sich aufgrund der hohen Kosten und der Komplexität des Akquisitions- und Integrationsprozesses vor allem als alternative Markteintrittsstrategie oder als Wachstumsstrategie eines bereits etablierten Marktteilnehmers an. Unter den hier bestehenden Rahmenbedingungen sollte vor allem der Erwerb von marktorientierten Unternehmensteilen in Betracht gezogen werden. So kann beispielsweise das interne Wachstum einer Restaurantkette durch die Akquisition von Restaurants in Top-Lagen in den Zentren des Auslandsmarktes sowie dem Zugang zu regionalen Ressourcen, Kontakten und Kunden deutlich beschleunigt werden. Mit dieser Akquisitionstechnik wird das Risiko bei der Übernahme einer Gesellschaft (zum Beispiel rechtliche und finanzielle Risiken) deutlich reduziert und man vermeidet den Kauf einer Firma samt zugehöriger Verwaltung. Damit kann mithilfe von Akquisitionen eine interne Wachstumsstrategie beschleunigt werden, ohne die Komplexität deutlich zu erhöhen.

Die Beteiligung unterscheidet sich von der Akquisition in erster Linie durch das Vorhandensein eines oder mehrerer Mitgesellschafter. Bei einer Beteiligung kann zwischen einer Mehrheits-, Gleichheits- (50 : 50-) und Minderheitsbeteiligung unterschieden werden. Dies gilt auch für ein (Equity-)Joint Venture mit dem Unterschied, dass zwei Firmen ein gemeinsames Tochterunternehmen gründen. Die dritte Alternative ist die Vereinbarung einer Allianz beziehungsweise eines (contractual) Joint Venture. Hier liegt die rechtliche Grundlage der Zusammenarbeit in einer vertraglichen Vereinbarung.

Beteiligung, Joint Venture und Allianz folgen unabhängig von ihrer jeweiligen rechtlichen Ausgestaltung einer gemeinsamen Logik. Durch das Eingehen einer Partnerschaft sollen komplementäre Kompetenzen zum beiderseitigen Vorteil gebündelt werden. Durch diese Synergien entsteht ein zusätzlicher wirtschaftlicher Nutzen, der zum Beispiel in einem regionalen Markteintritt, besserer lokaler Akzeptanz, einer Risikominderung oder zusätzlichem Wissen bestehen kann. Diese Vereinbarungen können sich horizontal und vertikal auf alle Teile der Wertschöpfungskette beziehen, von einer Beteiligung an einem Forschungsinstituts für Grundlagenforschung über ein Equity-Joint Venture zum Betrieb einer Einkaufsgesellschaft für Rohstoffe bis zur Vereinbarung einer Vertriebsallianz in einer bestimmten Region. Ein Beispiel für eine weitverbreitete Nutzung von Allianzen in einer Branche sind Fluggesellschaften (Star Alliance, One World). Gemeinsam bieten sie Services und den Zugriff auf ein weltweites Liniennetz an, ohne dass sie hohe eigene Ressourcen in die internationale Marktentwicklung investieren müssen.

Die Wahl des Beteiligungsverhältnisses und die Auswahl des Mitgesellschafters hängen neben aufsichtsrechtlichen Kriterien des jeweiligen Landes von der Unternehmensstrategie und der Verhandlungsposition ab. Auslandsmanager sollten dabei besonders die Kompatibilität von Zielen und Unternehmenskulturen und sich ergänzende Ressourcen prüfen.

Weiterhin sollte er darauf achten, dass eine hohe Bereitschaft vorhanden ist, die Zusammenarbeit weiter voranzutreiben, sowie die strategischen und organisatorischen Kompetenzen zur Weiterentwicklung dieser Zusammenarbeit prüfen. Dies beinhaltet auch den Transfer von Wissen zwischen zwei Unternehmen, was wiederum indirekt zum Aufbau eines Konkurrenten und zum Verlust von Wettbewerbsvorteilen führen kann. Ähnlich wie bei einer Akquisition ist eine Zusammenarbeit kritisch zu prüfen. Beteiligungen, Joint Ventures und Allianzen sind komplexe Konstrukte. Drei Unternehmen (inklusive gemeinsamer Tochter) aus unterschiedlichen Ländern mit verschiedenen Unternehmenskulturen, Strategien, Zielen, Prozessen und Managementstilen müssen sich erst einmal dauerhaft auf eine Strategie festlegen, ohne durch allzu viele Kompromisse Wettbewerbsvorteile und damit auch die Begeisterung an der Zusammenarbeit zu verlieren. Deshalb sollten bereits beim Eingehen einer (zeitlich begrenzten) Zusammenarbeit mögliche Exit-Szenarien erstellt werden.

Allianzen können auch ohne Direktinvestitionen vereinbart werden. Ein klassisches Beispiel sind die so genannten Vertriebsallianzen. Im Rahmen der aktuellen Allfinanzstrategien von Banken und Versicherungen vereinbaren diese horizontale Vertriebsallianzen, das heißt den Verkauf ihrer eigenen Produkte über die jeweiligen Vertriebskanäle. Dabei vermitteln Versicherungsvertreter Bankprodukte beim Kunden zu Hause und umgekehrt Bankkaufleute Versicherungsprodukte am Schalter der Bank. Durch das Cross-Selling weiterer Finanzdienstleistungen sollen die Erlöse pro Kunden erhöht und dieser an das Unternehmen gebunden werden. Die junge, kleine Landesgesellschaft verfügt jedoch noch nicht über einen großen Kundenstamm, der eine derartige Allianz rechtfertigen würde. Ihr Ziel ist es, durch Vertriebsallianzen genau diesen Kundenstamm aufzubauen. Als externes Wachstumsinstrument wären hier Kooperationen mit Unternehmen anderer Branchen, Berufs- und Interessenverbänden geeignet, um deren Kunden oder Mitgliedern die eigenen Produkte zu besonders attraktiven Konditionen oder eine Gegenleistung (zum Beispiel Sponsoring oder Provision) anzubieten. Dies senkt die Kosten der Neukundengewinnung und erhöht den Auslastungsgrad der bestehenden Vertriebsorganisation.

Wachstumsstrategien / Beurteilungskriterien	Lizenz	Franchise	Allianz	Akquisition	Beteiligung	Joint Venture
1. Marktspezifische Faktoren (zum Beispiel aufsichtsrechtliche Beschränkungen, kulturelle Unterschiede)						
2. Branchenspezifische Faktoren (zum Beispiel Markteintrittsschranken, Verfügbarkeit qualifizierter Mitarbeiter und Zulieferer)						
3. Unternehmensspezifische Faktoren (z.B. verfügbare technische, organisatorische, operative und finanzielle Ressourcen)						
4. Projektspezifische Faktoren (z.B. Investions- und Projektrisiko)						

Abbildung 58: Matrix zur Beurteilungsmatrix externer Wachstumsstrategien

Die Auswahl der jeweiligen externen Wachstumsinstrumente (vergleiche Abbildung 58) erfolgt anhand markt-, branchen-, unternehmens- und projektspezifischer Faktoren. In der Praxis dominieren dabei vor allem die Kriterien Ressourcenbedarf und Unternehmenskontrolle (zum Beispiel Einfluss auf Strategie, Prozesse, Patente und Marken), wobei besonders auf eine Kontrolle beziehungsweise Zentralisierung der Marketingpolitik Wert gelegt wird. In Step 4 Marktentwicklung werden in jedem Projekt regelmäßig verschiedene Instrumente gleichzeitig, aufeinander folgend und in unterschiedlichen Kombinationen eingesetzt. Insbesondere Dienstleistungsunternehmen ergänzen eine interne Wachstumsstrategie gerne durch gezielte Akquisitionen, Franchises oder Vertriebsallianzen zum Ausbau der eigenen Marktposition. Der Einsatz externer Wachstumsinstrumente ist somit eine wichtige Fähigkeit bei der Erschließung neuer Märkte und der Verzicht darauf führt vor allem zu Wettbewerbsnachteilen. So treten internationale Konkurrenten, zum Beispiel aufgrund einer Gesetzesänderung, oftmals in enger zeitlicher Folge in einen neuen Markt ein und lösen damit einen Wettbewerb um die beste Marktposition aus. Die Fähigkeit zum flexiblen Einsatz der unterschiedlichsten

Wachstumsinstrumente – inklusive der Integration – ist entscheidend, um als Sieger aus diesem Wettbewerb hervorzugehen.

5.2.3 Integrationsmanagement

Die Professionalität der Integration entscheidet über den Erfolg oder Misserfolg einer externen Wachstumsstrategie. Daher sind erfahrene Mitarbeiter zu Integrationsmanagern zu bestimmen, die über den notwendigen fachlichen, interkulturellen und persönlichen Hintergrund verfügen und den Integrationsprozess strukturiert steuern können. Ansonsten wird das Ziel der Integration, die Zusammenführung der beiden Organisationen zur Verbesserung der gemeinsamen Wettbewerbssituation, abgesehen von Zufallserfolgen nicht erreicht. Dies würde bedeuten, dass auf externe Wachstumsstrategien zu verzichten ist.

Die Deutlichkeit dieser Worte ist beabsichtigt. Zwar erhalten die Geschäftsleitung der Landesgesellschaft und die Stabsabteilung Ausland während der Akquisitionsphase noch große Unterstützung, aber nach Abschluss der Transaktion stehen sie meistens alleine da. Für die Holding ist das Projekt abgeschlossen und die Integration ist nun Aufgabe der Landesgesellschaft. Aufgrund dessen empfiehlt es sich unbedingt, ein Integrationskonzept bereits während der Akquisitionsphase zu verabschieden, um schnell und mit klaren Rahmenbedingungen mit der eigentlichen Integration beginnen zu können. Ansonsten besteht die Gefahr langwieriger Abstimmungsprozesse, von Machtspielen und Meinungsunterschieden, die den gesamten Integrationsprozess stark behindern.

Entwicklung eines Integrationskonzepts

Die Entwicklung eines Integrationskonzeptes beinhaltet die Definition der Integrationsziele und die Organisation der Integration. Letztere unterscheidet sich in die Ablauforganisation, das heißt das Aufstellen des Integrationsplans, sowie die Bestimmung der Integrationsgeschwindigkeit und des Integrationsgrades und der Aufbau des Integrationsteams. Die Integrationsziele sind zu beschreiben, zu bewerten und in eine Rangfolge zu bringen (vergleiche Tabelle 41). Im Beispiel des Finanzdienstleisters liegt die Priorität eindeutig auf der Sicherstellung der Handlungsfähigkeit der Gesellschaft und der Bindung der wichtigsten Kundenberater und Mitarbeiter. Denn die Qualität und Quantität der Kundenberater bestimmen maßgeblich den Wert der Gesellschaft und das Akquisitionsziel ist externes Wachstum. Ist dies gelungen, werden zunächst die Kunden auf die neue Gesellschaft übertragen und dann gemeinsam Synergiepotenziale genutzt.

Integrationsziele	Beschreibung	Bewertung	Priorität
Sicherstellung der Handlungsfähigkeit der Gesellschaft	• Klare Definition der Aufbau- und Ablauforganisation und der Stellenbesetzungen • Schnelle Integration der Finanzbereiche und der IT-Systeme zur Sicherstellung eines effizienten Controllings und einer einheitlichen Datenbasis	Klare Organisation, Daten zur Unternehmenssteuerung vorhanden	A
Nutzung von Wachstums- und Synergiepotenzialen	• Zusammenlegung Einkauf, Vertrieb, Finanzen und Verwaltung • Überprüfung der Effizienz aller Abteilungen entlang der Wertschöpfungskette	Reduktion der Verwaltungskosten, Umsatzsteigerung	C
Bindung von Mitarbeitern und Sicherstellung des Wissenstransfers	• Entwicklung eines Kommunikationskonzepts • Schaffung eines Anreizsystems zur Bindung und zum Wissenstransfer • Aufbau von Karriereperspektiven • Harmonisierung der Unternehmenskulturen	Geringe Fluktuationsquote, positive Einstellung, hohe Motivation	A
Bindung von Kunden und Stärkung des Marktauftritts	• Entwicklung eines Kommunikationskonzepts • Transfer der Kunden-Portfolios (IT-Problem) • Durchführung einer (lokalen) Werbekampagne	Geringe Fluktuationsquote, Steigerung der Bekanntheit im lokalen Markt	B

Tabelle 41: Integrationsziele am Beispiel von zwei Vertriebsorganisationen

Aufbauend auf den Zielen kann nun der Projekt- beziehungsweise Integrationsplan erstellt werden. Hierzu ist es notwendig, den Integrationsgrad zu bestimmen (vergleiche Abbildung 59). Ausgehend von unserem Beispiel bestehen aufgrund des weitgehend identischen Geschäftsmodells hohe Synergiepotenziale in allen Unternehmensbereichen entlang der Wertschöpfungskette. Dies spricht grundsätzlich für eine vollständige Integration der Gesellschaft, das heißt eine Absorption. Die Bindung von Kundenberatern beruht jedoch unter anderem auf den persönlichen Kontakten mit den eigenen Ansprechpartnern und dem Unternehmen. Bei einer Absorption droht aber der Verlust von beidem. Dies ist ausschließlich durch finanzielle Anreize nicht zu kompensieren. Aufgrund dessen ist der Erhalt vertrauter persönlicher Ansprechpartner in der Organisation und dem Integrationsteam zu gewährleisten.

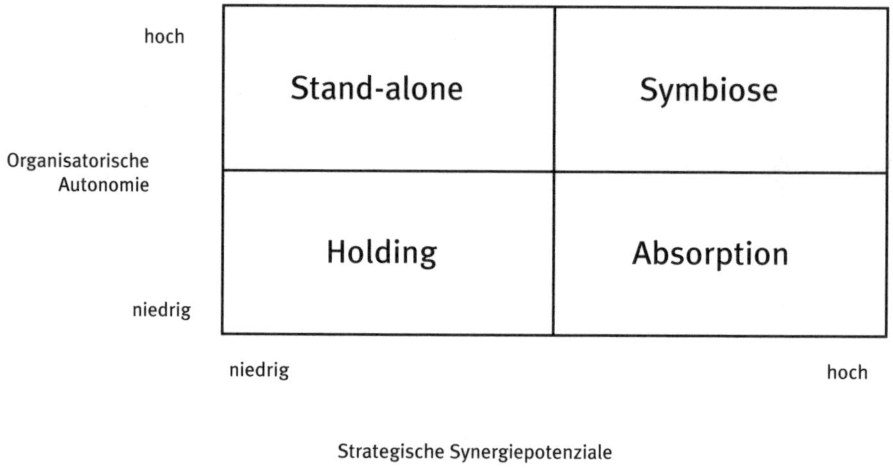

Abbildung 59: Bestimmung des Integrationsgrades

Die Integrationsgeschwindigkeit ist ein weiterer wichtiger Eckpunkt des Integrationsplans. Sie hängt von der Erfahrung des Integrationsteams und den verfügbaren Ressourcen ab. Grundsätzlich ist die revolutionäre, das heißt eine hohe Integrationsgeschwindigkeit, von einem evolutionären Vorgehen zu unterscheiden (vergleiche Tabelle 42). Tendenziell ist die Integrationsgeschwindigkeit zum Beispiel in den Bereichen Finanzen (Führungsinstrumente), IT (gemeinsame Datenbasis) und Personal (Verträge, Vergütungspolitik) deutlich höher als im Vertrieb. Dies bedeutet, dass die Integrationsgeschwindigkeit von Abteilung zu Abteilung unterschiedlich ist. In unserem Beispiel ist aufgrund der Integrationsziele eine revolutionäre Integration des gesamten Back-Office zu empfehlen, um

Doppelarbeiten und langwierige Übergangsregelungen zu vermeiden. Im Gegensatz dazu wird die Vertriebsorganisation evolutionär integriert, um bestehende Kundenverbindungen, die Servicequalität sowie die Umsatzentwicklung nicht zu gefährden und um bestehende Mitarbeiter zu binden. Diese Regelungen sind in einem Integrationskonzept, dem entsprechenden Projektplan, mit Aktivitäten, Zeiten und Ressourcen klar zu definieren, um langwierige Diskussionen und das Aufkommen von Ausnahmeregelungen zu vermeiden. Darüber hinaus sind realistische Zeiten zu kalkulieren. Vermeintliche Kleinigkeiten wie beispielsweise verspätete Zusendungen von Verkaufsförderungsmaterialien, fehlende Informationen und Ansprechpartner oder lange Reaktionszeiten auf E-Mails oder Anrufe führen sehr schnell zu Demotivation und Frustration, was sich unmittelbar auf die Umsatzerlöse auswirken wird.

Mit der Festlegung der Ziele, dem Integrationsgrad und der Integrationsgeschwindigkeit sind die wichtigsten Rahmenbedingungen des Integrationskonzepts definiert. Für die Durchführung der Integration ist nun ein Team aufzubauen. Dieses wird durch einen Integrationsmanager geleitet und besteht aus Mitarbeitern beider Organisationen. An alle Teammitglieder werden hohe Anforderungen gestellt: Sie müssen sich mit der Transaktion identifizieren, eine hohe Akzeptanz im Unternehmen haben, fachlich und sozial kompetent und belastbar sein sowie über ausgeprägte Kenntnisse ihres Fachgebietes, des Marktes und Integrationserfahrung verfügen. Idealerweise integrieren die betroffenen Führungskräfte ihre Abteilungen selbst, was natürlich eine sehr schnelle Personalentscheidung voraussetzt.

Der Integrationsmanager muss ein ausgesprochener Integrationsprofi sein. Falls diese Kompetenz im Unternehmen nicht vorhanden ist, sollte diese Position durch einen externen Berater ausgefüllt werden. Dieser kann darüber hinaus auch als eine Art Schlichter bei Fragen zu Personal und IT fungieren. Der Integrationsmanager sollte direkt an die Unternehmensleitung berichten und über die notwendigen Entscheidungskompetenzen verfügen. Oftmals scheitert eine Integration – wie auch viele andere Projekte – vor allem an den unklaren Kompetenzen. Langwierige Entscheidungswege, Unklarheiten und Meinungsverschiedenheiten können besonders einen revolutionären Integrationsprozess stark entschleunigen. Damit droht das Projekt aus dem Ruder zu laufen und der Integrationsmanager wird verantwortlich gemacht. Insbesondere bei internationalen Integrationsprojekten mit ihrer höheren, interkulturellen Komplexität ist mit deutlichen Verzögerungen und zusätzlichen Kosten zu rechnen. Diese sind unbedingt in den Projektplan zu integrieren.

Vorteile einer revolutionären Vorgehensweise	Vorteile einer evolutionären Vorgehensweise
Nach der Integration erfolgt schnell die sofortige Ausrichtung aller Ressourcen auf den Markt.	Durch bessere Daten und die Einbindung einer Vielzahl von Mitarbeitern ist eine bessere Vorbereitung der Entscheidung möglich.
Unsicherheit (Führungsstrukturen, Kompetenzen) während der Integrationsphase wird vermieden.	Die Lern- und Anpassungsfähigkeit möglichst vieler Mitarbeiter wird genutzt.
Am Anfang ist stets eine höhere Akzeptanz für Veränderungen vorhanden.	Die Auswirkungen von Entscheidungen und die Reaktionen der betroffenen Personen darauf können zu Korrekturen und zur Anpassung des Projektplans führen.
Eine rasche Nutzung der Synergie- und Wachstumspotenziale ist möglich.	Es ist ausreichend Zeit, um Personalentscheidungen richtig zu treffen und um Widerstände abzubauen.

Tabelle 42: Vorteile von revolutionärer und evolutionärer Integrationsgeschwindigkeit

Durchführung der Integration

Ausgehend von den Integrationszielen sind die Themen der Checkliste in Tabelle 42 gemäß des Integrationskonzepts abzuarbeiten. Mit höchster Priorität ist zunächst die Handlungsfähigkeit der Gesellschaft sicherzustellen. Der erste Schritt hierzu ist die Restrukturierung der Aufbau- und Ablauforganisation. Der Aufsichtsrat hat so schnell wie möglich zu entscheiden, wer welche Aufgaben, Kompetenzen und Verantwortungen hat. Dies beinhaltet unter anderem die Verabschiedung des Organigramms (inklusive einheitlicher Titel und Funktionsbeschreibungen), der Geschäftsordnung sowie der Stellen-, Planungs- und Prozessbeschreibungen. Wichtig sind hierbei Klarheit, eine hohe Identifikation aller beteiligten Personen mit der neuen Struktur und die Einbeziehung der Landeskultur im Hinblick auf Führungsstil und -struktur. So wird eine teamorientierte Führungsorganisation in einem Land mit hoher Machtdistanz und handelsrechtlich zentralisierten Entscheidungsprozessen unmittelbar zu Differenzen führen, die den Erfolg des gesamten Integrationsprozesses gefährdet. In einem solchen Fall würde sich die Landesgesellschaft auf absehbare Zeit vor allem mit sich selbst und nicht mit dem Markt beschäftigen. Die Anpassung der Ablauf- und Aufbauorganisation ist in Abhängigkeit des Integrationsgrades (vergleiche Tabelle 44) vorzunehmen. Allerdings sollte selbst im Falle einer Absorption aus Stabilitätsgründen auf allzu große Veränderungen verzichtet werden.

Thema	Erläuterung	Integrationsziel
Auf- und Ablauforganisation	• Restrukturierung des Organigramms (inkl. der Stellenbeschreibungen) wie zum Beispiel die Zusammenlegung von Abteilungen (zum Beispiel Finanzen, Recht) • Anpassung der Prozesse	Sicherstellung der Handlungsfähigkeit
Unternehmenskultur	• Messung der Kulturunterschiede und Definition gemeinsamer Werte und einer gemeinsamen Kultur • langfristige Überbrückung der Unterschiede durch organisatorische sowie kommunikations- und personalpolitische Tools	Bindung von Mitarbeitern
Personal	• Personalbedarfsplanung (Beschaffung oder Freisetzung) • Vereinheitlichung der Beurteilungs-, Entwicklungs- und Vergütungsinstrumente • Entwicklung von Anreizsystemen zur Bindung von Mitarbeitern während der Integration	betrifft alle Integrationsziele
IT-Systeme	• Entscheidung für eine Soft- und Hardware • Entwicklung einer Umsetzungsstrategie, von Übergangslösungen, Vorbereitung der Datenmigration und Abschaltung der Altsysteme	Betrifft alle Integrationsziele
Interne und externe Informations- und Kommunikation	• Entwicklung von Zielen und Strategien • Definition von Kommunikationsrichtlinien, -inhalten und -abläufen • Auswahl von Kommunikationsmedien, -instrumenten und -trägern	Bindung von Kunden und Mitarbeitern Sicherstellung der Handlungsfähigkeit

Wissensmanagement	• Wissensidentifikation, -sammlung, -analyse, -zuteilung und -nutzung	betrifft alle Integrationsziele
Branding	• Entwicklung eines Markenintegrationskonzepts (Mono-, Dach- oder Neumarkenstrategie)	betrifft vor allem den Auftritt nach außen, ist auch Zeichen der Unternehmenskultur
Kundenmanagement	• Information der Kunden • Migration der Kundendaten • Sicherstellung einer hochwertigen Kundenbetreuung während der Integrationsphase	Bindung von Kunden und dadurch auch der betreuenden Mitarbeiter

Tabelle 43: Checkliste zur Durchführung der Integration

	Hoher Integrationsgrad	**Niedriger Integrationsgrad**
Ablauforganisation	Neugestaltung oder Übernahme von Prozessen	getrennte Optimierung der Prozesse, Austausch von Wissen
Führungsstruktur/-stil	Vereinheitlichung	fakultative, evolutionäre Vereinheitlichung
Organisationsstruktur	Reorganisation (Beispiel: eine Buchhaltung)	Koppelung (Beispiel: zwei Vertriebsorganisationen)
Entscheidungsfindung/Arbeitsteilung	zentral	dezentral

Tabelle 44: Organisatorische Integration in Abhängigkeit vom Integrationsgrad

Die nächste Aufgabe zur Sicherstellung der Handlungsfähigkeit des Unternehmens ist die Kontaktaufnahme mit den jeweiligen Aufsichtsbehörden. Dies sollte so schnell wie möglich erfolgen, um durch den Aufbau von Vertrauen mögliche aufsichtsrechtliche Verzögerungen zu vermeiden. Ziel ist dabei unter anderem die Kommunikation der Veränderungen, die Vorstellung der verantwortlichen Personen und des neuen Business-Plans (zum Beispiel Geschäftsmodell, Finanzplan, Umgang mit Kunden) sowie die Beantragung eventuell zusätzlich notwendiger Lizenzen und Genehmigungen. Aus deutscher Sicht mag dies überraschen. In den meisten Kulturen kommunizieren jedoch die verschiedenen Gesellschaftsbereiche wie Politik, Wirtschaft, Wissenschaft und (Aufsichts-)Behörden viel enger miteinander. Eine Integration in den Markt bedeutet auch eine entsprechende Anpassung an das Kommunikationsverhalten. Handlungsfähigkeit bedeutet auch die Verfügbarkeit von Informationen zur Entscheidungsvorbereitung. Dies erfordert die Integration beider Finanzabteilungen und den Aufbau einer gemeinsamen Datenbasis beziehungsweise eines IT-Systems. Damit ist das erste Ziel, die so genannte Business-Continuity, erreicht, das heißt der Fortbestand der Gesellschaft ist gesichert.

Sobald die Handlungsfähigkeit des Unternehmens sichergestellt ist, sollte alle Energie auf den Unternehmenserfolg gerichtet werden. Ausgehend von den jeweiligen unternehmens- und branchenspezifischen Treibern der Wertschöpfung sind nun die Basis und das Potenzial für zusätzliches Wachstum aufzubauen. Eine marktgetriebene externe Wachstumsstrategie fokussiert somit vor allem auf die Integration des Kundenportfolios, die betreuende Vertriebsorganisation (Verkaufsstandorte und -berater) sowie deren Wissen (zum Beispiel Kundenkontakte und Wissen über Kunden). Weil in vielen Kulturen und Branchen das Vertrauen und das persönliche Verhältnis zwischen Kunden und Beratern entscheidend für die Bindung beider Zielgruppen ist, ist es nun Aufgabe des Integrationsmanagers, mithilfe der Abteilungen Personal, Vertrieb, Marketing und IT die Vertriebsorganisation zu integrieren. Dies bedeutet, dass jeder Kundenberater arbeitsrechtlich integriert wird sowie die notwendigen Informationen, Instrumente und Fähigkeiten hat, um seine Tätigkeit auszuüben. Im Einzelnen sind folgende Schritte zu unternehmen:

- Die Personalabteilung stellt die rechtliche Integration sicher (zum Beispiel Revision der Verträge, Vergütungs- und Anreizsysteme sowie Aktualisierung der Personalakten).
- Die Vertriebsleitung stellt die organisatorische Integration sicher (zum Beispiel Durchführung von Ausbildungsveranstaltungen zu Vertriebs- und Aktivitätensteuerung, Produkten, Verkaufstechniken, Motivation und Vertriebsprozessen).
- Das Marketing stellt alle Verkaufsförderungsinstrumente zur Verfügung (zum Beispiel neue Visitenkarten, Broschüren, Präsentationen, Give-aways, Außenwerbung und Kundenbriefe zur Kommunikation der Veränderungen).
- Die IT stellt die technische Integration sicher (zum Beispiel E-Mail, Zugang zu den Kundendaten und Unternehmensinformationen via Intranet).

Durch den Einsatz all dieser Instrumente erfolgt schrittweise die Integration in die neue Unternehmenskultur. So finden sich beispielsweise Werte wie Leistungsorientierung in hohen variablen Vergütungsbestandteilen und Anreizsystemen oder Kundenorientierung in einer kundenfokussierten Gestaltung der Prozesse, der Kundenkommunikation und der Produktpolitik wieder. Eine weitere wichtige Rolle spielt die Marke. Sie integriert alle Mitarbeiter unter einer gemeinsamen Vision, Mission, Kultur, Positionierung und Werten.

Das zweite Integrationsziel ist somit erreicht: Eine möglichst große Anzahl der qualifizierten Verkaufsberater und attraktiven Kunden konnte in das funktionierende Geschäftsmodell integriert werden. Damit ist die Basis für zusätzliches, profitables Umsatzwachstum und die Refinanzierung der externen Wachstumsstrategie gelegt.

Im letzten Integrationsschritt sind die vorhandenen Synergie- und Wachstumspotenziale umzusetzen. Das erste Einsparungspotenzial wurde bereits im Back-Office realisiert, weil beide Vertriebsorganisationen nun gemeinsam eine Abwicklungsplattform nutzen. Parallel dazu sind im Zuge der Integration alle Prozesse anhand ihres Wertbeitrages zu optimieren. Dies sollte mit Unterstützung des Integrationsmanagers von dem Abteilungsleiter, der im Organigramm festgelegt ist, umgesetzt werden.

In dem Integrationsabschlussbericht ist – ähnlich wie in einem Projektabschlussbericht – die Zielerreichung zu überprüfen sowie entsprechende Erfahrungen und erworbenes Wissen festzuhalten. Die Kompetenz in der Umsetzung externer Wachstumsstrategien erweitert das Instrumentarium der Geschäftsleitung um einen wichtigen Bestandteil zur Erreichung der angestrebten Marktposition.

5.3 Task 3: Desinvestitionsstrategien

Am Ende eines jeden Steps muss sich das Management die Frage stellen, ob das Markteintrittsprojekt fortgesetzt werden soll oder ob ein Abbruch des Markteintrittsprojekts (Exit) durchgeführt wird. Die Gründe hierzu müssen nicht unbedingt eine Fehleinschätzung der Projektleitung sein, sondern finden sich meistens in veränderten Marktbedingungen (zum Beispiel Veränderung der politischen und rechtlichen Rahmenbedingungen) oder einer Neuausrichtung der Unternehmensstrategie (Beispiel Fokussierung auf Kernmärkte). Unabhängig von den Gründen stellt sich nun die Frage, was mit der neuen Landesgesellschaft geschehen soll. Ein Ausstieg während der Steps 1 bis 3 bedeutet in der Regel die Liquidation der Gesellschaft. Diese Möglichkeit besteht auch noch in Step 4. Allerdings bieten sich aufgrund des funktionierenden Geschäftsmodells und der ersten positiven Cashflows Alternativen, die den Erhalt des Unternehmens sicherstellen (Beispiel Verkauf an Wettbewerber).

Der Exit wird in der Praxis oft als letzte Möglichkeit angesehen und meistens als ein Scheitern des Markteintrittsprojektes interpretiert. Diese

Auffassung ist – auch wenn sie nahe liegend erscheint – zu korrigieren, denn ein Ausstieg ist unter bestimmten Umständen die wirtschaftlich sinnvollste Alternative. Das Exit-Management selbst ist unbeliebt, unstrukturiert, komplex und in der Praxis voller unerwarteter Herausforderungen. Hier kann man kaum gewinnen. Außerdem baut natürlich jeder Mensch lieber auf als ab. Trotzdem erfordert ein Ausstieg nicht nur aufgrund seiner wirtschaftlichen Bedeutung ein hoch professionelles Management und gehört zum Werkzeugkasten jedes Auslandsmanagers. Mit dem Ausstieg ist die Unternehmenspräsenz im Markt definitiv beendet. Dies bedeutet aber trotzdem, dass der Markt weiter beobachtet wird und unter veränderten Rahmenbedingungen ein neuer Markteintritt eventuell doch wieder möglich ist.

5.3.1 Entwicklung von Exit-Szenarien während des Managementprozesses

Eine fundierte und realistische Planung ist für die zielgerichtete und funktionierende Steuerung des gesamten Prozesses *Company2new:market* von wesentlicher Bedeutung. Der Projektplan hat in diesem Zusammenhang die Funktion einer Landkarte, die es erlaubt, kritische Ereignisse zu definieren und das Abweichen vom richtigen Weg möglichst frühzeitig festzustellen. Für jeden einzelnen Prozessschritt werden dabei so genannte Meilensteine (Projektteilziele) definiert. Um die Erreichung dieser Projektteilziele kontrollieren zu können, ist mit der Fertigstellung jedes Prozessschrittes, das heißt innerhalb der einzelnen Phasen des Managementprozesses *Company2new:market,* jeweils ein Vergleich zwischen Ist- und Soll-Zustand notwendig. Der Lenkungsausschuss sollte sich auf der Grundlage dieser Analyseergebnisse immer die weitere Vorgehensweise überlegen, um eventuell vorhandene Lücken mittels verschiedener Lösungs- oder Ausweichszenarien zu schließen oder im Falle des Eintretens eines Worst-Case den Ausstieg aus dem Projekt (Desinvestitionsstrategie) mit geeigneten Exit-Strategien vorzubereiten (siehe Abbildung 60).

Die Alternativen beziehungsweise die möglichen Vorgehensweisen sind:

- die Fortführung des geplanten Weges gemäß Projektplan trotz erkannter Verzögerungen oder dem Nichterreichen der Meilensteine (Ergebnis, Zeit, Aufwand),
- die Nutzung von Alternativ-Szenarien beziehungsweise »Schubladenplänen« (Plan B), um den erkannten kritischen Projektpfad zu verlassen, sowie
- ein völliger Ausstieg aus dem Projekt.

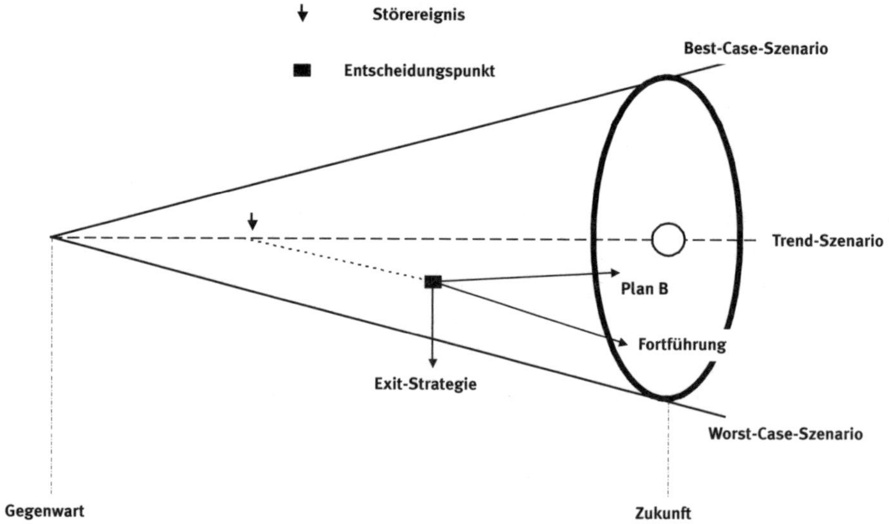

Abbildung 60: Entwicklung von Exit-Strategien

Der komplette Ausstieg bedeutet die Beendigung des Projektes beim Eintritt besonders ungünstiger externer und interner Faktoren, wie zum Beispiel neuer Gesetze, die das Geschäftsmodell unrentabel werden lassen. Hierzu müssen Abwicklungsszenarien entworfen und die Ausstiegskosten berechnet werden, die eine Redimensionierung der Auslandsvertretung oder den Gesamtausstieg mit allen entscheidenden Konsequenzen (wie zum Beispiel das Image bei börsennotierten Gesellschaften) darlegen. Die Notwendigkeit zur Erstellung von Exit-Szenarien erwächst auch aus den Investitionsstrategien von Anteilseignern und Aktionären, denn wenn die Investoren kein Exit-Szenario erkennen, stellen sie die Investitionen in der Regel zurück. Schließlich verdienen die Investoren nur dann an einer Beteiligung, wenn der Wert des Unternehmens zwischen dem Zeitpunkt der Beteiligung und dem Zeitpunkt der Veräußerung der Anteile gestiegen ist. Für die Investoren steht deshalb die Steigerung des Unternehmenswertes an oberster Stelle.

5.3.2 Aufbau von Handlungsalternativen für den Exit

Neben der bereits genannten Liquidation, die auf die Aufgabe der Gesellschaft hinausläuft, bietet sich vor allem der vollständige Verkauf – und damit meistens der Erhalt – der Landesgesellschaft an. Dabei erwirbt der Käufer die Anteile des Zielunternehmens (so genannter Share-Deal) gegen Anteile am eigenen Unternehmen, Sicherheiten oder Bargeld. Als

Alternative bietet sich auch ein Asset-Deal an. Hier erwirbt der Käufer eine Auswahl von Vermögensgegenständen der Gesellschaft. Letzteres ist manchmal aus steuerlichen (höhere Abschreibungen), finanzierungstechnischen (Refinanzierung und Besicherung) und Imagegründen (Was passiert mit dem Markennamen?) sinnvoll. Mit dem Verkauf der Gesellschaft erfolgt eine vollständige rechtliche Trennung.

Aufgrund der geringen Größe der Landesgesellschaft kommt vor allem ein Verkauf an das Management oder einen Wettbewerber in Betracht. Bei einem Verkauf an das Management spricht man entweder von einem Management-Buy-out (Übernahme durch das bestehende Management) oder von einem Management-Buy-in (Kauf durch externe Manager). Letzteres bietet sich vor allem dann an, wenn die bestehende Unternehmensleitung nicht die notwendige Qualifikation aufweist oder ihnen die dazu notwendigen finanziellen Mittel nicht zur Verfügung stehen. In der Praxis kommt es meistens zu Mischformen. Ein bestehender Manager kauft die Gesellschaft mithilfe externer Investoren (Private Equity) und Manager. Finanziert er den Erwerb vor allem über Fremdkapital, spricht man von einem Leveraged Buy-out (LBO). Da sich der Auslandsmanager mit dem Verkauf eine zeitaufwändige, teure und lästige Liquidation erspart, ist er in der Regel gerne zu weiteren Zugeständnissen bereit, wie beispielsweise die Übernahme von Schulden (Markteintrittskosten), Kooperationen, um die Konditionen von Zulieferern zu halten, die Nutzung von IT-Systemen oder die Unterstützung beim Erhalt der Lizenz.

Eine weitere interessante Alternative ist der Verkauf an einen möglichst lokalen Wettbewerber. Mit der Vertragsunterzeichnung gehen alle Rechte und Pflichten auf diesen über. Damit kann der Auslandsmanager seine Ressourcen schnell wieder auf neue Märkte richten und hat nicht zu befürchten, dass Kompetenzen und Wissen bei einem der großen Konkurrenten landen.

5.3.3 Durchführung des Exit-Prozesses

Für die Durchführung des Ausstiegs ist es schwierig, einen klaren Prozess zu definieren. So unterschiedlich wie die Gründe des Ausstiegs sind auch die Ziele und Handlungsalternativen des Managements. Generell empfiehlt sich ein Vier-Phasen-Modell (vergleiche Abbildung 61). Die Gründe für einen Ausstieg können zum Beispiel Probleme in der Landesgesellschaft, Marktveränderungen, die die Zukunftsaussichten des Geschäftsmodells deutlich verschlechtern, eine Neuausrichtung der Unternehmensstrategie, ein Kaufangebot oder fehlende Ressourcen für den weiteren Ausbau der Marktposition sein. So kann zum Beispiel die Gelegenheit zu einer Akquisition in einem anderen attraktiveren Markt zu einer Re-Allokation der Ressourcen führen, die letztendlich den Bestand der jungen Landesgesellschaft dauerhaft beinträchtigen. Da es sich hierbei um ein politisch sensibles Thema handelt, können sich aufgrund von unterschiedlichen Zuständigkeiten oder zur Vermeidung von Konflikten kommunikative Barrieren ergeben. Letztendlich muss sich ein Manager dieses Themas annehmen und den Exit-Prozess anstoßen.

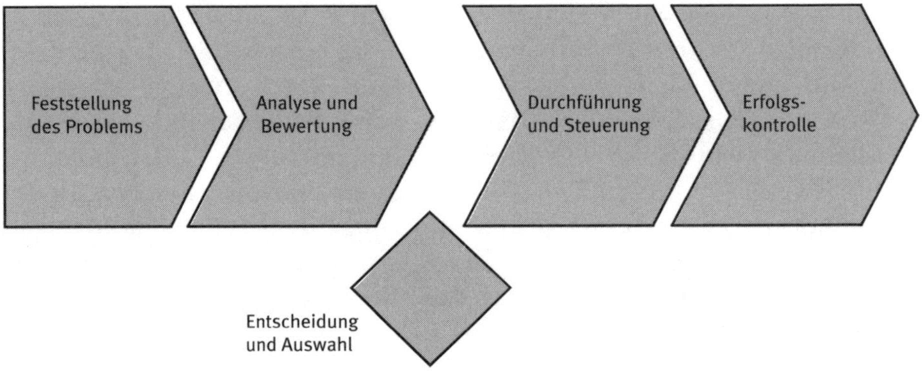

Abbildung 61: Exit-Prozess

In einer genauen Analyse ist dann zu prüfen, ob der Exit wirklich das geeignete Mittel ist oder ob es nicht bessere Lösungsalternativen gibt. Hierzu wird eine Task-Force gebildet, die aus Mitgliedern des Top-Managements, Spezialisten der zentralen Stabsabteilungen und gegebenenfalls externen Beratern besteht. Neben einer finanzwirtschaftlichen Analyse, in der die tatsächlichen Ergebnisse mit den Planungen verglichen und ergänzende Investitionsrechnungen und eine Unternehmensbewertung angestellt werden, wird mit der SWOT-Analyse aus einer internen und externen Perspektive untersucht, ob die Landesgesellschaft weiterhin in das strategische Unternehmenskonzept passt. Zusätzlich sind indirekte Effekte und Wechselwirkungen mit anderen Unternehmensteilen zu überprüfen. Mit der Bewertung wird eine Handlungsalternative vorgeschlagen und eine Entscheidung getroffen.

Mit der Entscheidung für den Exit beginnt die Durchführung. Die Verkaufsvorbereitungen sollten die nachstehenden Aspekte beinhalten:

- *Erstellung eines Kommunikationskonzepts:* Kommunikation ist in einem Exit-Prozess erfolgskritisch. In einem Konzept ist genau zu definieren, wann und wie die internen und externen Adressaten über die geplanten Veränderungen informiert werden. Kommunikationsziel ist der Abbau von Unsicherheiten und die Gewinnung von Akzeptanz und Unterstützung bei allen Beteiligten. Eine wichtige Rolle spielt dabei das Management der Landesgesellschaft, die für eine loyale und motivierende Begleitung dieses Prozesses zu gewinnen sind.

- *Separation der Landesgesellschaft vom Konzern:* Die Landesgesellschaft ist in der Regel in einer eigenen, selbstständigen Gesellschaft organisiert. In dem Separationsprozess ist vor allem zu entscheiden, welche Mitarbeiter und Vermögensgegenstände in der Landesgesellschaft verbleiben beziehungsweise in den Konzern zurückgeholt werden.
- *Prüfung der Stand-alone-Fähigkeit:* Die Prüfung der Stand-alone-Fähigkeit beinhaltet das Vorhandensein der notwendigen Lizenzen, Patente und Genehmigungen, die Überprüfung der Geschäftsbeziehungen zu den Konzerngesellschaften und gegebenenfalls die Festlegung von marktkonformen Verrechnungspreisen für den bisher internen Leistungsaustausch. Ziel sollte dabei der Erhalt der Werthaltigkeit des Objektes sein.
- *Durchführung diverser Aufwertungsmaßnahmen:* Bei Bedarf können diverse (nicht-)bilanzwirksame Aufwertungsmaßnahmen wie die Zuführung von Kapital oder der Abbau von Schulden durchgeführt werden. Ziel dieses abschließenden Vorbereitungsschrittes ist es, die Attraktivität und Verkäuflichkeit der Landesgesellschaft zu steigern.

Nun beginnt die Suche nach möglichen Käufern. Neben internen Kandidaten wie dem bestehenden Management kommen besonders Wettbewerber in Frage, die bereits in dem Land tätig sind oder auf eine Markteintrittsgelegenheit warten. Für beide Zielgruppen ist ein Kauf attraktiv. Für die einen ist es eine externe Wachstumsmöglichkeit, mit der sich schneller Effektivitäts- und Effizienzvorteile realisieren lassen. Für die anderen ist es eine deutliche finanzielle und zeitliche Ersparnis. Beide Zielgruppen werden vor allem am Kundenstamm, dem Vertrieb und dem Wissen über das Geschäftsmodell interessiert sein. Die Daten zu möglichen Käufern sollten sich in der Wettbewerberdatenbank finden, die in Step 1 Marktauswahl erstellt wurde. Für den Auslandsmanager ist es neben der Erzielung eines möglichst hohen Verkaufspreises sicherlich wichtig, unangenehme juristische und wirtschaftliche Folgen zu vermeiden, möglichst wenig unternehmensinternes Wissen an Wettbewerber abzugeben, die Ressourcen schnellstmöglich auf andere Projekte zu verteilen und die Landesgesellschaft an einen stabilen Investor zu übergeben. Nach der Abwicklung des Verkaufs wird der Auslandsmanager mithilfe von Balanced Scorecards, Investitionsrechnungen und in einem Projektabschlussbericht überprüfen, ob die geplanten Ziele erreicht wurden, und die gewonnenen Erfahrungen für weitere Projekte zugänglich machen.

5.4 Task 4: Handover-Management

Der letzte Task des strategischen Managementprozesses *Company2new:market* ist die vollständige Projektübergabe an das Management der Auslandsgesellschaft. Die Stabsabteilung Ausland/New Markets übergibt die operative und strategische Verantwortung an das Management der Landesgesellschaft, beendet die operative Projektarbeit und gibt die beteiligten Ressourcen frei. In einem klassischen Projektabschlussbericht werden die wesentlichen Vorgänge, der Projektumfang und die gewonnenen Erfahrungen und Erkenntnisse abschließend dokumentiert. Insbesondere wird das erworbene Wissen allen interessierten Personen und Abteilungen, die auch in Zukunft mit der Landesgesellschaft in Arbeitsbeziehungen stehen, zur Verfügung gestellt. Zusätzlich erfolgt ein Ergebnis-Controlling des Gesamtprojektes. Ein wichtiger Teil davon ist eine Nachkalkulation hinsichtlich des Zeit- und Ressourcenverbrauchs, um die Planungsgenauigkeit für Folgeprojekte zu erhöhen.

Entscheidendes Kriterium für das Handover-Management ist die Prüfung der Stand-alone-Fähigkeit der Landesgesellschaft. Anhand einer Checkliste, wie sie beispielhaft in Tabelle 45 aufgeführt ist, werden die wichtigsten Kriterien überprüft. Hierbei konzentriert man sich vor allem auf die Fähigkeit des Managements, die sich schrittweise etablierende Landesgesellschaft selbstständig zu führen. In der Praxis wird man zwei klare Tendenzen erkennen: Das lokale Management neigt zu einem schnellen Handover, während die Projektleitung ihr »heranwachsendes Kind« nur ungern abgibt.

Beurteilungskriterium	Positiv	Neutral	Negativ
Qualifikation, Erfahrung und Vollständigkeit der Geschäftsführung, des Aufsichtsrates und der zweiten Führungsebene		X	
Dauerhafte Tragfähigkeit und Annahme des Geschäftsmodells im Zielmarkt	X		
Vorlage aller notwendigen Lizenzen und Genehmigungen durch die Aufsichtsorgane	X		

Stabiles externes und internes Umsatzwachstum während der Marktentwicklungsphase (Beispiel Neukundenwachstum)		X	
Steigerung der Profitabilität durch das Erreichen des operativen Break-even-Punktes		X	
Vorhandensein von Mindestgrößen bei Umsatz, Qualität, Kunden, Standorten	X		
Einführung der Kontrollinstrumente Risiko-, Qualitätsmanagement, Controlling und der internen Revision		X	

Tabelle 45: Beispiel für eine Checkliste zur Beurteilung der Stand-alone-Fähigkeit einer Landesgesellschaft

Eine weitere wichtige Aufgabe ist der Prozess der »Localization of Management«, das heißt der Besetzung von Managementpositionen durch lokale Führungskräfte. Durch die Repatriierung der Expatriates lassen sich erhebliche Personalkosten einsparen und eventuell vorhandene Probleme bezüglich der Marktakzeptanz oder des Vertrauens gegenüber ausländischen Unternehmen und deren Managern, Mitarbeitern und Beratern überwinden, die in bestimmten Ländermärkten durchaus nicht zu unterschätzende Barrieren (zum Beispiel bei Verhandlungen mit Behörden) in der Marktdurchdringung und damit in der Generierung von Gewinnen zur Folge haben können. Des Weiteren lässt sich die Notwendigkeit zur Entwicklung eines lokalen Managements auch mit den besseren Markt-, Branchen-, Kunden- und Kulturkenntnissen sowie Kontakten einheimischer Mitarbeiter begründen. Nicht zuletzt stellt die Aussicht auf Top-Positionen im Unternehmen bei den Locals auch einen wichtigen Motivationsaspekt dar, der zu neuen Bestleistungen beflügeln und einer Abwanderung qualifizierter Fachleute vorbeugen kann.

Vor diesem Hintergrund müssen die Entwicklung und die schrittweise Besetzung strategisch bedeutender Positionen in der neuen Auslandsgesellschaft mit lokalen Managern von Anfang an durch entsprechende Personalentwicklungskonzepte geplant und konsequent umgesetzt werden. So wird der Einsatz lokaler Führungskräfte und Kundenberater im Vertrieb besonders schnell erfolgen. Sie haben das Vertrauen der Kunden und die entsprechenden Marktkenntnisse. Der Einsatz von Expatriates wird sich vor allem auf den zeitlich befristeten Wissenstransfer beziehen. Die Besetzung der anderen Funktionsbereiche des Unternehmens, zum

Beispiel Marketing, Finanzen und Controlling, mit lokalen Mitarbeitern kann hingegen langsamer erfolgen.

Die generelle Verfügbarkeit qualifizierter lokaler Manager im Zielland hat dabei naturgemäß großen Einfluss auf den Localization-Prozess und stellt den Hauptengpass für das Wachstum und die volle Marktdurchdringung dar. Je besser daher Führungskräfte und Mitarbeiter in quantitativer, qualitativer und zeitlicher Hinsicht zur Verfügung stehen, desto eher lässt sich die lokale Leistungserstellung durch Einheimische realisieren. Die Verantwortung und Aufgabe der Expatriates besteht deshalb einerseits in der Entwicklung von Managern aus der bestehenden Beraterbasis (Human Ressource Developement) und andererseits darin, einheimische Führungskräfte für das Unternehmen zu gewinnen, sie zu integrieren und zu international einsetzbaren Top-Managern mit ausgeprägten interkulturellen Kompetenzen auszubilden.

Der Localization-Prozess kann mit den nachfolgenden PR-Strategien gefördert werden:

- Betonung des gegenwärtigen und zukünftigen Marktengagements (»Make a clear commitment to the country: We are here to stay!«),
- Betonung der außergewöhnlichen Karrieremöglichkeiten im Unternehmen,
- Betonung der exzellenten Personalentwicklungsprogramme des Unternehmens,
- Betonung der hervorragenden Verdienstmöglichkeiten.

Mit dem erfolgreichen Handover und Projektabschluss ist die junge Landesgesellschaft mit einem dauerhaft erfolgreichen Geschäftsmodell profitabel in den Markt integriert und wird von qualifizierten, vor allem lokalen Managern geführt.

Key-Learnings

- *Bauen Sie das Geschäftsmodell schrittweise aus:* Entwickeln Sie eine Erfolgsgeschichte. Durch die regelmäßige Einführung von Neuigkeiten bleiben die Mitarbeiter motiviert, an das Unternehmen gebunden, und die zunehmende Komplexität ist auch beherrschbar.
- *Achten Sie auf Qualität:* Streben Sie immer nach qualitativem, profitablem und substanziellem Umsatzwachstum und einer hohen Zufriedenheit bei allen Stakeholdern. Wachstum um jeden Preis rächt sich schnell.

- *Nutzen Sie alle externen und internen Wachstumsinstrumente:* Die Beherrschung der gesamten Klaviatur an Wachstumsstrategien kann für ein Unternehmen im zunehmenden internationalen Wettbewerb entscheidend sein, weil eine Landesgesellschaft erst mit dem Erreichen einer kritischen Größe eine wettbewerbsfähige Marktposition und dadurch auch seine wirtschaftliche Selbstständigkeit erreicht.
- *Haben Sie keine Angst vor Fehlentscheidungen und noch weniger vor deren Korrektur:* In einem neuen Markt treffen Sie Entscheidungen meistens mit einem Informationsdefizit. Bereiten Sie Ihre Entscheidungen professionell vor, entwickeln Sie Alternativen, entscheiden Sie, setzen Sie konsequent um und korrigieren Sie bei Bedarf schnell. Lassen Sie sich von Misserfolgen nicht entmutigen, sondern versuchen Sie es weiter.
- *Kopieren Sie erfolgreiche Strategien und kooperieren Sie, wo immer es sinnvoll ist:* Als junger Marktteilnehmer müssen Sie vor allem schnell lernen und wachsen. Holen Sie sich dieses Wissen ohne den Aufbau zusätzlicher Komplexität und ohne laufende Strategiewechsel.
- *Wachstum im Ausland mit externen Wachstumsinstrumenten heißt Integration*: Ihre Aufgabe in einem neuen Markt ist vor allem Integration. Ob Sie neue Mitarbeiter vom Markt holen und selbst ausbilden oder ganze Unternehmen kaufen, immer wird die Integration in die eigene Landesgesellschaft und Unternehmenskultur im Vordergrund stehen. Werden Sie ein guter Integrator.
- *Erarbeiten Sie sich Exit-Szenarien und Alternativpläne:* Setzen Sie nie auf nur eine Wachstumsstrategie. Haben Sie immer einen Plan B in der Tasche. Behalten Sie sich immer die Möglichkeit eines Ausstiegs vor. Auch ein gut durchgeführter Ausstieg ist ein Erfolg. Ein zu langes Festhalten an wenig erfolgversprechenden Projekten blockiert Ressourcen und die Begeisterung, Ihnen neue Markteintrittsprojekte anzuvertrauen.
- *»You can win a battle with expatriates, but you cannot win a war«:* Das Festhalten an Expatriates im Management beziehungsweise in Führungspositionen kann sich in den Markterschließungsprozessen – nicht nur aufgrund der höheren Personalkosten – als nachteilig erweisen und ein geringeres Wachstumstempo zur Folge haben. Positionieren Sie sich auch deshalb als attraktiver Arbeitgeber im Auslandsmarkt.
- *Nutzen Sie den Handover-Prozess als Motivation des Managements Ihrer Landesgesellschaft:* Das Erreichen der Kriterien für den Handover und damit die Möglichkeit zur weitgehend selbstständigen Führung der Landesgesellschaft ist für das lokale Management eine große Motivation und Chance. Verlängern Sie den Prozess nicht und lassen Sie rechtzeitig los.

Schlusswort

Lieber Leserinnen und Leser,

Ihre Welt hat sich verändert. Europa in seiner ganzen Unterschiedlichkeit und Komplexität ist heute Ihr Heimatmarkt. Der Wettbewerb spielt sich weltweit ab. Vorbei sind die Zeiten von Verkäufern und Ingenieuren auf der Suche nach neuen Absatzmärkten für ihre Standardprodukte. Die Zukunft gehört einem neuen Typ von Auslandsmanager: Er führt eine internationale Organisation, bewegt sich erfolgreich zwischen Kontinenten und Kulturen und erobert neue Märkte effizient und professionell. Der Auslandsmanager der Zukunft ist ein

- Prozessmanager, der ausgestattet mit einfach verwendbaren, in allen Märkten nutzbaren Instrumenten neue Märkte strukturiert erobert;
- Integrator, dem es gelingt, aus anderen Unternehmen, Mitarbeitern und Kulturen erfolgreich ein neues Unternehmen zu formen;
- Kommunikator, der trotz kultureller und sprachlicher Hürden transparent und effizient informiert, motiviert und integriert.

Neben einem klaren Rollenverständnis benötigen Sie vor allem eines: ein solides Handwerkszeug, welches Ihre spezifischen Anforderungen erfüllt. Es muss Ihnen helfen, die Komplexität Ihrer Aufgabe zu reduzieren, Transparenz für alle Beteiligten zu schaffen und unabhängig vom Zielmarkt auf alle Auslandsprojekte übertragbar sein. Mit dem Einsatz des Managementprozesses *Company2new:market* erreichen Sie genau diese Ziele. Es ist ein roter Faden, der Sie durch seine klare Aufteilung in Steps, Tasks und Tools erfolgreich durch jedes Projekt führt. Genauso wie Sie unter Extrembedingungen im schweren Gelände ohne ein entsprechendes Fahrzeug stecken bleiben, benötigen Sie im Ausland ein maßgeschneidertes Instrumentarium, mit dem es Ihnen gelingt, die Entwicklung neuer Märkte zu standardisieren und ihre Aktivitäten zu multiplizieren. Durch diese effiziente Steuerung und Führung können Sie sich schrittweise eine Auslandsabteilung aufbauen, die parallel Expansionsprojekte in verschiedenen Märkten erfolgreich bewältigen kann. Bereits mit dieser klaren Rollendefinition und dem Einsatz des Managementprozesses *Company2new:market* ist es Ihnen möglich, die Chancen Ihrer Tätigkeit als Auslandsmanager zu nutzen und dabei deren Risiken effizient zu managen.

Entscheiden Sie sich für eine Karriere eines Auslandsmanagers, dann bieten sich Ihnen viele attraktive Chancen. Die Aussicht auf ein höheres Einkommen, mehr Verantwortung und größerer Handlungsfreiheit, privater und beruflicher Anerkennung ist verlockend. Das Leben in anderen Kulturen ist eine einmalige Erfahrung beziehungsweise ein prägendes Erlebnis, welches Ihr ganzes Leben und das Ihrer Familie bereichern wird sowie Ihre Persönlichkeitsentwicklung fördert. Doch auf der Überholspur ist die Belastung größer, und es passieren mehr Unfälle.

Jede Chance hat Ihren Preis. Er kann hoch sein, wenn Ihnen die Risiken nicht bewusst sind und Sie diese nicht aktiv managen. Ein Teil dieses Preises heißt »voller Einsatz«. Für einen Auslandsmanager bedeutet dies neben einer hohen zeitlichen Belastung durch eine ausgedehnte Reiseaktivität vor allem eine hohe Flexibilität und Sensibilität in Bezug auf andere Sprachen, Kulturen und den dort erwarteten Führungs- und Kommunikationsstil. Im Laufe Ihrer Karriere werden Sie dies vor allem auf zwei Positionen erfahren: in der Hauptverwaltung als Leiter einer Stabsabteilung Ausland und als Geschäftsführer einer ausländischen Tochtergesellschaft. Ich kann Ihnen persönlich nur empfehlen, beide Funktionen operativ vor Ort auszuüben. Damit lernen Sie internationales Management aus einer Stabs- und einer Linienfunktion sowie aus der Perspektive einer Hauptverwaltung und einer Tochtergesellschaft kennen. Beides ist unbedingte Voraussetzung, um ein umfassendes Verständnis für die Entscheidungen, Handlungen und Bedürfnisse des anderen zu haben und sich im Unternehmen ein entsprechendes Standing aufzubauen.

Die Übernahme der operativen Verantwortung einer ausländischen Tochtergesellschaft als Geschäftsführer ist ein wichtiger Entwicklungsschritt. Neben der Gewinnung von Managementerfahrung werden Sie mit zwei Erfahrungen konfrontiert: Im Zielland wartet man nicht auf einen »Aufpasser«. Die Begeisterung jetzt mit einem netten Kollegen aus der Hauptverwaltung vor Ort zusammenzuarbeiten, wird sich in Grenzen halten und eher von einer vorsichtigen Skepsis geprägt sein. Bei dieser Herausforderungen sollten Sie keine große Unterstützung durch die ehemaligen Kollegen und Vorgesetzten der Hauptverwaltung erwarten. Obwohl sich der eine oder andere Ihrer Kollegen über die Beförderung zum Geschäftsführer einer Auslandsgesellschaft freuen wird, neigt der Durchschnittsmensch doch eher zu Neid und Schadenfreude, sollte es in Ihrer Gesellschaft nicht so laufen wie erwartet. Ihre Vorgesetzten erwarten zunächst einmal Leistung in Form einer schnellen Integration in Unternehmen und Kultur sowie die Erzielung positiver Ergebnisse.

Die zweite Erfahrung: Sind Sie erst einmal im Ausland, dreht sich das Karriere-Karrusell zuhause ohne Sie. Sollten Sie nach einigen Jahren an

Rückkehr beziehungsweise Repatriierung denken, ist die Suche nach einer adäquaten Führungsposition in den seltensten Fällen einfach. Ihre ehemaligen Kollegen und Mitarbeiter haben während der letzten Jahre Karriere gemacht, sitzen in den Eckbüros und stehen auf den Parkplätzen direkt vor dem Haupteingang. Nach dem Auslandseinsatz erwarten Sie jedoch Anerkennung für die geleistete Arbeit, den hohen persönlichen Einsatz und das übernommene Risiko. Diese Diskrepanz ist in der Realität kaum zu überwinden. Anstatt Anerkennung werden Sie einen Verlust an Freiheit und Verantwortung spüren. Sie müssen sich einordnen und teilweise sogar unterordnen sowie an ungewohnte Arbeitsabläufe und politische Entscheidungswege gewöhnen. Die Enttäuschung ist oft riesengroß. So verlassen die meisten Rückkehrer ihr Unternehmen innerhalb eines Jahres. Nur durch einen permanenten Kontakt zu den Entscheidungsträgern, einer aktiven Kommunikation Ihres Rückkehrwillens und der Unterstützung Ihres Coaches wird Ihnen der Weg zurück gelingen. In der Hauptverwaltung sollten Sie sich sofort für ein Repatriation-Programm engagieren. Gelingt Ihnen das, können Sie internationale Managementtalente im Unternehmen halten und bauen sich damit einen dauerhaften, kaum zu kopierenden Wettbewerbsvorteil auf.

Nicht zu unterschätzen ist die Belastung des Privatlebens im Ausland. Wem als Single der ständige Wechsel des Wohnortes und eine hohe Reisetätigkeit meistens noch Spaß, Spannung und eine Steigerung der Lebensqualität bedeutet, bei dem ändert sich das mit der Gründung einer Familie grundlegend. Während Sie sich beruflich in einer weitgehend gewohnten Umgebung aufhalten, lernen Ihre Kinder und Ihr Lebenspartner die realen Lebensbedingungen im Zielland ohne Sie kennen. Einfache Tätigkeiten wie Arztbesuche, der tägliche Einkauf, der Umgang mit Handwerkern und Nachbarn, eine Autopanne und die Integration in die Gesellschaft (Schule, Freunde) können zu fast unüberwindbaren Hürden werden und müssen ohne Ihre Hilfe gemeistert werden. Hinzu kommt, dass die Unterstützung Ihres Arbeitgebers entweder Kostensenkungsprogrammen zum Opfer gefallen ist oder sich bestenfalls auf einen Sprachkurs und die Übernahme der Umzugs- und Schulkosten beschränkt. Nicht umsonst sind familiäre Probleme der wichtigste Grund für den Abbruch einer Entsendung. Bedeutet das einen Aufruf zum Verzicht auf einen Auslandsaufenthalt? Ist eine Entsendung nur für Singles attraktiv? Auf keinen Fall: Der Verzicht auf den familiären Rückhalt wirkt sich negativ auf die eigene Leistungsfähigkeit und soziale Kompetenz aus. Des Weiteren ist die Integration in eine neue Kultur mit einer eigenen Familie deutlich leichter, weil sich gerade mit Kindern schnell neue Kontakte gewinnen lassen. Hinzu kommt, dass ein Auslandsaufenthalt eine einmalige, prägende Erfahrung ist, die trotz aller Herausforderungen auch nach Jahren noch die Familiengespräche beherrscht.

Diese Chancen und Risiken müssen Sie kennen und bewusst managen. Mit einem klaren Rollenverständnis und Aufgabenprofil Ihrer Funktion und dem Einsatz des Managementprozesses *Company2new:market* als die beiden wichtigsten Erfolgsfaktoren meiner persönlichen Hitliste ist dies möglich. Die weiteren Platzierungen der Hitliste lauten wie folgt:

Erfolgsfaktor 1: It's all about people

Der Mensch gewinnt. Noch mehr als bei jedem anderen Projekt hängt der Großteil des Erfolgs Ihres Expansionsprojektes von der Qualität Ihrer Projektmitglieder ab. Fehlen Ihnen die notwendigen personellen Ressourcen oder sind diese nicht verfügbar, kann ich Ihnen nur dringend empfehlen, vor dem Projektstart die richtigen Mitarbeiter an Bord zu holen. Daneben ist eine ausgewogene Besetzung mit Locals, Expatriates und Spezialisten aus dem Konzern wichtig. Insbesondere die Gewinnung qualifizierter Manager im Zielmarkt ist schwierig. Das Anforderungsprofil an mögliche Kandidaten ändert sich in den ersten Projektphasen laufend. Während der Aufbau einer Gesellschaft eher einen Unternehmer mit Risikobereitschaft, Einsatz, Unternehmertum, besten Kontakten, einer ausgezeichneten Reputation und Erfahrung in internationalen Organisationen erfordert, benötigen Sie nach der Aufbauphase beziehungsweise nach dem Aufbau entsprechender Organisationsstrukturen eher einen erfahrenen Manager. Zusätzlich scheuen besonders Top-Kandidaten das unternehmerische Risiko eines Start-ups und den oftmals langen Zeitraum bis zum Erfolg. Aufgrund dessen müssen Sie bei Fehlbesetzungen schnell und konsequent handeln.

Planen Sie demnächst einen Stellenwechsel in Ihrer Funktion als Auslandsmanager sollten Sie bei der Auswahl Ihres Arbeitgebers genau darauf achten, ob es international erfahrene und verfügbare Führungskräfte und ein funktionierendes Führungskräfte-Nachwuchsprogramm gibt sowie Erfahrung in der Entsendung von Mitarbeitern hat. Falls Sie Lücken feststellen, müssen Sie sich die notwendigen Personalressourcen für eine internationale Expansion erst zeit- und kostenintensiv aufbauen. Mit verfügbaren Top-Mitarbeitern sind Sie der erste im Markt (time-to-market) und wachsen schneller als der Wettbewerb. Es ist wie beim Sport: Haben Sie die richtigen Mitarbeiter, gewinnen Sie den Markt. Haben Sie diese nicht, sollten Sie nicht das olympische Prinzip »Dabeisein ist alles« gelten lassen, sondern entsprechende Mitarbeiter gewinnen.

Erfolgsfaktor 2: Ist Ihr Unternehmen bereit für die Internationalisierung?

Schafft Ihr Unternehmen bzw. ein möglicher neuer Arbeitgeber den Fitness-Test für eine internationale Expansion? Dies ist eine wichtige Frage, die sich entscheidend auf Ihre Karriere auswirkt. Sicherlich werden Sie zunächst an Kriterien wie verfügbare finanzielle oder personelle Ressourcen, das Potenzial des Geschäftsmodells oder die Unternehmensstrategie und -kommunikation denken. Dies ist richtig, aber noch zu kurz gegriffen. Weitere Anhaltspunkte liefert der Status der Internationalisierung: Gibt es eine Auslandsabteilung? Welchen Umsatzanteil hat das Ausland? Sind die Prozesse zentral oder dezentral strukturiert? Erhalten Sie hier nur plausible und sinnvolle Antworten sind Sie bei der wichtigsten Frage angekommen: dem operativen Umgang mit den Auslandsgesellschaften.

Sitzen Sie z.B. als Kandidat vor einem Vorstandsgremium, welches ausschließlich mit Deutschen besetzt ist und deren internationale Erfahrung sich auf brüchiges Englisch sowie gelegentliche Urlaubs- und Geschäftsreisen ins Ausland beschränkt, wird die Geschwindigkeit und der Erfolg der Internationalisierung von der Fähigkeit dieser Menschen abhängen, sich auf die spezifischen Anforderungen jedes Einzelmarktes einzulassen. Dieser Lernprozess braucht Zeit. Im Klartext: Sie gehen die gesamte Lernkurve noch einmal von vorne durch und verlieren eventuell entscheidende First-Mover-Vorteile.

Eine weitere Herausforderung besteht darin, dass Lösungen für Probleme im Heimatmarkt fast schon mit missionarischem Eifer auf Auslandsgesellschaften übertragen werden. Dies ist neben der eben genannten Einstellung des Managements meistens auf die große Bedeutung des Heimatmarktes und fehlende praktische Erfahrung im Ausland zurückzuführen. Hierzu gibt es viele Beispiele, die von der fehlenden kulturellen Anpassung des Geschäftsmodells und der Produkte bis zur Gestaltung der internen Organisation oder der Werbemittel reicht. Ihr Niederlassungsleiter im Ausland fühlt sich dann wie ein Boxer, der an einer Eiskunstlaufmeisterschaft teilnimmt. Dieses Gefühl sollte jeder Auslandsmanager kennen, denn es hilft ungemein, sich für eine marktspezifische Ausrichtung zu begeistern.

Defizite im operativen Umgang mit Auslandsgesellschaften können Sie nur langfristig ändern. Ansonsten sind sie als fixe Rahmenbedingungen zu akzeptieren. Aufgrund dessen sollten Sie diesen Fitness-Test vor der Übernahme der Funktion des Auslandsmanagers durchführen.

Erfolgsfaktor 3: Management von Erwartungen

Viele Ihrer Kollegen befinden sich in der folgenden Ausgangssituation: Sie gründen in einem fremden Land ein Unternehmen, welches noch keine Kunden hat, dessen Marke und Produkte unbekannt sind. Mit einer eingeschränkten Produktpalette und begrenzten Ressourcen werden von ihnen trotz aktiver Konkurrenz schnell zählbare Erfolge erwartet. Das Management dieser Erwartungen ist entscheidend für die Karriere und sollte die folgenden Punkte beinhalten:

- Im Zweifel dauert die Internationalisierung meistens länger und kostet mehr Geld als geplant, denn es tauchen regelmäßig Probleme und Krisen auf, die den Bestand des Unternehmens gefährden. Dies sollte Ihren Vorgesetzten bekannt sein.
- »Underpromise« und »Overdeliver«: Einerseits müssen Sie die Entscheidungsträger von der Attraktivität eines Zielmarktes überzeugen, der die notwendigen Investitionen rechtfertigt. Andererseits dürfen Sie nicht zuviel versprechen, um die Risiken des Markteintritts nicht zu unterschätzen.
- Alle Informationen, die Sie weitergeben, werden vor dem Hintergrund aktueller Entwicklung in der Hauptverwaltung bewertet. Befindet man sich dort in einer Kostensenkungsrunde, werden Sie mit der Genehmigung einer Expansion Probleme haben. Diese Asymmetrie in der Unternehmensentwicklung beziehungsweise die individuellen Bedürfnisse jeder Landesgesellschaft müssen bekannt sein und in den Entscheidungsprozessen deutlich getrennt werden.
- Information ist Motivation: Binden Sie alle Entscheidungsträger sinnvoll ein. Lassen Sie diese an positiven Informationen und den laufenden Ereignissen im Ausland regelmäßig teilhaben, auch wenn dies oftmals mühsam ist.

Erfolgsfaktor 4: Übertragung von Wissen und Erfahrungen

Die Lerngeschwindigkeit Ihres Unternehmens bestimmt den Markterfolg maßgeblich. Als sehr erfolgreiches Konzept zu dessen Messung hat sich die so genannte »Knowledge-to-Assumption-Ratio« erwiesen. Es funktioniert nach der Idee: Nur was Sie messen können, können Sie managen. Zu Beginn beruhen alle Faktoren Ihres Geschäftsmodells im Zielmarkt vor allem auf Annahmen. Diese wurden vielleicht durch entsprechende Marktforschungen unterlegt, doch noch nicht praktisch nachgewiesen. In dieser Phase ist es unter anderem sehr hilfreich, selbst zum Kunden zu gehen; so erhalten Sie ein ausgezeichnetes Gespür für Kundenbedürfnisse und Verkaufsprozesse. Mit dem Markteintritt wird eine Annahme nach der anderen zu Wissen, ob zum Beispiel Ihr Geschäftsmodell und Ihre Kernkompetenzen greifen. Dabei geht es vor allem um die Sicherstellung von dessen Übertragbarkeit in den Zielmarkt einschließlich aller relevanten, möglichst dauerhaften Wettbewerbsvorteile. Alle weiteren Elemente können Sie von erfolgreichen Wettbewerbern kopieren. Dies ist meistens schneller und billiger. In anderen Worten bedeutet dies: Führen Sie mit Ihren Stärken. Gehen Sie dorthin, wo Sie damit am meisten erreichen.

Für Sie als Auslandsmanager bedeutet das, dass im Zweifel Ihre Erfahrungen nichts wert sind. Im Gegenteil: Sie sind manchmal sogar kontraproduktiv. Ihr Führungsstil funktioniert im Zielmarkt nicht so, wie Sie wollen, oder Ihre Fachkenntnisse sind nicht anwendbar. Vielleicht erhalten Sie darüber hinaus nicht immer die richtigen beziehungsweise keine vollständigen Informationen. Oft werden dann Führungsprozesse zentralisiert, die Organisationsstrukturen vorgegeben oder ein Corporate Manager entsandt. Begehen Sie diese Fehler nicht, sonst können Sie die Gesellschaft gleich selbst führen! Ihre einzige Chance besteht in der Auswahl und im Vertrauen auf die Fähigkeiten eines qualifizierten Führungsteams.

Als Geschäftsführer einer ausländischen Tochtergesellschaft werden Sie Fähigkeiten entwickeln, die entscheidend sind für Ihre weitere Karriere. Nirgendwo sonst können Sie Ihre Führungsfähigkeiten so flexibel ausbauen wie in unterschiedlichen Kulturen und Sprachen. Nirgendwo sonst lernen Sie Professionalität und Disziplin im Einsatz komplexer Managementinstrumente. Mit dem Managementprozess *Company2new:market* werden Sie die entscheidenden Herausforderungen im Ausland bewältigen. Er wird Sie zur Professionalität zwingen, steuert die Kommunikation im Unternehmen und erhöht die Transparenz sowie das Verständnis Ihrer Vorgesetzten und hilft Ihnen, sich auf unterschiedliche Kulturen einzustellen.

Erfolgsfaktor 5: Einstellung

Den letzten Erfolgsfaktor in dieser Reihe betrifft Ihre persönliche Einstellung im Hinblick auf die spezifischen Anforderungen im internationalen Management. Als Mensch kann ich Ihnen dabei nur empfehlen, Demut vor der Größe und Komplexität Ihrer Aufgabe, Neugier und Respekt gegenüber anderen Kulturen und einen unbedingten Willen zum Lernen zu haben. Die Welt ist Ihr Zuhause. Vergessen Sie jedoch nie Ihre Wurzeln. Versuchen Sie nie jemand zu sein, der Sie nicht sind. Auslandsmanagement heißt nicht, sich verändern zu können, sondern mit unterschiedlichen

Kulturen leben zu können. Nur so finden Sie die richtige Balance zwischen Distanz und Offenheit.

Erlauben Sie mir zum Schluss noch ein persönliches Wort. Dieses Buch ist das Ergebnis eigener Erfahrungen, deren Gewinnung nicht immer einfach war. Etwas Trost besteht darin, dass es vielen meiner Kollegen ähnlich geht. Wenn Sie abends an den Bars internationaler Hotels oder in den Lounges großer Flughäfen sitzen, werden Sie viele Beispiele von erfolgreichen und weniger erfolgreichen Auslandsprojekten hören. Noch mehr ist es ein großer Ansporn, dass Auslandsmanager mit dem gleichen kulturellen Hintergrund anscheinend ähnlichen Herausforderungen gegenüberstehen und eine weitgehend identische Lernkurve durchlaufen.

Mit diesem Buch kann ich Ihnen diese Erfahrungen nicht komplett ersparen. Allerdings kann die Lektüre zu einer Beschleunigung des Lernzyklus führen und Ihnen das eine oder andere Problem ersparen. Sollte mir das mit meinem Buch gelungen sein, habe ich mein erstes Ziel bereits erreicht. Erhalte ich von Ihnen dann noch ein Feedback mit Anregungen und persönlichen Erfahrungen habe ich auch mein zweites Ziel erreicht, denn stetiges Lernen in einer sich permanent verändernden Umwelt ist die Grundlage für Ihren Erfolg als Auslandsmanager.

Der Aufbau internationaler Märkte ist eine ausgezeichnete Chance und Herausforderung für jeden Manager. Wagen Sie diesen Schritt!

Viel Erfolg wünscht Ihnen

Michael Neubert

Informationsquellen

Die folgende Linkliste ist nur eine Auswahl von Links, das heißt, es besteht kein Anspruch auf Vollständigkeit. Die Links sind zudem eher als Einstieg zu sehen, um sich weitere Informationen zu suchen. Auf jeder angegebenen Site gibt es wiederum Links, die weiterführen. Die Informationen, die unter diesen Links gefunden werden, können vor allem als Sekundärmaterial zur Nutzung in Step 1 Marktauswahl genutzt werden. Zusätzlich zu diesen Links sollten vor allem Kontakte zu den eigenen Zulieferern, Kunden oder Serviceunternehmen wie Anwälte, Wirtschaftsprüfer oder Personalberater genutzt werden, um gezielt relevante Informationen zu erhalten. Ein Research sollte durch einen erfahrenen Analysten erfolgen. Wichtig ist die Qualität der Daten und die Verifizierung der Quellen, eventuell durch eine zweite unabhängige Bestätigung.

Besonders im deutschen Sprachraum bieten sich jedem Auslandsmanager auf der Suche nach Informationen ausgezeichnete Quellen. Als erste Anlaufstelle kann man hier (halb-)staatliche Organisationen empfehlen. Die Informationen sind weitgehend kostenlos und erfahrungsgemäß qualitativ hochwertig. Besonders zum empfehlen sind die folgenden Links:

- www.bmwa.bund.de: Das Ministerium für Wirtschaft und Arbeit bietet unter anderem Informationen zur Förderung der Außenwirtschaft. Sehr hilfreich ist das Außenwirtschaftsportal www.ixpos.de. Hier gibt es Informationen zu Ländern, Branchen, internationalen Ausschreibungen (www.bfai.de), Messen sowie Daten zu den jeweiligen Ansprechpartnern vor Ort.
- www.auswaertiges-amt.de: Auf seiner Website findet der Auslandsmanager die Kontaktdaten von deutschen Botschaften und Konsulaten sowie der jeweils zuständigen ausländischen Vertretungen.
- www.ahk.de: Die deutschen Außenhandelskammern sind weltweit auch regional präsent (vier Büros alleine in China), bieten umfassende Dienstleistungen von der Rechtsberatung bis zu Marktstudien und können weiterführende Ansprechpartner nennen.

Auslandsmanager aus Österreich und der Schweiz werden sicherlich auch die Angebote der jeweiligen nationalen Behörden zugreifen. So liefert das Schweizer Staatssekretariat für Wirtschaft (www.seco.admin.ch), das Swiss

Business Network (www.osec.ch) und der Verband der Schweizer Unternehmen (www.economiesuisse.ch) ähnliche Informationen aus Schweizer Perspektive. Für Informationen über Zentral- und Osteuropa sind besonders die Websites des Österreichischen BMWA (www.bmwa.gv.at) und der Bank Austria Creditanstalt (www.ba-ca.com) zu empfehlen.

Für einen ersten Eindruck sind darüber hinaus die Internetseiten der Europäischen Union (europa.eu.int), der Europäischen Zentralbank (www.ecb.de), der Schweizer Nationalbank (www.snb.ch) oder der Europäischen Bank für Wiederaufbau und Entwicklung (www.ebrd.com) nützlich. Dies gilt auch für weitere supranationale Organisationen wie die Weltbank (www.worldbank.org), den internationalen Währungsfonds (www.imf.org) und die OECD (www.oecd.org). Darüber hinaus gibt es die jeweiligen Verbandsinformationen wie zum Beispiel den Bundesverband für den Deutschen Groß- und Außenhandel (www.bga.de) oder den Bundesverband des Deutschen Exporthandels (www.bdex.de) oder regionale Außenhandelsverbände (zum Beispiel Außenhandelsverband NRW e. V. unter www.ahvnrw.de).

Private Anbieter von Marktinformationen ergänzen die obigen Angebote und informieren spezifischer und genauer über die jeweiligen Projekte. Ergänzende Quellen, die sich erfahrungsgemäß lohnen, sind:

- www.faz-institut.de: Beinhaltet jeweils aktuelle Länderdienste und Branchenanalysen.
- Deutsche international tätige Privatbanken: einen guten Überblick bieten zum Beispiel die Investmentguides für Zentral- und Osteuropa von der Dresdner Bank (www.dresdner-bank.com) oder das Research der Deutschen Bank (www.deutsche-bank.de). Besonders bei den Ansprechpartnern vor Ort lassen sich viele zusätzliche Informationen gewinnen;
- www.imd.ch: Die Privatuniversität IMD präsentiert einmal jährlich das World Competitiveness Yearbook. Ähnlich wie die Beri-Indizes gehört dieses Werk zur Grundausstattung jedes Auslandsmanagers und liefert grundlegende Daten zur Bewertung der Marktattraktivität. Darüber hinaus verfügt die IMD über sehr hilfreiche Kurse und viel Wissen zum internationalen Management.
- www.beri.com: Die Beri-Indizes sind sicherlich eines der bekanntesten Tools, um die Attraktivität (inklusive deren Entwicklung) eines Zielmarktes zu bewerten. Sie werden laufend aktualisiert und gehören zur Grundausstattung bei der Marktauswahl.
- www.7d-culture.nl: Trompenaars, Hampden-Turner konzentriert sich in seinem Ansatz auf die Messung kultureller Unterschiede sowie auf

die praktische Relevanz im täglichen Arbeitsleben. Die angebotenen Tools wie der Cultural Compass unterstützen zum Beispiel Expatriates im Umgang mit der Kultur im Entsendungsland.

- www.transparency.org: Als Auslandsmanager wird man mit unterschiedlichen Kulturen, Regierungsformen und damit auch mit Korruption konfrontiert. Transparency International bietet ausgezeichnete Informationen über den Korruptionsgrad eines Landes sowie Tools, mit diesem auch unternehmensintern umzugehen.

Neben diesen Anbietern findet sich auch auf Websites von Unternehmensberatungen (zum Beispiel McKinsey Global Institute www.mckinsey.com/mgi), Wirtschaftsprüfern (zum Beispiel www.pwc.com), Rechtsanwälten (zum Beispiel www.bakernet.com) sowie bei vielen anderen Serviceunternehmen Informationen zum internationalen Management.

Literaturverzeichnis

Achenbach, S./Borghoff, T./Schulte, A.: Strategische und internationale Perspektiven des Managements, Köln 2003.

Albaum, G.: Internationales Marketing und Exportmanagement, 3. Aufl., München 2001.

Anderer, M.: Internationalisierung im Einzelhandel: Strategie und Steuerungsmodelle, Frankfurt 1997.

Apfelthaler, G.: Internationale Markteintrittsstrategien: Unternehmen auf Weltmärkten, Wien 1999.

Backhaus, K.: Internationales Marketing, 5. Aufl., Stuttgart 2003.

Bankakademie e. V.: Kompendium Management in Banking & Finance, 2. Aufl., Frankfurt 2003.

Bankakademie e. V.: Kompendium Management in Banking & Finance, 1. Aufl., Frankfurt 2002.

Bäurle, I.: Internationalisierung als Prozessphänomen: Konzepte, Besonderheiten, Handhabung, Wiesbaden 1996.

Bauer, E.: Internationale Marketingforschung, München 1995.

Bauer, H. H./Hammerschmidt, M.: Finanzportale im Internet: Geschäftsmodell, Kundenbindungspotenziale und Qualitätsanforderungen, Mannheim 2001.

Bedacht, F.: Global sourcing: Analyse und Konzeption der internationalen Beschaffung, Wiesbaden 1995.

Belew, D.: Markteintrittstrategien multinationaler Unternehmen: unter besonderer Berücksichtigung von Direktinvestitions- und Countertrade-Strategien in Entwicklungsländern, Leipzig 2000.

Berndt, R.: Internationales Marketing-Management, 2. Aufl., Berlin 2003.

Berndt, R.: Internationale Marketing-Politik, Berlin 1997.

Besser, A.: Funktion und Dynamik von Finanzinnovationen: internationale Finanzmärkte im Wandel, Wiesbaden 1996.

Betsch, O.: Handbuch Finanzvertrieb: Vertriebsstrategien – Vertriebswege – Vertriebsmanagement, Frankfurt 1995.

Binderheim, S. J.: Neue Strategien im Anlagefond, Zürich 1999.

Bolz, J.: Wettbewerbsorientierte Standardisierung der internationalen Marktbearbeitung, Darmstadt 1992.

Bradley, F.: International marketing strategy, 4. Aufl., London 2002.

Brauksiepe, U.: Finanzinvestitionen und Auslandsinvestitionen im Entwicklungsprozeß, Sinzheim 1996.

Breit, J.: Die Marktselektionsentscheidung im Rahmen der unternehmerischen Internationalisierung, Wien 1991.

Brenner, H./Dobisch, W. J./Dörfler, W.: Export-Strategien: Auslandsmärkte systematisch erschließen und erfolgreich bearbeiten, 2. Aufl., Renningen-Malmsheim 1999.

Bungarten, T.: Sprache und Kultur in der interkulturellen Marketingkommunikation, 2. Aufl., Tostedt 1999.

Coenenberg, A. G.: Internationalisierung als Herausforderung für das Personalmanagement, Stuttgart 1993.

Czinkota, M. R.: International Marketing, 4. Aufl., Fort Worth 1995.

Dederichs, J.: Unternehmensphilosophie als strategischer Erfolgsfaktor im internationalen Marketing, Marburg 1995.

de Mooij, M. K.: Global marketing and advertising, Thousand Oaks 1998.

Deutscher Industrie- und Handelstag: Services going abroad: Internationalisierung von Dienstleistern, Berlin 2001.

Doerig, H.-U.: Universalbank – Banktypus der Zukunft: Vorwärts- und Überlebensstrategie für Europas Finanzdienstleister, Bern 1997.

Dülfer, E.: Internationales Management, 6. Aufl., München 2001.

Dunst, K. H.: Portfolio Management. Konzeption für die strategische Unternehmensplanung, 2. Aufl., Berlin 1983.

Eichhorn, F.-J./Hein, M.: Neue Vertriebsformen für Finanzdienstleistungen im Privatkundengeschäft, Stuttgart 1999.

Ferring, N.: Marktbearbeitungsstrategien international tätiger Handelsunternehmen, Wiesbaden 2001.

Finlayson, J. A./Zacher, M. W.: Managing international markets: developing countries and the commodity trade regime, New York 1988.

Fischer, M.: Produktlebenszyklus und Wettbewerbsdynamik: Grundlagen für die ökonomische Bewertung von Markteintrittsstrategien, Wiesbaden 2001.

Forzley, M. D.: Gewinnen in ausländischen Märkten: Grundlagen internationaler Marketing- und Exporttechniken, Wien 1996.

Frese, E.: E-Organisation: strategische und organisatorische Herausforderungen des Internet, Wiesbaden 2002.

Fuchs, M./Apfelthaler, G.: Management internationaler Geschäftstätigkeit, Wien 2002.

Gann, J.: Internationale Investitionsentscheidungen multinationaler Unternehmungen: Einflussfaktoren – Methoden – Bewertung, Wiesbaden 1996.

George, G.: Internationalisierung im Einzelhandel: strategische Optionen und Erzielung von Wettbewerbsvorteilen, Berlin 1997.

Grundmann, R.: Benchmarking in der Sparkassenorganisation, Stuttgart 2001.

Gruner, K.: Beschleunigung von Marktprozessen, Wiesbaden 1996.

Helm, R.: Internationale Markteintrittsstrategien: Einflussfaktoren auf die Wahl der optimalen Form des Markteintritts in Exportmärkte, Lohmar 1997.

Hermanns, A./Suckrow, C.: Internationale Geschäftsfeld-Positionierung, in: Krystek, U./Zur, E. (Hg.): Handbuch Internationalisierung, 2. Aufl., Heidelberg 2002, S. 395 – 406.

Hermanns, A./Wissmeier, U. K.: Internationales Marketing-Management: Grundlagen, Strategien, Instrumente, Kontrolle und Organisation, München 1995.

Herold, B.: Internationale Wachstumsstrategien, Wiesbaden 1992.

Hilb, M.: Transnationales Management der Human-Ressourcen, Neuwied 2000.

Hofstede, G.: Culturell Dimensions for Project Management, in: Proceedings of the 7th Internet World Congress on Project Management, Kopenhagen 1982.

Hünerberg, R.: Internationales Marketing, Landsberg 1994.

Hummel, T. R.: Internationales Marketing, München 1994.

Jassmeier, A.: Marketingstrategien für deutsche Investitionsgüter in den Schwellenländern Ost- und Südostasiens, Lohmar 1999.

Jenner, T.: Internationale Marktbearbeitung: erfolgreiche Strategien für Konsumgüterhersteller, Wiesbaden 1994.

Johanson, J.: Internationalization, relationships and networks, Uppsala 1994.

Just, R. W.: Die Internationalisierung der Unternehmensbereiche Forschung und Entwicklung, Frankfurt 1997.

Kaplan, R./Norton, D.: Balanced Scorecard. Strategien erfolgreich umsetzen, Stuttgart 1997.

Kautz, G.: Developing international markets: shaping your global presence, Central Point 1998.

Kimball, D. J.: Financial services and financial institutions: value creation in theory and practice, Prentice Hall 1996.

Klagge, B.: Internationalisierung des Bankwesens in Osteuropa, Münster 1997.

Kloepfer, J.: Marketing für die Private Finanzplanung, Wiesbaden 1999.

Köhler, L.: Die Internationalisierung produzentenorientierter Dienstleistungsunternehmen, Hamburg 1991.

Kotabe, M.: Global marketing management, 2. Aufl., New York 2001.

Krauch, H.: Bedürfnisse entdecken: Gestaltung zukünftiger Märkte und Produkte, Frankfurt 1997.

Krauter, J./Kübler, F./Krauß, U.: Kundenbindung im Finanz-Vertrieb, Wiesbaden 2003.

Krystek, U.: Internationalisierung: eine Herausforderung für die Unternehmensführung, Berlin 1997.

Krystek, U./Zur, E.: Handbuch Internationalisierung, 2. Aufl., Berlin 2002.

Kumar, N.: Globalization and the quality of foreign direct investment, Oxford 2002.

Kuß, A./Tomczak, T.: Marketingplanung – Einführung in die marktorientierte Unternehmens- und Geschäftsfeldplanung, 2. Aufl., Wiesbaden 2001.

Lamond, D.: Marketing international: zehn Erfolgsstrategien, Frankfurt 1992.

Lange, W.: Verteiltes Vertriebscontrolling in Versicherungsunternehmen, Karlsruhe, 1995.

Langer, H./Sand, H.: Erfolgreiche Marktforschung im Investitionsgütervertrieb, München 1983.

Lasch, R.: Marktorientierte Gestaltung von Logistikprozessen, Wiesbaden 1998.

Link, W.: Erfolgspotenziale für die Internationalisierung, Wiesbaden 1997.

Litke, H.-D./Kunow, I.: Projektmanagement, 2. Aufl., München 2000.

Macharzina, K./Oesterle, M. J.: Handbuch internationales Management, 2. Aufl., Wiesbaden 2002.

Marks, U. G.: Neuproduktpositionierung in Wettbewerbsmärkten, Wiesbaden 1994.

Meffert, H.: Internationales Marketing-Management, 4. Aufl., Stuttgart 2001.

Meissner, H. G.: Strategisches internationales Marketing, Berlin 1987.

Melcher, H.: Aufbau eines Controllingsystems für Consulting-Unternehmen, Darmstadt 1982.

Mengele, J.: Horizontale Kooperation als Markteintrittsstrategie im internationalen Marketing, Wiesbaden 1994.

Meurer, C.: Strategisches internationales Marketing für Dienstleistungen: dargestellt am Beispiel des Management-Consulting, Frankfurt 1993.

Mitchell, C.: Interkulturelle Kompetenz im Auslandsgeschäft entwickeln und einsetzen, Köln 2000.

Mößlang, A. M.: Internationalisierung von Dienstleistungsunternehmen, Wiesbaden 1995.

Morgan, J. C.: Strategien für den Absatzmarkt Japan, Landsberg 1994.

Morrison, J.: Die zweite Kurve: wie man die Geschwindigkeit von Veränderungen erkennt und nutzt, Stuttgart 1997.

Nitsche, M./Reuscher, D./Klaholz, U.: Micromarketing-Praxis für Finanzdienstleister, Stuttgart 1999.

Nunnenkamp, P.: Foreign direct investment in developing countries, Kiel 2001.

Obbelode, F.: Strategisches Marktauswahlverhalten mittelständischer Unternehmen auf internationalen Märkten, Frankfurt 1993.

o. V.: Institutionen für Märkte schaffen, Bonn 2002.

o. V.: Globale Informationsverarbeitung – Auswirkungen der Internationalisierung, Wien 1996.

Pasco-Berho, C.: Marketing international, Paris 2002.

Pausenberger, E.: Internationalisierung von Unternehmungen: Strategien und Probleme ihrer Umsetzung, Stuttgart 1994.

Perlitz, M.: Internationales Management, 4. Aufl., Stuttgart 2000.

Perlitz, M.: Neue Märkte: Strategien für das 21. Jahrhundert, München 1999.

Perry, J. S./Herd, T. J.: Mergers & Acquisitions: Reducing M&A risk through improved due diligence, in: Strategy & Leadership 32, S. 12–19.

Pfaffermayr, M.: Direktinvestitionen im Ausland, Heidelberg 1996.

Porter, M. E.: Globaler Wettbewerb, Strategien der neuen Internationalisierung, Wiesbaden 1989.

Pues, C.: Markterschließungsstrategien bundesdeutscher Unternehmen in Osteuropa, Wien 1994.

Quack, H.: Internationales Marketing: Entwicklung einer Konzeption mit Praxisbeispielen, München 1995.

Raya, D. M.: Umwelt- und Marktanalysen in Südostasien, Wiesbaden 1992.

Reichardt, C.: One-to-One – Marketing im Internet. Erfolgreiche Strategien für Finanzdienstleister, 2. Aufl., Wiesbaden 2002.

Reisinger, H.: Marktoffensive in Osteuropa: Übernahme oder Neugründung von Unternehmen, Wien 1994.

Renz, T.: Management in internationalen Unternehmensnetzwerken, Wiesbaden 1998.

Rexer, F.: Strategisches Personalmanagement und Markterschließung, Wiesbaden 1999.

Rolfes, B.: Handbuch der europäischen Finanzdienstleistungsindustrie, Frankfurt 2001.

Root, F. R.: Entry Strategies for International Markets, New York 1994.

Rosenzweig, P./Gilbert, X./Malnight, T./Pucik, V.: Accelerating International Growth, Chichester 2001.

Rother, K.: Das internationale Geschäft: Ziele, Marktforschung, Strategien, Marketing, München 1991.

Rothlauf, J.: Interkulturelles Management, 2. Aufl., München 1999.

Sachse, U.: Wachsen durch internationale Expansion, Wiesbaden 2003.

Schmitz, G.: Qualitätsmanagement im Privatkundengeschäft von Banken, Wiesbaden 1996.

Schneider, A.: Mehr Effizienz in der internationalen Zusammenarbeit. Blick durch die Wirtschaft, 1994.

Schneider, D. J. G.: Datenbankgestützte Marktselektion: eine methodische Basis für Internationalisierungsstrategien, Stuttgart 1989.

Schneider, D. J. G.: Die Länderselektion als absatzstrategische Aufgabe exportorientierter mittelständischer Unternehmungen, in: Der Markt, 1985, Nr. 95, S. 69–78.

Schurawitzki, W.: Praxis des internationalen Marketing: Grundlagen und Fallbeispiele, Wiesbaden 1995.

Schwamborn, S.: Strategische Allianzen im internationalen Marketing: Planung und portfolioanalytische Beurteilung, Wiesbaden 1994.

Segler, K.: Basisstrategien im internationalen Marketing, Frankfurt 1986.

Sell, A.: Formen der Internationalisierung wirtschaftlicher Aktivitäten, Bremen 1998.

Shapiro, A. C.: Multinational financial management, 7. Aufl., New York 2003.

Simon, H.: Management strategischer Wettbewerbsvorteile, in: Zeitschrift für Betriebswirtschaft, 1988, Nr. 4, S. 461 – 480.

Smith, A.: International bank retailing: identifying cross-cultural differences in consumers' service-quality expectations, in: Bruce, M./Moore, C./ Birtwistle, G.: International Retail Marketing, a case study approach, 2004, S. 170 – 183.

Sperber, H./Sprink, J.: Finanzmanagement internationaler Unternehmen, Stuttgart 1999.

Stahr, G.: Internationales Marketing, 2. Aufl., Kiehl 1993.

Steffens, U./Achenbach, W.: Strategisches Management in Banken, Frankfurt 2002.

Stegmüller, B.: Internationale Marktsegmentierung als Grundlage für internationale Marketing-Konzeptionen, Bergisch Gladbach 1995.

Swoboda, B.: Dynamische Prozesse der Internationalisierung, Wiesbaden 2002.

Tressin, J. M.: Prognosen im strategischen internationalen Marketing, Berlin 1993.

Unger, K. R.: Erfolgreich im internationalen Geschäft, Renningen-Malmsheim 1997.

Usunier, J.-C./Walliser, B.: Interkulturelles Marketing: mehr Erfolg im internationalen Geschäft, Wiesbaden 1993.

Voß, H.: Internationale Wettbewerbsstrategien, Bayreuth 1989.

Walldorf, E. G.: Auslandsmarketing, Wiesbaden 1990.

Weiss, C. A.: Die Wahl internationaler Markteintrittsstrategien, Wiesbaden 1996.

Welge, M. K.: Globales Management: erfolgreiche Strategien für den Weltmarkt, Stuttgart 1990.

Weller, A.: Führung internationaler Geschäftsprozesse, Stuttgart 1999.

Wentlandt, A.: Die strategische Positionierung von Finanzdienstleistungsunternehmen, Frankfurt 1993.

Wissmeier, U. K.: Strategien im internationalen Marketing, Wiesbaden 1992.

Zentes, J./Swoboda, B./Morschett, D.: Internationales Wertschöpfungsmanagement, München 2004.

Zschiedrich, H./Keller, A.: Theorie und Praxis der Markterschließung in Mittel- und Osteuropa, Berlin 2000.

Register

Autoreninformation

Michael Neubert, Jahrgang 1968, hat an verschiedenen internationalen Privatuniversitäten studiert und promoviert. Während seiner mehr als zehnjährigen Berufserfahrung war er an Expansionsprojekten in sieben unterschiedlichen Märkten beteiligt, in denen er Funktionen vom Projektleiter Direktor des Auslandsressorts bis zum Geschäftsführer innehatte. Er spricht fünf Sprachen und ist heute als CEO einer Landesgesellschaft tätig.

Seine berufliche Tätigkeit ist bis heute geprägt von der Suche nach Wissen und Erfahrungen über internationale Expansionsstrategien. Dabei stieß er schnell an Grenzen. Während den Erkenntnissen von Akademikern und Beratern oft der praktische Bezug fehlt oder sie sich lediglich auf einen Teilaspekt beschränken, erwiesen sich die persönlichen Erfahrungen einzelner Auslandsmanager meistens als nicht übertragbar auf andere Unternehmen, Branchen und Märkte. Trotzdem ist gerade für einen Auslandsmanager ein solides und in verschiedenen Märkten anwendbares Handwerkszeug unverzichtbar, weil eigene Erfahrungen in anderen Kulturen im Zweifel nichts nützen und die hohe Komplexität verschiedener Auslandsprojekte eine Standardisierung der Vorgehensweise und der eingesetzten Instrumente erfordert.

Vor diesem Hintergrund begann die Entwicklung des Management-Prozesses *Company2new:market.* Das Ergebnis dieser jahrelangen Arbeit ist das vorliegende Handbuch, mit dem die folgenden Fragen beantwortet werden: Was ist Aufgabe eines (zukünftigen) Auslandsmanagers? Welches Handwerkszeug hilft ihm bei der Bewältigung dieser komplexen Aufgabe?

Anregungen und Feedback sind ausdrücklich erwünscht an neubert@gmx.ch.